ALTSTADT
Seiten 64–83
Kartenteil, Karten 1, 3–4

W0194773

DER KÖNIGSWEG
Seiten 112–125
Kartenteil, Karten 1–4, 6

UM DEN ŁAZIENKI-PARK
Seiten 148–165
Kartenteil, Karten 2, 6

ALT-
STADT

UM DIE ALEJA
SOLIDARNOŚCI

Wisła

DER
KÖNIGSWEG

UM DIE
MARSZAŁKOWSKA

UM DEN
ŁAZIENKI-PARK

0 Kilometer   1

VIS à VIS

WARSCHAU

VIS À VIS

WARSCHAU

Autoren:

MAŁGORZATA OMILANOWSKA

JERZY S. MAJEWSKI

DORLING KINDERSLEY

EIN DORLING KINDERSLEY BUCH

www.dk.com

TEXTE
Małgorzata Omilanowska, Jerzy S. Majewski, Piotr Bikont

REDAKTION
Joanna Egert, Anna Kożurno-Królikowska, Bożena Leszkowicz,
Teresa Czerniewicz-Umer

KARTEN
Krysztof Giedziński, Pawel Pasternak, Dutjapun Williams,
Warszawskie Przedsiębiorstwo Geodezyjne

FOTOGRAFIEN
Hanna Musiał, Maciej Musiał, Agencja »Piękna«,
Mariusz Kowalewski

PRODUKTION
Wydawnictwo Wiedza i Życie S.A., Warschau

REDAKTIONSLEITUNG
Ewa Szwagrzyk

•

ÜBERSETZUNG Linde Wiesner, Pullach
REDAKTIONSLEITUNG Dr. Jörg Theilacker, Dorling Kindersley Verlag
REDAKTION Frank Auerbach, Verlagslektorat, München
SCHLUSSREDAKTION Dr. Anita Meschendörfer, München
SATZ UND PRODUKTION Rolf Eder, Glonn
LITHOGRAFIE Colourscan, Singapur
DRUCK L. Rex Printing Co. Ltd., Hongkong, China

ISBN 3-8310-0398-X

1 2 3 4 5 07 06 05 04 03

Für Hinweise, Verbesserungsvorschläge und Korrekturen ist
der Verlag dankbar. Bitte richten Sie Ihr Schreiben an:

Dorling Kindersley Verlag GmbH
Gautinger Straße 6
D-82319 Starnberg

INHALT

König Zygmunt III. Wasa

WARSCHAU STELLT SICH VOR

Blumen im Botanischen Garten

Jungfrau mit Kind von Botticelli im Nationalmuseum

Schmuck am Wilanów-Palast

Bemalte Ostereier

Der Wasserpalast im Łazienki-Park

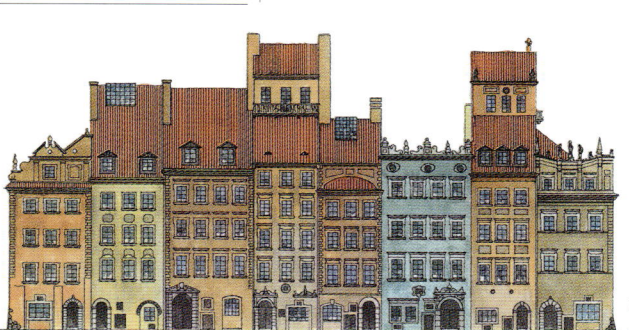

Häuser in der Altstadt

Met

WIE BENUTZE ICH DIESES BUCH?

DIESER REISEFÜHRER wird Ihnen dabei helfen, das Beste aus Ihrem Aufenthalt in Warschau zu machen. Er empfiehlt Sehenswürdigkeiten und Orte, die man besuchen sollte, Restaurants und Hotels und bietet nützliche Informationen.

Im Kapitel *Warschau stellt sich vor* werden die geografische Lage von Polens Hauptstadt, ihre Geschichte sowie ihre Feste und Bräuche im Jahresverlauf vorgestellt. Im *Führer durch die Stadtteile* werden anhand von Texten, Karten, Fotos und Illus-

Besucher beim Planen einer Tour

trationen alle Attraktionen der Metropole beschrieben. Dazu gehören auch drei geführte Sightseeing-Spaziergänge sowie Tagesausflüge außerhalb Warschaus. Ausgewählte Informationen über Hotels, Restaurants, Läden, Cafés, Bars, Unterhaltungs- und Sportveranstaltungen finden Sie im Abschnitt *Zu Gast in Warschau*. Und das Kapitel *Informationen* liefert Ihnen praktische Hinweise über alles Mögliche, von der Anreise über Telefonieren bis hin zu öffentlichen Transportmitteln in Warschau.

FÜHRER DURCH DIE STADTTEILE

Die Innenstadt Warschaus ist in sieben Gebiete eingeteilt, deren Kapitel jeweils eine eigene Farbkodierung aufweisen. Jedes Kapitel beginnt mit einer Liste der Sehenswürdigkeiten, die auf der *Übersichtskarte* mit Nummern versehen sind. Die detaillierten Informationen zu diesen Attraktionen folgen dieser Nummernfolge.

Jeder Stadtteil hat eine farbige Markierung.

Routenempfehlungen führen Sie durch die schönsten Straßen in der Gegend.

Die Orientierungskarte zeigt, wo man sich in der Stadt befindet.

Orientierungskarte

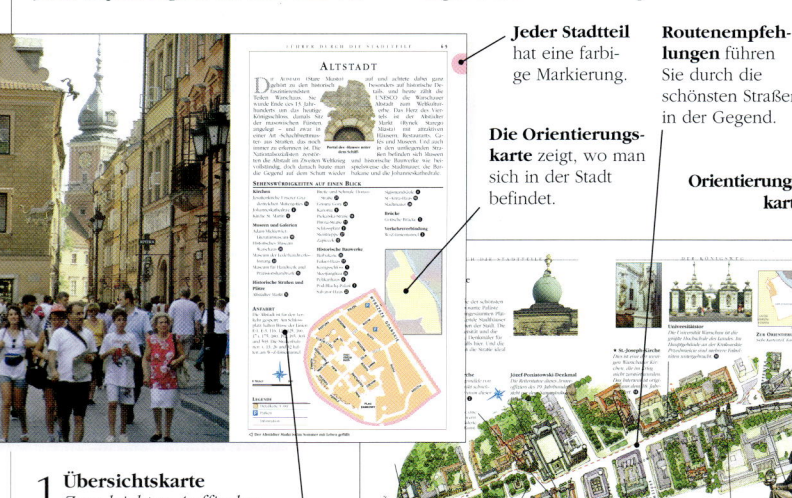

1 Übersichtskarte
Zum leichten Auffinden sind die Sehenswürdigkeiten nummeriert und in der Karte eingetragen. Hier sind auch Parks und die Gebiete, die in Detailkarten vorgestellt werden, verzeichnet. Die Attraktionen sind auch im Kartenregister auf den Seiten 256–265 enthalten.

Tipps helfen Ihnen, den Stadtteil mit den öffentlichen Verkehrsmitteln zu erreichen.

2 Detailkarte
Sie zeigt wichtige Gegenden aus der Vogelperspektive. Die Nummerierung der Sehenswürdigkeiten entspricht der Übersichtskarte und der nachfolgenden detaillierten Beschreibung.

Sterne markieren Attraktionen, die man keinesfalls versäumen sollte.

KARTE DER STADTTEILE

Die FARBKODIERTEN Stadtteile auf dieser Karte *(vordere Umschlagklappe)* sind die wichtigsten Sightseeing-Gebiete, denen im *Führer durch die Stadtteile (siehe S. 62–165)* jeweils ein eigenes Kapitel gewidmet ist. Die sieben Gebiete sind auch auf anderen Karten hervorgehoben. In *Warschau im Überblick (siehe S. 32–51)* kann man damit die Hauptattraktionen lokalisieren. Auch Restaurants, Cafés und Bars *(siehe S. 206–207)* sowie die besten Hotels der Stadt *(siehe S. 198–199)* finden Sie anhand der Kodierung leichter.

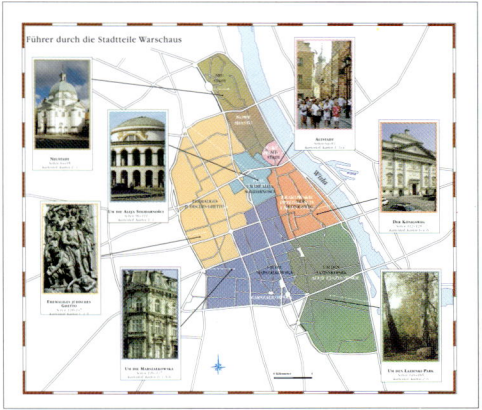

Führer durch die Stadtteile Warschaus

Fassaden bedeutender Gebäude illustrieren ihren architektonischen Stil und helfen Ihnen, sie vor Ort schnell zu erkennen.

Praktische Informationen listen alles auf, was Sie zur jeweiligen Sehenswürdigkeit wissen müssen, auch einen Verweis auf die *Straßenkarten (siehe S. 256–265).*

Nummern beziehen sich auf die Lage auf der Übersichtskarte und die Position im Kapitel.

Die Infobox bietet alle Informationen, die für einen Besuch nötig sind.

3 Detaillierte Informationen zu jeder Sehenswürdigkeit
Alle Sehenswürdigkeiten Warschaus werden einzeln beschrieben. Sie sind in der Reihenfolge der Nummerierung in der Übersichtskarte aufgelistet. Angegeben sind Adresse und andere praktische Hinweise. Die Legende zu verwendeten Symbolen finden Sie auf der hinteren Umschlagklappe.

4 Hauptsehenswürdigkeiten
Historische Gebäude werden «aufgeschnitten», um das Innere zu zeigen; und mit farbig kodierten Grundrissplänen von Museen und Galerien finden Sie die interessantesten Exponate.

Sterne weisen auf die schönsten Details hin.

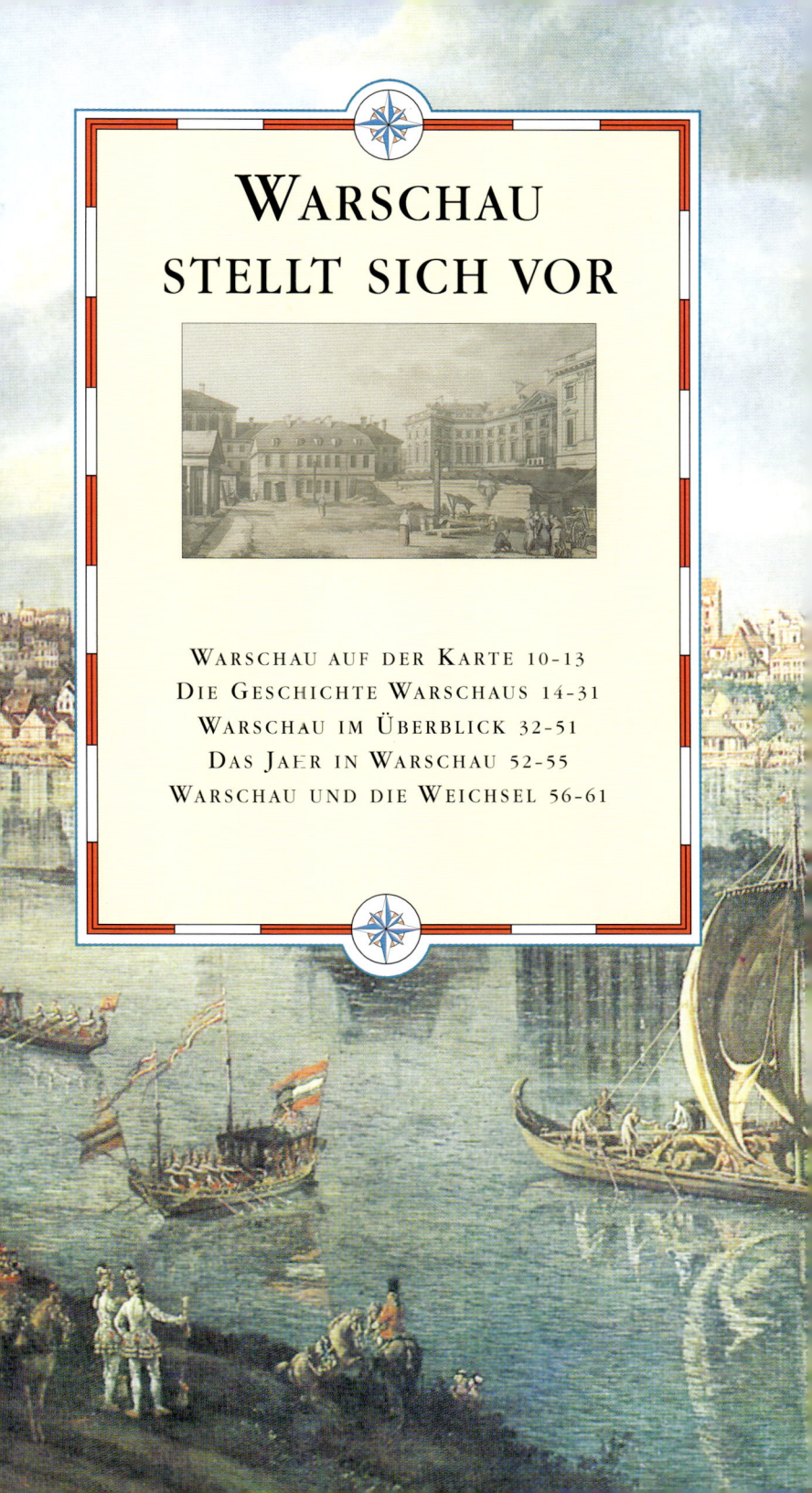

WARSCHAU
STELLT SICH VOR

Warschau auf der Karte

WARSCHAU, DIE HAUPTSTADT Polens, hat um die 1,6 Millionen Einwohner und bedeckt eine Fläche von 494 Quadratkilometern. Die Stadt, auch Kapitale der historischen Region Masowien, liegt mitten in Polen, am Ufer der Weichsel (Wisła). Diese zentrale Lage macht Warschau zum idealen Ausgangspunkt für Ausflüge nach Krakau, Danzig oder Posen.

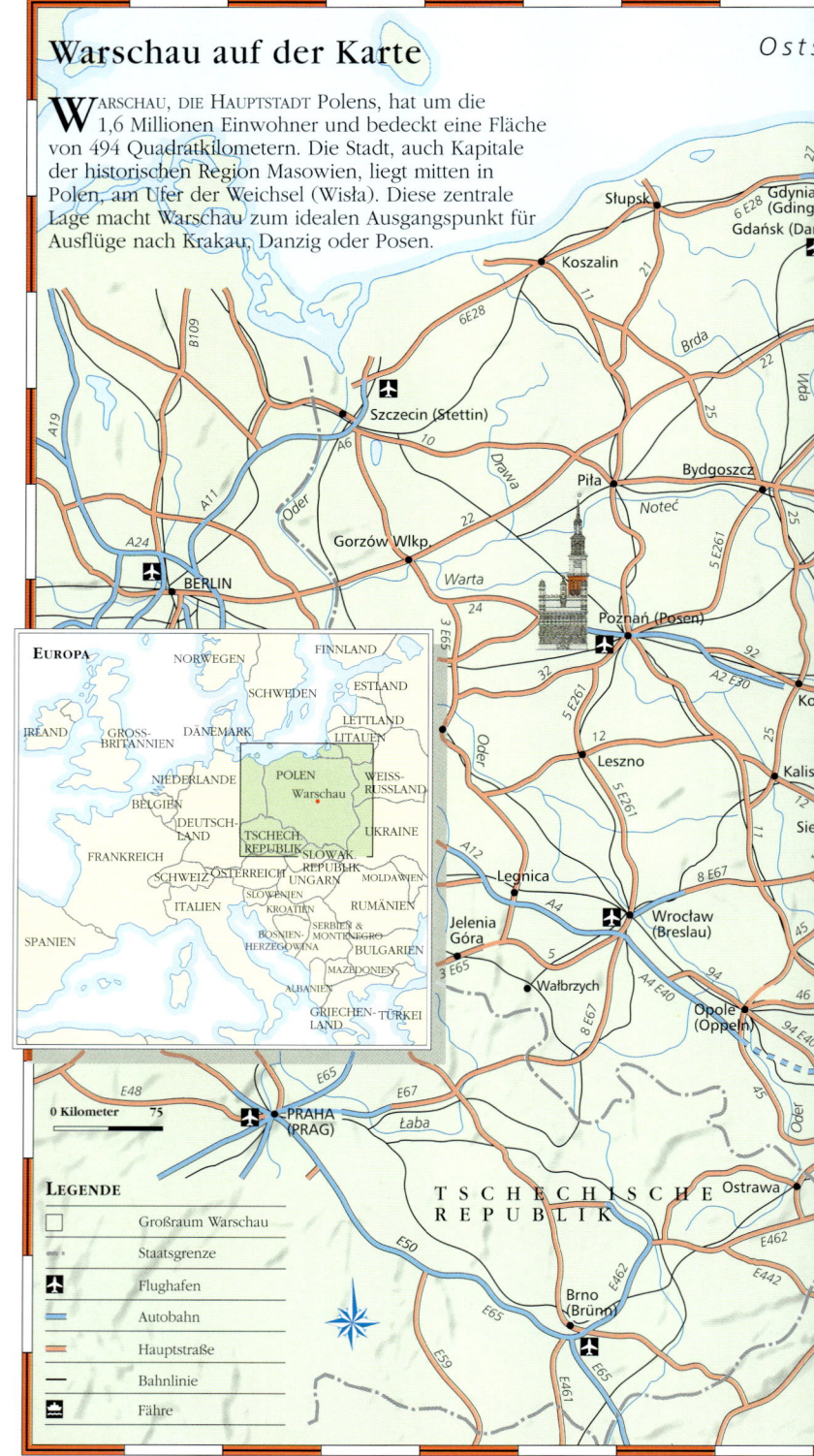

Ost

Słupsk
Gdynia (Gding
Gdańsk (Dan
Koszalin
Szczecin (Stettin)
BERLIN
Gorzów Wlkp.
Piła
Noteć
Bydgoszcz
Poznań (Posen)
Leszno
Kalis
Sie
Legnica
Wrocław (Breslau)
Jelenia Góra
Wałbrzych
Opole (Oppeln)
PRAHA (PRAG)
Łaba
Ostrawa
Brno (Brünn)

EUROPA

NORWEGEN
FINNLAND
SCHWEDEN
ESTLAND
IRLAND
GROSS-BRITANNIEN
DÄNEMARK
LETTLAND
LITAUEN
NIEDERLANDE
POLEN
Warschau
WEISS-RUSSLAND
BELGIEN
DEUTSCH-LAND
TSCHECH.-REPUBLIK
UKRAINE
FRANKREICH
SLOWAK. REPUBLIK
SCHWEIZ ÖSTERREICH
UNGARN
MOLDAWIEN
ITALIEN
SLOWENIEN
KROATIEN
RUMÄNIEN
SPANIEN
BOSNIEN-HERZEGOWINA
SERBIEN & MONTENEGRO
BULGARIEN
MAZEDONIEN
ALBANIEN
GRIECHEN-LAND
TÜRKEI

TSCHECHISCHE REPUBLIK

0 Kilometer   75

LEGENDE

☐	Großraum Warschau
⋯	Staatsgrenze
✈	Flughafen
▬	Autobahn
▬	Hauptstraße
▬	Bahnlinie
⚓	Fähre

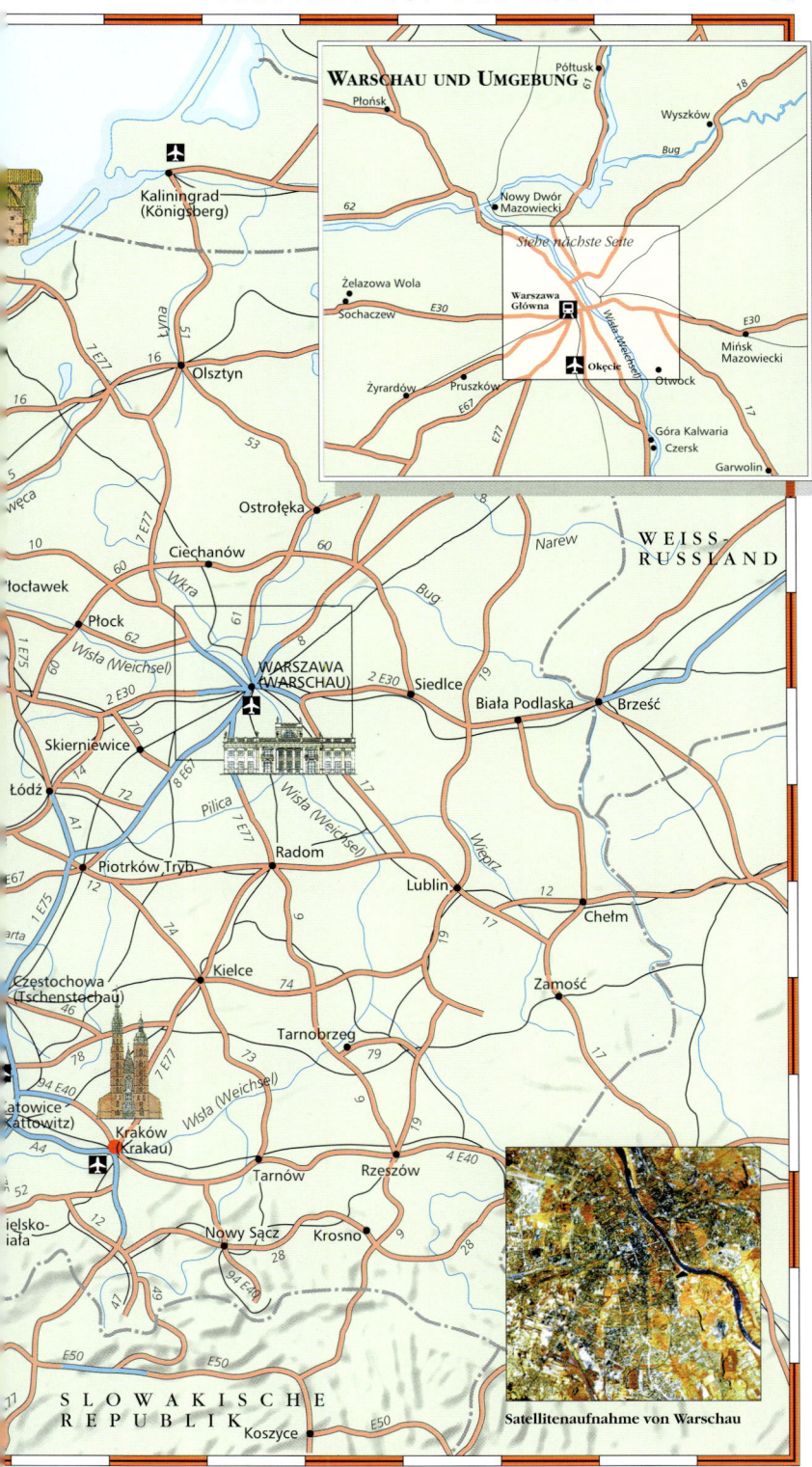

WARSCHAU UND UMGEBUNG

Pułtusk
Płońsk
Wyszków
Bug
Nowy Dwór Mazowiecki
62
Żelazowa Wola
Sochaczew
E30
Siehe nächste Seite
Warszawa Główna
Wisła (Weichsel)
E30
Mińsk Mazowiecki
Żyrardów
Pruszków
Okęcie
Otwock
E67
E77
Góra Kalwaria
Czersk
Garwolin

Kaliningrad (Königsberg)
Lyna
Łyna
16
Olsztyn
53
Ostrołęka
Ciechanów
60
Narew
WEISS-RUSSLAND
Płocławek
Wkra
10
Płock
62
61
Wisła (Weichsel)
8
WARSZAWA (WARSCHAU)
2 E30
Siedlce
19
Biała Podlaska
Brześć
Skierniewice
8 E67
Łódź
72
Pilica
7 E77
Radom
Wieprz
Piotrków Tryb.
12
17
Lublin
12
Chełm
arta
1 E75
74
17
Częstochowa (Tschenstochau)
46
Kielce
74
Zamość
78
Tarnobrzeg
79
94 E40
73
Wisła (Weichsel)
atowice (Kattowitz)
A4
Kraków (Krakau)
9
19
17
4 E40
Rzeszów
Tarnów
52
12
ielsko-iała
Nowy Sącz
28
Krosno
9
28
47
49
94 E40
E50
E50
SLOWAKISCHE REPUBLIK
Koszyce
E50

Satellitenaufnahme von Warschau

Großraum Warschau

DIE MEISTEN Attraktionen liegen in der Innenstadt Warschaus und sind zu Fuß oder mit öffentlichen Verkehrsmitteln leicht zu erreichen. Viele der interessantesten historischen Sehenswürdigkeiten befinden sich entlang dem Königsweg, der vom Königsschloss in der Altstadt zu Łazienki-Park und Wilanów-Palast führt. In diesem Buch ist Warschau in sieben Gebiete eingeteilt, denen im Abschnitt *Führer durch die Stadtteile* jeweils ein eigenes Kapitel gewidmet ist.

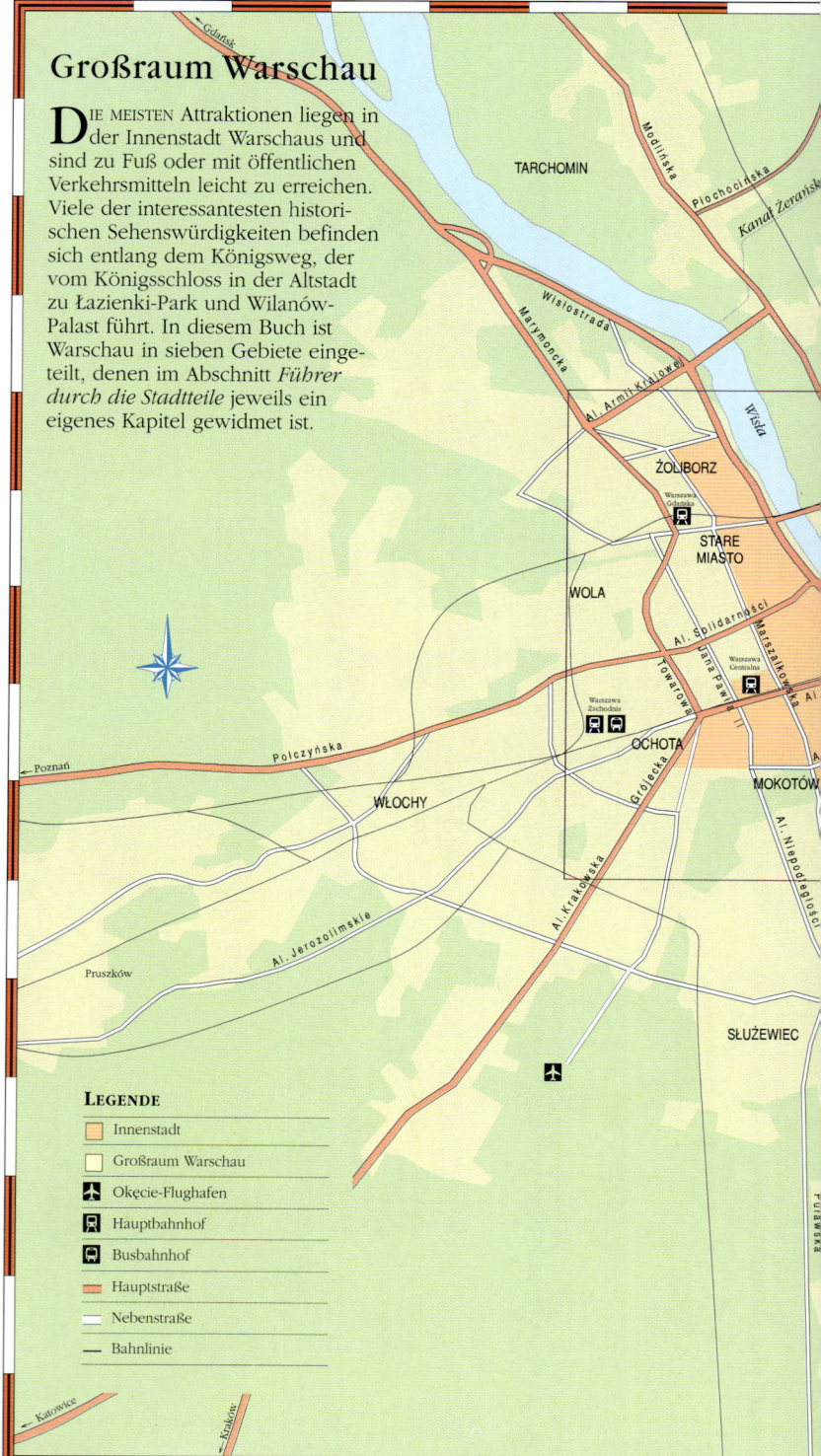

TARCHOMIN

ŻOLIBORZ

STARE MIASTO

WOLA

OCHOTA

MOKOTÓW

WŁOCHY

Pruszków

SŁUŻEWIEC

LEGENDE

	Innenstadt
	Großraum Warschau
✈	Okęcie-Flughafen
🚉	Hauptbahnhof
🚌	Busbahnhof
—	Hauptstraße
—	Nebenstraße
—	Bahnlinie

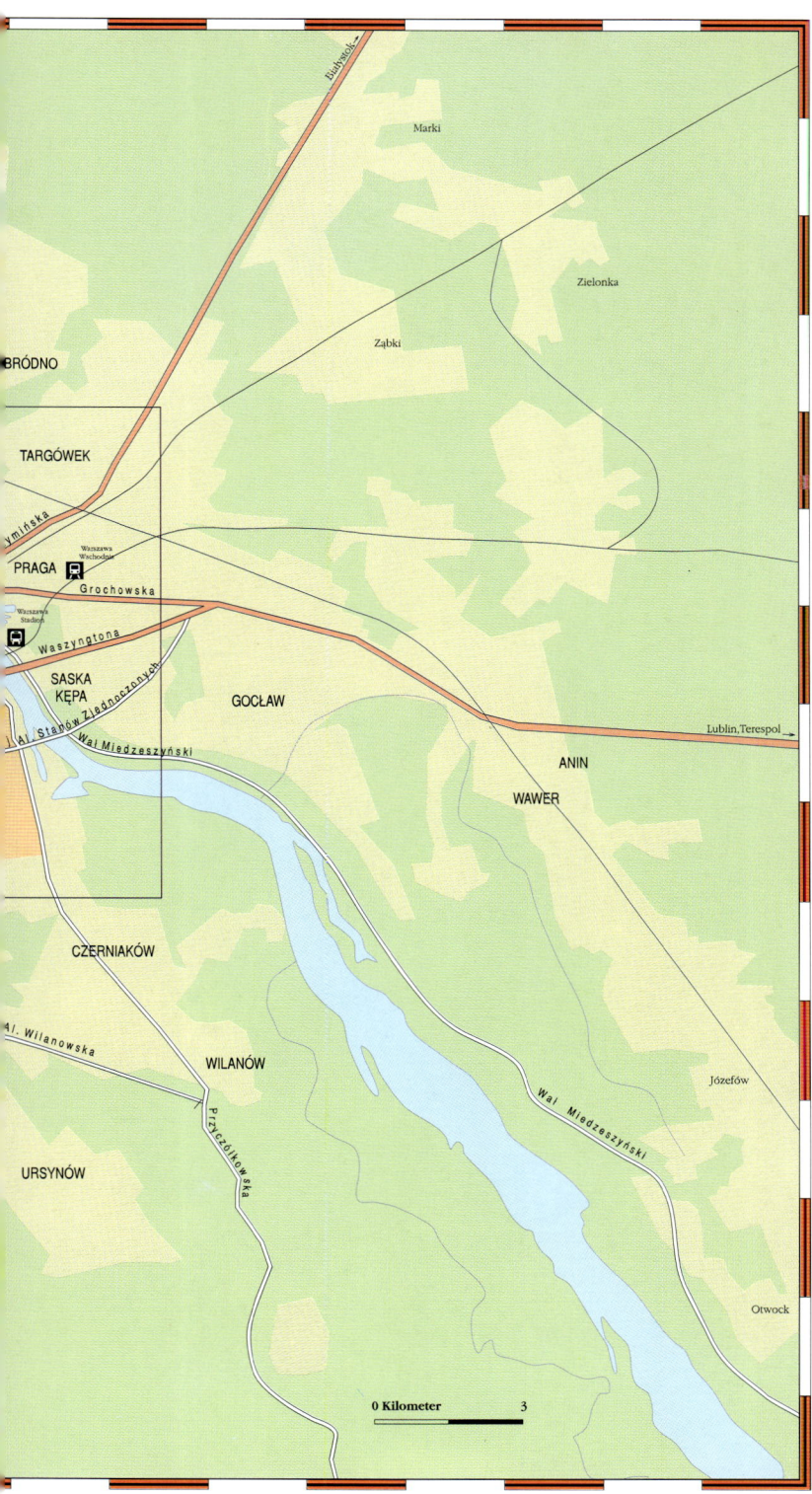

DIE GESCHICHTE WARSCHAUS

WARSCHAU IST EINE der jüngsten Hauptstädte Europas. Erst im 16. Jahrhundert wurde es Polens Regierungssitz, obgleich es hier schon seit dem 10. Jahrhundert Siedlungen gab. Ende des 13. Jahrhunderts errichtete der masowische Fürst Bolesław II. eine Residenz und gründete die heutige Altstadt.

Anfang des 15. Jahrhunderts richtete auch Fürst Janusz I. Starszy seinen Hof in Warschau ein, und im Mittelalter wuchs die Stadt rapide. Zwar war Krakau die Hauptstadt, doch Warschau blieb Sitz der masowischen Fürsten. Als die Dynastie 1526 ausstarb, übernahm der König die Kontrolle über das Fürstentum.

Aufgrund von Warschaus wachsendem Status und der zentralen Lage der Stadt verlegte man 1569 das Parlament von Krakau nach Warschau. Und als 1596 König Zygmunt III. Wasa hierher umzog, wurde Warschau Hauptstadt. Im 17. Jahrhundert entstanden viele Kirchen und Paläste. Doch 1655 kam das Wachstum der Stadt durch die schwedische Belagerung, »die Flut«, zum Erliegen.

Im späten 18. Jahrhundert, unter Stanisław August Poniatowski, dem letzten polnischen König, entwickelte sich die Stadt weiter, doch 1785 wurde sie von Preußen besetzt. Im Jahr 1815 kam sie unter russische Kontrolle. Die Niederschlagung der Aufstände von 1830 und 1863 gegen Russland schwächten Warschau zwar politisch, nicht jedoch wirtschaftlich. Vor dem Ersten Weltkrieg war es die achtgrößte Stadt Europas.

Nach dem Krieg wurde Warschau Hauptstadt des wieder unabhängigen Polen. Im Zweiten Weltkrieg erlebte die Stadt drei dramatische Ereignisse: die Belagerung vom September 1939, den Aufstand im jüdischen Ghetto 1943 und den Warschauer Aufstand 1944. Nach diesem letzten Aufstand zerstörten die Nationalsozialisten systematisch das gesamte Stadtzentrum. 700 000 Warschauer (fast die Hälfte der Einwohner) wurden in diesem Krieg getötet oder vertrieben.

1945 kamen die Kommunisten an die Macht, und im Zuge eines Wiederaufbauprogramms wurden viele historische Bauwerke in Warschau restauriert. Im Jahr 1989 beendeten die ersten demokratischen Wahlen nach dem Krieg schließlich die kommunistische Ära.

Das Wappen der Stadt Warschau

Ansicht Warschaus aus dem späten 16. Jahrhundert

◁ **König Stanisław August Poniatowski, gemalt von Marcello Bacciarelli**

Könige und Herrscher

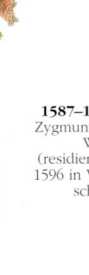

WARSCHAU WAR einst der Sitz der masowischen Fürsten, Abkömmlingen der polnischen Piasten-Dynastie. Anfang des 15. Jahrhunderts machte Fürst Janusz I. Starszy Warschau zur masowischen Hauptstadt. 1526 jedoch, als die letzten beiden Fürsten gestorben waren, kam Masowien unter die Herrschaft des Königs, und Warschau wurde Residenz der Jagiellonen-Dynastie. Im Jahr 1596, unter König Zygmunt III. Wasa, dem dritten gewählten König nach der Abschaffung des Erbrechts, wurde Warschau Kapitale des polnischen Staates. Zygmunt und seine Nachfolger schmückten die Stadt mit architektonischen Meisterwerken. Die Monarchie fand mit dem Verlust der polnischen Unabhängigkeit im späten 18. Jahrhundert ein Ende, und fortan herrschten Besatzermächte in Polen. Von 1918 bis 1939 – und wieder seit 1989 – regierten Polens Präsidenten von Warschau aus.

1587–163:
Zygmunt I
Wa
(residiert a
1596 in Wa
scha

1518–26
Janusz III.

1429–54
Bolesław IV.

1313–41
Trojden I.

1576–86
Stefan Batory*

1294–1313
Bolesław II.

1341–55
Kazimierz I.

1573–75
Henryk
Walezy*

1488–92
Janusz II.

1200	1300	1400	1500
MASOWISCHE FÜRSTEN			**JAGIELLONE**
1200	1300	1400	1500

1548–72
Zygmunt
August*

1355–74
Siemowit III.

1471–88
Bolesław V.

1518–24
Stanisław I.

1374–1429
Janusz I. Starszy

1492–1503
Konrad III. Rudy

Masowische Fürsten

1506–48
Zygmunt Stary*
(regierte Masowien
ab 1526)

1503–18
Anna Radziwiłł
(Konrads Witwe)

*Residenz in Krakau

532–48
Władysław IV.
Wasa

1764–95
Stanisław
August
Poniatowski

1926–39
Ignacy Mościcki

1922–26
Stanisław
Wojciechowski

1947–56
Bolesław Bierut

1697–1706
und
1709–33
August II.
Mocny

1669–73
Michał Korybut
Wiśniowiecki

1918–22
Józef Piłsudski,
Staatsoberhaupt

1989–90
Wojciech
Jaruzelski

1704–09 und
1733–36
Stanisław
Leszczyński

1815–25
Zar Alexan-
der I., König
von Polen**

1881–1894
Alexander III.**

	1700		**1800**		**1900**	
HLTE KÖNIGE				**ROMANOWS**		**PRÄSIDENTEN**
	1700		**1800**		**1900**	

1796–1807
Preußen

1674–96
Jan III. Sobieski

1855–81
Alexander II.**

**9.–16. Dezember
1922**
Gabriel Narutowicz

1807–15
Fryderyk
August Saski

1825–55
Zar Nikolaus I.,
König von
Polen bis 1831

1915–18
Deutsche
Besatzung

1648–68
Jan II. Kazimierz Wasa

1894–1915
Nikolaus II.**

1990–95
Lech Wałęsa

****Residenz in St. Petersburg

1733–63
August III.

seit 1995
Aleksander
Kwaśniewski

Warschaus Ursprünge

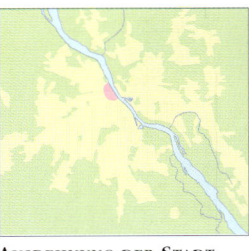

AUSDEHNUNG DER STADT
- um 1500
- heute

OBGLEICH SCHON FRÜHER Siedlungen an dieser Stelle existierten, glaubt man, dass Warschau Ende des 13. Jahrhunderts gegründet wurde, als Fürst Bolesław II. eine Burg baute. Die Stadt wuchs unter Fürst Janusz I. Starszy (1374–1429) zum religiösen und kulturellen Zentrum Masowiens heran, und die Pfarrkirche (heute Johanneskathedrale, *siehe S. 76f)* bekam Kollegiatsstatus. Häuser errichtete man anfangs aus Holz, später dann aus Stein. Im späten 14. Jahrhundert entstand nördlich der Altstadt die Neustadt, die 1408 eine eigene Gemeinde wurde.

Warschaus Meerjungfrau

Presbyterium der Johanneskathedrale
Das älteste gotische Bauwerk (erste Hälfte des 14. Jh.) in der Stadt.

Blick auf Warschau von der Weichsel *(1581)*
Die älteste erhaltene Abbildung Warschaus, ein Holzschnitt, zeigt seine gotische Skyline.

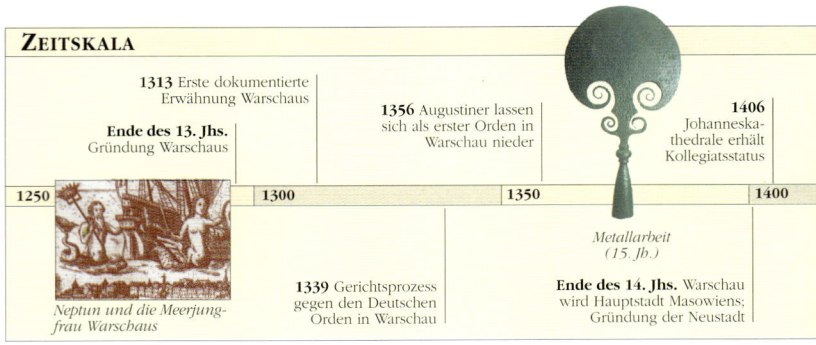

ZEITSKALA

1313 Erste dokumentierte Erwähnung Warschaus

Ende des 13. Jhs. Gründung Warschaus

1356 Augustiner lassen sich als erster Orden in Warschau nieder

1406 Johanneskathedrale erhält Kollegiatsstatus

| 1250 | 1300 | 1350 | 1400 |

Metallarbeit (15. Jh.)

Neptun und die Meerjungfrau Warschaus

1339 Gerichtsprozess gegen den Deutschen Orden in Warschau

Ende des 14. Jhs. Warschau wird Hauptstadt Masowiens; Gründung der Neustadt

Gotisches Portal
Der Torbogen gehört zum Gebäude Nr. 21 am Altstädter Markt.

Fürstin Anna Odrowąż
Masowische Fürstin (1498 bis ca. 1557).

WARSCHAUS LEGENDEN

Der Dichter Artur Oppman (bekannt als Or-Ot), im 19. Jahrhundert Bürger der Altstadt, schrieb zahlreiche Legenden nieder. Eine davon führt den Namen der Stadt auf die ursprünglichen Landbesitzer, Wars und Sawa, zurück. Eine andere erzählt von einer Meerjungfrau, die in der Weichsel lebte und die Stadt beschützte, während ein grausames Monster die Schätze im Gewölbe des Zapiecek-Platzes bewachte. Der Blick des Monsters war tödlich, doch ein Schusterlehrling bändigte es schließlich. Und eine goldene Ente wachte einst über einen Schatz unter dem Ostrogski-Palast.

Kanonikus Stanisław von Strzelec
Der Geistliche der letzten masowischen Fürsten wurde 1532 in der Kathedrale beigesetzt.

MASOWISCHE FÜRSTEN
Das Miniaturfragment von 1449 zeigt masowische Fürsten des 14. und 15. Jahrhunderts.

Fürstliches Siegel
Das von Fürst Konrad II. (1252–94) benutzte Siegel befindet sich im Archiv des Raczyński-Palasts (siehe S. 92).

Silberhahn
Dieses Symbol der Schützenbruderschaft wurde im Auftrag des Warschauer Aristokraten Jan Baryczka Mitte des 16. Jahrhunderts angefertigt.

(siehe S. 92).

-29 Tod von Fürst Janusz I. Starszy

1454 Bauarbeiten an St.-Anna-Kirche und Bernhardinerkloster beginnen

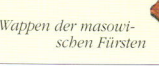

Schloss und Schlüssel aus der Gotik

1569 Parlament zieht von Krakau nach Warschau

1573 Erste Königswahl in Warschau

1450	1500	1550	1600

1469 Der 100 Jahre zuvor gegründete Jüdische Rat wird autonom

1526 Tod des letzten masowischen Fürsten Janusz III.

Wappen der masowischen Fürsten

Warschau in der Wasa-Periode

Porträt von König Władysław IV.

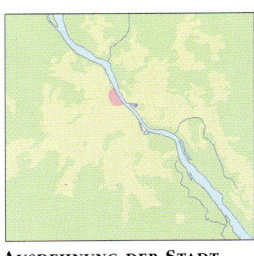

AUSDEHNUNG DER STADT

 1650   ☐ heute

IM JAHR 1596, ALS König Zygmunt III. Wasa die Königsresidenz von Krakau nach Warschau verlegte und es zur Hauptstadt deklarierte, brach eine neue Ära an. Berühmte italienische Architekten bauten das Schloss aus und fügten mehrere frühbarocke Bauten hinzu. Der Hof wurde intellektuelles Zentrum Mitteleuropas und brachte zahlreiche Adelsfamilien und Mönchsorden in die Stadt. Und nach den schweren Verlusten durch die schwedische Invasion von 1655 folgten umfassende Wiederaufbauarbeiten.

Ossoliński-Palast
Der 1641 für die Ossoliński-Familie erbaute Palast, die extravaganteste und luxuriöseste Residenz in der Stadt, wurde 1655 zerstört.

Jesuitenkirche der Gnadenreichen Muttergottes
Die 1609–26 gebaute Kirche hat eine elliptische Kuppel.

Königin Cecilia Renata
Cecilia Renata (1611–44) war die erste Gemahlin von König Władysław IV. Wasa

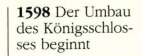

Detail von Nr. 28 am Altstädter Markt

ZEITSKALA

Waffe aus der Wasa-Epoche im Polnischen Militärmuseum (siehe S. 152)

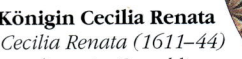

1598 Der Umbau des Königsschlosses beginnt

1600	1615

1596 Die Köngisresidenz wird von Krakau nach Warschau verlegt

1597 Jesuiten lassen sich in Warschau nieder

1611 Zygmunt III. Wasa hält triumphalen Einzug in Warschau

1607 Großbrand in der Altstadt

Stockholm-Rolle
Die mehrere Meter lange Rolle (17. Jh.) zeigt die Hochzeitsprozession von König Zygmunt III. Wasa.

DAS WARSCHAU DER WASAS

Das Meisterwerk dieser Epoche ist das nach dem Zweiten Weltkrieg wieder aufgebaute Königsschloss *(siehe S. 70ff)*, in dem mehrere Königsporträts aus jener Zeit hängen *(siehe unten)*. Auch der Ujazdowski-Palast *(siehe S. 159)* und einige Bürgerhäuser wie das »Haus des schwarzen Knaben« *(siehe S. 79)* stammen aus jener Ära. Und zu den Kirchen des Frühbarock gehören die Jesuitenkirche *(siehe S. 74)* und St. Jacek *(siehe S. 88)*.

Porträts von *Zygmunt III. Wasa, Władysław IV. und Jan Kazimierz im Königsschloss.*

PANORAMA WARSCHAUS

Dieses Mezzotinto, das Samuel Pufendorf 1696 veröffentlichte, basiert auf Zeichnungen von Erik Jönsen Dahlbergh, dem Hofzeichner des schwedischen Königs Karl Gustav. Es zeigt Warschaus Barockbauten vor der Schwedeninvasion 1655.

König Zygmunt III. Wasa
Die »Sigismundsäule« von 1644 ist Polens ältestes weltliches Monument.

Manieristisches Portal von 1633
Dieses gehört zu den schönsten Toren am Altstädter Markt.

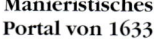

1625–26 Schlimmste Pestzeit

1632 Tod von König Zygmunt III. Wasa

1637 Eröffnung des ersten Theaters im Königsschloss

1644 Die Sigismundsäule wird errichtet

1648 Tod von Władysław IV. Wasa

1655 Schwedische Belagerung

Das Familienwappen der Wasas

1630 **1645** **1660**

Typische Warschauer Bürger

Warschau nach der schwedischen Belagerung

Nach der verheerenden schwedischen Invasion von 1655 baute man die Stadt wieder auf. Der kurzen Regierungszeit von König Michał Korybut Wiśniowiecki, nach der Abdankung von Jan II. Kazimierz Wasa 1669 gewählt, folgte jene von Jan III. Sobieski, einem Kunstmäzen, dessen Wahl 1674 eine neue Ära einläutete. Polens politische Achtung stieg, nicht zuletzt wegen des Sieges über die Türken 1683 in Wien.

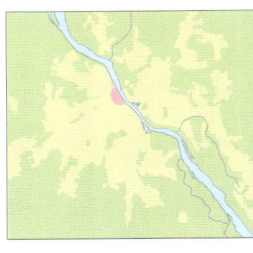

AUSDEHNUNG DER STADT

▪ *1655–1700*   ▫ *heute*

**Monument für
Jan III. Sobieski**

Tagesanbruch
*Jan Reisner
malte dieses
Werk an die
Zimmerdecke
des Königin-
nengemachs
in Wilanów.*

Krasiński-Palast *(1677–82)
Der niederländische Hofarchitekt
Tylman van Gameren, einer von
vielen berühmten Baumeistern, die
Jan III. Sobieski nach Warschau
rief, entwarf diesen Palast.*

**Feld-Hetman (Ober-
befehlshaber) Stefan
Czarniecki**
*Er trug zum Sieg
Polens über Schwe-
den 1655–57 bei.*

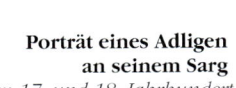

**Porträt eines Adligen
an seinem Sarg**
*Im 17. und 18. Jahrhundert
wurden in Polen vor der Be-
stattung Porträts der Verstorbenen am Sarg angebracht.*

ZEITSKALA

1661 *Merkuriusz Polski*, die erste polnische Zeitschrift, wird erstmals in Warschau gedruckt

1668 Jan II. Kazimierz Wasa, letztes Mitglied der Wasa-Dynastie, dankt ab

1674 Jan III. Sobieski wird gewählt

1677 Bau de[s] Wilanów-Palast[es]

| 1665 | 1670 | 1675 |

*Urne am
Ostrogski-Palast*

*Fassadendetail des
Wilanów-Palastes*

Königin Marysieńka

Die hier mit ihren Kindern dargestellte Marysieńka war die geliebte Frau von Jan III. Sobieski.

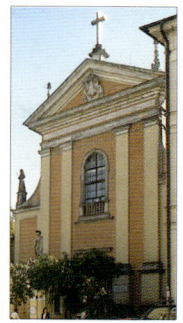

Kapuzinerkirche der Verklärung

Jan III. Sobieski stiftete die Kirche als Dank für seinen Sieg über die Türken in der Schlacht bei Wien 1683.

Kuppel der Antoniuskirche

Diese Kirche in der Czerniakowska-Straße wurde 1687–93 nach Entwürfen Tylman van Gamerens errichtet.

DAS WARSCHAU VON JAN III. SOBIESKI

Neben dem Wilanów-Palast *(siehe S. 168ff)* stammen auch andere Bauten in Warschau aus jener Zeit, darunter der Krasiński-Palast *(siehe S. 102)*, der Ostrogski-Palast *(siehe S. 123)* und die Kirche St. Kasimir *(siehe S. 90)*, die alle der Hofarchitekt Tylman van Gameren entwarf.

*Im **Ostrogski-Palast** ist heute das Frédéric-Chopin-Museum (siehe S. 123) untergebracht*

Husarenrüstung

Die polnischen »geflügelten Husaren« hatten ihre größten Triumphe im 17. Jahrhundert.

WILANÓW-PALAST (1677)

Die von malerischen Gärten umgebene Sommerresidenz von König Jan III. Sobieski wurde nicht für offizielle Zwecke genutzt.

Rüstung aus dem 17. Jahrhundert

Hochaltar in der Antoniuskirche

1680	1685	1690

1683 Sieg über die Türken in der Schlacht bei Wien

1692 Beginn der Bauarbeiten am Marywil, einem überdachten Markt, gestiftet von Königin Marysieńka

Die Sachsen in Warschau

I N DER ERSTEN HÄLFTE des 18. Jahrhunderts wurden zwei Sachsen aus der Wettiner-Dynastie zu Königen Polens gewählt: August II. der Starke und August III. Sie brachten von ihrem Hof in Dresden die besten sächsischen Baumeister und Handwerker nach Warschau, wo sie Barock- und Rokokogebäude schufen. Doch die Monarchen hielten sich zumeist in Dresden auf und zogen Polen in einige nutzlose Kriege.

AUSDEHNUNG DER STADT

1750	heute

Rokokosekretär

Das schöne Exponat (18. Jh.) des Nationalmuseums (siehe S. 154ff) ist mit mythologischen Szenen bemalt und hat einen Uhrenaufbau.

Meißner Porzellan

Die Sachsenkönige brachten als Erste Meißner Porzellan nach Polen; diese Figur befindet sich im Königsschloss (siehe S. 70ff).

König August II. der Starke

Hofmusiker

Öffentlicher Pavillon

Armeelager

Schärpe

Schärpen gehörten zur traditionellen Kleidung polnischer Aristokraten. Diese Schärpe kann man im Nationalmuseum sehen.

Sächsische Achse

August II. der Starke ließ sich vom Versailles Ludwigs XIV. zu einer extravaganten Residenz mit Gärten inspirieren. Sie war Teil des Stadtentwurfs »Sächsische Achse«.

ZEITSKALA

1697 August II. wird zum König Polens gewählt

1704 Stanisław Leszczyński wird zum König Polens gewählt

Munitionskästchen eines Kavallerieoffiziers

1727 Der Sächsische Garten wird Warschaus erster öffentlicher Park

1690	1700	1710	1720

1702 Ausbruch des Nordischen Krieges

1713 Erbauung der Sächsischen Achse beginnt

1709 August II. der Starke wird erneut König

Panorama Warschaus

Anna Orzelska

August II. der Starke schenkte seiner Tochter Anna den Błękitny-Palast (Blauen Palast), weil Blau ihre Lieblingsfarbe war (siehe S. 106).

SÄCHSISCHE ARCHITEKTUR IN WARSCHAU

Viele sächsische Gebäude wie mehrere Paläste und Kirchen an der Krakowskie Przedmieście *(siehe S. 112ff)* und an der Senatorska-Straße wurden nach dem Zweiten Weltkrieg umgebaut.

*Den **Przebendowski-Radziwiłł-Palast** entwarf Jan Zygmunt Deybel 1728 für den Schatzmeister Augusts II.* (siehe S. 103).

Kulawka

Ein Kulawka-Weinglas mussten Gäste immer in einem Zug leeren, da man es nur umgekehrt abstellen konnte.

Der Standartenträger führte die Prozession an

Polnische Soldaten

Infanterie- und Kavallerieflaggen

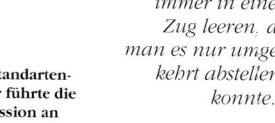

Kanzel in der St.-Joseph-Kirche

Die bootförmige Kanzel (1760) von Jan Jerzy Plersch symbolisiert die Lehrfunktion der Kirche.

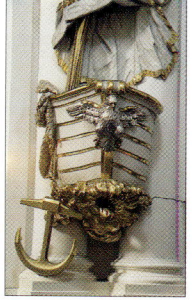

Personifikation der Poesie

Dies ist eine der Skulpturen im Sächsischen Garten aus der Werkstatt Jan Jerzy Plerschs. Die entblößten Brüste stehen für die Fruchtbarkeit poetischer Vorstellungskraft.

POLNISCHE UND SÄCHSISCHE REGIMENTER

Die Militärschau auf den Czerniaków-Feldern 1732 ehrte Anna Orzelskas Rückkehr nach Polen nach ihrer großen Europareise.

1736 Abdankung von Stanisław Leszczyński, gefolgt von der Wahl Augusts III.

Rokoko-Wappen

1756 Ausbruch des Siebenjährigen Krieges

1740 Gründung des Collegium Nobilium

1740	1750	1760

1733 Tod von August II. dem Starken. Stanisław Leszczyński wird zum König gekrönt

1748 Baubeginn am ersten Opernhaus der Stadt

1763 Tod von August III.

Rokoko-Kommode

Warschau unter dem letzten Polenkönig

POLENS LETZTER KÖNIG, Stanisław August Poniatowski, ein Ästhet und Kunstmäzen, machte Warschau zu einem Kulturzentrum Europas. Er hatte jedoch die Aristokratie gegen sich, was Polen verwundbar machte, und auf Grund von Polens geringer militärischer Macht konnten Preußen, Russland und Österreich das Land unter sich aufteilen.

Das königliche Wappen

AUSDEHNUNG DER STADT

▮ *1770*   ▯ *heute*

Hugo Kołłątaj
Der prominente Intellektuelle der polnischen Aufklärung war an der Verfassung von 1791 beteiligt.

Auf dem Wahlfeld
stand auch der Thron des künftigen Königs.

Verfassung von 1791
Diese Menschenrechtsurkunde, am 3. Mai ratifiziert, war die erste in Europa.

Rittersaal im Königsschloss
Der König ließ diesen Saal wie den ganzen ersten Stock des Schlosses im klassizistischen Stil umdekorieren.

Der Woiwode (Landeshauptmann) von Płock übergibt dem Vorsitzenden des Sejm (Parlaments) das Votum seiner Region.

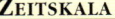

ZEITSKALA

Detail des Theaters auf der Insel im Łazienki-Park

1764 Stanisław August Poniatowski wird auf den Thron gewählt

1770 Straßennamen werden festgelegt

1772 Umgestaltung des Wasserpalastes im Łazienki-Park

1760   1770

1765 Gründung der Militärakademie

1772 Erste Teilung Polens

1773 Einführung eines Erziehungsministeriums

Bacchus-Raum des Wasserpalastes im Łazienki-Park

1779 Eröffnung des Nationaltheaters

König Stanisław August Poniatowski
Das Porträt zeigt den König in Gedanken versunken – es entstand wenige Monate vor der zweiten Teilung Polens 1793.

DAS WARSCHAU PONIATOWSKIS

Łazienki-Park und -Palast mit der Alten Orangerie *(siehe S. 162ff)* sind Meisterwerke des Neoklassizismus. Ähnliche Paläste stehen an Krakowskie Przedmieście *(siehe S. 118ff)*, Długa-Straße *(siehe S. 102)* und Senatorska-Straße *(siehe S. 106f)*.

Hoftheater in der Alten Orangerie

Jede Region hatte ihre eigene Flagge.

Theater auf der Insel
Die Antike war wieder modern, und so ließ der König im Łazienki-Park ein Theater mit Ruinen als feste Kulisse erbauen.

Tadeusz Rejtan
Aus Protest gegen die Teilung von 1772 versperrte das Parlamentsmitglied die Tür zur Abgeordnetenkammer.

KÖNIGSWAHL
Seit 1573 wählten die Aristokraten den König. Bernardo Bellotto malte die Wahl von Stanisław August Poniatowski im Jahr 1764.

Kutsche eines Adligen (18. Jh.)

1794 Kościuszkos Aufstand

1795 Dritte Teilung Polens. König Stanisław August Poniatowski dankt ab

1789 Delegierte der polnischen Städte initiieren die »Schwarze Prozession«

1793 Zweite Teilung Polens

1798 Stanisław August Poniatowski stirbt

1790　　　　　　　　　　　　　　　　**1800**

1788 Erste Sitzung des »Vierjährigen Sejm«

1791 Verfassung ratifiziert

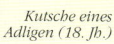

1784 Einführung von Hausnummern

Jean-Pierre Norblins Hinrichtung von Verrätern

Die polnischen Teilungen

EINE DER SCHWERSTEN ZEITEN erlebte Warschau Ende des 18. Jahrhunderts, als Österreich, Preußen und Russland Polen unter sich aufteilten. Hoffnungen, mit Napoleons Hilfe die Unabhängigkeit zurückzugewinnen, erwiesen sich als illusorisch. Im Gegenteil: Aufstände hatten strengere russische Kontrolle und die Schließung akademischer und kultureller Institutionen zur Folge. Dennoch war dies eine Zeit industriellen Wachstums.

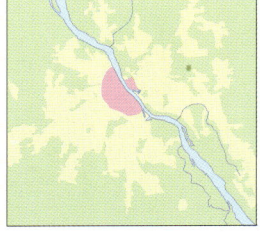

AUSDEHNUNG DER STADT

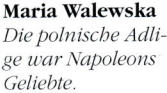

■ *1850*   □ *heute*

Maria Walewska
Die polnische Adlige war Napoleons Geliebte.

Napoleon gewährt dem Großherzogtum Warschau eine Verfassung
Napoleon beflügelte kurze Zeit die Hoffnungen Polens auf Unabhängigkeit.

Personifizierung Polens

Katharina die Große von Russland

DAS GETEILTE POLEN

Polens Nachbarmächte Russland, Preußen und Österreich teilten das vereinigte Königreich unter sich auf. In einer zeitgenössischen Karikatur streiten Katharina die Große von Russland und Friedrich Wilhelm II. von Preußen um die Beute nach der ersten Teilung 1772.

Piotr Wysocki
Am 29. November 1830 führte er einen Angriff von Offizierskadetten auf die Residenz des Großherzogs Konstantin an. Dieser leitete den erfolglosen Novemberaufstand ein.

ZEITSKALA

1796 Die preußische Armee fällt in Warschau ein	**1800** Antrittssitzung der Gesellschaft der Freunde der Wissenschaft in Warschau	**1815** Warschau wird Hauptstadt eines polnischen Königreichs unter dem russischen Zaren	**1830** Novemberaufstand
			1832 Nach dem Aufstand von 1830 bauen die Russen eine Zitadelle
1775	**1800**	**1825**	
	1807 Gründung des Großherzogtums Warschau	**1816** Eröffnung der königlichen Universität Warschaus	**1825** Beginn der Bauarbeiten am Großen Theater
Soldaten der napoleonischen Ära			**1845** Eröffnung des ersten Abschnitts der Bahnlinie Warschau–Wien

Marszałkowska
*Die breite Straße mit mehr-
stöckigen Gebäuden
war im Warschau des
19. Jahrhunderts die
Hauptverkehrsader.*

Henryk Sienkiewicz
*Für seinen Roman
über das alte Rom,
Quo Vadis, erhielt er
1905 den Nobelpreis.
Bekannter sind aber
seine Romane über
polnische Geschichte.*

DAS WARSCHAU DER TEILUNGEN

Die Marschall-Straße hat ihr einstiges Gesicht verloren, doch die Architektur zur Zeit der Teilungen im 19. Jahrhundert ist noch in der Ulica Lwowska (siehe S. 137) und Aleje Jerozolimskie (siehe S. 136) zu sehen, ebenso an den Palästen und Villen an der Aleje Ujazdowskie (siehe S. 150).

*Die **Villa Sobański** steht an der Ujazdowskie-Allee.*

Reklame für Okocim-Bier
*Das Original malte Woj-
ciech Kossak auf Blech.*

**König Friedrich Wil-
helm II. von Preußen**

Frédéric Chopin
*Der große Pianist und
Komponist verließ War-
schau 1830 und kehrte
nie zurück.*

Trauerschmuck
*Nach dem Scheitern des Aufstands von
1863 war Polen in Trauer. Die Frauen
trugen sogar speziellen Trauerschmuck.*

*Zachęta-
Gebäude*

1863 Beginn des
Januaraufstands

1905 Polen unterstützen den
Arbeiteraufstand in Russland

1881 Vertrag mit dem Engländer
William Lindley über die Konstruktion eines Abwasser- und Wasserversorgungssystems für die Stadt

*Straßen-
bahn*

1908 Einführung der
elektrischen Straßen-
bahn

50	1875	1900

Großes Theater

1866 Warschau
bekommt von
Pferden gezo-
gene Straßen-
bahnen

*Insignien des Auf-
stands von 1863*

1900 Erbauung des
Philharmonie-
Gebäudes

1915 Die
russische
Armee ver-
lässt War-
schau

Warschau im 20. Jahrhundert

ZWANZIG JAHRE Souveränität endeten 1939 mit der deutschen und später der sowjetischen Besatzung. Die Nationalsozialisten belagerten Warschau über fünf Jahre lang. Die jüdische Bevölkerung erlitt im Ghetto hohe Verluste und wurde schließlich nach dem Ghetto-Aufstand von 1943 ausgerottet; der Warschauer Aufstand im folgenden Jahr wurde ebenso brutal niedergeschlagen. 80 Prozent der Stadt wurden zerstört, doch der Wiederaufbau in der kommunistischen Ära stellte vieles wieder her. 1989 war auch die Zeit des Kommunismus zu Ende.

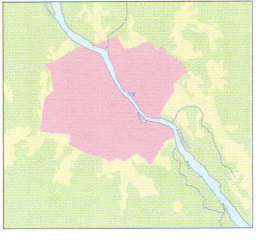

AUSDEHNUNG DER STADT

🟪 *1916*   🟨 *heute*

Warschauer Kaffeehaus
Das Bild von Józef Rapacki fängt das farbenfrohe Leben zwischen den Kriegen ein.

Panzer auf der Puławska-Straße
Die Kommunisten reagierten im Dezember 1981 auf die Gründung der Solidarność mit der Ausrufung des Kriegsrechts.

Józef Piłsudski
Marschall Piłsudski führte die polnische Armee an, die das Land 1918 befreite. Er wurde das erste Oberhaupt eines souveränen polnischen Staates.

Warschauer Aufstand
1944 versuchte die polnische Heimatarmee, die Stadt von den Nazis zu befreien.

ZEITSKALA

1918 Befreiung Warschaus aus deutscher Hand

1920 Polen besiegt im August in der Schlacht von Warschau die Sowjetunion

1939 Am 28. September fallen die Deutschen ein

1944 Am 1. August beginnt der Warschauer Aufstand

1955 Welt-Jugendfestival

1915	1930	1945	1

1915 Wiedereröffnung der Universität Warschaus

Flieger-denkmal

1926 Staatsstreich Marschall Piłsudskis

1940 Juden werden ins Ghetto gesperrt

1945 Die Rote Armee befreit Warschau im Januar

1943 Am 19. April bricht der Ghetto-Aufstand los

1956 Władysław Gomułka kommt nach einer Revol an die Mach

Baśka Orwid
*Der Filmstar der
30er Jahre in
einem Kleid,
das bei einem
Ball ausge-
zeichnet wurde.*

Der Bergmann
*In der kommu-
nistischen Ära
entstand auch
ein neuer Stil in
der Kunst: der
sozialistische
Realismus.*

Johannes Paul II. 1987
*Der polnische Papst feierte im
Palast für Kultur und Wissen-
schaft 1987 eine Messe.*

SOZIALISTISCHER REALISMUS

Die Prinzipien des sozialistischen
Realismus entstanden in der
Sowjetunion Stalins. Der Stil
wurde in Nachkriegspolen bis
Mitte der 50er Jahre in Architektur, bildenden Künsten und Literatur angewandt. Die Helden der
Werke waren Partei-Apparat-
schiks, stramme Landfrauen und
muskulöse Arbeiter, wie in dem
im Nationalmuseum *(siehe S.
154ff)* ausgestellten Bild unten.
Zu den architektonischen Werken des sozialistischen Realismus
(siehe S. 132f) gehört der Palast
für Kultur *(siehe S. 134f)*, der
gigantische Baukunst mit kolos-
salen Skulpturen und Wandgemälden kombiniert.

**Jugendbrigade bei Wiederauf-
bauarbeiten**, *Helena Krajewska*

WARSCHAU 1945
Nach dem Zweiten Welt-
krieg waren die Warschauer
mit schlimmen Verwüs-
tungen konfrontiert.

**Plakat des 5. Inter-
nationalen Chopin-
Klavier-Wettbewerbs**
*Der Chopin-Wettbewerb
wird seit 1927 alle fünf
Jahre ausgetragen.*

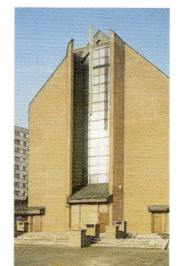

Kirche in Stegny
*Moderne Kirchen sind
ein Wahrzeichen polni-
scher Avantgarde-Archi-
tektur.*

SOLIDARNOŚĆ

Solidarność-Emblem

1968 Im März finden
Studentendemonstra-
tionen statt

1976 Gründung des
Arbeiterschutzkomitees

1981 Am 13. Dezem-
ber wird das Kriegs-
recht ausgerufen

1991 Erste demokrati-
sche Präsidentenwahl

1999 Polen wird
NATO-Mitglied

1975

1990

1989 Gespräche zwischen Regierung und
Solidarność über Polens Zukunft

1984 Ermordung des oppositionellen Priesters Jerzy Popiełuszko

1980 Am 10. November wird die Gewerkschaft
Solidarność am Warschauer Gerichtshof registriert

Syrena-Wagen (60er Jahre)

WARSCHAU IM ÜBERBLICK

WARSCHAUS ZAHLREICHE Paläste, Museen, Monumente und Gotteshäuser überspannen mehrere Epochen und Architekturstile – Gotik, Renaissance, Barock, Rokoko, Neoklassizismus, Sezession und sozialistischer Realismus sind vertreten. Der Abschnitt *Führer durch die Stadtteile* listet fast 140 Sehenswürdigkeiten auf, die zumeist im Zentrum oder in dessen Nähe liegen. Auf den folgenden Seiten sind die Hauptattraktionen Warschaus, die den Charakter der Stadt vermitteln – von verspielt-romantisch bis kolossal und modern –, beschrieben. Bei jeder Sehenswürdigkeit wird auf die Stelle im Buch hingewiesen, wo sie eingehend dokumentiert ist. Dort finden Sie auch Informationen über die berühmtesten Bewohner, die internationale Anerkennung erlangten. Die zehn bedeutsamsten Attraktionen der Stadt sind unten abgebildet.

ZEHN HAUPTATTRAKTIONEN VON WARSCHAU

St.-Anna-Kirche
Siehe S. 116

Königsschloss
Siehe S. 70ff

Nationalmuseum
Siehe S. 154ff

Johanneskathedrale
Siehe S. 76f

Altstädter Markt
Siehe S. 78f

Palast für Kultur und Wissenschaft
Siehe S. 134f

Großes Theater
Siehe S. 110f

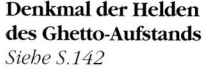

Denkmal der Helden des Ghetto-Aufstands
Siehe S.142

Wilanów-Palast und -Park
Siehe S. 168ff

Łazienki-Park und -Paläste
Siehe S. 162ff

◁ **Der Wasserpalast im Łazienki-Park**

Berühmte Emigranten

Helena Modrzejewska (1840–1909)
Ehe sie in die USA auswanderte, feierte sie am Teatr Rozmaitości (Varieté-Theater, siehe S. 111) triumphale Erfolge.

IN WARSCHAU lebten zahlreiche Berühmtheiten, darunter Schriftsteller, Musiker und Wissenschaftler. Doch die Teilungen Polens, die beiden Weltkriege und die kommunistische Ära schufen politische Situationen, die der Entfaltung ihrer Talente hinderlich waren. Viele emigrierten in jenen Zeiten und erlangten internationale Anerkennung – ihre polnischen Wurzeln blieben oftmals unbekannt.

Isaac Bashevis Singer (1904–91)
Der polnische Jude lebte mehrere Jahre in der Ulica Krochmalna. 1978 wurde ihm der Literaturnobelpreis verliehen.

Ignacy Paderewski (1860–1941)
Der Komponist, Pianist und Politiker leitete das erste Konzert der Warschauer Philharmonie (siehe S. 131).

Ehemaliges jüdisches Ghetto

Czesław Miłosz (geb. 1911)
Der Dichter, Übersetzer und Nobelpreisträger lebte 1937–44 in Warschau. Die ersten zwei Jahre arbeitete er für den Rundfunk in der Ulica Zielna.

Joseph Conrad (1857–1924)
Joseph Conrad war das Pseudonym des Romanautors Teodor Józef Korzeniowski. Ehe er 1884 nach England ging, wohnte er in der Nowy Świat Nr. 47 (siehe S. 124).

0 Kilometer   1

Roman Polański (geb. 1933)
Der Schauspieler und Regisseur kam in Paris zur Welt und wuchs in Polen auf. Am bekanntesten sind seine Filme Rosemarys Baby *und* Tess, *doch er inszenierte auch* Amadeus *am Warschauer Wola-Theater.*

Marie Skłodowska-Curie (1867–1934)
Die in der Neustadt gebo-rene Wissenschaftlerin erlangte in Paris interna-tionale Anerkennung und bekam zweimal den Nobelpreis (siehe S. 90).

Pola Negri (1896–1987)
Eigentlich hieß der Holly-wood-Stumm-filmstar Apolonia Chałupiec. Sie wohnte in der Ulica Browarna Nr. 11.

Jan Kiepura (1902–66)
Die Weltkarriere des Tenors begann am hiesigen Großen Theater (siehe S. 110f).

Altstadt

Der Königsweg

Um die leja Soli-darność

Papst Johannes Paul II. (geb. 1920)
Bevor er nach Rom ging, wo er am 16. Oktober 1978 zum Papst gewählt wurde, wohnte er bei den Ursulinerin-nen in der Ulica Wiślana 2, wenn er sich in Warschau aufhielt.

Tadeusz Kościuszko (1746–1817)
Er führte den Aufstand von 1794 an, der später nach ihm benannt wur-de. Kościuszko war Absolvent der Ritterakademie (siehe S. 121).

Um die Mar-szałkowska

Um den Łazienki-Park

Frédéric Chopin (1810–49)
Einer der größten Komponisten und Pianisten der Welt wohnte als Kind in der Krakowskie Przedmieś-cie Nr. 5 (siehe S. 121).

Arthur Rubinstein (1886–1982)
Der weltberühmte Pianist studierte am Warschauer Konservatorium (siehe S. 123), ehe er 1906 emigrierte.

Warschaus beste Museen und Galerien

Trotz der Zerstörungen des Zweiten Weltkriegs bietet Warschau eine große Auswahl an Museen und Kunstgalerien. Ihre Sammlungen illustrieren die Geschichte der Stadt und stellen die Werke ihrer Autoren, Künstler und anderen historischen Persönlichkeiten aus. Viele Museumsgebäude sind selbst Kunstwerke. Das Zentrum für zeitgenössische Kunst (Centrum Sztuki Współczesnej) etwa befindet sich im Ujazdowski-Schloss (17. Jh.), das Geschichtsmuseum in mehreren Bürgerhäusern.

Geschichtsmuseum
Die Ausstellungen erzählen die Geschichte der Stadt und ihrer Einwohner.

Museum des Jüdischen Historischen Instituts
Die Sammlung stellt das kulturelle Erbe der polnischen Juden heraus.

Zachęta (Nationalgalerie Zeitgenössischer Kunst)
Polens wichtigste Galerie moderner Kunst ist in einem Neorenaissance-Gebäude von 1903 untergebracht.

Ehemaliges jüdisches Ghetto

Völkerkundemuseum
Hier sieht man Kunsthandwerk aus Polen und anderen Ländern.

Um die Marszałkowska

Nationalmuseum
Warschaus größtes Museum zeigt polnische und andere Kunst, so auch dieses bekannte Gemälde von Józef Mehoffer, Seltsamer Garten (1903).

Frédéric-Chopin-Museum

Zu den Exponaten gehören persönliche Habseligkeiten Chopins und das Originalmanuskript seiner Mazurka in f-moll, opus 68 Nr. 4.

Literaturmuseum

Das Museum zeigt Erinnerungsstücke, Manuskripte und rekonstruierte Zimmer von Polens berühmtesten Schriftstellern, darunter Melchior Wańkowicz' Arbeitszimmer.

Frédéric-Chopin-Museum

Altstadt

Polnisches Militärmuseum

Das 1920 auf Betreiben des polnischen Staatsoberhauptes, Marschall Józef Pilsudski, eröffnete Museum erzählt anhand von Waffen und Memorabilien die Geschichte des polnischen Militärs von den Anfängen bis heute.

a die Aleja Solidarności

Der Königsweg

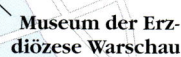

Um den Łazienki-Park

Museum der Erzdiözese Warschau

Zu der kleinen, aber interessanten Sammlung kirchlichen Kunsthandwerks gehört dieses Kreuz aus dem frühen 16. Jahrhundert mit Applikationen aus dem 17. Jahrhundert.

0 Kilometer   1

Zentrum für zeitgenössische Kunst

Neben Ausstellungsflächen gibt es hier Kinos, eine Bibliothek und ein Informationszentrum.

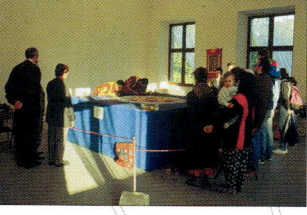

Überblick: Museen und Galerien

Ammonit

DIE UMFANGREICHE Sammlung des National-museums macht es zum interessantesten Museum der Stadt, doch auch ehemalige Residenzen wie das Königsschloss und kleinere, spezialisierte Galerien sind faszinierend.

POLNISCHE GEMÄLDE UND SKULPTUREN

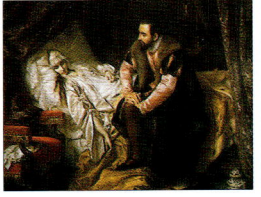

Józef Simmlers *Sterben der Barbara Radziwiłł* im Nationalmuseum

DIE GRÖSSTE Sammlung polnischer Malerei und Bildhauerkunst hat das **Nationalmuseum** (Muzeum Narodowe). Darunter ist eines der berühmtesten polnischen Gemälde, *Die Schlacht von Grunwald* von Jan Matejko (1838–93), dem besten Historienmaler des Landes. Die Galerie für zeitgenössische Kunst zeigt Werke führender Künstler wie Stanisław Wyspiański (1869–1907) und Jacek Malczewski (1854–1929).

Im **Königsschloss** (Zamek Królewski) werden Möbel, Skulpturen, dekorative Kunst und Malerei, darunter Werke Jan Matejkos, gezeigt. Dank der Schenkungen polnischer Emigranten wächst die Sammlung stetig.

Eine faszinierende Ausstellung polnischer Kunst ist in vielen Gebäuden im **Łazienki-Park** zu sehen, vor allem im Wasserpalast (Pałac na Wodzie) und im Weißen Haus (Biały Dom). Und in der Alten Orangerie stehen klassische Skulpturen und Gipsabgüsse inmitten der Grünpflanzen.

Moderne Kunst ist auch im klassizistischen Królikarnia-Palast (Teil des Nationalmuseums) zu besichtigen. Er beherbergt das **Xawery-Dunikowski-Museum**, das sich diesem Bildhauer widmet. Wechselausstellungen moderner Kunst finden im **Zentrum für zeitgenössische Kunst** (Centrum Sztuki Współczesnej) und im **Zachęta** statt. Zu den besten modernen Galerien gehören Test, Zapiecek, Foksal und Kordegarda.

EUROPÄISCHE GEMÄLDE UND SKULPTUREN

Die Auferweckung des Lazarus, Carel Fabritius, Nationalmuseum

WARSCHAUS beste Sammlung europäischer Kunst kann man im **Nationalmuseum** sehen. Darunter sind Werke flämischer, niederländischer, italienischer und deutscher Meister wie Botticelli, Fabritius und Greuze.

Auch das **Königsschloss** hat eine umfangreiche Sammlung europäischer Kunst. Der Canaletto-Saal präsentiert Warschaubilder von Bernardo Bellotto, Schüler und Neffe Canalettos, der den Namen seines Mentors benutzte.

Außerdem gibt es Bilder der Holländer Willem Claesz Heda und Rembrandt, der Franzosen Claude Joseph Vernet und Elisabeth Vigée-Lebrun sowie der Deutschen Hans Dürer,

Maske, Völkerkundemuseum

Joachim von Sandrart und Angelika Kauffmann.

Verschiedene europäische Meister präsentieren auch die Paläste **Wilanów** und **Łazienki**. Die **Johannes-Paul-II.-Sammlung** mit impressionistischen Bildern befindet sich im Gebäude der ehemaligen Bank von Polen.

ARCHÄOLOGISCHE SAMMLUNGEN

POLNISCHE ARCHÄOLOGEN trugen überall auf der Welt zu archäologischen Entdeckungen bei – und die Sammlungen in der Stadt reflektieren dies.

Das **Nationalmuseum** hat viele Exponate altägyptischer, -griechischer und -römischer Kunst. Die außergewöhnlichste Galerie des Museums zeigt jedoch frühmittelalterliche Wandmalereien aus Faras im Sudan. Dies ist die einzige Sammlung ihrer Art in ganz Europa.

Archäologische Funde aus Polen präsentiert das **Archäologiemuseum** (Muzeum Archeologiczne).

Fresko der hl. Anna, unbekannter Künstler, Nationalmuseum

VOLKSKUNST

VOLKSKUNST können Sie im **Völkerkundemuseum** (Muzeum Etnograficzne) sehen. Zur umfangreichen Sammlung gehören polnische Trachten verschiedener Regionen, Artefakte, die das Landleben und die Traditionen illustrieren, und Werke international bekannter polnischer Künstler.

Asiatische und pazifische Volkskunst gehören zur

Sammlung des **Asien-Pazifik-Museums** (Muzeum Azji i Pacyfiku).

KUNSTHANDWERK

POLNISCHES WIE internationales Kunsthandwerk ist im **Nationalmuseum** zu sehen. Verschiedene Ausstellungen über Handwerke präsentiert das **Historische Museum Warschaus** (Muzeum Historyczne m. st. Warszawy).

Eine kleine, aber interessante Sammlung ist im **Museum für Handwerk und Präzisionshandwerk** (Muzeum Rzemiosł Artystycznych i Precyzyjnych) ausgestellt. Lederobjekte sind dagegen im **Museum der Lederhandwerks-Innung** (Muzeum Cechu Rzemiosł Skórzanych) zu sehen.

Ausstellungen über Kunsthandwerk gibt es auch im **Museum** im Wasserpalast im Łazienki-Park, im Königsschloss und im Wilanów-Palast.

Der **Pod-Blachą-Palast** innerhalb des Königsschloss-Komplexes hat die umfangreichste Sammlung orientalischer Teppiche in ganz Europa.

Die Orangerie in Wilanów beherbergt eine Kunsthandwerksgalerie. Und das **Plakatmuseum** (Muzeum Plakatu), in einem ehemaligen Stall ebenfalls in Wilanów, war das erste seiner Art weltweit. Es zeigt Plakate einiger der großartigsten Künstler des 20. Jahrhunderts, darunter Alphonse Mucha, Andy Warhol und Pablo Picasso. Das Museum organisiert auch die Warschauer Plakat-Biennale.

Das **Erzdiözesanmuseum Warschau** (Muzeum Archidiecezji Warszawskiej) präsentiert neben seiner Sammlung religiöser Kunst auch eine Auswahl von Kunsthandwerk.

GESCHICHTE

DAS **Historische Museum Warschaus** dokumentiert die Entwicklung Warschaus

und das Vermächtnis der Bewohner. Das **Polnische Militärmuseum** (Muzeum Wojska Polskiego) innerhalb des Nationalmuseums zeigt eine Sammlung von Militärmemorabilia, die Jahrhunderte der bewaffneten Streitkräfte umfassen.

Das **Museum des Jüdischen Historischen Instituts** (Muzeum Żydowskiego Instytutu Historycznego) behandelt die Geschichte der Warschauer Juden – auch die Ereignisse des Holocaust.

Das **Unabhängigkeitsmuseum** (Muzeum Niepodległości) präsentiert Dokumente über Polens Kampf um Souveränität in den letzten drei Jahrhunderten.

Das **Literaturmuseum** (Muzeum Literatury) stellt Exponate zum Leben und Wirken des romantischen Dichters Adam Mickiewicz aus. Unter den Manuskripten und Erstausgaben befinden sich auch Werke von Juliusz Słowacki und Henryk Sienkiewicz. Es gibt auch Museen zu Ehren berühmter Warschauer, wie Ignacy Paderewski (im Łazienki-Park), Frédéric Chopin (im Ostrogski-Palast) und Marie Curie.

Die Geschichte des polnischen Theaters zeigt das **Theatermuseum** (Muzeum Teatralne) im Großen Theater.

Samowar im Historischen Museum

WISSENSCHAFT UND TECHNIK

DER FORTSCHRITT von Wissenschaft und Technik ist Thema des **Technologiemuseums** (Muzeum Techniki), dessen Filiale, das **Industriemuseum** (Muzeum Przemysłu), in einer ehemaligen Metallverarbeitungsfabrik Oldtimer ausstellt.

Der Naturgeschichte widmen sich drei Museen. Das **Evolutionsmuseum** (Muzeum Ewolucji) zeigt Dinosaurierskelette, die polnische

Oldtimer im Industriemuseum

Paläontologen in der Wüste Gobi fanden. Das **Geologiemuseum** (Muzeum Geologiczne) präsentiert Steine und Mineralien aus ganz Polen. Und das **Museum der Erdwissenschaften** (Muzeum Ziemi) hat eine beeindruckende Bernsteinsammlung.

Warschaus schönste Gotteshäuser

POLEN WAR IMMER SCHON für seine religiöse Toleranz bekannt, und dies belegt Warschaus prächtige Vielfalt von Gebetsstätten, die zum Charakter der Stadt beitragen. Viele dieser Gebäude wurden im Zweiten Weltkrieg zerstört, doch einige blieben samt ihres einzigartigen Interieurs erhalten. Andere wurden in den Jahren nach dem Krieg sorgfältig wieder hergestellt.

Basilianerkirche der Himmelfahrt Mariens
In der byzantinisch-ukrainisch orthodoxen Kirche befinden sich prächtige Gemälde des polnischen Künstlers Franciszek Smuglewicz (18. Jh.).

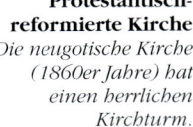

Protestantisch-reformierte Kirche
Die neugotische Kirche (1860er Jahre) hat einen herrlichen Kirchturm.

Ehemaliges jüdisches Ghetto

Nożyk-Synagoge
Die einzige Synagoge, die den Zweiten Weltkrieg überstand, stiftete die Familie Nożyk 1898–1902.

Evangelische Kirche des Augsburgischen Bekenntnisses
Das architektonische Meisterwerk von Szymon Bogumił Zug ist in klassizistischem Stil gehalten.

Heiligkreuzkirche
Hier sehen Sie Epitaphe für berühmte Polen und die Urne mit Chopins Herz, die nach seinem Tod in Paris seinem Wunsch gemäß hierher gebracht wurde.

Kirche der Heimsuchung Mariens

Die älteste Kirche der Neustadt hat noch gotischen Charakter, obwohl sie im Krieg beschädigt wurde.

Russisch-orthodoxe Kirche Maria Magdalena

1969–70 wurde diese Kirche renoviert. Dabei restaurierte man auch Vinogradovs Wanddekorationen aus dem 19. Jahrhundert.

Neustadt

Altstadt

n die Aleja lidarności

Johanneskathedrale

Viele Monumente der Kathedrale überstanden den Krieg unbeschädigt. Andere hat man rekonstruiert, so das Grab des Sejm(Parlament)-Sprechers Stanisław Małachowski, das Bertel Thorwaldsen gestaltete.

Der Königsweg

Kirche der Himmelfahrt Mariens und des hl. Joseph

Die spätbarocke Skulptur der Hochzeit von Maria und Joseph gehört zu den schönsten ihrer Art.

Um die Marszałkowska

0 Kilometer 1

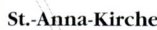

Um den Łazienki-Park

St.-Anna-Kirche

Die nach dem Krieg wieder aufgebaute Kirche steht neben dem im Krieg nicht versehrten gotischen Bernhardinerkloster.

Überblick: Warschaus Gotteshäuser

Engelsfigur in der St.-Joseph-Kirche

ALS DIE STADT Warschau im 14. Jahrhundert gegründet wurde, baute man die ersten Kirchen. Doch wegen der Verwüstungen durch die schwedische Belagerung 1655 hat heute keines dieser ältesten Gotteshäuser seine ursprüngliche Gestalt. Die bedeutendsten religiösen Bauten entstanden im Spätbarock, dessen Stil Warschaus Kirchenlandschaft prägte.

Presbyterium der St.-Anna-Kirche

MITTELALTER

WARSCHAUS erste Kirchen wurden im 14. Jahrhundert aus Holz gebaut.

Die älteste Kirche der Stadt, die **Johanneskathedrale** (katedra św Jana), stammt ebenfalls aus dem 14. Jahrhundert. Die einstige Pfarrkirche wurde in gotischem Stil erbaut und erfuhr im Lauf der Zeit diverse Umbauten. Nach der Zerstörung im Zweiten Weltkrieg stellte man ihren original »masowisch-gotischen« Stil wieder her.

Ein weiteres Meisterwerk der Gotik ist die **Kirche der Heimsuchung Mariens** (kościoł Marii Panny) in der Neustadt. Stifterin war im 15. Jahrhundert Anna, die Gemahlin des masowischen Fürsten Janusz I. Starszy. Das

Bernhardinerkloster neben der **St.-Anna-Kirche** in der Krakowskie Przedmieście hat ein frühgotisches Presbyterium und einen Kreuzgang mit spätgotischem Gewölbe.

RENAISSANCE UND MANIERISMUS

RENAISSANCE und Manierismus waren in Warschau nur kurz aktuell. Es gibt wenige Werke dieses Stils, da er nahezu gleichzeitig mit Spätgotik und Frühbarock in Mode war. Das Bernhardinerkloster etwa wurde im 16. Jahrhundert in gotischem

Die Barockfassade der Kirche St. Martin in der Altstadt

Stil erbaut, fast zur selben Zeit, in der die schönen Barockanbauten am Königsschloss (Zamek Królewski) entstanden.

Das Meisterwerk des Manierismus (wenn auch in Kombination mit dem Barock) ist die **Jesuitenkirche Unserer Gnadenreichen Muttergottes** (Sanktuarium Matki Bozej) in der Altstadt. Sie hat eine schöne manieristisch-barocke Fassade und eine ungewöhnliche elliptische Kuppel über dem Presbyterium.

BAROCK

FAST ALLE Frühbarock-Kirchen der Stadt wurden während der schwedischen Belagerung zerstört. Doch ein interessantes Barock-Interieur blieb in der **Kirche St. Jacek** erhalten. Die Seitenschiffe haben ein Rippengewölbe im Lubliner Stil.

Nach der schwedischen Belagerung entstanden neue Kirchen, von denen mehrere – mit Pfeilerschiffen – der Architekt Józef Szymon Bellotti entwarf, darunter die **Kirche der Himmelfahrt Mariens und des hl. Joseph** (kościół Wniebowzięcia NMP i św. Józefa Oblubieńca), die **Heiligkreuzkirche** (św. Krzyża), die **Reformierte Kirche des hl. Antonius von Padua** (św Antoniego Padewskiego, Reformatów) und ein rekonstruiertes Seitenschiff in der **St.-Anna-Kirche**.

Der niederländische Baumeister Tylman van Gameren gestaltete die **Kirche des hl. Antonius von Padua** (św. Antoniego Padewskiego, Bernardynów) in der Czer-

KUPPELN UND SPITZTÜRME

Wie in jeder Stadt sind auch in Warschau Kuppeln und Türme gute Orientierungspunkte. Sie prägen zahlreiche Straßenverläufe und tragen zum abwechslungsreichen Panorama von der Weichsel aus bei. Viele Kirchen wurden im Zweiten Weltkrieg zerstört, wurden aber dann wieder aufgebaut. Einige erhielten dabei ihre Originalform zurück, die durch vorangegangene Umbauten »verloren gegangen« war.

Gotik

Glockenturm, Kirche der Heimsuchung Mariens

Barock

Kasimirkirche

Klassizismus

Alexanderkirche

Neo-Renaissance-Fassade der
Allerheiligenkirche

niakowska-Straße sowie die
Kasimirkirche (św. Kazimierza).

Die **Kapuzinerkirche der
Verklärung** (kościół Przemienienia Pańskiego, Kapucynów) ist ein Meisterwerk des

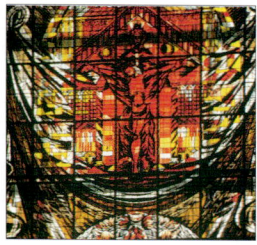

Kirche des hl. Andreas von Bobola

Barock. Beachtenswerte Spätbarock-Kirchen sind **Heiliggeistkirche** (św. Ducha) und
Dreifaltigkeitskirche (Przenajświętszej Trójcy), aber die
St.-Joseph-Kirche (Opieki
św. Józefa) gilt als die schönste. Die Fassaden älterer Kirchen wurden im Stil des Spätbarock umgestaltet, darunter
die von **St. Martin** sowie die
der **Himmelfahrtskirche**
und der **Kirche Unserer
Königin von Polen** (NMP
Królowej Korony Polskiej).

KLASSIZISMUS UND
HISTORISIERENDE STILE

IN WARSCHAU gibt es mehrere
Meisterwerke früher klassizistischer Sakralarchitektur.
Die **Evangelische Kirche
des Augsburgischen Bekenntnisses** (kościół Ewangelicko-Augsburski) am
Małachowskiego-Platz baute
Szymon Bogumił Zug in den
Jahren 1777–81. Die **Basilianerkirche der Himmelfahrt
Mariens** (kościół Wniebowzięcia NMP, Bazylianów) aus
derselben Epoche entwarf
Dominik Merlini.

Chrystian Piotr Aigner
gestaltete die Fassade der St.-
Anna-Kirche in klassizistischem Stil um – nach dem
Vorbild der palladianischen
Fassaden venezianischer Kirchen. Aigner entwarf auch die
Alexanderkirche (1818–25).

Viele Kirchen entstanden im
19. Jahrhundert im Revival-
Stil, der historische Elemente
aufgriff. Henryk Marconi spezialisierte sich auf die Neorenaissance und gestaltete **St.
Anna** in Wilanów, **St. Karol
Boromeusz** in der Chłodna-
Straße und die **Allerheiligenkirche** (Wszystkich Świętych)
an der Grzybowska-Straße.

Józef Pius Dziekoński favorisierte die Neogotik und
baute die **Erlöserkirche**
(kościół Zbawiciela), **St. Florian** und **St. Stanisław** in
Wola. Auch die **Protestantisch-reformierte Kirche** in
Leszno ist neogotisch.

Im 19. Jahrhundert, als Warschau in russischer Hand war,
wurden mehrere russisch-
orthodoxe Kirchen gebaut.
Von den normalerweise im
byzantinisch-russischem Stil
gestalteten Bauten sind nur

vier erhalten; eine davon ist
St. Maria Magdalena.

Nahezu alle Synagogen, die
im Zweiten Weltkrieg zerstört

Klassizistischer Altar, St. Alexander

wurden, stammten aus dem
19. Jahrhundert. Die einzige,
die den Krieg überlebte, ist
die 1898–1902 errichtete
Nożyk-Synagoge.

Neorenaissance

Glockenturm,
St.-Anna-Kirche

Eklektizismus

Erlöserkirche

Modernismus

Gnadenreiche-Muttergottes-Kirche, Stegny

Überblick:Warschaus Friedhöfe

WARSCHAUS ÄLTESTE Friedhöfe wurden Ende des 18. Jahrhunderts gegründet. Glücklicherweise entgingen die meisten der Zerstörung im Zweiten Weltkrieg, sogar der Jüdische Friedhof blieb unbeschädigt. Ein Spaziergang auf einem der Powązki-Friedhöfe bietet Einblick nicht nur in die Geschichte, sondern auch in die Kunstwelt, da die Mausoleen und Gräber in verschiedensten architektonischen Stilen gestaltet sind. Sie wurden von Meistern geschaffen, um einigen der angesehensten Bürger Warschaus zu gedenken.

Gemeindefriedhof in Powązki
Ursprünglich war dies ein Militärfriedhof. Hier gibt es ein symbolisches Kreuz, das an die Opfer von Katyń erinnert.

Muslimischer Tatarenfriedhof
Dieser wurde als einziger Friedhof im Zweiten Weltkrieg nahezu völlig zerstört. Nur wenige Grabsteine blieben intakt.

Russisch-orthodoxer Friedhof
Hier steht auch St. Jan Klimak, eine der beiden orthodoxen Kirchen Warschaus, die noch besucht werden.

Friedhof des Warschauer Aufstands
Dieser Friedhof wurde 1945 für die Opfer des Warschauer Aufstands von 1944 eingerichtet.

Evangelischer Augsburgischer Friedhof
Hier findet man prächtige Gräber der einstigen Bourgeoisie der Stadt.

Protestantisch-reformierter Friedhof
Der 1792 gegründete Friedhof diente auch der anglikanischen Bevölkerung.

Powązki-Friedhof
Seit der Gründung 1790 wurden hier fast eine Million Menschen bestattet.

Bródno-Friedhof
Der 1883 nur für das Praga-Viertel geschaffene Friedhof dient nun der ganzen Stadt.

Neustadt

Altstadt

Um die
Aleja Soli-
darności

Ebemaliges
jüdisches
Ghetto

Der Königsweg

Jüdischer Friedhof
Viele bedeutende Warschauer Juden sind hier begraben, darunter der Esperanto-Erfinder Ludwik Zamenhof. Die Ruhestätte gehört zum Powązki-Friedhof.

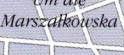

Um die
Marszałkowska

Um den
Łazienki-Park

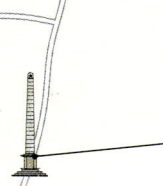

0 Meter   500

**Mausoleum-Friedhof
der Roten Armee**
Diese von Bohdan Lachert und Jerzy Jarnuszkiewicz gestaltete monumentale Stätte ist reich an architektonischen Werken und Skulpturen.

Überblick: Warschaus Friedhöfe

DIE SIEBEN FRIEDHÖFE im Powązki-Viertel zeugen von Warschaus multireligiöser und multinationaler Vergangenheit. Neben den groß angelegten Ruhestätten gibt es in der Stadt aber auch kleinere Pfarreifriedhöfe, wie jenen in Wilanów, die eine Besichtigung lohnen.

Gemälde, Wolski-Friedhof

RÖMISCH-KATHOLISCHE FRIEDHÖFE

POWĄZKI IST DER älteste der Hauptfriedhöfe Warschaus. Seit seiner Gründung 1790 wurden hier etwa eine Million Menschen bestattet. Die Gräber und Mausoleen überspannen viele Kunstrichtungen der letzten 200 Jahre.

Zu den ältesten Teilen des Friedhofs gehören die Kirche St. Karol Boromeusz und die Katakomben. Daneben verläuft die Aleja Zasłużonych (Allee der Wertschätzung), an der viele polnische Berühmtheiten begraben sind, darunter die Schriftsteller Władysław Reymont und Bolesław Prus, der Opernsänger Jan Kiepura, der Komponist Stanisław Moniuszko und der Regisseur Krzysztof Kieślowski, dessen bekannteste Filme jene der *Drei-Farben*-Trilogie sind.

Viele Grabsteine an dieser Allee entwarfen herausragende Architekten und Steinmetze. Zu den schönsten gehören jene von Jakub Tatarkiewicz, Pius Weloński und Wacław Szymanowski, dessen sezessionistisches Denkmal für Frédéric Chopin im Łazienki-Park steht.

Bródno, der größte Friedhof Polens, nahm ursprünglich die ärmsten Bewohner des Praga-Viertels auf, doch nach und nach nutzten ihn alle sozialen Klassen der ganzen Stadt. In den 20er Jahren des 20. Jahrhunderts bestattete man hier so prominente Bürger wie Roman Dmowski und Kardinal Aleksander Kakowski.

Römisch-katholische Warschauer liegen auch auf dem **Gemeindefriedhof** (Cmentarz Komunalny) in Powązki, auf dem **Wolski-Friedhof** und auf großen, neuen Anlagen außerhalb der Stadt.

In einigen alten Vierteln gibt es noch »Landfriedhöfe«. Auch wenn sie heute von modernen Bauten umgeben sind, haben sie noch ihr einzigartiges, friedliches Flair. Zu ihnen gehören die Friedhöfe in **Wilanów**, **Tarchomin** und **Służew**. Auf Letzterem liegen neben der Katharinenkapelle (św. Katarzyny) die Überreste politischer Gefangener, die in der stalinistischen Ära ermordet wurden.

Sezessionistisches Grab, Wacław Szymanowski, Powązki-Friedhof

SOLDATENFRIEDHÖFE

DIE LÄNGSTE militärische Tradition hat der Gemeindefriedhof in Powązki, der für russische Soldaten eingerichtet wurde und seit 1918 von der polnischen Armee genutzt wird. Hier ruhen die im Ersten Weltkrieg und im polnisch-sowjetrussischen Krieg gefallenen Soldaten, und es gibt einen Abschnitt für die Opfer des Januaraufstands von 1863.

Im Zweiten Weltkrieg wurden hier anfangs Soldaten beerdigt, die in den ersten Kriegsmonaten ums Leben kamen, dann Widerstandskämpfer und Opfer des Warschauer Aufstands. Ab 1941 begrub man auch deutsche Soldaten. Nach dem Krieg errichtete man ein symbolisches Grab für die von der Roten Armee in Katyń getöteten polnischen Offiziere.

Nach seiner Erweiterung liegt nun auch die Aleja Zasłużonych im Friedhof, an der Politiker wie Bolesław Bierut und Władysław Gomułka bestattet sind.

Nach dem Krieg brachte man die Asche von Warschaus Widerstandskämpfern vom Gemeindefriedhof auf den **Friedhof des Warschauer Aufstands** (Cmentarz Powstanców Warszawy),

Powązki, der älteste Friedhof Warschaus

Der Jüdische Friedhof im Viertel Powązki

der 1945 gegründet wurde, nahe dem **Russisch-ortho-doxen Friedhof** (Cmentarz Prawosławny). Die Asche von etwa 40 000 Warschauern wurde nach der Befreiung der Stadt exhumiert und auf dem Friedhof des Warschauer Aufstands bestattet. Ein Grabmal ehrt die zwischen 1940 und 1943 ermordeten Juden.

In Warschau gibt es auch Friedhöfe für Soldaten anderer Nationen. Der **Italienische Armeefriedhof** (Cmentarz Żołnierzy Włoskich) an der Pułkowa-Straße stammt von 1927. Hier liegen Soldaten, die im Ersten Weltkrieg auf polni-

Der Powązki-Friedhof an Allerseelen

schem Boden fielen, sowie die Asche italienischer Kriegsgefangener, die von den Deutschen getötet wurden.

Soldaten der Roten Armee, die bei der Befreiung Warschaus 1944–45 starben, liegen auf einem separaten Friedhof von 1949 – er ist das Werk herausragender Architekten und Steinmetze.

FRIEDHÖFE ANDERER KONFESSIONEN

NAHEZU ALLE Religionen, die in Polen ausgeübt wurden und werden, haben in Warschau ihre eigenen Friedhöfe.

Der **Jüdische Friedhof** liegt in Powązki. Ludwik Zamenhoff, Schöpfer der künstlichen Esperanto-Sprache, ist einer der berühmten Juden, die hier begraben sind.

Auf dem **Evangelischen Augsburgischen Friedhof** befinden sich die Familiengräber von Warschaus großen Unternehmern, darunter die Wedel-Familie (deren Schokoladenkuchen legendär ist), sowie berühmter Künstler wie des Malers Wojciech Gerson und Samuel Bogumił Lindes, der ein polnisches Wörterbuch zusammenstellte. Auf dem **Protestantisch-reformierten Friedhof** haben der Biologe

Marcel Nencki, der Maler Józef Simmler und die Sängerin Anna German ihre letzte Ruhe gefunden.

Im Zweiten Weltkrieg wurde ein Teil des Powązki-Friedhofs schwer beschädigt. Die schlimmsten Zerstörungen trugen jedoch zwei muslimische Ruhestätten davon, darunter der **Tatarenfriedhof**. Auf diesen ruhen russische Soldaten, Kaufleute und Diplomaten.

Im Krieg nicht zerstört wurden der **Jüdische Friedhof**

Adamina Chołoniewskas Grabmal auf dem Powązki-Friedhof

in Bródno und zwei im Wola-Viertel: der kleine **Karaite-Friedhof** und ein großer **Russisch-orthodoxer Friedhof**. Außer Russen, die man während der Teilung Polens (1772–1918) bestattete, sind hier russische Bauarbeiter, die bei der Errichtung des Kulturpalastes verunglückten, begraben.

Warschaus schönste Paläste und Gärten

JAHRHUNDERTELANG prägte der Geschmack des Königshofs und der Aristokratie die Architektur. In der Epoche des Barock, vom späten 16. bis zum frühen 18. Jahrhundert, errichteten einige der wohlhabendsten Familien Polens in Warschau Residenzen. Die Kosten für diese Privatvillen, die die besten Architekten der Zeit entwarfen, überstiegen häufig jene für Königspaläste. Ihre Fassaden trugen zur Pracht von Warschaus renommiertesten Straßen bei, und heute sind viele Gärten, die ursprünglich zu den Residenzen gehörten, wunderschöne öffentliche Parks.

Krasiński-Garten
Der Park beim Krasiński-Palast wurde im 17. Jahrhundert angelegt. Nach dem Zweiten Weltkrieg erweiterte man ihn um die ehemalige Nalewki-Straße und einen Teil des früheren jüdischen Ghettos.

Sächsischer Garten
Der seit 1727 der Öffentlichkeit zugängliche Garten war einst Teil der »Sächsischen Achse«, eines barocken Stadtplanobjekts.

Botanischer Garten
Dieser Garten wurde 1818 in unmittelbarer Nähe des Łazienki-Parks eingerichtet.

Ehemaliges jüdisches Ghetto

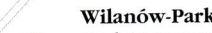

Królikarnia
Den kleinen klassizistischen Palast baute Dominik Merlini in den Jahren 1782–89 für den berüchtigten Spieler Karol de Valery Thomatis. Heute ist hier ein Museum über den polnischen Bildhauer Xawery Dunikowski untergebracht.

Wilanów-Park
Dieser Park ist in zwei Abschnitte geteilt: die symmetrischen französischen Terrassen und den angelegten englischen Garten am See.

Königsschloss
Der seit 1988 öffentlich zugängliche Ballsaal wurde als letzter Raum im Königsschloss rekonstruiert.

Schloss Ujazdowski
Das Schloss überstand im zweiten Weltkrieg ein Feuer, doch 1954 riss man die Ruinen ab. 20 Jahre später wurde es im Original-Barockstil wieder aufgebaut. Heute ist hier das Zentrum für zeitgenössische Kunst.

Neu-
stadt

Alt-
stadt

Um die
Aleja Soli-
darności

Łazienki-Park
Den Park legte man im 17. Jahrhundert am Ort eines früheren Zoos an. Die Paläste und Pavillons wurden später gebaut.

Der Königsweg

Um die
Marszałkowska

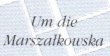

Um den
Łazienki-Park

Wasserpalast
Eine Kopie des Apollo im Belvedere ziert im Ballsaal den Kaminaufsatz, den Figuren von Marsyas und Midas tragen.

Wilanów-Palast
Das Interieur des Palasts, der als Sommerresidenz für König Jan III. Sobieski gebaut wurde, hat noch seinen Originalstil (17. Jh.).

0 Kilometer   1

Überblick: Paläste und Gärten

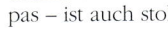

KEINER VON WARSCHAUS Palästen überstand den Zweiten Weltkrieg unbeschadet – jene, die äußerlichen Zerstörungen entkamen, wurden geplündert. Nach dem Krieg wurden häufig nur die Fassaden rekonstruiert, während man die Räume anderweitig nutzte. Die schönsten Paläste aber wurden auch innen restauriert, und heute sind die meisten davon Museen. Andere dienen als Ausstellungsflächen, Regierungsämter oder als Hauptquartiere verschiedener Organisationen. Warschau – eine der grünsten Hauptstädte Europas – ist auch stolz auf seine Parks und Gärten.

Putti auf der Terrasse von Wilanów

Ujazdowski-Park

KLASSIZISTISCHE PALÄSTE

IN DER REGIERUNGSZEIT von König Stanisław August Poniatowski (1764–95) blühten Kunst und Architektur. Er gab ein neues Interieur fürs Königsschloss in Auftrag und

BAROCKPALÄSTE

WARSCHAUS ältester Palast ist das **Königsschloss** (Zamek Królewski), das Fragmente des gotischen Schlosses der masowischen Fürsten beinhaltet. Das für König Zygmunt III. Wasa (1587 bis 1632) umgebaute Schloss, ein einzigartiges Frühbarock-Gebäude, war sowohl königliche Residenz als auch Parlamentssitz. Das **Schloss Ujazdowski** (Zamek Ujazdowski) wurde ebenfalls unter Zygmunt III. Wasa im Stil des Barock umgebaut. Andere Paläste aus dieser Zeit überstanden die schwedische Belagerung von 1655 nicht, wurden aber später wieder aufgebaut.

Die königliche Sommerresidenz in **Wilanów** wurde in der Regierungszeit von Jan III. Sobieski (1674–96) errichtet. Hofarchitekt Tylman van Gameren gestaltete auch andere Paläste für Warschaus Magnaten. Die prächtigsten

sind **Krasiński-Palast** (Pałac Krasińskich) und **Gniński-Ostrogski-Palast** (Pałac Gnińskich-Ostrogskich), in dem sich das Frédéric-Chopin-Museum befindet.

Die Wahl Augusts II. des Starken zum König 1697 brachte Dresdner Architekten nach Warschau, die die »Sächsische Achse« (Oś Saska) und den Sächsischen Palast (Pałac Saski) entwarfen. Man baute neue Residenzen und gestaltete ältere nach Barock- und Rokoko-Mode um, so den **Krakauer Bischofspalast** (Pałac Biskupów Krakowskich), den **Blauen Palast** (Pałac Błękitny) und den **Czapski-Palast** (Pałac Czapskich).

Branicki-Palast (Miodowa-Straße), **Radziwiłł-Palast** (Leszno), **Sapieha-Palast** (Neustadt) und **Potocki-Palast** (Krakowskie Przedmieście) baute man nach dem Krieg wieder auf.

Der barocke Ostrogski-Palast

gestaltete **Łazienki-Palast und -Park** um. Zu den in Warschau beschäftigten Baumeistern gehörten Dominik Merlini, Efraim Schroeger, Christian Piotr Aigner, Szymon Bogumił Zug und Jan Chrystian Kamsetzer. Sie entwarfen und erneuerten mehrere klassizistische Paläste, wobei sie sich von der Antike und dem damals bewunderten Andrea Palladio (1508–80) inspirieren ließen, so zu sehen am **Primas-Palast** (Pałac Prymasowski) und an der – Palladios Rotunde nachempfundenen – **Królikarnia** (Kaninchengehege)-Villa. **Raczyński-**, **Mostowski-**, **Belvedere-**, **Lubomirski-**, **Pac-** und **Tyszkiewicz-Palast** sind ebenfalls klassizistisch.

Der exquisite Maurische Salon im klassizistischen Pac-Palast

Der klassizistische Tyszkiewicz-Palast

Den **Namiestnikowski-Palast** aus dem 17. Jahrhundert gestaltete Chrystian Piotr Aigner klassizistisch um, nachdem Polen Anfang des 19. Jahrhunderts unter russische Kontrolle kam. Der Gouverneur des Zaren nutzte ihn als Residenz, und heute ist hier der offizielle Wohnsitz des polnischen Präsidenten.

PARKS UND GÄRTEN

D IE ERSTEN Gärten der Stadt wurden für die großen Paläste angelegt. Die ältesten sind der **Krasiński-** und der **Sächsische Garten** (Ogród Saski), der als Erster der Öffentlichkeit zugänglich

wurde. Der Sächsische Garten nahe der Altstadt ist ein willkommener Rastplatz auf Sightseeing-Touren. Die größten der ehemaligen Palastgärten sind der Łazienki- und der Wilanów-Park am Rande der Stadt. Spuren englischen Gartenstils sind ebenso erhalten, z.B. im Morskie Oko um den Szuster-Palast, der im 18. Jahrhundert für Fürstin Izabela Lubomirska geschaffen wurde. In Warschau gibt es auch mehrere malerisch gelegene Klostergärten, darunter die Gärten in der Neustadt, die einst dem Orden des Heiligen Sakraments und der Reformationsbruderschaft gehörten, jene der Nonnen der Heimsuchung an der Krakowskie Przedmieście und der Gnadenreichen St.-Vinzent-von-Paul-Schwestern an der Tamka-Straße. Diese Gärten sind jedoch nicht öffentlich zugänglich, man kann sie nur aus der Entfernung sehen.

Zu den im 19. Jahrhundert angelegten Parks gehören der **Botanische Garten** und der **Ujazdowski-Park.** Anfang des 20. Jahrhunderts schuf man im Praga-Viertel am rechten Weichselufer den weitläu-

figen **Skaryszewski-Park,** der Ignacy Paderewski *(siehe S. 34)* gewidmet ist.

Nachdem Polen 1918 die Souveränität zurückgewonnen hatte, legte man an Orten früherer Befestigungen Parks an. Ein Beispiel hierfür ist der **Traugutt-Park.**

Nach dem Zweiten Weltkrieg wurden Grund und Boden verstaatlicht, was die Umgestaltung unbebauter oder im Krieg zerstörter Plätze in öffentliche Parks ermöglichte. Daraus resultierten der Podzamcze-Park nahe von Alt- und Neustadt sowie der riesige Zentrale Kulturpark (Centralny Park Kultury) in Powiśle. Im Jahr 1992 wurde dieser Park dem nationalpolnischen Politiker der Vorkriegszeit, Marschall Edward Rydz-Śmigły, gewidmet.

Der Botanische Garten, angelegt im 19. Jahrhundert

Den Wasserpalast im Łazienki-Park entwarf Domenik Merlini

DAS JAHR IN WARSCHAU

WARSCHAU HAT das ganze Jahr viel zu bieten, am schönsten ist es jedoch im Frühling und im Herbst, wenn es sonnig und mild ist und zahlreiche kulturelle und religiöse Feste stattfinden. In der warmen Sommersaison gibt es mehr Touristen, z.B. beim alljährlichen Mozart-Festival. Musikfestivals werden auch im Herbst veranstaltet, unter anderem der Warschauer Herbst und das Jazz Jamboree. Der Internationale Chopin-Klavierwettbewerb wird alle fünf Jahre ausgetragen. Die Wintermonate werden von Weihnachtsvorbereitungen und danach vom Karneval bestimmt. Einzelheiten über Festivals und andere Veranstaltungen erfahren Sie bei der Touristeninformation *(siehe S. 237)* und in lokalen Publikationen *(siehe S. 245)*.

FRÜHLING

DAS WICHTIGSTE Kirchenfest im Frühjahr ist Ostern, das für Polen ebenso wichtig ist wie Weihnachten. Der Frühling bringt die ersten warmen Tage des Jahres; Straßen und Parks erwachen zum Leben, und die Sonne läutet die Urlaubssaison ein. Museen verlängern ihre Öffnungszeiten, und Sehenswürdigkeiten wie der Botanische Garten öffnen sich nach dem Winter wieder den Besuchern.

MÄRZ

Palmsonntag, Niedziela Palmowa *(So vor Ostern).* Am Morgen lässt man in der Messe seinen »Palmzweig« weihen. Traditionell werden diese Zweige mit Blumen so bunt wie möglich gestaltet, und die Prozession zur Kirche ist ein herrlicher Anblick.
Ostersonntag, Wielka Sobota. Die Warschauer lassen in der Kirche Körbe mit Lebensmitteln *(święconki)* weihen. In manchen Kirchen stehen symbolische »Christusgräber«, die häufig schön dekoriert

Palmzweig

sind und eine soziale oder politische Botschaft tragen.
Ostermontag, Poniedziałek Wielkanocny. Der staatliche Feiertag ist auch als *śmigusdyngus* bekannt, nach der Tradition, sich gegenseitig mit Wasser zu bespritzen. Dieser amüsante ländliche Brauch ist auch in der Stadt üblich geworden.
Ertränken der Marzanna, Topienie Marzanny *(21. März).* Nach heidnischer Sitte wird Marzanna (»Frau März«, ein Symbol für den Winter) an Frühlingsanfang »ertränkt«, um den Tod des Winters zu markieren. Kinder fertigen aus Stroh und Lumpen Marzanna-Puppen und bringen sie zum Weichselufer, wo sie sie ins Wasser werfen, während sie Volkslieder singen.
Internationale Plakat-Biennale, Międzynarodowe Biennale Plakatu. Das Plakatmuseum *(siehe S. 168)* organisiert die alle zwei Jahre (mit gerader Jahreszahl) stattfindende Plakatausstellung.

APRIL

Erster April, Prima Aprilis. Man spielt sich gegenseitig Streiche; Zeitungen, Fernsehen und Rundfunk veröffentlichen Falschmeldungen.

Wache beim Grab des Unbekannten Soldaten

MAI

Tag der Arbeit, Święto Pracy *(1. Mai).* Weltlicher Feiertag zu Ehren der Arbeiterschaft.
Tag der Verfassung des 3. Mai, Święto Uchwalenia Konstytucji 3 maja *(3. Mai).* Jahrestag der ersten polnischen Verfassung von 1791 mit Feiern im Parlament und im Königsschloss.
Internationale Buchmesse, Warszawskie Międzynarodowe Targi Książki *(3. Woche im Mai).* Sie findet im Palast für Kultur und Wissenschaft *(siehe S. 134f)* statt.
Festival Lateinamerikanischer Kultur, Festiwal Kultury Latynoamerykańskiej. Das einwöchige Festival stellt eine Vielfalt lateinamerikanischer Kunst zur Schau.

Kinder besprtzen sich an *śmigus-dyngus* **(Ostermontag) mit Wasser**

DURCHSCHNITTLICHE MONATLICHE SONNENSTUNDEN

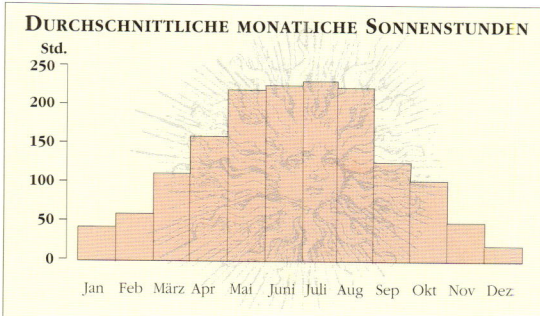

Std.
250
200
150
100
50
0

Jan Feb März Apr Mai Juni Juli Aug Sep Okt Nov Dez

Sonnenschein
Die meisten Sonnentage hat Warschau von Mai bis August. Doch auch Frühjahr und Herbst können sonnig und mild sein, insbesondere die Monate April, September und die erste Oktoberhälfte. Im Winter ist der Himmel über Warschau meist bewölkt.

Beim Chopin-Denkmal im Łazienki-Park lässt es sich gut entspannen

SOMMER

IN WARSCHAU wird es nicht übermäßig heiß, dennoch verlassen viele Bewohner im Sommer die Stadt und ziehen in ihre *działka* (Sommerhäuschen auf dem Land) oder in die Küstenregionen. Im Juli und August sind die meisten Theater und die Philharmonie geschlossen, aber die Chopin-Gesellschaft organisiert regelmäßig Konzerte. Es öffnen Straßencafés und Biergärten mit Live-Musik.

JUNI

Chopin-Konzerte, Koncerty Chopinowskie *(Sonntage im Juni)*. Im Łazienki-Park finden bei gutem Wetter Konzerte statt.
Gartentheater-Festival, Konkurs Teatrów Ogródkowych *(Anfang Juni–Mitte Sep)*. Straßentheater auf Plätzen und im Hof des Dekanats.
Mozart-Festival, Festiwal Mozartowski *(Mitte Juni–Ende Juli; siehe rechts.)*
Mittsommernacht, Noc Świętojańska *(23. Jun)*. Bei

dieser pittoresken Feierlichkeit werden Hunderte von Kränzen mit Kerzen auf die Weichsel gesetzt, daneben gibt es Feuerwerke.

JULI

Festival der Orgelmusik, Festiwal Muzyki Organowej *(Juli–Ferienende)* in der Johanneskathedrale.
Warschauer Sommer-Jazztage *(Juni)*. Dies ist eine all-

jährliche dreitägige Veranstaltung mit Konzerten an verschiedenen Plätzen. Auftritte von polnischen Jazzern und internationalen Gastmusikern.

AUGUST

Jahrestag des Warschauer Aufstands von 1944, Rocznica Wybuchu Powstania Warszawskiego *(1. Aug)*. Dieses Jahrestags gedenken alle Warschauer.
Mariä Himmelfahrt, Wniebowzięcie Matki Boskiej *(15. Aug)*. Dies ist ein kirchlicher und weltlicher Feiertag zugleich, der in ganz Polen begangen wird. Das Objekt besonderer Verehrung ist eine Ikone der Schwarzen Madonna im Jasna-Góra-Kloster in Częstochowa (Tschenstochau), etwa 200 Kilometer südwestlich von Warschau. Viele Pilger begeben sich in ganz Polen zu Fuß auf die Wallfahrt, um an diesem Tag in Częstochowa anzukommen.

MOZART-FESTIVAL

Die beliebte Sommerveranstaltung bietet die einzigartige Möglichkeit, alle Opern Mozarts von einer Künstlertruppe zu hören, darunter auch seine Frühwerke. Das Festival organisiert die Warschauer Kammeroper *(siehe S. 146)* unter Direktor Stefan Sutkowski. Mozart-Konzerte von Symphonie- und Kammerorchestern kann man auch in der Philharmonie *(siehe S. 131)* und im prächtigen Ambiente einiger Warschauer Paläste hören. Außerdem werden in zahlreichen Kirchen der Stadt Choralwerke, z.B. Messen, aufgeführt.

Aufführung der *Zauberflöte* beim Mozart-Festival

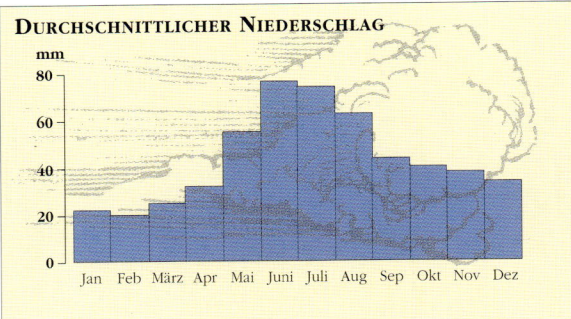

DURCHSCHNITTLICHER NIEDERSCHLAG

mm

Jan Feb März Apr Mai Juni Juli Aug Sep Okt Nov Dez

Regen- und Schneefall

Warschau hat Kontinentalklima mit häufig unbeständigem Wetter. Es kann im Sommer tagelang regnen, doch es gibt auch trockene Jahre. Der jeden Winter fallende Schnee schafft eine wunderschöne weiße Landschaft.

HERBST

EINE DER BESTEN Zeiten für einen Warschaubesuch ist von September bis Anfang Oktober. Es sind weniger Touristen da, oft ist das Wetter gut, und die Parks offenbaren eine herbstliche Farbenpracht.

Die meisten Kultur-Events finden im Herbst statt, darunter Warschauer Herbst, Warschauer Filmfestival und Jazz Jamboree. Außerdem beginnen die Theater und das Staatliche Philharmonieorchester nach der Sommerpause ihre neue Saison. Und das neue Hochschulsemester wird feierlich eröffnet.

Konzert im Rahmen des alljährlichen Jazz-Jamboree-Festivals

Eine herbstliche Parkallee

SEPTEMBER

Warschauer Poesie-Herbst *(ganzer Sep).* Dichter lesen an mehreren – historischen wie modernen – Veranstaltungsorten in der Stadt moderne europäische Poesie.

Warschauer Herbst *(3. und 4. Woche im Sep).* Das zehntägige Festival zeitgenössischer Musik bringt Komponisten und Interpreten aus aller Welt zusammen – mit dem Schwerpunkt auf neuer Musik und Avantgarde.

OKTOBER

Warschauer Filmfestival *(ganzer Okt).* Internationales Festival mit Klassikern und neuen Filmen in mehreren Kinos.

Jazz Jamboree *(Okt).* Eines der wichtigsten Jazzfestivals in Europa findet seit 1958 jährlich in Warschau statt.

Festival alter Musik *(Okt und Nov).* Konzerte mit Schwerpunkt auf Renaissance- und Barock-Musik auf mehreren Bühnen. Sonntags werden Konzerte im Königsschloss gegeben.

NOVEMBER

Allerheiligen *(1. Nov).* An diesem Feiertag wird der Toten gedacht. Viele Menschen besuchen Friedhöfe und schmücken die Familien-

INTERNATIONALER CHOPIN-KLAVIERWETTBEWERB

Einer der weltweit bedeutendsten Klavierwettbewerbe findet seit 1927 alle fünf Jahre im Oktober oder im November statt. Organisatorin ist die Frédéric-Chopin-Gesellschaft, und bei den Konzerten in der Philharmonie wird ausschließlich Musik dieses Komponisten gespielt. Das Festival lockt die besten Pianisten der Welt an, die dann in der Jury sitzen oder im Publikum den neuen Talenten zuhören. Zu den Gewinnern des Wettbewerbs, die danach Karriere machten, gehörten in früheren Jahren Vladimir Ashkenazy, Maurizio Pollini, Martha Argerich und Krystian Zimerman.

Frédéric Chopin

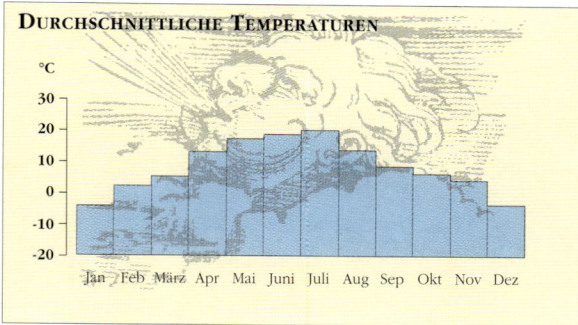

DURCHSCHNITTLICHE TEMPERATUREN

°C
30 20 10 0 -10 -20

Jan Feb März Apr Mai Juni Juli Aug Sep Okt Nov Dez

Temperaturen

Hier sehen Sie Warschaus monatliche Durchschnittstemperaturen in den letzten 30 Jahren. Im Sommer ist es meist angenehm warm, und im Winter ist es im Allgemeinen recht kalt – häufig unter null Grad.

gräber mit Blumen und Kerzen. Bei Dämmerung leuchten die Friedhöfe im Kerzenlicht. **Unabhängigkeitstag** *(11. Nov)*. Man gedenkt des Endes der deutschen Besatzung Warschaus 1918. Das Datum gilt als der Tag, an dem Polen nach den Teilungen, die im 18. Jahrhundert begannen, wieder souverän wurde.

An Allerheiligen stehen an den Gräbern Kerzen

WINTER

DER WINTER IN Warschau ist im Allgemeinen kalt und schneereich. Die in Schnee gehüllte Stadt ist ein unvergesslicher Anblick; zu den romantischsten Plätzen gehören dann der Łazienki-Park und die Altstadt.

Im Dezember bereitet man sich auf Weihnachten vor, das die meisten Polen in traditioneller Weise begehen – mit einem zwölfgängigen, fleischlosen Abendessen (ein Gang für jeden Apostel) am Heiligabend, das beginnt, wenn der erste Stern zu sehen ist. Dann besucht man die Mitternachtsmesse, während überall Weihnachtslieder ertönen.

Silvester markiert den Anfang der Karnevalszeit mit Tänzen und Maskenbällen. Den Höhepunkt dieser ausge-

lassenen Zeit bildet eine wahre Fröhlichkeitsorgie am Faschingsdienstag.

DEZEMBER

Weihnachtsmärkte *(ganzer Dez)*. An zahlreichen Straßen der Stadt stehen Stände mit traditionellen Christbäumen, Weihnachtsschmuck und vielen appetitlichen Leckereien für das traditionelle Mahl am Heiligabend.
Heiligabend *(24. Dez)*. Die Feierlichkeiten beginnen mit einem Zwölf-Gänge-Menü bei Einbruch der Nacht.
Weihnachtsfeiertage *(25. und 26. Dez)*. In allen Kirchen finden Messen statt.
Silvester *(31. Dez)*. Stilvoll wird auf großen Bällen und privaten Festen gefeiert. Viele versammeln sich auch am Plac Zamkowy unter der Sigismundsäule.

JANUAR

Warschauer Theatertreffen Polens beste Bühnenproduktionen des vergangenen Jahres werden im Januar noch einmal aufgeführt.

FEBRUAR

Unsinniger Donnerstag *(Ende Feb)*. Der letzte Tag des Schwelgens vor der Fastenzeit ist in Polen der Donnerstag vor dem Aschermittwoch. Traditionell isst man herzhaft, und in Konditoreien werden unzählige Krapfen verkauft.
Faschingssamstag *(Ende Feb)*. Der letzte Samstag des Karnevals ist ein Tag der Ausgelassenheit mit Bällen und Events wie dem Bill-Haley-Rock'n'Roll-Wettbewerb.

FEIERTAGE

Neujahr (1. Jan)
Ostermontag *
Tag der Arbeit (1. Mai)
Tag der Verfassung (3. Mai)
Fronleichnam *
Mariä Himmelfahrt (15. Aug)
Allerheiligen (1. Nov)
Unabhängigkeitstag (11. Nov)
Weihnachten (24., 25. und 26. Dez)

* Datum variiert.

Eine Auswahl typischen Weihnachtsschmucks

WARSCHAU UND DIE WEICHSEL

DIE WEICHSEL spielte in Warschaus Geschichte eine große Rolle, besonders für den Handel. Der 225 Meter breite, schiffbare Fluss war immer die Hauptwasserstraße zwischen Warschau und anderen Städten wie Krakau und Sandomierz im Süden sowie Toruń, Płock, Włocławek und Danzig im Norden.

Die erste dauerhafte Brücke über die Weichsel baute man im 16. Jahrhundert, doch sie hielt nur 30 Jahre. Erst Mitte des 19. Jahrhunderts, nach der Erfindung von Senkkästen (wasserdichten Kammern für Arbeiten unter Wasser) wurde die nächste Brücke errichtet. Bis zu jener Zeit konnte der Fluss nur mit dem Boot oder – allerdings nur im Sommer – über Pontonbrücken überquert werden. Und wenn die Weichsel im Win-

ter zugefroren war, gelangten die Leute auch zu Fuß ans andere Ufer. Warschau hat noch immer zu wenige Brücken, derzeit sechs Straßen- und zwei Eisenbahnbrücken. Das Überschwemmungsrisiko bannte man im 19. Jahrhundert mit dem Bau von Dämmen. Zur selben Zeit entstanden am linken Ufer Boulevards.

Im Gegensatz zu anderen europäischen Städten gibt es in Warschau noch immer viele unbebaute Flächen am Fluss, darunter Pragas sumpfiges Ufer und mehrere Parks an der Flussböschung. Der Fluss und sein Ufer bilden eine Aussichtsplattform, von der aus man einen wundervollen Blick auf die Stadt hat, den man bei einem Bummel auf den Uferpromenaden oder bei einer Bootsfahrt genießen kann.

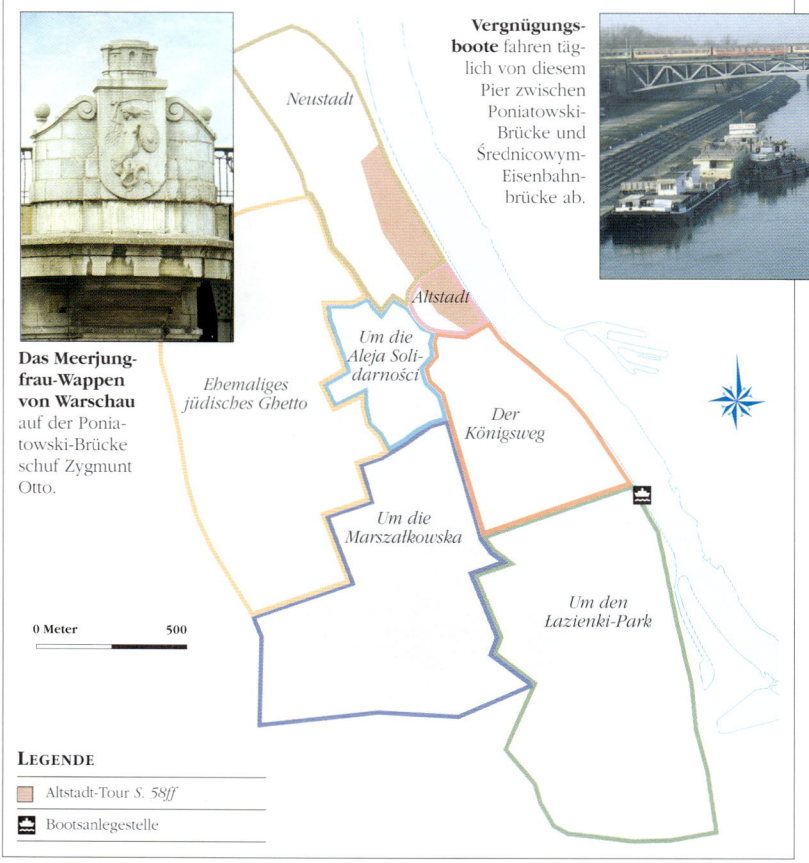

Das Meerjungfrau-Wappen von Warschau auf der Poniatowski-Brücke schuf Zygmunt Otto.

Neustadt

Vergnügungsboote fahren täglich von diesem Pier zwischen Poniatowski-Brücke und Średnicowym-Eisenbahnbrücke ab.

Altstadt

Um die Aleja Solidarności

Ehemaliges jüdisches Ghetto

Der Königsweg

Um die Marszałkowska

Um den Łazienki-Park

0 Meter 500

LEGENDE

Altstadt-Tour *S. 58ff*

Bootsanlegestelle

◁ **Die Meerjungfrau von Ludwiki Nitschowej am Wybrzeże Kościuszkowskie**

Altstadt

D AS PANORAMA DER ALTSTADT (Stare Miasto) wird vom prächtigen Königsschloss mit seiner gotischen und barocken Architektur dominiert. Beeindruckend sind auch die gotische Johanneskathedrale und die Jesuiten-kirche Unserer Gnadenreichen Muttergottes. Bürger-häuser bilden die Kulisse für die Sigismundsäule auf dem Schlossplatz, während sich eine Landschaft aus roten Dächern gen Norden erstreckt.

Der Turm von St. Martin
*ist am Ende einer reizen-
den Gasse zu sehen, die
gegenüber der Johannes-
kathedrale die Ulica
Świętojańska mit der
Ulica Piwna verbindet
(siehe S. 74f).*

Schlossplatz
*Wenn man von der Krakowskie Przedmieście
kommt, bildet der Schlossplatz (Plac Zamkowy, siehe S. 68) einen eindrucksvollen
Zugang zur Altstadt.*

Königsschloss
*Zum Schloss gehört der
Władysław-Turm (spätes
16. Jh.) mit einem impo-
santen Steinportal (siehe
S. 71).*

Kubicki-Arkaden

Pod-Blachą-Palast
*Die Spätbarock-Fassade des
um 1650 gebauten Palasts ist
aus dem 18. Jahrhundert. Das
zur selben Zeit angefügte
Blechdach lieferte den Namen:
«Unterm Blech» (siehe S. 69).*

Johanneskathedrale
*Die gotische Fassade mit
diesem Bogenportal
wurde nach dem Zwei-
ten Weltkrieg nach Ent-
würfen von Jan Zach-
watowicz rekonstruiert
(siehe S. 76f).*

Jesuitenkirche
*Die manieristisch-
barocke Kirche stammt
aus dem 17. Jahrhun-
dert (siehe S. 74).*

Altstädter Markt Nr. 2
Das Haus, einst im Besitz der Jesuiten, hat eine dem Prediger Piotr Skarga gewidmete Plakette (siehe S. 78f).

ZUR ORIENTIERUNG
Siehe Kartenteil, Karten 1–4

Haus »Zum Löwen«
Das Haus Nr. 13 am Altstädter Markt präsentiert Wandgemälde, die Zofia Stryjeńska 1928/29 schuf (siehe S. 78).

Wąski Dunaj
Ihren Namen (»Schmale Donau«) verdankt die Straße einem Bach, der hier im Mittelalter floss (siehe S. 82).

Kleinpoldt-Haus
Das Haus am Altstädter Markt gehört zum Historischen Museum und hat die einzige im 18. Jahrhundert bemalte Decke der Altstadt (siehe S. 81).

Gnojna Góra
Dies war einst die städtische Müllhalde (siehe S. 83).

Kamienne Schodki
Ursprünglich führte die enge Treppengasse zu einem Tor in der Stadtmauer. Der Straßenname bedeutet »Steintreppe« (siehe S. 83).

Altstädter Markt
An diesem Platz stehen barocke, gotische und klassizistische Gebäude (siehe S. 78f).

Neustadt

V ON DER WEICHSEL AUS sieht man in der Neustadt (Nowe Miasto) viele Kirchtürme und Türmchen sowie herrliche ummauerte Gärten entlang dem Flussufer. Trotz der fast 45-jährigen kommunistischen Ära blieben diese friedlichen Gärten, die noch immer von Mönchen und Nonnen gepflegt werden, nahezu unverändert. Nur eine Mauer trennt sie von der lebhaften Neustadt, deren attraktive Straßen – ein Magnet für Touristen – von Kirchen, Restaurants und Läden gesäumt sind.

Kirche St. Jacek
*Die Barock-Kirche erbauten
die Dominikaner im 17.
Jahrhundert (siehe S. 88).*

Barbakane
*Dieses Torhaus, das die Alt- von der
Neustadt trennt, entstand im 16. Jahrhundert nach Entwürfen des Venezianers Giovanni Battista (siehe S. 83).*

Ulica Freta
*Die zauberhafte kopfsteingepflasterte Straße ist eine beliebte Flaniermeile mit Restaurants, Cafés und
Läden (siehe S. 90).*

Ulica Mostowa

Altes Pulvermagazin

Marie-Skłodowska-Curie-Museum
Das dem Leben und Wirken Marie Curies gewidmete Museum befindet sich in ihrem Geburtshaus in der Ulica Freta
(siehe S. 89).

Heiliggeistkirche
*Diese Barock-Kirche, die
Paulinermönche Anfang des 18. Jahrhunderts bauten, wurde im
Krieg beschädigt und
danach wieder aufgebaut (siehe S. 88).*

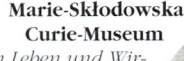

Warschau im 18. Jahrhundert zeigt dieses Bild von Alt- und Neustadt. Mehrere der abgebildeten Wahrzeichen sind noch heute zu sehen.

ZUR ORIENTIERUNG
Siehe Kartenteil, Karten 1–3

Das Restaurant Nove Miasto, eines der exzellenten Restaurants in der Neustadt, ist bei Fans gesunder und vegetarischer Kost sehr beliebt. Auf der großen Terrasse lässt es sich im Sommer wunderbar sitzen und speisen *(siehe S. 214).*

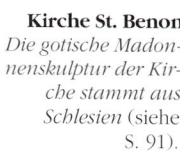

Kirche St. Benon
Die gotische Madonnenskulptur der Kirche stammt aus Schlesien (siehe S. 91).

Neustädter Markt
Diese Fotografie von 1917 zeigt die Kasimirkirche. Links davon ragt der charakteristische Glockenturm der Kirche der Heimsuchung Mariens auf.

Kirche der Heimsuchung Mariens
Die nach dem Zweiten Weltkrieg wieder aufgebaute Kirche ist in masowisch-gotischem Stil gehalten (siehe S. 93).

Kasimirkirche
Das verzierte Grab von Maria Karolina, Princesse de Bouillon, der Letzten der Sobieski-Linie, befindet sich in der Kirche aus dem 17. Jh. (siehe S. 90).

Führer durch die Stadtteile

ALTSTADT

DIE ALTSTADT (Stare Miasto) gehört zu den historisch faszinierendsten Teilen Warschaus. Sie wurde Ende des 13. Jahrhunderts um das heutige Königsschloss, damals Sitz der masowischen Fürsten, angelegt – und zwar in einer Art »Schachbrettmuster« aus Straßen, das noch immer zu erkennen ist. Die Nationalsozialisten zerstörten die Altstadt im Zweiten Weltkrieg vollständig, doch danach baute man die Gegend auf dem Schutt wieder auf und achtete dabei ganz besonders auf historische Details, und heute zählt die UNESCO die Warschauer Altstadt zum Weltkulturerbe. Das Herz des Viertels ist der Altstädter Markt (Rynek Starego Miasta) mit attraktiven Häusern, Restaurants, Cafés und Museen. Und auch in den umliegenden Straßen befinden sich Museen und historische Bauwerke wie beispielsweise die Stadtmauer, die Barbakane und die Johanneskathedrale.

Portal des »Hauses unter dem Schiff«

SEHENSWÜRDIGKEITEN AUF EINEN BLICK

Kirchen

Jesuitenkirche Unserer Gnadenreichen Muttergottes **10**

Johanneskathedrale **8**

Kirche St. Martin **12**

Museen und Galerien

Adam-Mickiewicz-Literaturmuseum **19**

Historisches Museum Warschaus **20**

Museum der Lederhandwerks-Innung **23**

Museum für Handwerk und Präzisionshandwerk **15**

Historische Straßen und Plätze

Altstädter Markt **16**

Breite und Schmale Donau-Straße **21**

Gnojna Góra **28**

Kanonia **9**

Piekarska-Straße **14**

Piwna-Straße **11**

Schlossplatz **2**

Steintreppe **27**

Zapiecek **13**

Historische Bauwerke

Barbakane **25**

Fukier-Haus **17**

Königsschloss **1**

Meerjungfrau **26**

Pelikanhaus **6**

Pod-Blachą-Palast **7**

Salvator-Haus **22**

Sigismundsäule **4**

St.-Anna-Haus **18**

Stadtmauer **24**

Brücke

Gotische Brücke **5**

Verkehrsverbindung

W–Z-Linientunnel **3**

ANFAHRT

Die Altstadt ist für den Verkehr gesperrt. Am Schlossplatz halten Busse der Linien E-1, E-3, 116, 122, 125, 160, 174, 175, 180, 192, 195, 303 und 503. Die Straßenbahnen 4, 13, 26 und 32 halten am W–Z-Linientunnel.

0 Meter   300

LEGENDE

Detailkarte *S. 66f*	
P	Parken
i	Information

◁ **Der Altstädter Markt ist im Sommer mit Leben gefüllt**

Im Detail: Altstadt

DIE ALTSTADT gehört zu Warschaus schönsten und interessantesten Gegenden, und Einheimische wie Touristen bummeln gern durch ihre historischen Straßen. Der von authentisch rekonstruierten Bürgerhäusern gesäumte Altstädter Markt bietet zahlreiche Restaurants, Cafés, Galerien, Läden und Museen, und bei schönem Wetter ist der Platz voller Cafétische, Verkaufsstände und Straßenkünstler. In den angrenzenden Straßen, insbesondere Piwna und Jezuicka, findet man ebenfalls historische Attraktionen, darunter Denkmäler, Kirchen, Museen und Paläste.

Piwna-Straße

Taubenskulpturen über dem Eingang der Ulica Piwna Nr. 6 erinnern an eine Frau, die diese Vögel in den Ruinen der Nachkriegszeit fütterte. ⓫

Kirche St. Martin

Die unteren Etagen des Kirchturms, der die Ulica Piwna dominiert, sind gotisch, die oberen beiden barock. ⓬

★ Königsschloss

Dieser Saal mit herrlichem Interieur stammt von 1777–81 und dient heute als Veranstaltungsort für Konzerte und andere Ereignisse. ❶

Pod-Blachą-Palast

Zur umfangreichen Sammlung orientalischer Teppiche und Textilien im Palast gehört dieser armenische Teppich mit »Drachen«-Muster (17. Jh.). ❼

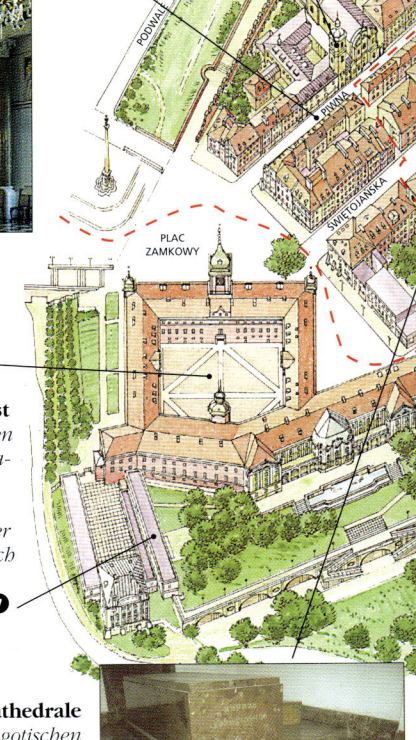

★ Johanneskathedrale

Die Gruft der gotischen Kirche beherbergt Gräber berühmter Polen, darunter des Autors Henryk Sienkiewicz. ❽

PODWALE

PIWNA

ŚWIĘTOJAŃSKA

PLAC ZAMKOWY

Stadtmauer

Mancherorts sieht man noch den doppelten Ring aus Wehrmauern, die die Altstadt umgaben. Bei der Barbakane ist die Mauer am besten erhalten. **24**

ZUR ORIENTIERUNG
Siehe Kartenteil, Karten 1, 4

PODWALE

Salvator-Haus

Religiöse Statuen standen einst oben auf der Fassade dieses Hauses (17. Jh.). **22**

RYNEK STAREGO MIASTA

Dieses Gemälde von Alexander Gierymski, das er im Jahr 1883 fertig stellte, zeigt das Portal eines Hauses am Altstädter Markt und den Kleidungsstil jener Tage.

★ Altstädter Markt

Straßenkünstler gehören zum Bild dieses schönen, lebhaften Platzes. **16**

LEGENDE

 Routenempfehlung

0 Meter — 100

Kanonia

Eine Kirchenglocke von 1646 steht mitten auf diesem kleinen Platz mit Häusern, die für die Kanoniker der Kathedrale gebaut wurden. **9**

NICHT VERSÄUMEN

★ **Königsschloss**

★ **Johannes-kathedrale**

★ **Altstädter Markt**

Die Sigismundsäule auf dem Schlossplatz

Königsschloss ❶
Zamek Królewski

Siehe S. 70ff.

Schlossplatz ❷
Plac Zamkowy

Karte 2 D2 & 4 D4. 🚌 *E-1, E-3, 116, 122, 125, 160, 170, 174, 175, 180, 192, 195, 303, 503.* 🚊 *4, 13, 26, 32.*

Erst 1818–21 legte der Architekt Jakub Kubicki den Schlossplatz an. Vorher war dies der äußere Hof des Schlosses, umgeben von Häusern und der Stadtmauer mit dem bedeutenden Krakowska-Tor, dem südlichen Hauptzugang der Stadt, der auf die Straße nach Krakau führte.

Die Ostseite des Platzes nimmt das Königsschloss ein, im Norden und Westen ist er von Häusern gesäumt. Im Süden öffnet sich der Platz zur Krakowskie Przedmieście hin, die den ersten Abschnitt des Königswegs *(siehe S. 112ff)* bildet, der vom Schloss zur Sommerresidenz Wilanów *(siehe S. 168ff)* führt.

Der Schlossplatz ist eines der Wahrzeichen Warschaus und symbolisiert Polens Hauptstadt im ganzen Land. Auf dem Platz versammeln sich die Massen zu politischen Demonstrationen, und hier begrüßen

die Warschauer mit dem Ploppen von Sektkorken das neue Jahr. Außerdem ist dies der beliebteste Ort der ganzen Stadt für die Stelldicheins Verliebter.

W–Z-Linien-tunnel ❸
Tunel Trasy W–Z

Karte 1 C2, 2 D2, 3 C5 & 4 D5. 🚌 *125, 170, 190.* 🚊 *4, 13, 26, 32.*

Dieser Tunnel ist ein Abschnitt der Ost-West-Linie (W–Z) und verläuft unter dem Schlossplatz, der Ulica Miodowa und der Ulica Senatorska, um den Verkehr von der Aleja Solidarności zur Śląsko-Dąbrowski-Brücke zu leiten. Die Bauarbeiten an dem Tunnel in den Jahren 1947 bis 1949 führte zu großer Besorgnis unter den Anwohnern, die fürchteten, die Fundamente der Häuser in den Straßen darüber würden unterm"niert. Aufzüge führen vom Schlossplatz zum Tunneleingang. Da sie auf dem Höhepunkt der kommunistischen Ära erbaut wurden, sind sie natürlich im Stil des sozialistischen Realismus gehalten und erinnern stark an U-Bahn-Stationen in Moskau oder St. Petersburg.

Statue von König Zygmunt auf der Sigismundsäule

Sigismundsäule ❹
Kolumna Zygmunta

Plac Zamkowy. **Karte** 2 D2 & 4 D5.

Die Säule in der Mitte des Schlossplatzes ist das älteste profane Denkmal der Stadt. Sie ist König Zygmunt III. Wasa gewidmet, der im Jahr 1596 seine Residenz nach Warschau verlegt hatte *(siehe S. 20f)*. Das Mounument wurde 1644 im Auftrag seines Sohnes, König Władysław IV., errichtet. Die Granitsäule steht auf einem hohen Sockel und trägt eine Bronzestatue von

Die Zeichnung dokumentiert die Errichtung der Sigismundsäule

König Zygmunt, der in der einen Hand ein Kreuz und in der anderen Hand ein Schwert hält.

Die imposante Statue war das Werk Clemente Mollis, doch sowohl Säule als auch Sockel entwarfen zwei berühmte italienische Architekten, die lange Zeit im Dienste des polnischen Königs standen: Agostino Locci der Ältere und Constantino Tencalla.

Das Monument ist insgesamt 22 Meter hoch und in seiner Art einzigartig in Europa, da es – mit seinem großen Kreuz – den König in einer Weise glorifiziert, die eigentlich Heiligen vorbehalten war. Wiederholt wurde die Säule in Kriegen beschädigt und danach restauriert, doch die Bronzestatue des Königs schaffte es immer wieder, unversehrt zu bleiben. Die Säule, auf der sie steht, wurde jedoch schon zweimal ausgewechselt. Teile der zweiten, zerbrochenen Säule liegen ganz in der Nähe.

Hübsches Wohnhaus an Warschaus Schlossplatz

Gotische Brücke ⑤
Most gotycki

Plac Zamkowy. **Karte** 2 D2 & 4 D5.

Nur ein Teil der zweibogigen Backsteinbrücke, die Ende des 15. Jahrhunderts errichtet wurde, ist erhalten, doch heute ist sie wieder in Gebrauch. Einst überspannte sie den Graben vor dem Krakowska-Tor auf der südlichen Ausfallstraße. Am Südende schützte sie ein befestigtes Torhaus, das wie die Mauer und das Haupttor 1808 abgerissen wurde, als der Graben aufgefüllt und die Brücke verschüttet wurde. Diese geriet in Vergessenheit und wurde erst 1977 wieder entdeckt, danach restauriert und 1983 wieder für Fußgänger freigegeben.

Der Pelikan am Pelikanhaus

Pelikanhaus ⑥
Kamienica Pod Pelikanem

Plac Zamkowy 1/13. **Karte** 2 D2 & 4 D4.

Das große Haus an der Ecke von Ulica Piwna und Schlossplatz wurde im späten 17. Jahrhundert gebaut und 1705 fertig gestellt. Mitte des 18. Jahrhunderts wohnte hier der Hofbaumeister Karl Friedrich Pöppelmann. Das Gebäude ist eines von sieben Häusern, die einst an der Nordseite der damaligen Ulica Bernardyńska standen, einer der historischen Straßen in Warschaus Altstadt. Die Südseite der Ulica Bernardyńska riss man ab, als Anfang des 19. Jahrhunderts der Schlossplatz gebaut wurde. Seitdem blicken dieses und die anderen Häuser, die einst an der Nordseite der Straße standen, auf den Platz.

Das Pelikanhaus hat seinen Namen von der Skulptur eines Pelikans an einer Ecke des Gebäudes, dessen hölzerne Überdachung über den Fenstern im Erdgeschoss typisch für die Warschauer Häuser des 17. und 18. Jahrhunderts ist.

Dieses und weitere Häuser an dieser Seite des Schlossplatzes wurden 1944 im Krieg zerstört. 1957 rekonstruierte man das Pelikanhaus, und Edmund Burke fügte Fassadenmalereien hinzu. Heute ist hier ein Informationszentrum untergebracht.

Pod-Blachą-Palast ⑦
Pałac Pod Blachą

Plac Zamkowy 2. **Karte** 2 D2 & 4 D4. ☎ 657 2170. 🚌 E-1, E-3, 116, 122, 125, 160, 170, 174, 175, 180, 190, 192, 195, 303, 503. 🚋 Plac Zamkowy. ◯ Di–Sa 10–16 Uhr. 🎫 im Ticket fürs Königsschloss, siehe S. 70ff, eingeschlossen.

Zuletzt »modernisierte« man diesen Barock-Palast 1720 für den damaligen Eigentümer Jerzy Dominik Lubomirski. Die geschmückten Mauern verbergen die Reste eines älteren Gebäudes (17. Jh.).

Der Palast wechselte wiederholt die Besitzer, zu denen auch Polens letzter König, Stanisław August Poniatowski, und sein Neffe, der berühmte Held der napoleonischen Kriege, Fürst Józef Poniatowski, gehörten. Nach langer Vernachlässigung restaurierte man 1932 Teile des Gebäudes. Zimmer im Nordflügel wurden mit der Originalvertäfelung, die der Hofarchitekt Dominik Merlini 1778–80 fürs Königsschloss entworfen hatte, dekoriert. Seit 1988 gehört der Palast zum Museum des Königsschlosses und präsentiert orientalische Teppiche und Textilien. Die Ausstellung, Vermächtnis von Teresa Sahakian, ist die weltweit größte und wertvollste Sammlung kaukasischer Teppiche.

Hinter dem Gebäude befindet sich im Schlosshügel eine Gruft, die im 17. Jahrhundert einer Freimaurerloge gehörte. An den Wänden stehen Statuen griechischer Gottheiten.

Die großartige Barock-Fassade des Pod-Blachą-Palasts

Königsschloss ●

DAS KÖNIGSSCHLOSS (Zamek Królewski) ist ein Meisterwerk des Barock. Die masowischen Fürsten bauten
hier schon im 14. Jahrhundert ein Schloss, das König
Zygmunt III. Wasa, nachdem Warschau 1569 Sitz des
Sejm (Parlaments) geworden war, 1596 als Residenz
wählte. Warschau ersetzte fortan Krakau als Hauptstadt
Polens. Von 1598 bis 1619 gestalteten italienische Baumeister das Schloss zum Polygon um, und im 18. Jahrhundert gab König August III. dem Ostflügel ein barockes Erscheinungsbild. 1939 wurde Feuer gelegt, und
1944 sprengten die Nationalsozialisten das Gebäude.
Der durch Spenden finanzierte Wiederaufbau dauerte
von 1971 bis 1988. Heute ist das Schloss ein Museum
mit Möbeln, Gemälden und anderen Kunstwerken.

★ Sigismundturm
*1622 wurde im Turm eine
Uhr installiert. Der Turm
samt Uhr wurde 1974
wieder errichtet.*

Bacciarelli-Anbau
*Im 18. Jahrhundert
waren hier Atelier und
Kunstakademie von
Marcello Bacciarelli.
Heute befindet sich in
diesem Anbau ein
Standesamt.*

Das Königsschloss
*Seit der Rekonstruktion gehört
das Schloss wieder zu den
Hauptattraktionen der Stadt.*

**Durch den Haupt-
eingang** gelangt man
vom Plac Zamkowy
in den Innenhof.

ZEITSKALA

	1300	1400	1500	1600	1700	1800	1900

Vor 1339 Erbauung der Wälle und des Aussichtsturms

1570–71 Zygmunt August lässt eine neue Residenz errichten

1596 Warschau löst Krakau als Hauptstadt ab

1775 Dominik Merlini gestaltet das Interieur

1740–52 Der Sächsische Flügel wird angebaut

1926 Das Schloss wird Residenz des Präsidenten

1988 Wiederaufbau ist abgeschlossen

Anfang 15. Jh. Erbauung des Großen Hofs

1598–1619 Das Königs-schloss wird in seiner heutigen Form gebaut

1655–57 Die Schweden plündern das Schloss

1764 Wahl und Krö-nung von Stanisław August Poniatowski

1939 Schloss brennt nieder

1944 Die Deutschen sprengen das Schloss

1971 Rekonstruktion beginnt

★ Sächsischer Flügel

Der unter König August III. im 18. Jahrhundert barock umgestaltete Flügel ist gen Osten in Richtung Weichsel ausgerichtet.

INFOBOX

Plac Zamkowy 4. **Karte** 2 D2 & 4 D4. 657 21 70. **Tickets** 657 23 38 (Di–Fr 9–14 Uhr). E-1, E-3, 116, 122, 160, 174, 175, 192, 195, 303, 503. Di–Sa 10–16 Uhr, So 11–16 Uhr. **Königliche Gemächer** 15. Apr– 30. Sep Mo–Sa 10–18 Uhr, So 11–18 Uhr; 1. Okt–14. Apr Di–Sa 10–15 Uhr, So 11–15 Uhr. 1. Jan, Ostern, 1. Mai, Fronleichnam, 1. Nov, 24.–25. Dez, 31. Dez. außer So.

www.zamek-krolewski.art.pl

Die Kubicki-Arkade ist eine von Arkaden gestützte Aussichtsterrasse mit Blick über den wieder angelegten Schlossgarten.

Großer Hof

Die Residenz der masowischen Fürsten des 15. Jahrhunderts wurde im gotischen Originalstil restauriert.

Władysław-Turm

1637–43 gestaltete man den im Jahr 1571 errichteten Turm um.

Grodzka-Turm

Dieser Turm, der älteste Teil des Schlosses, wurde im 14. Jahrhundert als Wehrturm erbaut.

NICHT VERSÄUMEN

★ Sächsischer Flügel

★ Sigismundturm

Überblick: Königsschloss

DAS FASZINIERENDE Interieur des Königs-schlosses ist das Resultat aus seiner Doppelrolle als Königsresidenz und Sitz des Sejm (Parlament). Das nach dem Zweiten Weltkrieg sorgfältig rekonstruierte Schloss hat königliche Gemächer sowie Abgeordneten- und Senatskammer. Viele Möbel und Kunstobjekte sind noch original – darunter Statuen, Gemälde und sogar Fragmente von Holz- und Stuckarbeiten, die vor den Nationalsozialisten versteckt worden waren. In den Räumen und Galerien sind auch Werke Bernardo Bellottos und Marcello Bacciarellis ausgestellt.

Kunstgalerie
Zu den Exponaten aus dem 17. und 18. Jahrhundert gehören Schenkungen der Ciechanowiecki-Stiftung.

Zweiter Stock

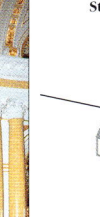

★ Ballsaal
17 Paare goldener Säulen stützen die Decke des prächtigen Saals. Das Deckengemälde ist eine Reproduktion von Bacciarellis Auflösung des Chaos.

Räume der Prinzen
Hier hängen Gemälde von Jan Matejko, darunter Die Ratifizierung der Verfassung vom 3. Mai.

Besuchereingang

Senatorenkammer
1791 wurde hier die Verfassung vom 3. Mai ratifiziert (siehe S. 26).

LEGENDE ZUM GRUNDRISS

☐	Königliche Gemächer
☐	König Poniatowskis Gemächer
☐	Große Gemächer
☐	Sejm (Parlament)
☐	Räume der Prinzen
☐	Ehemalige Abgeordnetenkammer
☐	Dauerausstellung
☐	Keine Ausstellungsfläche

Untergeschoss

In der ehemaligen Abgeordnetenkammer
tagten im 17. Jahrhundert die Abgeordneten des Sejm-Unterhauses.

Lanckoroński-Galerie

★ Marmorkabinett

Dekoration und Möblierung stammen aus der Zeit Władysławs IV. Wasa im 17. Jahrhundert. Marcello Bacciarellis Porträts polnischer Monarchen entstanden im 18. Jahrhundert.

Rittersaal

Eine Statue des Chronos von Jakub Monaldi dominiert den schön eingerichteten Raum.

KURZFÜHRER

Im Untergeschoss wird eine archäologische Ausstellung gezeigt. Im Erdgeschoss befindet sich die Abgeordnetenkammer, die königlichen Gemächer und die Großen Gemächer liegen im ersten Stock. Im zweiten Stock sind die Privatgemächer von S. Żeromski, die Galerie der schönen Künste, die Lanckoroński-Galerie sowie ein Saal für Wechselausstellungen.

Erster Stock

Erdgeschoss

Neuer Empfangsraum

Hier sind ein schöner Parkettboden und Original-Stuckarbeiten zu bewundern.

★ Canaletto-Saal

Bernardo Bellotto, der häufig den Namen seines Onkels, Canaletto, benutzte, schuf die Ansichten Warschaus im 18. Jahrhundert.

Gemächer von König Stanisław August Poniatowski

Die Rokoko-Täfelung vom zerstörten Tarnowski-Palast soll ein Werk von Juste-Aurèle Meissonier sein.

NICHT VERSÄUMEN
★ **Ballsaal**
★ **Marmorkabinett**
★ **Canaletto-Saal**

Johanneskathedrale ❽
Katedra św. Jana

Siehe S. 76f.

Kanonia ❾

Karte 2 D2. 🚌 *E-1, E-3, 116, 122, 125, 160, 170, 174, 175, 180, 190, 192, 195, 303, 503.* 🚊 *4, 13, 26, 32.*

D ER KLEINE dreieckige Platz hinter der Johanneskathedrale ist von schönen Häusern gesäumt, die um 1500 an der Stelle eines früheren Friedhofs für die Kleriker der Kathedrale erbaut und nach dem Krieg rekonstruiert wurden.

In der Mitte steht eine 1646 von Daniel Tym gegossene Kirchenglocke. Tym goss auch die Originalstatue Zygmunts III. Wasa *(siehe S. 68)*.

Die überdachte Fußgängerbrücke, die einst das Schloss mit der Kathedrale verband, wurde allein für die Königsfamilie errichtet, nachdem Michał Piekarski versucht hatte, Zygmunt III. Wasa (1587–1632) beim Betreten der Kathedrale zu töten.

Während er (vor seiner Hinrichtung) gefoltert wurde, gab Piekarski blanken Unsinn von sich – daher stammt die polnische Redewendung »murmeln wie Piekarski«.

Zwischen 1800 und 1823 traf sich die Gesellschaft der Freunde der Wissenschaft, die Stanisław Staszic, Schriftsteller der Aufklärung, gegründet hatte, in Nr. 5 und 8.

Einer der berühmtesten Dichter Warschaus, Artur Oppman (oder Or-Ot), lebte 1910–25 im Haus Nr. 8.

Jesuitenkirche Unserer Gnadenreichen Muttergottes

Jesuitenkirche Unserer Gnadenreichen Muttergottes ❿
Sanktuarium Matki Bozej Łaskawej

Świętojańska 10. **Karte** 2 D2. 📞 *831 16 75.* 🚻 📷

I M JAHR 1621 BAUTE man diese Kirche zusammen mit einem Kloster in einer manieristisch-barocken Stilmischung. Nach der Auflösung des Klosters 1773 blieb die Kirche bis zur Zerstörung 1944 nahezu unverändert. Die Originalpläne überdauerten den Krieg, so dass die einzigartige Kirche danach rekonstruiert werden konnte. Die auf engem Platz gebaute Kirche hat einige

Besonderheiten. Ein Leuchter in der Kuppel bescheint das Presbyterium. Die Krypta schuf man aus den Kellern der Häuser, die beim Bau der Kirche abgerissen wurden. Zu den Grabsteinen in der Krypta gehört ein herrliches Monument für Jan Tarło, das Jan Jerzy Plersch entwarf.

Am Kircheneingang steht eine Bärenskulptur, die ursprünglich zur Piaristenkirche in der Ulica Długa gehörte.

Piwna-Straße ⓫
Ulica Piwna

Karte 1 C2. 🚌 *E-1, 116, 122, 174, 175, 195, 503.*

D IE PIWNA-STRASSE, die längste Straße in der Altstadt, verbindet den Schlossplatz mit der Wąski-Dunaj-Straße. Das erste Mal wird die Ulica Piwna im 15. Jahrhundert erwähnt, als sie auch als St.-Martin-Straße bekannt war (nach der Kirche, die an der Straße steht). Die Ulica Piwna

Zeichnung der Ulica Piwna von 1865

war einst eine beliebte Adresse für Aristokratenfamilien, und heute ist sie für ihre guten Restaurants bekannt.

Kirche St. Martin ⓬
Kościół św. Marcina

Piwna 9/11. **Karte** 1 C2. 📞 *831 02 21.* 🚻 📷

D IE AUS DEM 15. Jahrhundert stammende Kirche St. Martin wurde für den Augustinerorden gebaut, der im Jahr 1352 nach Warschau kam. Ihre jetzige Form ist das Ergebnis zweier Umgestaltungen im barocken Stil: zwischen 1631 und 1636 bezie-

Kanonias historische Häuser mit der Kirchenglocke auf dem Platz

**Kruzifix,
St. Martin**

...hungweise Mitte des 18. Jahrhunderts. Letzteren Umbau beaufsichtigte der bekannte Baumeister Karol Bay, der unter anderem die »wellenartige« Fassade gestaltete. Leider wurde diese im Zweiten Weltkrieg zerstört.

Nichtsdestotrotz rekonstruierte man unter Leitung von Schwester Anna Skrzydlewska eine moderne Interpretation des Barock-Interieurs. Das einzige Originalstück, das erhalten blieb, war ein teilweise verbranntes Kruzifix, das nun an einem Pfeiler im Hauptschiff hängt.

Die Kirche St. Martin spielte eine wichtige Rolle in der Stadtgeschichte. Ab dem 16. Jahrhundert nutzte sie der masowische Adel, und im 17. Jahrhundert fanden hier theologische und philosophische Debatten statt.

1950 übernahm ein Nonnenorden der Franziskaner, die Dienerinnen des Heiligen Kreuzes, die Kirche. Ihre Mission ist es, für die Armen zu sorgen. In den 80er Jahren des 20. Jahrhundert hielten in der Kirche Mitglieder der Solidarność und anderer antikommunistischer Bewegungen heimliche Treffen ab.

Neben der Kirche liegt ein schöner umfriedeter Hof, der zum Nonnenkloster gehört.

Zapiecek ⑬

Karte 2 D1. 🚌 E-1, E-3, 116, 122, 160, 170, 174, 175, 180, 190, 192, 195, 303, 503.

EINST WAR DER PLATZ Teil der Ulica Piekarska, heute ist er eine Durchfahrtsstraße. Im 19. Jahrhundert fand hier Warschaus wichtigster Vogelmarkt statt, mit einem Angebot von Tauben bis zu exotischen Singvögeln.

Zu den Attraktionen, die den Platz heute umgeben, ...gehört eine Galerie für zeitgenössische Kunst. Und mehrere Restaurants haben im Sommer Tische im Freien.

Eine Plakette an einer Mauer gedenkt der Tatsache, dass Warschaus Altstadt nun auf der Liste der UNESCO-Weltkulturerbestätten steht.

Piekarska-Straße ⑭
Ulica Piekarska

Karte 2 D1. 🚌 E-1, E-3, 160, 116, 122, 174, 175, 192, 303, 503.

DIESE STRASSE säumten ursprünglich zahlreiche Bäcker- und Müllerhäuser – wie schon ihr Name vermuten lässt (*piekarz* heißt auf Polnisch Bäcker).

Im 18. Jahrhundert wurden die ersten Backsteingebäude an dieser Straße gebaut. Zur selben Zeit riss man einen Teil der Wehrmauern ab, um einen direkten Zugang zur Ulica Podwale zu schaffen.

An der Kreuzung von Ulica Piekarska und Ulica Rycerska befand sich einst ein Platz namens Piekiełko – »Kleine Hölle« –, wo im 16. und 17. Jahrhundert Hinrichtungen stattfanden, so auch Verbrennungen von Hexen und Giftmischern. Michał Piekarski, der den Mordversuch an König Zygmunt III. Wasa verübte, wurde ebenfalls auf diesem Platz exekutiert.

Am Podwale-Ende der Straße steht das Denkmal für Jan Kiliński (*siehe S. 101*), einen heldenhaften Anführer des Kościuszko-Aufstands im Jahr 1794.

Museum für Handwerk und Präzisionshandwerk ⑮
Muzeum Rzemiosł Artystycznych i Precyzyjnych

Piekarska 20. **Karte** 2 D1. 📞 831 96 28. 🕐 Mo–Fr 9–15 Uhr. ♿ ⬜

DIESES MUSEUM in einem Gebäude aus dem 18. Jahrhundert, das man nach dem Zweiten Weltkrieg restaurierte, stellt u.a. Uhren und Schmuck aus. Die ältesten Exponate stammen aus dem 16. Jahrhundert. Außerdem werden »Meisterwerke« präsentiert, die Graveure und

Uhr im Handwerksmuseum

Goldschmiede bei der Handwerksgilde vorlegen mussten, ehe sie selbständig arbeiten durften.

Altstädter Markt ⑯
Rynek Starego Miasta

Siehe S. 78f.

Straßenrestaurant am Zapiecek-Platz (Ulica Zapiecek)

Johanneskathedrale ❽

DIE ANFANG DES 15. Jahrhunderts fertig gestellte Johanneskathedrale (katedra św Jana) war ursprünglich eine Pfarrkirche. 1406 bekam sie Kollegiatsstatus, doch erst 1798 wurde sie eine Kathedrale. Zu den bedeutenden hier gefeierten Ereignissen gehörten die Krönung von Stanisław August Poniatowski 1764 und die Vereidigung der Abgeordneten des Sejm (Parlament) gegenüber der Verfassung von 1791. Nach dem Zweiten Weltkrieg wurden die Fassadenanbauten aus dem 19. Jahrhundert entfernt und das Bauwerk im original masowisch-gotischen Stil restauriert. Innen kann man reich verzierte Gräber und Kirchenkunst besichtigen.

Fassade
Die Fassade gestaltete Jan Zachwatowicz nach dem Zweiten Weltkrieg im Stil der masowischen Gotik.

Kapelle zum Heiligen Sakrament

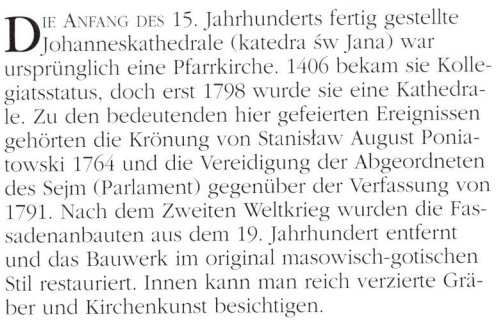

★ Krypta von Gabriel Narutowicz
Polens erster Präsident wurde zwei Tage nach seiner Vereidigung ermordet. Wie der mit dem Nobelpreis ausgezeichnete Literat Henryk Sienkiewicz ist er hier beigesetzt.

Grab der masowischen Fürsten
Das Marmorgrab gedenkt der letzten beiden masowischen Fürsten, nach deren Tod das Fürstentum der polnischen Krone zugesprochen wurde.

Glockenturm

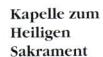

PRIMAS DES JAHRTAUSENDS

Kardinal Stefan Wyszyński (1901–1981) wurde im Oktober 1948 Primas von Polen. Im Kampf um die christliche Identität der Nation war er von 1953 bis 1956 in Haft. Bis zu seinem Tod war er geistliches Oberhaupt der polnischen Katholiken, was ihm immer wieder Schwierigkeiten mit dem kommunistischen Regime einbrachte. 1980–81 trat er als Vermittler zwischen Solidarność und Regierung auf.

Haupteingang

★ Baryczka-Kruzifix
Das Kruzifix (16. Jh.) in der Baryczka-Kapelle soll Wunderkräfte haben. Der Christus trägt echtes Menschenhaar.

INFOBOX

Ulica Świętojańska 8.
Karte 1 D2 & 4 D4.
📞 *831 02 89.*
🚌 *E-1, 116, 122, 175, 195, 503 zum Pl. Zamkowy.*
🕐 *Mo–Sa 10–18 Uhr, So 14–18 Uhr.*
♿ *nur für die Krypta.* 📷

Chorgestühl
Das Gestühl ist eine Kopie des Originals, das König Jan III. Sobieski als Dank für seinen Sieg in der Schlacht von Wien 1683 stiftete.

Kapelle der Literaten

Galerie zum Königsschloss *(siehe S. 70ff).*

Denkmal für Stanisław Małachowski
Die Marmorskulptur wurde nach Entwürfen des dänischen Klassizisten Bertel Thorwaldsen gestaltet.

NICHT VERSÄUMEN

★ **Krypta von Gabriel Narutowicz**

★ **Baryczka-Kruzifix**

Raupenkette
Diese Kette eines ferngesteuerten deutschen Panzers, der 1944 während des Warschauer Aufstands einen Teil der Kathedrale zerstörte, ist in die Mauer eingelassen.

Altstädter Markt ⓰

B IS ENDE DES 18. JAHRHUNDERTS war der 90 mal 73 Meter große Altstädter Markt Warschaus wichtigster Platz. Hier fanden Märkte und Feste und manchmal auch Hinrichtungen statt. In der Mitte des Platzes stand das Rathaus, bis es im Jahr 1817 abgerissen wurde. Die vier Seiten des Marktplatzes sind nach prominenten Parlamentariern des 18. Jahrhunderts benannt. Die Häuser, die dem Platz seinen einzigartigen Charakter verleihen, ließen wohlhabende Kaufleute im 17. Jahrhundert errichten oder umgestalten. Heute säumen Cafétische und Verkaufsstände den Marktplatz, und Pferdekutschen (dorożkas) bieten Touren durch die engen Altstadtgassen an. Oft hört man die Echos von Drehorgeln an den antiken Mauern widerhallen.

Schild des Restaurants Bazyliszek

- 🟧 Zakrzewski-Seite
- 🟥 Barss-Seite
- 🟩 Dekert-Seite
- 🟨 Kołłątaj-Seite

ZAKRZEWSKI-SEITE

Bazyliszek-Haus (Nr. 5) mit dem Emblem des Bankiers, einem Reptil

Majeran-Haus (Nr. 11)

Goldenes Haus
Stanisław Baryczka, Bürgermeister der Altstadt, wohnte hier im 17. Jahrhundert. In das Gitter des Oberlichts sind seine Initialen eingearbeitet.

Zum Löwen
Ein Gemälde von Zofia Stryjeńska (1928) ziert die Fassade des Hauses. Im Goldrelief an der Ecke ist ein Löwe zu erkennen.

Orlemus-Haus
Hier befindet sich das Literaturmuseum (siehe S. 81) mit Erstausgaben und Memorabilien von Adam Mickiewicz, Polens beliebtem Dichter der Romantik.

BARSS-SEITE

Troper-Haus (Nr. 10)

Simonetti-Haus
Die Plakette unter der Uhr dieses Hauses erinnert an den Wiederaufbau der Altstadt nach dem Krieg.

★ Fukier-Haus
Dieses Haus gehörte einst der polnischen Linie der mittelalterlichen Fugger-Familie. Heute ist es eines der besten Restaurants der Stadt (siehe S. 80).

KOŁŁĄTAJ-SEITE

Wilczek-Haus
Vom mittelalterlichen Originalbau ist nur noch das gotische Portal erhalten.

★ Statue der hl. Anna
In einer Ecknische steht die heilige Anna mit Maria und dem Jesuskind in den Armen (siehe S. 80).

★ »Haus des schwarzen Knaben«
Es ist nach der Skulptur eines Jungen an der Fassade benannt.

Falkiewicz-Haus
Oben auf der Fassade steht eine Marienstatue, flankiert von den Heiligen Elisabeth und Stanisław.

DEKERT-SEITE

Alle Häuser dieser Seite sind miteinander verbunden und bilden das Historische Museum *(siehe S. 81)*.

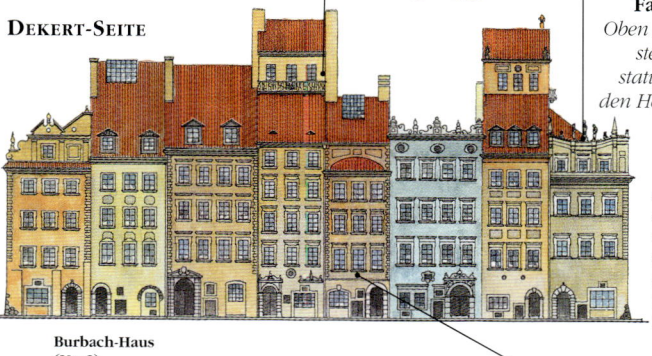

Burbach-Haus (Nr. 2)

Barockdecken
Die Decken im dritten Stock des Kleinpoldt-Hauses, Nr. 34, sind in barockem Stil bemalt.

NICHT VERSÄUMEN

★ Statue der hl. Anna

★ Fukier-Haus

★ »Haus des schwarzen Knaben«

Fukier-Haus 🔟
Kamienica Fukierów

Rynek Starego Miasta 27. **Karte** 2 D1 & 4 D4.

Heute befindet sich in diesem Gebäude aus dem 15. Jahrhundert eines der stil-

Im Fukier-Haus befindet sich heute ein berühmtes Restaurant

vollsten Restaurants der Stadt. Der klassizistische Stil entstand 1782, als – aller Wahrscheinlichkeit nach – Baumeister Szymon Bogumił Zug das Haus umgestaltete.

Den Namen hat es von der Fukier-Familie, die es 1810 erwarb. Die Fukier waren die polnische Linie der deutschen Fugger-Familie, die jahrhundertelang die mächtigsten Bankiers Deutschlands stellte – sogar Kaiser standen in ihrer Schuld. Daneben waren die Fugger auch Kaufleute und kontrollierten den europäischen Gewürzhandel.

Während der polnischen Linie der Familie nicht der kommerzielle Erfolg ihrer deutschen Verwandtschaft beschieden war, konnte sie

doch im Weinhandel ein beachtliches Vermögen machen. Bis zum Zweiten Weltkrieg waren die Fukier besonders für ihre Vorräte an ungarischem Wein und polnischem Met bekannt.

Während des Krieges entgingen nur das Erdgeschoss

und der Keller des Fukier-Hauses der Zerstörung. Nach der sorgfältigen Restaurierung hat die vergoldete Fassade einen Fries im Muster einer traditionellen Herrenschärpe. Über dem Portal befindet sich das Familienwappen mit zwei überkreuzten Lilien und dem Buchstaben F.

Das Restaurant Fukier erstreckt sich über Erdgeschoss, Keller (original 15. Jh.) und den ummauerten Hof. Es wird von der Familie Gessler, einer renommierten Wirtsfamilie, betrieben. Auf der Karte stehen moderne Interpretationen klassischer polnischer Küche (*siehe S. 214*).

Die oberen Etagen des Hauses belegt die Gesellschaft der Kunsthistoriker.

St.-Anna-Haus 🔢
Kamienica Pod św. Anną

Rynek Starego Miasta 31. **Karte** 2 D1 & 4 D4. ⬤ *nur Eingangshalle* *Mo–Fr 8–16 Uhr.*

Dieses Gebäude aus dem 15. Jahrhundert wechselte häufig die Besitzer und wurde immer wieder umgestaltet. Doch es gibt noch einige der ältesten Details: Gotische Bögen überspannen die Eingangshalle und die Fassade zur Wąski-Dunaj-Straße. Eine Statue der heiligen Anna, Namensgeberin des Hauses, steht in einer Nische.

Im 18. Jahrhundert war hier das bekannte Restaurant eines Franzosen namens Quellus untergebracht. 1913 wurde das Haus für die Historische Gesellschaft Warschaus erworben, und derzeit teilen sich die Polnische Akademie der Wissenschaften und die Polnische Historische Gesellschaft das Gebäude.

Portal des St.-Anna-Hauses

PORTALE DER BÜRGERHÄUSER IN DER ALTSTADT

Zu den am besten erhaltenen architektonischen Details in der Altstadt gehören die Portale, die oftmals reich verziert sind. Und die Portale am Altstädter Markt stellen eine architektonische Stilvielfalt zur Schau, die von der Gotik bis zur Renaissance und vom Manierismus bis zum Barock reicht.

Gotik

Die Ziegelportale (15. Jh.) am Haus Nr. 21 beweisen die stufenweise Konstruktion

Spätgotik

Das kunstvolle Portal an Nr. 31 veranschaulicht den Stil

Julian Tuwims Arbeitszimmer im Literaturmuseum

Adam-Mickiewicz-Literaturmuseum ⑲
Muzeum Literatury im. A. Mickiewicza

Rynek Starego Miasta 18/20.
Karte 2 D1 & 4 D4. 831 40 61.
Mo, Di, Fr 10–15 Uhr, Mi, Do 11–18 Uhr, So, Feiertage 11–17 Uhr.
außer So.

D AS MUSEUM ist über zwei Bürgerhäuser, Orlemus- und Balcer-Haus, aus dem 15. Jahrhundert verteilt. Beide Häuser wurden im Lauf der Jahrhunderte verändert.

Nach dem Zweiten Weltkrieg rekonstruierte man sie in spätbarocker Bauweise. Dennoch sind die original gotischen Fresken und der Bogen in der Eingangshalle von Nr. 20 erhalten.

Zehn Galerien des Museums sind Adam Mickiewicz (*siehe S. 117*), Polens bekanntestem Dichter der Romantik, gewidmet. Gezeigt werden Originalmanuskripte, Erstausgaben sowie zahlreiche Erinnerungsstücke.

Leben und Werk anderer polnischer Schriftsteller und Dichter, darunter Julian Tuwim, Leopold Staff, Melchior Wańkowicz und Kazimierz Wierzyński, sind Thema weiterer Räume. Und außerdem sammelt das Museum Kunstwerke aus der Zeit der jeweiligen Autoren. Die umfangreiche Sammlung des Museums wird in häufigen Wechselausstellungen präsentiert.

Das Literaturmuseum hat eine Filiale in der Ulica Polna 40 (in der Nähe des Łazienki-Parks), die sich dem Leben und Wirken der polnischen Romanautorin Maria Dąbrowska widmet.

Historisches Museum Warschaus ⑳
Muzeum Historyczne m. st. Warszawy

Rynek Starego Miasta 28/42.
Karte 2 D1 & 4 D4. 635 16 25.
Di, Do 11–17.30, Mi, Fr 10–15.30, Sa, So 10.30–16.30 Uhr.
ein Wochenende im Monat. **Kino** 9.30–15.30 Uhr. außer So.

D IE HÄUSER AN der Dekert-Seite des Altstädter Marktes und drei in der angrenzenden Nowomiejska-Straße bilden zusammen das Historische Museum Warschaus. Die Häuser der Dekert-Seite wurden im Krieg kaum beschädigt, einige behielten ihre Fassaden, zwei sogar ihr Interieur, das man nun besichtigen kann. Die Sammlung des Museums wurde jedoch im Krieg völlig vernichtet.

Die heutige Ausstellung ist über 60 Räume verteilt und erzählt anhand von Gemälden, Zeichnungen, Illustrationen, Skulpturen, Kunsthandwerk und archäologischen Funden die Stadtgeschichte. Modelle zeigen Gebäude, die nicht mehr stehen, und in ein paar Galerien wurden Zimmer und Künstlerateliers rekonstruiert.

Eine riesige Foto- und Postkartensammlung sowie eine umfangreiche Bibliothek stellen das historische und das moderne Warschau vor.

Ein Film über Warschaus Geschichte mit Kommentaren in mehreren Sprachen wird im Kino des Museums gezeigt. Darin kommen auch Aufnahmen der Nationalsozialisten vor, die die systematische Zerstörung der Stadt – im Auftrag Hitlers nach dem Warschauer Aufstand von 1944 – dokumentieren. Doch auch das massive Wiederaufbauprogramm nach dem Krieg ist Thema des Films.

Im Hof liegen Fragmente historischer Mauern und Statuen, die man während des Wiederaufbaus fand.

Rekonstruierte Druckerei, Historisches Museum

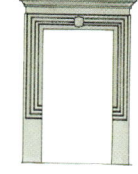

Renaissance

Innenportal im typischen Renaissance-Stil am Haus Nr. 1

Manierismus

Verziertes Portal (frühes 17. Jh.) an der Nr. 36

Frühbarock

Rekonstruiertes Sandsteinportal des Hauses Nr. 7

Barock

Portal mit Ziergiebel aus dem Jahr 1663, Haus Nr. 38

Die Szeroki-Dunaj-Straße

Szeroki- und Wąski-Dunaj-Straße ㉑
Szeroki i Wąski Dunaj

Karte 1 C1.

D IE WĄSKI(Schmale)-Dunaj-Straße führt vom Altstädter Markt zur Stadtmauer und trifft unterwegs auf die Szeroki(Breite)-Dunaj-Straße, eigentlich ein kleiner Platz. Die Namen kommen vom Bach Dunaj, der hier ursprünglich seine Quelle hatte.

Im Mittelalter wohnten in der Wąski-Dunaj-Straße hauptsächlich Juden, deren

Portaldetail, Salvator-Haus

Synagoge an der Ecke von Wąski-Dunaj- und Żydowska(Jüdische)-Straße stand. Weder Straße noch Synagoge haben die Zeit überdauert.

Früher waren beide Dunaj-Straßen Geschäftsbezirke. Im 17. Jahrhundert gab es in der Szeroki-Dunaj-Straße einen Fischmarkt, der im 19. Jahrhundert zum Gemüse- und Blumenmarkt mutierte. Unterstrichen wurde die kommerzielle Bedeutung durch das ehemalige Metzgertor (Brama Rzeźnicza), benannt nach einem Schlachthaus an der Stadtmauer. In der Szeroki-Dunaj-Straße gab es auch viele Schuhmacher, wie etwa Jan Kiliński, der in der Nr. 5 wohnte und nebenher auch ein Anführer des Kościuszko-Aufstands von 1794 war.

Salvator-Haus ㉒
Kamienica Salwator

Wąski Dunaj 8. **Karte** 1 C1.

D AS 1632 FÜR JAKUB Gianotti gebaute Salvator(Erlöser)-Haus ist nach dem Basrelief von Jesus und der heiligen Veronika benannt, das einst über der Fassade zu sehen war.

Am Portal des frühbarocken Hauses befinden sich noch Initialen und Monogramm Gianottis, die religiösen Statuen jedoch ersetzte man beim Wiederaufbau in der kommunistischen Nachkriegszeit durch einen Obelisken und ein Bettlermädchen.

Museum der Lederhand-werks-Innung ㉓
Muzeum Cechu Rzemiosł Skórzanych im. Kilińskiego

Wąski Dunaj 10. **Karte** 1 C2.
☎ 831 96 73. ☐ Do–Sa 10–15 Uhr.

D AS MUSEUM DER Lederhandwerks-Innung befindet sich in einem Gebäude (16. Jh.), das als Schuhmacherhaus bekannt ist und nach dem Zweiten Weltkrieg im Stil des 18. Jahrhunderts wieder aufgebaut wurde.

Das Museum zeigt rekonstruierte Werkstätten eines Schuhmachers und eines Sattlers mit Beispielen ihrer Pro-

Ein junger Rebell

duktion sowie Exponate zum Leben des Oberst Jan Kiliński, dem das Museum gewidmet ist. Er war Meister dieser Gilde und Held des Kościuszko-Aufstands von 1794.

Stadtmauer ㉔
Mury miejskie

Podwale. **Karte** 1 C2.

W ARSCHAU GEHÖRT zu den wenigen Hauptstädten mit einer großteils erhaltenen Stadtmauer. Die im 14. und 15. Jahrhundert in Form eines Doppelrings erbaute Mauer verstärkte man in regelmäßigen Abständen zusätzlich mit Türmen. Die Altstadt war außerdem durch zwei Haupttore geschützt: das Krakowska(Krakauer)-Tor im Süden, von dem nur die gotische Brücke *(siehe S. 69)* erhalten ist, und das Nowomiejska-Tor (und Barbakane) im Norden.

Die Backsteinmauer war jedoch schließlich als Verteidigungsmittel überflüssig, und so baute man einige Abschnitte in neu errichtete Häuser ein.

In den Jahren 1937 und 1938 fing man an, die Stadtmauer wieder bloßzulegen und die Gebäude, die quasi in die Mauer eingedrungen waren, abzureißen. Und auch nach dem Zweiten Weltkrieg führte man diese Arbeiten weiter: Immer mehr Mauerabschnitte wurden restauriert beziehungsweise rekonstruiert.

Heute ist der innere Teil der Stadtmauer bei weitem besser erhalten als der äußere, von

Sattlerei im Museum der Lederhandwerks-Innung

dem nur mehr Fragmente zu sehen sind.

In der Wąski-Dunaj-Straße rekonstruierte man den rechteckigen Ritterturm (Baszta Rycerska), und in Richtung Nowomiejska-Straße steht der nur zum Teil wieder errichtete Pulverturm (Baszta Prochowa). Auf den Überresten eines der Türmchen dieses Bauwerks steht die berühmte Statue *Ein junger Rebell*, entworfen von Jerzy Jarnuszkiewicz.

Die Barbakane gehört zur Befestigungsanlage der Altstadt

Barbakane ❷❺
Barbakan

Nowomiejska. **Karte** 1 C1.

I M JAHR 1548 baute man die Barbakane als letzten Teil der Altstadtbefestigung nach Entwürfen des venezianischen Architekten Giovanni Battista.

Die an der Stelle eines älteren Gebäudes stehende Barbakane sollte vor allem das Nowomiejska-Tor bewachen. Von diesem Tor sieht man heute nur noch eine niedrige Mauer und verschiedenfarbige Fliesen.

Meerjungfrau ❷❻
Pomnik Syrenki

Karte 1 C1.

B ILDER DER Meerjungfrau wurden auf dem Wappen Warschaus seit Mitte des 14. Jahrhunderts verwendet. Ursprünglich ähnelte die Warschauer Meerjungfrau einem grausamen Monster mit Drachenklauen und -flügeln.

Im Lauf der Jahrhunderte jedoch gestaltete man sie immer traditionel-

ler und attraktiver, und langsam sah sie wie eine Kreatur aus halb Mensch, halb Fisch aus.

Im 19. Jahrhundert modellierten Künstler wie der Bildhauer Konstanty Hegel die Meerjungfrau schließlich wunderschön – und dennoch wirkte sie mit ihrem erhobenen Schwert und ihrem Schild nach wie vor grimmig. Dies machte sie zum perfekten Sinnbild einer Stadt, in der so viele Kämpfe ausgefochten worden waren.

Im Jahr 1855 wurde Konstanty Hegels Meerjungfrau als Mittelstück in einen Springbrunnen auf dem Altstädter Markt (am Platz des früheren Rathauses) eingebaut. Als dieser Brunnen 1929 abgerissen wurde, brachte man die Skulptur zunächst in den Solec-Sportklub und später in einen Park in Powiśle.

Im Jahr 1972 kehrte die Meerjungfrau schließlich in die Altstadt zurück, als man sich dazu entschloss, die Skulptur auf den Überresten des Marszałkowska-Turms zu platzieren.

Steintreppe ❷❼
Kamienne Schodki

Karte 2 D1.

W EITHIN GILT diese Abfolge mehrerer Treppen als die malerischste Straße in der Altstadt. Sie führt vom Altstädter Markt über die Brzozowa- zur Bugaj-Straße. Ehe Warschau Wasserleitungen bekam, beförderte man über diese Treppen das Wasser der Weichsel in die Altstadt.

Vom oberen Ende der Kamienne Schodki hat man eine herrliche Sicht auf die Weichsel. Auch Napoleon Bonaparte bewunderte Anfang des 19. Jahrhunderts diese Aussicht, doch er soll sich zugleich über die weniger angenehmen Gerüche, die vom Müllhügel Gnojna Góra aufstiegen, beklagt haben.

Die Steintreppe beim Marktplatz

Gnojna Góra ❷❽

Celna. **Karte** 2 D1.

G NOJNA GÓRA am Ende der Ulica Celna ist ein idealer Aussichtspunkt, von dem

Zeichnung des Hügels von Gnojna Góra (17. Jh.)

man die Weichsel und deren rechtes Ufer überblickt.

Doch die Geschichte dieses Platzes ist weniger pittoresk. Gnojna Góra, »Misthaufen«, war jahrhundertelang die Müllhalde der Altstadt.

Fragmente des Gnojna Brama (»Misttors«), durch das man den Hügel betrat, sieht man noch am Haus an der Kreuzung von Ulica Celna und Ulica Brzozowa. Dieses Tor wird normalerweise mit »Gnojna« abgekürzt.

So verwunderlich es auch scheint: Einst schrieb man Gnojna Góra heilende Kräfte zu. Syphilis war eine der Krankheiten, die hier »behandelt« wurden, indem man die bedauernswerten Patienten bis zum Hals in den Boden eingrub. Leider gibt es keine Aufzeichnungen darüber, wie wirkungsvoll diese Therapien tatsächlich waren.

Die Meerjungfrau

NEUSTADT

NOWE MIASTO (Neustadt) hieß ursprünglich Neu-Warschau. Ende des 14. Jahrhunderts begann sich die Gegend an einer Straße, die am Weichselufer von der Altstadt zum Dorf Zakroczym führte, zu entwickeln. 1408 sprach Fürst Janusz der Ältere dem Distrikt Stadtstatus zu, wodurch er nicht mehr zum Rechtsgebiet des Altstadt-Bürgermeisters gehörte. Die Neustadt gründete ihren eigenen Rat und baute ein Rathaus am Marktplatz sowie mehrere Kirchen und

Brunnen am Neustädter Markt

Klöster. Im Gegensatz zur Altstadt mit ihrer Barbakane hatte die Neustadt keine Befestigungsanlagen. Den Gipfel ihrer Entwicklung erreichte die Neustadt Ende des 18. Jahrhunderts, doch sie verlor ihre Souveränität 1791, als sie in die Stadt Warschau eingegliedert und die Gegend als der Stadtteil Nowe Miasto bezeichnet wurde. Nach dem Zweiten Weltkrieg baute man auch die Neustadt sorgfältig wieder auf, und heute gehört sie zu Warschaus beliebtesten Vierteln.

SEHENSWÜRDIGKEITEN

Kirchen
Franziskuskirche **17**
Heiliggeistkirche **2**
Jan-Boży-Kirche **18**
Kasimirkirche **10**
Kirche der Heimsuchung Mariens **16**
Kirche St. Benon **11**
Kirche St. Jacek **1**
Kirche Unserer Königin von Polen **14**

Historische Gebäude
Altes Pulvermagazin **7**
Königlicher Brunnen **20**
Raczyński-Palast **13**
Sapieha-Palast **12**
Warschaus kleinstes Haus **5**

Museen und Galerien
Asien- und Pazifik-Museum **6**
Marie-Skłodowska-Curie-Museum **3**
Warschauer Zitadelle und Unabhängigkeitsmuseum **21**

Historische Straßen und Plätze
Freta-Straße **8**
Mostowa-Straße **4**
Neustädter Markt **9**

Parks und Gärten
Traugutt-Park **19**

Monumente
Denkmal für den Warschauer Aufstand von 1944 **15**

Wohndistrikt
Ehemalige Offiziersquartiere in Żoliborz **22**

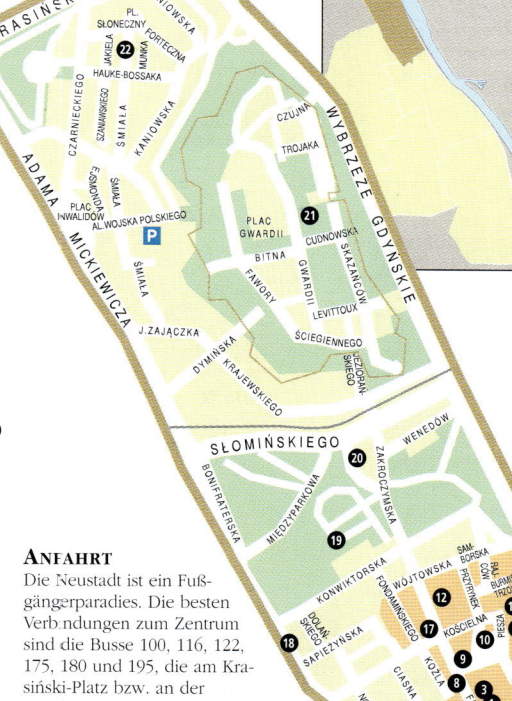

ANFAHRT
Die Neustadt ist ein Fußgängerparadies. Die besten Verbindungen zum Zentrum sind die Busse 100, 116, 122, 175, 180 und 195, die am Krasiński-Platz bzw. an der Bonifraterska-Straße halten. Zum Traugutt-Park gelangen Sie mit den Straßenbahnen 2, 6 und 18. Steigen Sie bei der Gdańsk-Brücke am Gdańskie Wybrzeże (Ufer) aus.

LEGENDE
Detailkarte S. 86f
P Parken

0 Meter 400

◁ **Kasimirkirche**

Im Detail: Neustadt

FARBENFROHE HÄUSER und Kirchen, die nach dem Zweiten Weltkrieg aus Ruinen erbaut wurden, gehören zu den Attraktionen der Neustadt. Hier kann man die steilste Straße Warschaus, die Ulica Mostowa, zu einem Turm entlang schlendern, der im 16. Jahrhundert eine der längsten Brücken Europas bewachte.

Freta-Straße
Der seltsame Name der Neustädter Hauptstraße bedeutete ursprünglich »unbebautes Feld« und bezeichnet heute einen Vorort. ❽

★ Kirche St. Jacek
Die Hauptattraktion der Kirche – das prächtige Grab des hiesigen Bürgers Adam Kotowski und seiner Gattin Małgorzata (17. Jh.) – ist das Werk des berühmten Niederländers Tylman van Gameren. ❶

Marie Curie
Das Haus, in dem Marie Skłodowska-Curie 1867 zur Welt kam, ist heute ein Museum. ❸

Heiliggeistkirche
An der Treppe dieser Barockkirche beginnt die Wallfahrt zum Schrein der Schwarzen Madonna in Częstochowa (Tschenstochau). ❷

Altes Pulvermagazin
Einst war das Gebäude ein Brückentor, später Pulvermagazin und dann Verlies; heute ist hier eine Theatertruppe zu Hause. ❼

DŁUGA

ŚWIĘTOJERSKA

FRETA

MOSTOWA

STARA

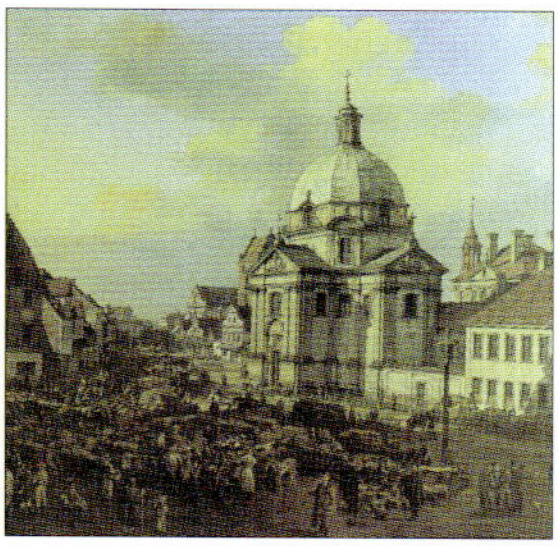

★ **Neustädter Markt**
In der Mitte des Platzes stand einst das Rathaus. 9

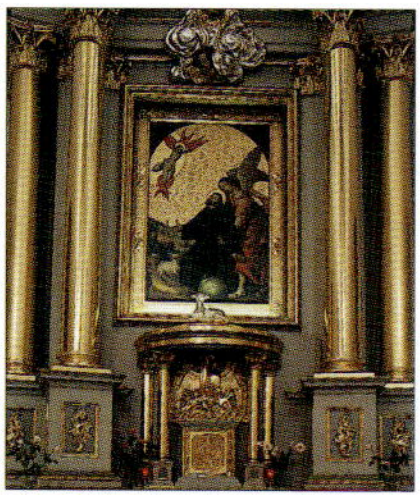

Franziskuskirche
Am Hauptaltar der Kirche ist eine Kopie des Gemäldes Die Stigmatisierung des heiligen Franziskus *(17. Jh.) zu sehen.* 17

NEU-
STADT
Weichsel
EHEMALIGES
JÜDISCHES
GHETTO
ALTSTADT

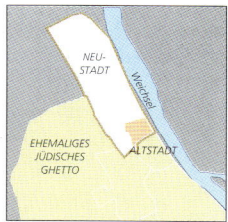

Zur Orientierung
Siehe Kartenteil, Karten 1, 3

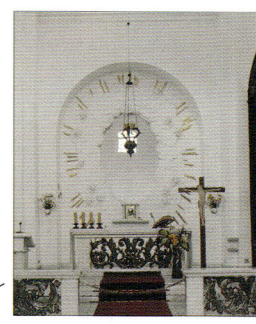

★ **Kasimirkirche**
Die von Tylman van Gameren entworfene Barock-Kirche hat heute modernes Interieur. 10

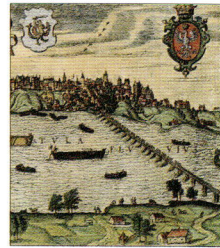

Eine Holzbrücke, die Zygmunt-August-Brücke, überspannte im 16. Jahrhundert die Weichsel. Sie gehörte zu den größten technischen Errungenschaften der Renaissance.

FRANCISZKAŃSKA
ZAKROCZYMSKA
FRETA
KOŚCIELNA
RYNEK
NOWEGO
MIASTA
PIESZA
WIELGOSZ

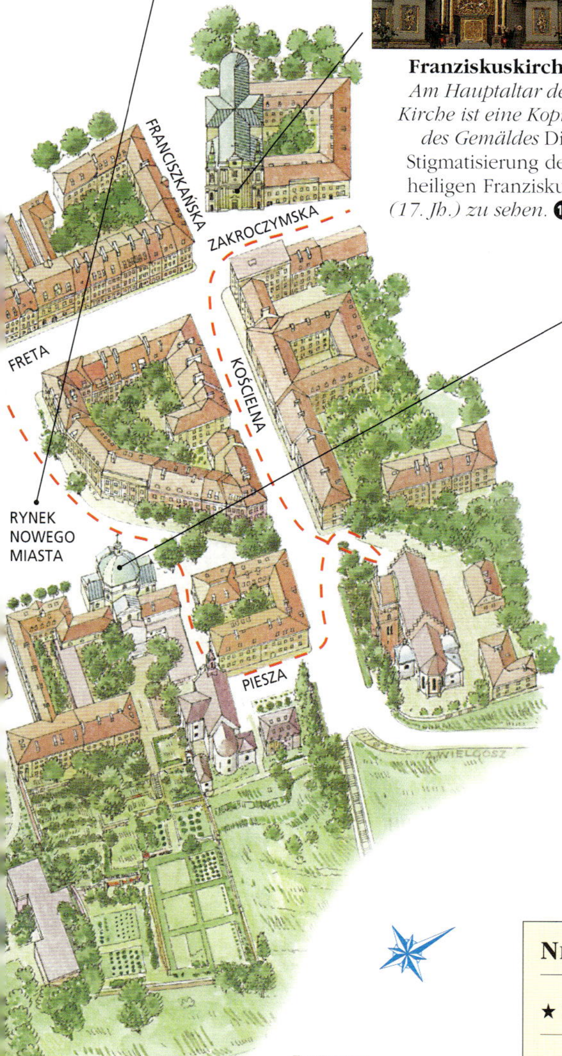

Legende

- - - Routenempfehlung

0 Meter 50

Nicht versäumen

★ **Kirche St. Jacek**

★ **Neustädter Markt**

★ **Kasimirkirche**

Kirche St. Jacek ❶
Kościół św. Jacka, Dominikanów

Freta 8/10. **Karte** 1 C1. 635 47 00. 116, 122, 174, 175, 180, 195, 303.

Anfang des 17. Jahrhunderts, während die Jesuiten in der Altstadt eine Barock-Kirche bauten, begannen die Dominikaner mit der Arbeit an einem gotischen Presbyterium für die Kirche des heili-

Die Kirche St. Jacek

gen Jacek. Sie kehrten zur Gotik zurück – teils wegen des Konservativismus (bis Archaismus) des Ordens, teils im Versuch, die lange Geschichte der Dominikaner, die sich in Warschau allerdings erst 1603 etablierten, zu unterstreichen.

Als die Arbeiten 1625 durch die Pest unterbrochen wurden, hörten die Mönche durch Öffnungen in den Türen die Beichte und gaben durch ebendiese die heilige

Das Kotowski-Grab in der Kirche St. Jacek

Kommunion. 1639 wurde die Kirche schließlich fertig gestellt, gleich neben dem größten Kloster der Stadt.

In einem Seitenschiff der Kirche kann man ein Gewölbe, das mit Stuck im Lubliner Stil verziert ist, sowie die Gräber von Anna Tarnowska und Katarzyna Ossolińska, den ersten Gemahlinnen Jerzy Ossolińskis, des Woiwoden (Landeshauptmanns) Podlasiens, bewundern.

Die herrliche Kapelle für Adam und Małgorzata Kotowski mit deren auf Zinn gemalten Porträts wurde 1690–94 nach einem Entwurf von Tylman van Gameren (dem in Polen gefeierten niederländischen Baumeister) gebaut. Ihre Gräber aus schwarzem Marmor befinden sich in der Krypta. Adam Kotowski war der Sohn eines schlesischen Bauern, der nach Warschau zog, hier sehr wohlhabend wurde und in den Adelsstand erhoben wurde.

Inschriftentafeln in der Kirche gedenken der Anführer des polnischen Widerstands im Zweiten Weltkrieg.

Heiliggeistkirche ❷
Kościół św. Ducha, Paulinów

Nowomiejska 23. **Karte** 1 C1. 831 45 74. 116, 122, 174, 175, 180, 195, 303.

Eine hölzerne Kirche zum Heiligen Geist baute man im 14. Jahrhundert. Sie wurde immer wieder erweitert, während der schwedischen Invasion 1655 jedoch dem Erdboden gleichgemacht. Da die Stadt den Wiederaufbau nicht finanzieren konnte, schenkte König Jan Kazimierz den Grund den Paulinermönchen von Częstochowa (Tschenstochau), die für die Verteidigung ihres Klosters Jasna Góra (Polens heiligsten Schreins) gegen die Schweden berühmt waren. 1707–17 bauten Józef Piola und Józef Szymon Bellotti die Heiliggeistkirche in barockem Stil wieder auf.

Kanzel in der Heiliggeistkirche

Die Pauliner ließen um die Kirche und das angrenzende Kloster eine Wehrmauer ziehen, die in die bestehenden Befestigungen eingegliedert wurde.

Seit 1711 ist die Kirche Startpunkt der jährlichen Wallfahrt zum Jasna-Góra-Kloster in Częstochowa, etwa 200 Kilometer südlich von Warschau.

MARIE SKŁODOWSKA-CURIE (1867–1934)

Marie Skłodowska verließ Warschau mit 24 Jahren, um in Paris zu studieren. Innerhalb von nur sieben Jahren war sie als Mitentdeckerin eines neuen Wissenschaftszweigs, der Radioaktivität, international bekannt. Zusammen mit ihrem französischen Ehemann Pierre Curie fand sie zwei neue radioaktive Elemente: Radium und Polonium. 1903 wurde Marie Curie mit dem Nobelpreis für Physik ausgezeichnet, 1911 mit dem Nobelpreis für Chemie. Sie trug auch zur Gründung des Instituts für Radiologie in Paris bei. Nach ihrem Tod im Jahr 1934 wurde sie im Familiengrab in Sceaux bei Paris beigesetzt, doch 1995 verlegte man ihre sterblichen Überreste in das Panthéon in Paris – eine große Ehrerbietung gegenüber Polens bester Wissenschaftlerin.

Blick von der Ulica Mostowa zur Heiliggeistkirche

Marie-Skłodowska-Curie-Museum ❸
Muzeum Marii Skłodowskiej-Curie

Freta 16. **Karte** 1 C1. ☎ 831 80 92. 🚎 116, 122, 174, 175, 180, 195, 303. ⏰ Di–Sa 10–16 Uhr, So 10–14 Uhr. 📷 🎬

Das kleine Museum im Geburtshaus von Marie Skłodowska-Curie wurde 1967, an ihrem 100. Geburtstag, eröffnet. Es zeigt Exponate über ihre Leistungen und die Herausforderungen, mit denen sie konfrontiert wurde. Auf Nachfrage kann man Filme über ihr Leben und die Geschichte der Wissenschaft sehen.

Mostowa-Straße ❹
Ulica Mostowa

Karte 1 C1. 🚎 116, 122, 174, 175, 180, 195, 303.

Die steil zur Weichsel abfallende Ulica Mostowa (Brückenstraße) gilt als eine der malerischsten der Stadt. Sie führte einst zu einer Holzbrücke, die 1575–1603 die Neustadt mit dem Dorf Praga verband.

Im 18. Jahrhundert standen an der Mostowa-Straße Ziegelbauten mit Kneipen, Läden und Wohnungen für Handwerker, Ladeninhaber, Beamte des Gerichtshofs und Polizisten. Letztere waren im Gefängnis beschäftigt, dem einstigen Torhaus an der Brücke. Wenn man in Richtung Weichsel geht, kommt man zu den imposanten Bauwerken Dominikanerkirche und -kloster, die an der Kreuzung mit der Freta-Straße stehen.

Warschaus kleinstes Haus ❺
Najmniejszy Domek Warszawy

Długa 1. **Karte** 1 C1. 🚎 116, 122, 174, 175, 180, 195, 303.

An die Heiliggeistkirche angebaut ist dieses winzige Häuschen, das heute nur noch als Zeitungskiosk genutzt wird. Es wurde gegen

In Warschaus kleinstem Haus befindet sich heute ein Kiosk

Ende des 18. Jahrhunderts errichtet und ist in klassizistischem Stil gehalten.

Mit seiner Grundfläche von wenigen Quadratmetern trug es immer die »Auszeichnung«, das kleinste Haus Warschaus zu sein. Und trotz seiner geringen Größe hatte das Häuschen immer seine eigene Hausnummer.

Asien- und Pazifik-Museum ❻
Muzeum Azji i Pacyfiku

Freta 5. **Karte** 1 C1. ☎ 635 28 11. 🚎 116, 122, 174, 175, 180, 195, 303. ⏰ Di–So 11–17 Uhr. 📷

Das Museum hat Ausstellungsflächen in der Freta- und Nowogrodzka-Straße und zeigt seine asiatische und seine Nusantara-Sammlung. Außerdem präsentiert das Museum Wechselausstellungen über asiatische Kultur.

Altes Pulvermagazin ❼
Stara Prochownia

Boleść 2. **Karte** 2 D1. 🚎 116.

Ursprünglich war dies das Torhaus der Holzbrücke, die 1575–1603 über die Weichsel führte. Die von Erazm Cziotko aus Zakroczym errichtete Brücke finanzierten König Zygmunt August und seine Schwester Anna.

1603 zerstörten Eisschollen die Brücke, doch ein paar Eichenpfeiler blieben im Fluss, bis sie Mitte des 19. Jahrhunderts geborgen wurden. Der russische Feldmarschall Paskiewicz ließ aus ihnen Möbel für seinen Palast in Weißrussland fertigen.

Ab 1646 diente das Torhaus als Pulvermagazin, und 1767 wurde es ein Gefängnis, in dem auch Intrigantin Maria Dogrum einsaß, die den Kammerdiener des Königs bezichtigte, er habe Fürst Adam Kazimierz Czartoryski zu vergiften versucht. 1831 baute man das Gefängnis zum Mietshaus um. 1961–65 rekonstruierte man das im Krieg zerstörte Haus, und heute ist hier eine Theatertruppe untergebracht.

Dreieckiger Ziergiebel an der Fassade des Alten Pulvermagazins

Freta-Straße ❽
Ulica Freta

Karte 3 C4 & 1 C1. 🚌 *116, 122, 174, 175, 180, 303.*

Der Neustädter Markt im Winter

HEUTE IST DIE Ulica Freta die Hauptdurchgangsstraße von Nowe Miasto, angelegt wurde sie jedoch als Teil der Verbindung von Warschau zum Dorf Zakroczym.

Die ersten Häuser in dieser Straße baute man im 14. Jahrhundert, doch erst hundert Jahre später wurde sie der neuen Stadt Nowe Miasto eingegliedert.

Vor dem Zweiten Weltkrieg hatten hier vor allem Putzmacherinnen und Kunstblumenhersteller ihre Läden. Heute

Barock-Fenster des Pod-Opatrznością-Hauses, Ulica Freta

gibt es Antiquitätengeschäfte, Restaurants und Cafés. Zu empfehlen sind das Restaurant Pod Samsonem (*siehe S. 214*) und das Café Pożegnanie z Afryką (»Jenseits von Afrika«), in dem es den besten Kaffee der Stadt gibt.

Neustädter Markt ❾
Rynek Nowego Miasta

Karte 3 C4 & 1 C1. 🚌 *116, 122, 174, 175, 180, 195, 303.*

DER MARKTPLATZ, das Herz der Neustadt, war einst rechteckig, doch nach diversen Umbaumaßnahmen bildet er nun ein unregelmäßiges Dreieck. In der Mitte stand das Rathaus (Ratusz), bis es 1818 abgerissen wurde. Seitdem hat man unverbauten Blick auf die Kasimirkirche.

Der Platz wurde nach dem Krieg rekonstruiert, jedoch nicht sehr sorgfältig, und die Fassaden einiger Häuser bemalte man im sozialistischrealistischen Stil. Nahe der Kreuzung mit der Ulica Freta steht ein zauberhafter Brunnen aus dem 19. Jahrhundert.

Kasimirkirche ❿
Kościół św. Kazimierza

Rynek Nowego Miasta 2. **Karte** 3 C4 & 1 C1. 📞 *635 71 13.* 🚌 *116, 122, 174, 175, 180, 195, 303.* **Konvent** ⬤ *für die Öffentlichkeit.*

DIE KIRCHE und den Konvent des französischen Nonnenordens des Heiligen Sakraments stifteten König Jan III. Sobieski und Königin Maria Kazimiera um 1688.

Die Kirche entwarf Tylman van Gameren in spätbarockem Stil. Das ursprünglich mit Fresken verzierte Interieur ist heute schlicht weiß gestaltet. Das schönste Detail ist der Grabstein von Maria Karolina, Princesse de Bouillon, Enkelin von Jan III. Sobieski. Den Stein ließen Bischof Andrzej Załuski und Michał Kazimierz Radziwiłł, ein Verehrer der Prinzessin, 1746 einbauen. Ein gebrochener Schild und eine herabfallende Krone, die das Grab schmücken, sind Anspielungen auf das Sobieski-Wappen und das Ende dieser Familienlinie. Hinter dem Konvent liegt ein wunderschöner Garten, der seit dem 17. Jahrhundert nicht verändert wur-

Die grüne Kuppel der Kasimirkirche

de. Von diesem Garten führen Terrassen zur Weichsel hinunter.

Kirche St. Benon ⑪
Kościół św. Benona

Piesza 1. **Karte** 1 C1. 🚊 116, 122, 174, 175, 303, 503.

KÖNIG Stanisław August Poniatowski ließ diese winzige Kirche 1787 für Redemptoristenmönche errichten. Die Mönche unterstanden dem Abt Clement Dworzak, einem Mähren, der von Rom nach Warschau geschickt worden war. Er gründete hier zwei Waisenhäuser,

Die Kirche St. Benon (18. Jh.) in der Neustadt

eines für Mädchen und eines für Jungen, und sorgte auch für die Ausbildung der Waisenkinder.

Im Jahr 1808 brachte die unbegründete Beschuldigung, die Mönche würden für Österreich spionieren, die napoleonischen Behörden dazu, den Abt und 30 Mönche zu vertreiben und die Kirche zu schließen. Die nächsten hundert Jahre diente sie als Fabrik für Messer und Küchenutensilien.

Nach dem Krieg kehrten die Redemptoristen zurück und bauten die Kirche wieder auf. Im modernen Interieur sind Original-Skulpturen eingefügt.

Sapieha-Palast ⑫
Pałac Sapiehów

Zakroczymska 6.
Karte 3 C4.
☎ 831 32 09.
🚊 174, 175, 503.
⭕ für die Öffentlichkeit.

Rokoko-Fassade des Sapieha-Palastes

EINST GEHÖRTE der riesige Palast der fürstlichen Sapieha-Familie. Gebaut wurde er in den Jahren 1731–46 für Jan Fryderyk Sapieha, den Kanzler des Großherzogtums Litauen. Der mächtige, im 16. Jahrhundert gegründete polnisch-litauische Bund, der die beiden Länder vereinigte, war Mitte des 18. Jahrhunderts das größte Reich in Europa.

Der Architekt des Sapieha-Palastes, Jan Zygmunt Deybel, war auch Offizier im Sächsischen Ingenieurskorps. Der von ihm im Rokoko-Stil gestaltete Palast hat eine imposante Fassade mit einem dreieckigen Ziergiebel sowie Urnen, Skulpturen und einem Balkon.

Magdalena Sapieha, geborene Lubomirska, die im 18. Jahrhundert mit einem der späteren Besitzer des Palastes verheiratet war, war für ihr lebhaftes Gemüt bekannt und hatte als schöne Dame der Gesellschaft damals die Stadt im Griff. Stanisław August Poniatowski war in seiner Jugendzeit in Magdalena Sapieha verliebt.

Im 19. Jahrhundert baute man das Gebäude für die Nutzung als Kaserne um, und sein herrlicher Garten musste für militärische Übungen herhalten. Das Vierte Polnische Infanterieregiment, das beim Aufstand von 1830/31 eine heroische Rolle spielte, war hier stationiert.

Nachdem die Nationalsozialisten den Palast 1944 niedergebrannt hatten, wurde die Fassade im Originalstil restauriert. Die Innenräume baute man um, damit das Haus als Schule genutzt werden kann.

Die Kasimirkirche am Neustädter Markt

Raczyński-Palast ⑬
Pałac Raczyńskich

Długa 7. **Karte** 1 C1. 🚌 *116, 122, 174, 175, 180, 195, 303.*

I N DIESEM PALAST, DER 1786 nach Entwürfen des Hofarchitekten Jan Chrystian Kamsetzer fertig gestellt wurde, befindet sich heute das Archiv alter Urkunden.

Interessant ist der rekonstruierte frühklassizistische Ballsaal, der mit Stuckarbeiten und allegorischen Gemälden über das Rechtswesen verziert ist. Dieses Thema stand in krassem Widerspruch zum Leben und Wirken des ursprünglichen Besitzers Kazimierz Raczyński, eines Hofmarschalls, der als korrupt und als Landesverräter galt.

Im 19. Jahrhundert war der Palast Sitz der Rechtskommission der Regierung, und zwischen den Kriegen war hier das Justizministerium untergebracht.

Im Zweiten Weltkrieg trugen sich hier besonders tragische Ereignisse zu. Einschusslöcher in einer Mauer zeugen von der öffentlichen Exekution von 50 Männern, die am 24. Januar 1944 aufs Geratewohl festgenommen worden waren. Am 13. August 1944, während des Warschauer Aufstands, explodierte eine deutsche, mit Munition beladene Panzerfalle und tötete etwa 80 Rebellen,

und am 2. September ermordete die Nazi-SS mehrere hundert Verletzte in dem Gebäude, das damals als Lazarett diente.

Kirche Unserer Königin von Polen ⑭
Katedra Polowa Wojska Polskiego

Długa 13/15. **Karte** 1 C2. 📞 *831 93 81.* 🚌 *116, 122, 174, 175, 180, 195, 303.*

D IE VON Tytus Boratini entworfene Barock-Kirche wurde 1660–82 gebaut. Ihre palladianische Fassade entstand 1758–69 nach Plänen Jakub Fontanas. Die Kirche hat sieben verzierte Altäre mit Gemälden prominenter Künstler der Zeit wie Szymon Czechowicz und Jan Bogumił Plersch. Zugleich diente die Kirche als Amtssitz des Piaristenpaters Stanisław Konarski (1700–73), der auch Politiker, Bildungsreformer und Gründer des Collegium Nobilium *(siehe S. 100)* war.

1835 requirierten die Zaristen das Gebäude und konvertierten es zu einer russischorthodoxen Kirche. Zwiebeltürme ersetzten die Kirchtürme – bis zu Polens Wiedererlangung der

Kirche Unserer Königin von Polen

Anker, Kirche Unserer Königin von Polen

Souveränität im Jahr 1918. Dann restaurierte man die Kirche sorgfältig nach Originalplänen.

Heute dient sie als Feldkathedrale der polnischen Armee, und Plaketten erinnern an alle Soldaten, die im Zweiten Weltkrieg fielen.

Denkmal für den Warschauer Aufstand von 1944 ⑮
Pomnik Powstania Warszawskiego 1944

Plac Krasińskich. **Karte** 1 C1 & 3 C4. 🚌 *100, 116, 122, 175, 180, 195, 303, 503.*

D AS 1989 ENTHÜLLTE Denkmal entwarf Wincenty Kućma, und die architektonische Kulisse dafür ersann Jacek Budyn. Das Monument besteht aus zwei Skulpturengruppen: Soldaten, die eine Barrikade verteidigen, und anderen, die in die Abwasserkanäle hinabsteigen. Während des Aufstands benutzten die Rebellen das Kanalsystem als eine Art Kommunikationsmedium zwischen den isolierten Kampfgruppen. Das Einstiegsloch zu einem Abwasserkanal ist noch heute an der Kreuzung von Długa-

Die würdevolle klassizistische Fassade des Raczyński-Palasts

Straße und Krasiński-Platz zu
sehen.

1994 bat der damalige Bundespräsident, Roman Herzog,
anlässlich des 50. Jahrestags
des Aufstands vor dem Mahnmal das polnische Volk um
Vergebung für den deutschen
Angriff auf Polen, der den
Zweiten Weltkrieg auslöste
und für die blutige Niederschlagung des Aufstands.

Kirche der Heimsuchung Mariens ⑯
Kościół H
Nawiedzenia NMP

Przyrynek 2. **Karte** 3 C3. 🚌 175, 503.
☎ 831 24 73.

D IE PFARRKIRCHE der Jungfrau Maria, die älteste Kirche der Neustadt, gründete
Anna, Gemahlin von Fürst
Janusz dem Älteren, Anfang
des 15. Jahrhunderts. Der
Legende nach sollen auf dem
Platz zuvor heidnische Rituale
stattgefunden haben.

Restaurationen im 19. Jahrhundert veränderten mehrmals das Aussehen des Bauwerks. Wie so viele polnische
Gebäude wurde es im Zweiten Weltkrieg zerstört; anschließend baute man es im
gotischen Stil des 15. Jahrhunderts wieder auf. Den Chorraum rekonstruierte man nach
mittelalterlichen Methoden,
ohne Zuhilfenahme vorgefertigter Materialien.

Auf dem Kirchhof steht ein
Denkmal für Major Walerian
Łukasiński (1786–1868), den
Gründer der Nationalpatriotischen Gesellschaft in zaristischer Zeit. Von einer Terrasse
bei der Kirche hat man Sicht
über die Dächer der Altstadt,
die Weichsel und den Stadtteil
Praga dahinter.

Franziskuskirche ⑰
Kościół św. Franciszka,
Franciszkanów

Zakroczymska 1. **Karte** 3 C3.
🚌 175, 503. ☎ 831 20 31.

F RANZISKANER ließen sich
1645 in Warschau nieder,
und die Bauarbeiten an ihrer Kirche begannen 1679, doch
sie gingen nur langsam voran.

**Teil des Denkmals für den
Warschauer Aufstand von 1944**

Im Jahr 1737 wurde sie zwar
geweiht, doch erst 1788 stellte
man die Fassade fertig. Zu
den Baumeistern, die in dieser langen Zeit an der Kirche
mitwirkten, gehörten Jan
Ceroni, Antoni Solari, Jakub
und Józef Fontana sowie Józef
Boretti.

Später erhielt das Kirchenschiff ein barockes Erscheinungsbild, während die Fassade mit Obelisken gekrönt
wurde, die ihr ein klassizistisches Aussehen verliehen.

In der Kirche befinden sich
besondere religiöse Reliquien:
Ein Glassarg etwa enthält die
Knochen des einstigen römischen Legionärs Vitus, der
später heilig gesprochen
wurde. Die Knochen schenkte
Papst Benedikt XIV. den Franziskanermönchen im Jahr
1745.

Sehenswert sind auch die
Barock-Epitaphe und Porträts
zweier Gönner der Kirche.
Einer der Wohltäter ist mit
einer Sarmaten-Rüstung abgebildet – Sarmatien war eine
antike Provinz in Südostpolen.

Ein von dem Maler Mateusz
geschaffenes Bild des heiligen
Antonius von Padua hängt in
einer Seitenkapelle der Kirche. Das Bild von 1664 gilt als
eines der wertvollsten Werke
Warschauer Kunst aus dem
17. Jahrhundert.

Die Franziskuskirche mit ihren dunklen, kantigen Türmen

Jan-Boży-Kirche ⑱
Kościół św. Jana Bożego

Bonifraterska 12. **Karte** 1 B1, 3 C4. ☎ 831 41 40. 🚌 100, 116, 122, 174, 175, 180, 195, 303, 503. 🚋 2, 15, 18, 35, 36.

D IE SCHLICHTE Kirche, 1726 nach einem Entwurf von Józef Fontana und Antoni

Die schlichte Fassade der Jan-Boży-Kirche

Solari erbaut, gehörte dem Bonifraterorden, der für die Kranken und Schwachen sorgte. Neben der Kirche befand sich ein Hospital, das sich als eines der ersten um psychisch Kranke kümmerte. Leider waren die Ärzte bis in die Mitte des 19. Jahrhunderts für die Behandlung dieser Patienten schlecht ausgestattet, und die Therapie beschränkte sich auf die Verabreichung von Rizinusöl, Mohnsamentrank, heiße und kalte Bäder und Aderlass.

1760 baute der Architekt Jakub Fontana das Krankenhaus aus. Zu jener Zeit gab es alljährlich an Pfingsten einen Tag der offenen Tür, an dem die Warschauer das Hospital besuchen konnten.

Während des Warschauer Aufstands von 1944 fanden im Krankenhaus erbitterte Kämpfe statt. Nach dem Krieg wurde die Kirche unter Verwendung von Überresten des Krankenhauses wieder aufgebaut.

Im Jahr 1995 enthüllte man ganz in der Nähe ein von Mieczysław Biskupski geschaffenes Denkmal, das den Millionen Polen gewidmet ist, die nach Sibirien deportiert und von der Roten Armee getötet wurden.

Traugutt-Park ⑲
Park Traugutta

Zakroczymska. **Karte** 3 C3. 🚌 103, 127, 175, 503. 🚋 1, 2, 6, 18.

I M JAHR 1925 legte man an der Stelle historischer Befestigungen, die im 19. Jahrhundert die Zitadelle umgaben, den Traugutt-Park an.

Statue der Mutterschaft im Traugutt-Park

In der heutigen Legionärsfestung mit ihren Backsteinbefestigungen wurden nach dem Aufstand von 1863 Mitglieder der polnischen Nationalversammlung von einer russischen Schwadron exekutiert. Der Park ist nach dem Anführer der Rebellen, Romuald Traugutt, benannt, der als Letzter erschossen wurde. An der Stelle der Exekution errichtete man 1916 ein Mahnmal.

In einer abgelegenen Ecke des Parks steht auf einem roten Granitsockel die Statue einer Mutter mit Kind. Die allegorische sezessionistische Skulptur von 1902 repräsentiert die Mutterschaft und ist das Werk des polnischen Bildhauers Wacław Szymanowski, dessen Statuen auch im Powązki-Friedhof *(siehe S. 46)* zu sehen sind.

Der weitläufige, gepflegte Park bietet Spazierwege – die man jedoch nach Einbruch der Dunkelheit meiden sollte.

Königlicher Brunnen ⑳
Zdrój Królewski

Zakroczymska. **Karte** 3 C3. 🚌 103, 127, 175, 503. 🚋 1, 2, 6, 18.

A US DEM Königlichen Brunnen sprudelte einst außergewöhnlich reines Trinkwasser. Ursprünglich war er von einem kleinen Pavillon (frühes 18. Jh.) umgeben. 1771 baute man den Pavillon im Auftrag von König Stanisław August Poniatowski um.

Laut Berichten von Arbeitern, die beim Umbau beschäftigt waren, bekamen sie Extralohn für den Kauf von Knüppeln, mit denen sie sich beim abendlichen Nachhauseweg gegen Diebe schützen sollten.

1832, als die Russen in der Nähe die Zitadelle bauten, begruben sie den Brunnen unter Erde. Ein paar Jahre später wurde er wieder ausgegraben und nach dem Entwurf des Polen Henryk Marconi ein neugotischer Pavillon gebaut.

Der neugotische Pavillon über dem Königlichen Brunnen

Warschauer Zitadelle und Unabhängigkeitsmuseum ㉑
Cytadela Warszawska i Muzeum Niepodległości

Museum, Pavilion X, Skazańców 25.
Karte 3 C2. ☎ 839 12 68. 🚌 185, 318. 🚋 2, 6, 18 (ab Gdańsk-Brücke zu Fuß). ⏰ Mi–So 9–16 Uhr. 📷

DIE ZITADELLE, eine riesige Festung, bauten die Russen nicht zur Verteidigung der Stadt, sondern zu Einschüchterung der Bewohner.

Die Errichtung einer Festung ordnete Zar Nikolaus II. – nach dem Novemberaufstand von 1830 – im Jahr 1832 an. Die auf Entwürfen von General Ivan Dehn beruhende Zitadelle entstand in Phasen und wurde schließlich 1887 fertig gestellt. Dafür wurden die Kaserne der ehemaligen Hofgarde, das Piaristenkloster und der Wohnbezirk Żoliborz zerstört.

Die astronomisch hohen Kosten des Baus hatten die Warschauer Bürger zu tragen, während russische Beamte und Offiziere mit Investitionen in dieses Projekt ein Vermögen machten.

Die Ziegel-und-Lehm-Festung, die von einem Graben und Wehrmauern umgeben ist, steht auf einem Hügel nahe der Weichsel und dominiert diese Gegend. Vier klassizistische Tore führen durch die Mauern nach innen, wo mehrere Gebäuden stehen, u.a. der so genannte »zehnte Pavillon«, ein ehemaliges Hochsicherheitsgefängnis, in dem ausschließlich polnische politische Gefangene inhaftiert waren. Nach dem Zwei-

ten Weltkrieg baute man diesen Pavillon um, und heute ist hier eine Filiale des Unabhängigkeitsmuseums, die sich der polnischen Geschichte seit den Teilungen im 18. Jahrhundert widmet, untergebracht. Zu den meistgeschätzten Exponaten gehört ein Wagen (kibitka), in dem man Häftlinge zu den Arbeitslagern in Sibirien transportierte.

Andere Gebäude der Zitadelle beherbergen die Europäische Kunstakademie.

Ehemalige Offiziersquartiere in Żoliborz ㉒
Żoliborz Oficerski

Zwischen Mickiewicza, Krasiński, pl Inwalidów und al Wojska Polskiego.
Karte 3 B2. 🚌 116, 122, 157, 195, 303. 🚋 4, 6, 15, 36, 45.

Kanone auf den Wällen der Zitadelle

DIESES AREAL gehört zum zwischen den Kriegen gegründeten Wohnbezirk Żoliborz. Einen großen Teil bildete die Esplanade der Zitadelle, ein offenes Gelände, auf dem Angreifer sofort gesehen wurden. In den 20er Jahren des 20. Jahrhunderts wurden die Straßen in einen

Wohnbezirk für Militärs verwandelt. Es entstanden hübsche Villen im traditionellen Landhausstil, deren Fassaden Säulen, Portiken und Stufendächer schmückten.

Neben diesem Areal, das damals als Offiziers-Żoliborz bekannt war, lag das Bürokraten-Żoliborz, wo Verwaltungsbeamte lebten.

Die Warschauer Wohnungsbau-Kooperative errichtete im Anschluss Apartmentblocks, um den Arbeitern komfortable, aber günstige Wohnungen zu bieten. Doch dieses Gebiet blieb von seinen herrschaftlicheren Nachbarschaften durch die Krasiński-Straße getrennt.

Die Konstruktion dieser Wohnbauprojekte gab Architekten die Möglichkeit, Avantgarde-Konzepte zu entwickeln. Besonders interessante Apartmentblocks sind die so genannten Galerien, die 1932 nach Entwürfen von Stanisław und Barbara Brukalski in einem offenen Bogen an der Suzin-Straße gebaut wurden. Zwischen den Blocks schuf man weite Grünflächen – eine Innovation in Warschau. Die Wohnblocks in der Hand der Staatlichen Versicherungsgesellschaft weisen den höchsten Standard auf. Die Häuser an der Mickiewicz-Straße 34–36, entworfen von Juliusz Żórawski und Ende der 30er Jahre des 20. Jahrhunderts gebaut, zeugen vom Einfluss des modernistischen Architekten Le Corbusier.

Gefangenentransportwagen im Unabhängigkeitsmuseum

UM DIE ALEJA SOLIDARNOŚCI

VON ENDE DES 18. bis Mitte des 19. Jahrhunderts bildeten Aleja Solidarności (Allee der Solidarität) und Plac Teatralny (Theaterplatz) Warschaus kommerzielles und kulturelles Zentrum. Die herrschaftlichen klassizistischen Gebäude mit imposanten Kolonnaden entstanden um 1820, darunter das Große Theater (Teatr Wielki), eines der größten Gebäude seiner Art in Europa. Zu den weitläufigen Parks in dieser Gegend gehören der Krasiński-Garten (beim prächtigen Krasiński-Palast), der Ende des 17. Jahrhundert angelegt wurde,

Brunnen (19. Jh.) beim Muranów-Kino

und der Sächsische Garten (Ogród Saski), der im Rahmen eines Stadtplanungsprojekts, der Sächsischen Achse, in barockem Stil gestaltet wurde. Dieser Garten ist alles, was vom Königlichen Park blieb, der im 18. Jahrhundert die Residenz von Sachsenkönig August II. dem Starken umgeben hatte. Eine Kolonnade trennte ursprünglich den Sächsischen Garten vom Piłsudski-Platz, auf dem offizielle Feiern stattfanden. Hier befindet sich auch seit 1925 das Grabmal des Unbekannten Soldaten mit Ehrengarde und ewiger Flamme.

SEHENSWÜRDIGKEITEN AUF EINEN BLICK

Kirchen und Klöster
Basilianerkirche der Himmelfahrt Mariens **2**
Kapuzinerkirche der Verklärung **6**
Reformierte Kirche des hl. Antonius von Padua **25**

Historische Gebäude
Arsenal **11**
Collegium Nobilium **1**
Ehemalige Bank von Polen und Börse **17**
Ehemalige Landau-Bank **23**
Ehemalige West- und Kreditbank **19**

Ehemalige Staatsbank **13**
Großes Theater **20**
Haus des Königs **14**
Häuser in der Długa-Straße **10**
Rathaus **16**

Paläste
Blauer Palast **22**
Branicki-Palast **3**
Krasiński-Palast **8**
Morsztyn-Palast **4**
Pac-Palast **7**
Primas-Palast **26**
Przebendowski-Radziwiłł-Palast **12**

Denkmäler
Jan-Kiliński-Denkmal **5**
Johannes-von-Nepomuk-Denkmal **24**

Plätze
Bankenplatz **15**
Theaterplatz **21**

Parks und Gärten
Krasiński-Garten **9**
Sächsischer Garten **18**

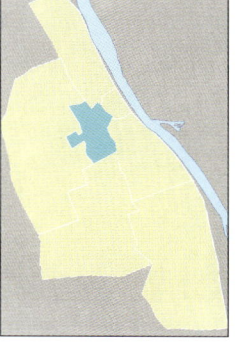

ANFAHRT
Die Gegend wird von Straßenbahnen und Bussen angefahren. Busse E-2, 107, 111, 119, 125, 166, 170, 171, 190, 406, 409 und 410 sowie Straßenbahnen 2, 4, 15, 18, 26, 32, 35 und 36 halten am Bankenplatz (Plac Bankowy). Wenn Sie aus Richtung Krakowskie Przedmieście und dem Süden kommen, können Sie die Busse 116, 122, 174, 175, 185, 195 und 303 von Nowy Świat und Krakowskie Przedmieście nehmen.

LEGENDE

☐ Karte *siehe S. 98f*

P Parken

0 Meter · · · · 400

◁ **Die ehemalige Bank von Polen und Börse am Bankenplatz**

Im Detail: Miodowa

WEIL SIE AUSSERHALB der Altstadt liegt, wird die Ulica Miodowa von den meisten Besuchern übergangen. Doch an dieser eleganten Straße stehen drei Barock-Kirchen und mehrere Paläste hinter weiträumigen Höfen. Einer davon, der Borch-Palast, ist heute Sitz des Primas von Polen.

Der Borch-Palast ist seit 1843 Sitz des Primas von Polen. Seine Geschichte ist jedoch weniger fromm. Das im 17. Jahrhundert für Graf Piotr Ricourt errichtete Gebäude war eine berüchtigte Spielhölle. In den 80er Jahren des 18. Jahrhunderts möbelte Dominik Merlini den Palast für den Vizekanzler der Krone, Jan Borch, auf. Im französischen Garten steht noch immer ein schöner Pavillon.

★ Kapuziner-kirche der Verklärung
Eine Urne in der im 17. Jahrhundert von König Jan III. Sobieski gestifteten Kirche enthält dessen Herz. ❻

Den **Palast der Krakauer Bischöfe** ließ Bischof Kajetan Sołtyk 1760–62 als Residenz erbauen. Nach der Zerstörung im Zweiten Weltkrieg stellte man ihn sorgfältig in seiner Originalform wieder her.

Zwei Steine vor dem Eingang des Palastes der Krakauer Bischöfe haben ungewöhnliche Öffnungen, mit deren Hilfe brennende Fackeln gelöscht wurden.

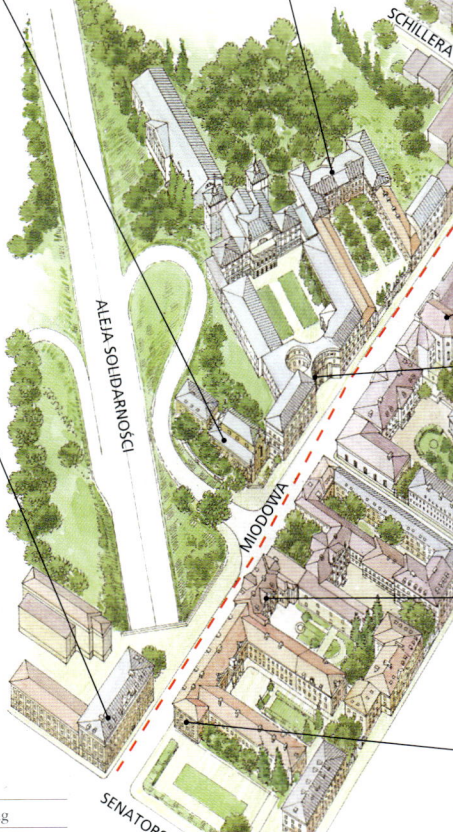

SCHILLERA

ALEJA SOLIDARNOŚCI

MIODOWA

SENATORSKA

LEGENDE

– – – Routenempfehlung

0 Meter   100

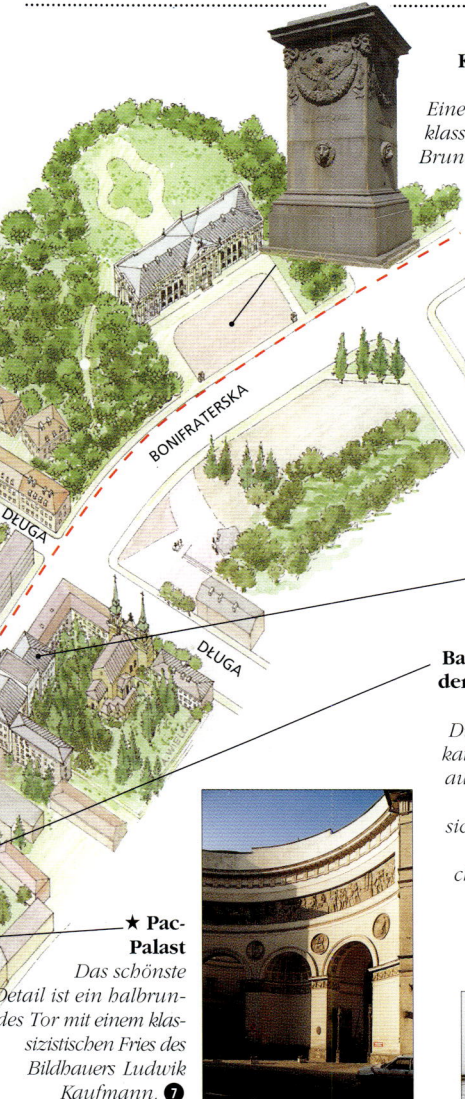

Krasiński-Palast

Einer von zwei klassizistischen Brunnenköpfen (1823–1824) vor dem Palast. ⑧

ZUR ORIENTIERUNG

Siehe Kartenteil, Karten 1, 3

Collegium Nobilium

Das Gebäude (18. Jh.) des Collegium Nobilium beherbergt heute die Akademie für Theaterkünste. ①

Basilianerkirche der Himmelfahrt Mariens

Diese ukrainisch-katholische Kirche aus dem 18. Jahrhundert kann sich einer erhabenen, beeindruckenden Fassade rühmen. ②

★ Pac-Palast

Das schönste Detail ist ein halbrundes Tor mit einem klassizistischen Fries des Bildhauers Ludwik Kaufmann. ⑦

Morsztyn-Palast

Dies war einst die Residenz des russischen Botschafters, die während des Aufstands von 1794 angegriffen wurde. ④

Branicki-Palast

Die Rokoko-Fassade des Palasts ist mit Statuen und Skulpturen verziert. ③

> ### NICHT VERSÄUMEN
> ★ Pac-Palast
> ★ Kapuzinerkirche der Verklärung

Collegium Nobilium ❶
Akademia Teatralna (Akademie der Theaterkünste)

Miodowa 22/24. **Karte** 1 C2 & 3 C4.
📞 831 02 16. 🚌 100, 116, 122, 160, 174, 175, 180, 192, 195, 303, 503. ⬤ für die Öffentlichkeit.

I**N DIESEM GEBÄUDE** aus dem 18. Jahrhundert war ursprünglich das Collegium Nobilium, Polens beste Schule für Aristokratenkinder, untergebracht, die von Piaristen unter Pater Stanisław Konarski, einem Akademiker und Reformer der Aufklärung, gegründet wurde. 1786 bekam das 1743–54 im Stil des Rokoko errichtete Bauwerk ein klassizistisches Aussehen.

Nach dem Aufstand von 1830/31 schlossen die Russen die Schule. Heute befindet sich hier die dem polnischen Schauspieler Aleksander Zelwerowicz gewidmete Akademie für Theaterkünste.

Basilianerkirche der Himmelfahrt Mariens ❷
Kościół Wniebowzięcia NMP, Bazylianów

Miodowa 16. **Karte** 1 C2 & 3 C4. 📞 831 17 18. 🚌 100, 116, 122, 160, 174, 175, 180, 190, 195, 303, 503.

D**IE KLASSIZISTISCHE** Fassade wirkt palastartig, doch tatsächlich gehört sie zur Basilianerkirche. Sie wurde von Dominik Merlini entworfen und 1782–84 gebaut. Im nach dem Krieg rekonstruierten Innenraum hängen Gemälde des Polen Franciszek Smuglewicz (18. Jh.).

Branicki-Palast ❸
Pałac Branickich

Miodowa 6. **Karte** 1 C2 & 3 C4. 🚌 100, 116, 122, 160, 174, 175, 190, 195, 303, 503. ⬤ für die Öffentlichkeit.

N**ACH DER NAHEZU** vollständigen Zerstörung im Krieg wurde der Rokoko-Palast zwi-

Fassade der Basilanerkirche

schen 1947 und 1953 mit Hilfe detaillierter Recherche und nach Bildern aus dem 18. Jahrhundert wieder aufgebaut.

Der Palast wurde für Jan Klemens Branicki, Berater des Königs, entworfen. Die Arbeiten begannen 1740 unter den Architekten Jan Zygmunt Deybel und Jakub Fontana.

Branicki war ein ausgezeichneter Soldat, aber auch ein Liebhaber der Kunst, besonders der französischen. Er reiste nach Paris, um Silber, Porzellan, Möbel und ganze Marmorkamine für seine Residenzen zu erwerben. Seinen Warschauer Palast schmückte er in Zusammenarbeit mit berühmten Künstlern, darunter dem Bildhauer Jan Chryzostom Redler.

Den großen Vorhof betritt man von der Ulica Podwale aus durch ein verziertes Tor. Ebenso schön ist die Fassade mit Rokoko-Skulpturen zur Ulica Miodowa hin. Diese Skulpturen sind jedoch nicht original, sondern wurden in den 50er Jahren des 20. Jahrhunderts gefertigt.

Morsztyn-Palast ❹
Pałac Morsztynów

Miodowa 10. **Karte** 1 C2 & 3 C4.
🚌 100, 116, 122, 160, 174, 175, 180, 192, 195, 303, 503. ⬤ für die Öffentlichkeit.

D**ER ENDE DES** 17. Jahrhunderts fertig gestellte Palast bekam später eine Spätbarock-Fassade und klassizistische Nebengebäude. Anfang des 18. Jahrhunderts gehörte er dem Woiwoden (Landeshauptmann) der Region Sandomierz, Stefan Bidziński, einem furchtlosen Soldaten, der den Adligen von Sandomierz Geld schenkte, damit sie sich von muslimischer Besatzung freikaufen konnten.

Zu den späteren Besitzern des Palastes gehörte J. Mas-

Stürmung des Morsztyn-Palastes

salski, der Bischof von Vilnius, ein Literat der Aufklärung. Doch da er auch ein Spieler und Lebemann war und sich Besitztümer der Jesuiten aneignete, wurde er während des Kościuszko-Aufstands von 1794 gehängt. Am 17. und 18. April 1794 war der Palast (seit 1790 Residenz des russischen Botschafters) Schauplatz eines blutigen Kampfes zwischen russischen Soldaten und Warschauern. Als den Russen dabei die Munition ausging, griffen sie auf Münzen und Knöpfe zurück.

Blick von der Ulica Miodowa auf den Branicki-Palast

Jan-Kiliński-Denkmal ❺
Pomnik Jana Kilińskiego

Podwale. **Karte** 1 C2 & 3 C4.
116, 122, 174, 175, 195, 303.

DAS 1936 VON Stanisław Jackowski errichtete Denkmal ehrt Jan Kiliński, einen Helden des Kościuszko-Aufstands von 1794. Der ehemalige Schuhmacher Kiliński wurde Armeeoberst. Während des Aufstands führte er einen erfolgreichen Angriff auf den Morsztyn-Palast *(siehe S. 100)*, die Residenz des russischen Botschafters, an.

Das ursprünglich auf dem Krasiński-Platz errichtete Monument beseitigten die Nationalsozialisten 1942 und versteckten es im Gewölbe des Nationalmuseums (Muzeum Narodowe). Bald erschienen an einer Mauer Graffiti von Pfadfindern der Szare-Szeregi-Division der Widerstandsbewegung: »Be-

Jan-Kiliński-Denkmal

wohner Warschaus, ich bin hier. Jan Kiliński.« Das 1945 wieder errichtete Denkmal kam ein paar Jahre später an seinen jetzigen Platz.

Kapuzinerkirche der Verklärung ❻
Kościół Przemienienia Pańskiego, Kapucynów

Kapucyńska 4. **Karte** 1 C2 & 3 C5.
831 31 09. *116, 122, 174, 175, 179, 180, 195.*

KÖNIG JAN III. Sobieski stiftete die Kirche als Dank für seinen Sieg über die Türken in der Schlacht bei Wien 1683. Izydor Affaita begann

im gleichen Jahr mit den Arbeiten – wahrscheinlich nach Plänen Tylman van Gamerens und Augustyn Loccis –, die dann Karol Ceroni vollendete. Die Kirche hat eine schlichte Fassade, die nach der Kapuzinerkirche in Rom gestaltet ist. Das fast schon asketische Interieur birgt ungewöhnliche Epitaphe.

In der Kapelle des Königs befinden sich eine Rokoko-Urne mit der Asche von König August II. dem Starken und ein Sarkophag (19. Jh.) mit dem Herz von König Jan III. Sobieski. Eine andere Kapelle beherbergt eine Marmorurne (18. Jh.) von Jan Redler, die Anna (geborene Kolowrath), Ehefrau von Henryk Brühl, einem verhassten Minister am Hof König Augusts II. des Starken, gewidmet ist.

Seit 1948 befindet sich in der Krypta eine Krippenszene mit bewegten Figuren.

Für die Altäre der Kapuzinerkirche wurden nur wenige Farben und kein Gold verwendet, da die Ordensregel Armut gebietet

Pac-Palast ❼
Pałac Paca

Miodowa 15. **Karte** 1 C2 & 3 C4.
116, 122, 174, 175, 180, 195, 303. nach Anmeldung.

DER BAROCKE Palast, früher Residenz der Radziwiłł-Familie, wurde 1681–97 nach Entwürfen Tylman van Gamerens gebaut.

Der Palast war Schauplatz eines historisches Ereignisses: In der Nacht des 3. November 1771 entführte eine antiroyalistische Gruppe König Stanisław August Poniatowski vor den Palasttoren. Der schlecht organisierte Coup misslang jedoch, und am nächsten Morgen schon war der König wieder in seinem Schloss.

1824–28 gestaltete Henryk Marconi den Palast im Auftrag des neuen Besitzers, Ludwik Pac, um. Das Interieur enthielt nun Elemente aus Gotik, Renaissance, griechischem und maurischem Stil, die Fassade bekam ein palladianisches Aussehen.

Das imposante halbrunde Tor zur Ulica Miodowa war einem Triumphbogen nachempfunden. Die klassizistischen Reliefs – ein Werk Ludwik Kaufmanns, Schüler des berühmten Bildhauers Antonio Canova – zeigen den römischen Anwalt Fleminius, der den griechischen Städten Freiheit gewährte.

Heute ist in dem Gebäude das Gesundheitsministerium untergebracht.

Neugotisches Interieur, Pac-Palast

Krasiński-Palast ❽
Pałac Krasińskich

Plac Krasińskich 5. **Karte** 1 C2 & 3
C4. **☎** 635 62 09. **🚌** 100, 116,
122, 174, 175, 180, 195, 303, 503,
518. **☐** nach Anmeldung.

DIESER BAROCKE Palast gilt
als eines der schönsten
Gebäude Warschaus. Er wurde 1687–1700 nach Plänen
Tylman van Gamerens für
den Bürgermeister Jan Dobrogost Krasiński gebaut.

Ein dreieckiger Giebel hat
Zierreliefs, die die heroischen
Taten des legendären römischen Patriziers Marcus Vale-
rius (bekannt als Corvinus),
Vorfahr Jan Dobrogost Krasińskis, zeigen. Die Reliefs
sind das Werk von Andreas
Schlüter, einem herausragenden Bildhauer und Architekten, der später das Königsschloss in Berlin entwarf.

Die Krasiński-Residenz war
ursprünglich überaus luxuriös
ausgestattet und hatte eine
Galerie mit Werken von Rembrandt, Rubens, Dürer und
Correggio. Bis 1765 gehörte
der Palast der Krasiński-Familie, danach waren hier die königliche Schatzkammer und
im 19. Jahrhundert verschiedene juristische Behörden
untergebracht.

Der nach dem Zweiten
Weltkrieg wieder aufgebaute
Palast beherbergt heute eine
Sammlung antiker Drucke
und Manuskripte der Natio-
nalbibliothek (Biblioteka
Narodowa).

Dreiecksgiebel mit Zierreliefs am Krasiński-Palast

Krasiński-Garten ❾
Ogród Krasińskich

Karte 1 B2 & 3 C4. **🚌** 100, 116,
122, 174, 175, 180, 195, 303.
🚋 2, 15, 18, 35.

TYLMAN VAN Gameren entwarf im 17. Jahrhundert
den Krasiński-Garten und das
barocke Tor – wie auch den
Palast selbst. Seit 1776, als
das Gebäude von der königlichen Schatzkammer über-
nommen wurde, kann die
Öffentlichkeit den Garten frei
nutzen.

Im 19. Jahrhundert gestaltete man den Krasiński-Garten
mehrmals um. Von etwa 1900

bis zum Ausbruch des Zweiten Weltkriegs war er besonders bei den Juden aus dem
Norden der Stadt, wo es
wenige freie Flächen gab,
beliebt. Nach dem Krieg

Sommer im Krasiński-Garten

wurde der Garten enorm vergrößert, und heute gliedern
ihn Alleen in mehrere
Abschnitte.

Häuser in der Długa-Straße ❿
Pałacyki przy Długiej

Karte 1 C2, 1 B2, 3 C4 & 3
C5. **🚌** 116, 122, 174,
175, 180, 195, 303.

IN DER DŁUGA-STRASSE stehen
mehrere Villen, deren Hö-
fe leider alle von Ziergittern
umgeben sind.

Die Fassade des Hauses
Nr. 26 (18. Jh.), das ehemals der Maria Radziwiłł,
geborne Lubomirska, ge-
hörte, hat einen dreieckigen Giebel mit dem Wap-
pen der Lubomirs-
kis. Die Nr.
23–25 gegen-
über ist ein
klassizistisches
Herrenhaus mit

einem ungewöhnlichen, unre-
gelmäßig geformten Vorhof.

Das interessanteste Gebäude dieser Straße ist jedoch der
barocke Palast der Vier Winde
(Pałac Pod Czterema Wiatra-
mi), Nr. 38–40. An seinem
Eingangstor stehen Statuen,
die die vier Winde personi-
fizieren: Notus, Boreas, Eurus
und Zephyrus.

Seit ihrer Rekonstruktion
nach dem Krieg beherbergen
alle Häuser in der Długa-Straße verschiedene öffentliche
Ämter.

Arsenal ⓫
Arsenał

Długa 52. **Karte** 1 B2 & 3 C5. **☎**
831 15 37. **🚌** E-2, 107, 111, 116,
170, 190, 307. **🚋** 2, 4, 13, 15, 18,
32, 36. **☐** Mo–Fr 9–16 Uhr, So
10–16 Uhr. **●** Sa, jeder 3. So, Juli.
🎟 So frei. **✐**

DAS FRÜHBAROCKE Arsenal,
eines der Befestigungs-
gebäude der Stadt, entstand
1638–47 im Auftrag von König
Władysław IV. Wasa.

Heute ist hier das
Archäologiemu-
seum unterge-
bracht. Die Expo-
nate stammen aus
archäologischen Gra-
bungen innerhalb
der Vorkriegsgren-
zen Polens sowie der
heutigen Republik
Polen. Auch Funde
aus anderen europäi-
schen, asiatischen, ame-
rikanischen und afri-
kanischen Ländern
sind ausgestellt.
Sehenswert
ist die Aus-
stellung
über das

Statue am Palast der Vier Winde

prähistorische Polen. Nach Anmeldung kann man mit vorgeschichtlichen Methoden Tontöpfe anfertigen.

Przebendowski-Radziwiłł-Palast

Pałac Przebendowskich-Radziwiłłów

Al. Solidamości 62. **Karte** 1 C2 & 3 C5. ▮ 826 90 91. ▮ E-2, E-4, 107, 111, 119, 127, 171, 190, 406, 409, 410, 512. ▮ 2, 4, 13, 15, 18, 32, 35, 36. **Unabhängigkeitsmuseum** ○ Di–Fr 10–17 Uhr, Sa, So 10–16 Uhr. ▮ W www.muzeum.zk.pl

Einen der schönsten Paläste Warschaus ließ Jan Jerzy Przebendowski, Schatzmeister König Augusts II., bauen. Das

Przebendowski-Radziwiłł-Palast

von Jan Zygmunt Deybel entworfene Gebäude hat Mansardendächer (mit zwei Schrägen an beiden Seiten und beiden Enden) und eine gebogene Front.

1760–62 wohnte der spanische Gesandte Graf Pedro Aranda im Palast. Der erbitterte Gegner der spanischen Inquisition gründete die spanische Freimaurerloge und stiftete die Verbannung der Jesuiten aus Spanien an. In seiner Zeit in Polen lud er hier zu prächtigen Festen ein.

Die Ruhe um den Palast in einer engen Einkaufsstraße war dahin, als 1948/49 der Ost-West-Tunnel gebaut wurde. Danach war das Haus

von einer Hauptverkehrsader umgeben.

Nach dem Krieg funktionierte man das Gebäude zum Lenin-Museum um, und seit 1990 zeigt hier das Unabhängigkeitsmuseum (Muzeum Niepodległości) Dokumente über Polens Geschichte von den Teilungen im 18. Jahrhundert bis heute.

Ehemalige Staatsbank ⓭

Dawny Bank Państwa

Bielanska 16. **Karte** 1 C2 & 3 C5. ▮ 107, 111. ● wegen Umbau.

Früher war in dem 1906–11 errichteten Gebäude die Russische Staatsbank. Das vom zaristischen Hofarchitekten Leontij N. Benois aus St. Petersburg entworfene Bauwerk wies Streifen aus gelbem und rotem Sandstein auf.

Über 50 Jahre lang zeugten die beschädigten Mauern von den Kämpfen des Warschauer Aufstands, als das Gebäude ein Militärstützpunkt zur Verteidigung der Altstadt war. Die Ruinen wurden in die Fassade eines neuen Bürogebäudes eingebaut, in dem auch ein Museum über den Aufstand untergebracht werden soll.

Haus des Königs ⓮

Dom Pod Królami

Daniłowiczowska 14/Hipoteczna 2. **Karte** 1 C2 & 3 C5. ▮ 827 60 61. ▮ 107, 111. ○ tägl. 8–16 Uhr.

Trotz des Namens war dies nie eine königliche Residenz. Der Name geht vielmehr auf die Reliefporträts polnischer Monarchen, von Mieszko I. bis Stanisław August Poniatowski, an der Fassade zurück, die man bei der Restaurierung im Jahr 1821 entdeckte und 80 Jahre später in die Fassade eingliederte. Das Gebäude selbst wurde 1617–24 als Sitz des Mikołaj Daniłowicz von Żurów errichtet.

Nach der Rekonstruierung von 1740–47 befand sich hier die erste öffentliche Bibliothek Polens, gegründet von den Załuski-Brüdern 1761. 1795 schaffte man jedoch die gesamte Sammlung der Bibliothek nach St. Petersburg, wo sie die Grundlage des

König Zygmunt III. Wasa

Zaren bildete. Teile der Sammlung wurden 1921 zurückgebracht, als Polen wieder unabhängig war. Während des Warschauer Aufstands von 1944 verbrannte diese bedeutende Sammlung jedoch.

Heute ist hier die Gesellschaft polnischer Schriftsteller (ZAIKS) untergebracht.

Verfallene Mauer der früheren Staatsbank, heute Teil eines Bürogebäudes

Abriss des Dzierżyński-Denkmals am Bankenplatz

Bankenplatz ⓯
Plac Bankowy

Karte 1 B3 & 3 C5. 🚍 *100, 107, 111, 127, 171, 190, 406, 409, 410, 512.* 🚊 *2, 4, 15, 18, 32, 35, 36.*

WÄHREND DIE Westseite dieses Platzes ihr imposantes klassizistisches Gesicht erhalten konnte, wurde der Rest des Platzes bei der Rekonstruktion nach dem Krieg völlig verändert. Ursprünglich war er dreieckig, mit einem Zierbrunnen und Blumenbeeten in der Mitte.

Nach dem Zweiten Weltkrieg wurde der Platz erweitert, und seinen Namen änderte man zu Ehren Feliks Dzierżyńskis, des Gründers des sowjetischen Sicherheitsdienstes. Auch ein Denkmal wurde auf dem Platz für ihn errichtet. Nach den demokratischen Wahlen von 1989 erhielt der Platz seinen früheren Namen zurück. Als das Denkmal des verhassten Dzierżyński abgerissen wurde, zerbrach es in Stücke, die Sammler aufklaubten.

Rathaus ⓰
Ratusz

Plac Bankowy. Karte 1 B3 & 3 C5. 🚍 *100, 107, 111, 127, 171, 190, 406, 409, 410, 512.* 🚊 *2, 4, 15, 18, 36.*

DIESES BEEINDRUCKENDE Ensemble klassizistischer Gebäude wurde 1824–30 nach den Plänen Antonio Corazzis, der auch das Große Theater *(siehe S. 110f)*, den Staszic-Palast *(siehe S. 122)* und den Mostowski-Palast *(siehe S. 146)* entwarf, gebaut. Ursprünglich waren hier die Zoll- und Schatzkommission, der Regierungssitz des Fürsten Ksawery Drucki Lubecki und die Polnische Bank sowie die Börse untergebracht.

Die Gebäude haben imposante Portiken und Arkaden, und der ehemalige Regierungspalast hat einen dreieckigen Ziergiebel von Paweł Maliński. Dargestellt sind Handel, Weisheit und Gewerbe, personifiziert durch Minerva, Jason und Merkur, sowie Allegorien der Flüsse Weichsel und Bug. Die verzierten Einfassungen und Reliefs sind das Werk des Bildhauers Vincenti. In den Jahren 1829–1831 war in der Zoll- und Schatzkommission einer der berühmtesten polnischen Dichter der Romantik, Juliusz Słowacki, als Schreiber angestellt.

Der Palast wurde 1947 wieder aufgebaut – nach Corazzis Originalzeichnungen –, und heute ist hier das Warschauer Rathaus (Ratusz) untergebracht.

Das Gebäude der ehemaligen Polnische Bank und der Börse, heute eine Kunstgalerie

Ehemalige Polnische Bank und Börse (Johannes-Paul-II.-Sammlung) ⓱
Dawny Bank Polski i Giełda

Elektoralna 2. Karte 1 B3 & 3 C5. 📞 *620 27 25.* 🚍 *107, 111, 171, 190, 406, 409, 410, 512.* 🚊 *2, 4, 13, 15, 18, 26, 32, 35, 36.* ⭘ *Di–So 10–17 Uhr.*

DAS GEBÄUDE der ehemaligen Polnische Bank und der Börse, ein Meisterwerk des polnischen Klassizismus, entwarf Antonio Corazzi. Es wurde in den Jahren 1825–28 errichtet und schon 1830 – nach Plänen von Jan Jakub Gay – erweitert.

Die Fassaden bilden zweistöckige Arkaden, und eine Kuppel krönt den einstigen Geschäftsbereich. Die Räume sind kaum dekoriert, um ihre rein funktionale Rolle zu unterstreichen.

Heute ist im Gebäude eine Papst Johannes Paul II. gewidmete Sammlung europäischer Malerei untergebracht – eine Schenkung von Janina und Zbigniew Porczyński. Die über 450 Werke sind nach folgenden Themen angeordnet: Mutter und Kind, Bibel und Heilige, Mythologie und Allegorie, Stillleben, Landschaften sowie Impressionismus.

Im Gebäude befindet sich auch eine Bühne für Klassikkonzerte und Dichterlesungen.

Die klassizistischen Gebäude des Warschauer Rathauses rekonstruierte man nach Originalplänen von 1824

Moderne Architektur in Warschau

IN DEN ERSTEN ZEHN Jahren nach dem Niedergang der Volksrepublik Polen und den ersten demokratischen Wahlen von 1989 *(siehe S. 30f)* errichtete man in Warschau Hunderte von Wohnhäusern, Geschäfts- und Bürogebäuden, und auch ein paar öffentliche Bauten wurden in Auftrag gegeben. Diese frühen Entwürfe waren architektonisch wenig beeindruckend, doch sie hatten immerhin westeuropäischen Standard und waren aus besseren Materialien gebaut als jene, die in der kommunistischen Ära errichtet wurden. Nach 1996 entstanden Bauten auf viel höherem Standard, von denen die interessantesten meist aus Architekturwettbewerben hervorgingen. Ein paar dieser neuesten Bauwerke sind äußerst umstritten.

Der Holland-Park *mit seiner modernistischen Architektur zeigt Einflüsse des niederländischen Modernismus. Das Gebäude der Warschauer Börse am Plac Trzech Krzyży ist sicherlich das interessanteste Bürogebäude der Stadt.*

Die Universitätsbibliothek *ist wegen ihrer kathedralenartigen Proportionen und der Einbeziehung eines botanischen Gartens auf dem Dach besonders zu erwähnen. Die Fassade symbolisiert eine Reihe aufgeschlagener Bücher. Die klassizistischen Gebäude daneben wurden passend zum Stil Andrzej Kicińskis rekonstruiert. Das Nebeneinander zweier Stile ist hier sehr gut gelungen.*

Der Daewoo-Turm *an der Kreuzung von Ulica Chłodna und Towarowa hat ein interessantes modernes Interieur und ein geräumiges Atrium.*

Das rekonstruierte ehemalige Rathaus *am Plac Teatralny bildet die Fassade der ultramodernen Bürogebäude dahinter. Zum Komplex gehört auch ein Atrium im Inneren.*

Sächsischer Garten ⓲

Ogród Saski

Siehe S. 108f.

Ehemalige West- und Kreditbank ⓳

Dawny Bank Zachodni i Dyskontowy

Fredry 8. **Karte** 1 C3 & 3 C5.
🚋 106, 111. ⬜ Mo–Fr 8–19 Uhr,
Sa 8–12 Uhr.

Bis zur Verwüstung im Zweiten Weltkrieg war die Ulica Fredry eine dicht bebaute Geschäftsmeile, an der Banken wie die West- und Kreditbank, Einkaufsarkaden und Hotels standen. Eines der bekanntesten Etablissements, das Angielski(»Englische«)-Hotel, befand sich an der Kreuzung von Ulica Fredry und Wierzbowa. In diesem Hotel wohnte Napoleon Bonaparte 1812 nach seinem Rückzug aus Moskau.

Die Gebäude der ehemaligen West- und Kreditbank aus dem Jahr 1896 sind jedoch die einzigen erhaltenen Originalbauten in dieser Gegend. Die

Theaterplatz und Rathaus in der Zeit vor dem Krieg

von Józef Pius Dziekoński entworfene Westbank hat eine herrliche Treppe und im ersten Stock ein Neorokoko-Interieur. Und in der Kreditbank ist ein Oberlicht über dem ursprünglichen Schalterraum besonders zu erwähnen. Die oberen, von Kazimierz Loewe gestalteten Stockwerke des Gebäudes sind ebenfalls eine Besichtigung wert. Derzeit befindet sich darin eine Musikbibliothek.

Großes Theater ⓴

Teatr Wielki (Narodowy)

Siehe S. 110f.

Theaterplatz ㉑

Plac Teatralny

Karte 1 C3 & 3 C5.
🚋 100, 111.

Der Theaterplatz war bis zum Ausbruch des Zweiten Weltkriegs das Herz Warschaus. Er wurde in der ersten Hälfte des 19. Jahrhunderts angelegt, als an der Südseite das Große Theater entstand. Das Theater ersetzte den Geschäfts- und Hotelkomplex Marywil, der im 17. Jahrhundert eingerichtet worden war.

Den Theaterplatz säumten elegante Läden, Arkaden und noble Restaurants. 1848 lebte und arbeitete der russische Komponist Mikhail Glinka in einem Haus ganz in der Nähe, in der Ulica Niecała Nr. 2.

An der Nordseite des Platzes, gegenüber dem Großen Theater, standen die kleine Andreaskirche und der weitläufige Jabłonowski-Palast. 1817–19 wandelte man den Palast zum Rathaus (Ratusz) um. Nahebei befand sich der spätbarocke Blank-Palast, Besitz Piotr Blanks, eines Warschauer Bankiers des 18. Jahrhunderts. Am Anfang der deutschen Besetzung wurde der

Nike-Denkmal

Bürgermeister Stefan Starzyński hier in Haft genommen. 1944, während des Warschauer Aufstands, starb der Dichter Krzysztof Kamil Baczyński in den Ruinen des Palastes. Nach dem Krieg wurde der Blank-Palast als einziges Gebäude an der Nordseite des Theaterplatzes rekonstruiert. Doch auch der Rest wird zurzeit wieder aufgebaut, und in den Gebäuden sollen Geldinstitute angesiedelt werden.

Das Denkmal für die Helden Warschaus von 1939–45 (schlicht »Nike« genannt) wurde vom Platz des früheren Rathauses, das schließlich wieder erbaut wurde, an den Eingang des W–Z-Linientunnels verlegt.

Blauer Palast ㉒

Pałac Błękitny

Senatorska 37. **Karte** 1 C3 & 3 C5.
🚋 E-2, 100, 107, 111, 127, 171, 190, 406, 409, 410, 512, 522.
🚋 2, 4, 15, 18, 35, 36. ⬤ für die Öffentlichkeit.

König August II. der Starke erwarb den Blauen Palast (17. Jh.) 1726 als Weihnachtsgeschenk für seine geliebte Tochter Anna Orzelska. Das Haus wurde im Stil des Rokoko aufgemöbelt, da dies Anna Orzelskas Lieblingsstil war. Die Entwürfe stammten von Joachim Daniel Jauch, Jan Zygmunt Deybel und Karol Fryderyk Pöppelmann. Da bis Weihnachten nicht viel Zeit blieb, mussten diese Veränderungen in größter Eile vor sich gehen. 300 Steinmetze und

Bernardo Bellottos Gemälde des Blauen Palastes (18. Jh.)

Handwerker arbeiteten sechs Wochen lang Tag und Nacht. Anna Orzelska benannte den Palast später nach ihrer Lieblingsfarbe.

Ende des 18. Jahrhunderts kam der Palast in den Besitz der Familie Czartoryski, und im Jahr 1811 kauften ihn die Zamoyskis, die ihn nach Plänen von Fryderyk A. Lessel klassizistisch umgestalten ließen.

In den exquisit eingerichteten Gemächern wurden königliche Persönlichkeiten wie der Sachsenkönig Friedrich August und Zar Alexander I. unterhalten. Und auch Frédéric Chopin besuchte den Palast und gab hier mehrere Konzerte. 1948–50 wurde der Palast rekonstruiert.

Der Primas-Palast gehört zu Polens schönsten klassizistischen Bauwerken

Ehemalige Landau-Bank ㉓
Dawny Bank Landaua

Senatorska 38. **Karte** 1 C3 & 3 C5.
826 62 71. 100, 107, 111, 119, 125, 127, 170, 171, 190, 409, 512, 520. 2, 4, 15, 18, 35, 36.
Mo–Fr 9–18 Uhr.

VON AUSSEN wirkt die ehemalige Landau-Bank wenig imposant, da die Kuppel von einst nicht mehr existiert. Doch das Interieur gehört zu Warschaus besterhaltenen sezessionistischen Werken aus dem späten 19. Jahrhundert. Den ehemalige Schalterraum der Bank krönt ein schönes Oberlicht.

Das Gebäude der von dem berühmten Finanzier Wilhelm Landau gegründeten Bank wurde 1904–06 nach Entwürfen von Stanisław Grochowicz und Gustaw Landau-Gutenteger gebaut. Nach dem Zweiten Weltkrieg nutzte die Kommunistische Partei die Bank als Propagandazentrum – zahlreiche politische Dokumente bewahrte man im Banksafe auf.

Heute sind im Gebäude der Landau-Bank mehrere französische Kultureinstitutionen untergebracht.

Johannes-von-Nepomuk-Denkmal ㉔
Figura św Jana Nepomucena

Senatorska. **Karte** 1 C3 & 3 C5.
100, 107, 111, 119, 125, 127, 170, 171, 190, 409, 410, 522.
2, 4, 15, 18, 35, 36.

DIESE ROKOKO-STATUE gab Marschall Józef Wandalin Mniszech 1731 bei Giovanni Cievorotti in Auftrag. Auf dem Sockel ist das Leben Johannes von Nepomuks (ca. 1345–93) dargestellt. Er starb bei der Verteidigung eines Abtes, den Wenzel IV. absetzen wollte.

Reformierte Kirche des hl. Antonius von Padua ㉕
Kościół św Antoniego Padewskiego Reformatów

Senatorska 31. **Karte** 1 C3 & 3 C5.
107, 111, 127, 171, 409, 410, 413, 414, 415, 514, 515, 516, 522, 524. 2, 4, 15, 18, 35, 36, 45.

KÖNIG ZYGMUNT III. Wasa stiftete die kleine Kirche 1623, um Gott für die Rückeroberung der Stadt Smolensk von den Russen zu danken. Bei der Grundsteinlegung waren der König und die Königin, zwei zukünftige Könige Polens (Władysław IV. und Jan Kazimierz) und der päpstliche

Johannes-von-Nepomuk-Denkmal

Nuntius Giovanni Altieri (der spätere Papst Klemens X.) zugegen. Die ursprüngliche Holzkirche erhielt 1671–81 ihr jetziges Aussehen. Im Kirchenschiff sieht man Epitaphe aus den Jahren 1747 und 1772 für die beiden Gemahlinnen von Marschall Józef Wandalin Mniszech. Von den Epitaphen im Kreuzgang (19. Jh.) ist eines Jerzy Iwanow Szajnowicz gewidmet, einem britischen Spion im Zweiten Weltkrieg. Der Held der Polen und Griechen wurde 1943 in Athen von den Deutschen umgebracht.

Primas-Palast ㉖
Pałac Prymasowski

Senatorska 13/15. **Karte** 1 C3 & 3 C5. E-1, 100, 111, 116, 122, 160, 174, 175, 195, 303, 503.
für die Öffentlichkeit.

ALS DER BISCHOF von Płock, Wojciech Baranowski, 1601 Primas von Polen wurde, übergab er im Austausch gegen tägliche Gebete für die Seelen der Kleriker den Palast an Warschaus Domkapitel (Bischofskomitee der Stadt). Trotzdem war der Palast weiterhin die Residenz des Primas von Polen.

In den Jahren 1777–84 wurde der Palast für Primas Antoni Ostrowski um zwei halbrunde Flügel mit schönen Pavillons an den Enden erweitert. Der nächste Primas, Michał Poniatowski, baute den Palast – nach palladianischen Entwürfen Szymon B. Zugs – ebenfalls aus. Der Palast gilt als erstes klassizistisches Gebäude in Polen und wurde nach dem Zweiten Weltkrieg rekonstruiert.

Sächsischer Garten ⑱

DER SÄCHSISCHE GARTEN war Teil des barocken Stadtplanungsprojekts »Sächsische Achse«, das August II. der Starke zwischen 1713 und 1733 durchführte. Jan Krzysztof Naumann und Matthäus Daniel Pöppelmann legten den Garten beim Morsztyn-Palast an, in Anlehnung an die Gärten von Versailles. 1727 erklärte man den Garten zum ersten öffentlichen Park Warschaus, und fast ein Jahrhundert später gestaltete ihn James Savage in englischem Stil um. Bis zum Zweiten Weltkrieg diente er den Warschauern als Freiluft-Sommersalon. Leider büßte der Park seither viele seiner Attraktionen ein, wie etwa das hölzerne Sommertheater, das 1870 errichtet und beim Ausbruch des Zweiten Weltkriegs zerstört wurde.

Der Wasserturm aus dem 19. Jahrhundert

Wasserturm (Wodozbiór)
Den dem Vesta-Tempel in Tivoli nachempfundene Turm am See, ein Relikt des ersten Wasserversorgungssystems der Stadt, entwarf Henryk Marconi.

★ Gartenstatuen
Diese barocke Personifikation der Weisheit gestaltete Jan Jerzy Plersch um 1730 aus Sandstein. Heute stehen im Garten noch 21 Statuen. Viele andere brachte Marschall Suworow – nachdem er Warschau nach dem Kościuszko-Aufstand von 1794 zurückerobert hatte – nach St. Petersburg.

Springbrunnen
Henryk Marconis Springbrunnen (1855) taucht in einem vom Wiener Walzer inspirierten Lied auf: »Im Sächsischen Garten, bei einem sprudelnden Brunnen, sitzt ein junger Mann neben einer hübschen Maid.«

★ Grab des Unbekannten Soldaten
Nur drei Bögen blieben von der Kolonnade des Sächsischen Palastes, die im Krieg zerstört wurde. Hier, im Grabmal des Unbekannten Soldaten, bestattete man am 2. November 1925 einen unbekannten Soldaten, der bei der Verteidigung Lvovs (1918–19) gefallen war.

Maria-Konopnicka-Denkmal

Stanisław Kulon gestaltete das 1965 zu Ehren der polnischen Schriftstellerin Maria Konopnicka (1842–1910) aufgestellte Denkmal.

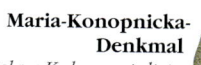

INFOBOX

Karte 1 C3. 🚌 *107, 111, 127, 171.* 🚃 *2, 4, 15, 18, 36.*

See

Wildenten mögen den See, in dem es einst Karpfen und Schildkröten gab und der im Winter Eislaufbahn war.

Orthodoxe Alexander-Newski-Kirche

Die Kirche, Symbol der russischen Herrschaft, entwarf Leontij N. Benois. Sie stand 30 Jahre lang am Piłsudski-Platz, bis sie 1926 von polnischen Nationalisten zerstört wurde.

Sächsischer Garten

Vor dem Krieg stand im Garten eine Kolonnade (19. Jh.) des Sächsischen Palastes.

Der Piłsudski-Platz, ursprünglich ein Hof des Sächsischen Palastes, wird seit Anfang des 19. Jahrhunderts für Staatszeremonien und Paraden genutzt. Benannt ist der Platz nach Marschall Józef Piłsudski.

Józef-Piłsudski-Denkmal

Marschall Józef Piłsudski (1867–1935) war einer der herausragendsten polnischen Staatsmänner des 20. Jahrhunderts (siehe S. 30).

NICHT VERSÄUMEN

★ **Grab des Unbekannten Soldaten**

★ **Gartenstatuen**

Großes Theater (Nationaltheater) ❷⓪
Teatr Wielki (Narodowy)

D AS GROSSE THEATER, vor dem Zweiten Weltkrieg eines
der größten Bauwerke der Stadt, entstand 1825–33
nach Plänen von Antonio Corazzi und Ludwik Kozu-
bowski. Auch bekannte Handwerker wirkten am erhabenen Interieur mit. Anfangs sollte das Gebäude Nationaltheater heißen, doch die Niederschlagung des Novemberaufstands 1830 nötigte zu einem anderen Namen.
Kurzzeitig erwog man gar, es in eine orthodoxe Kirche
zu verwandeln. Im Zweiten Weltkrieg blieben nur die
Fassade und ein paar Räume erhalten. Nach dem Krieg
wurde das Theater rekonstruiert, erweitert und bekam
ein modernes Interieur von Bohdan Pniewski. Heute ist
das Haus die Heimat von Staatsoper und -ballett.

Nationaltheater
*Seit 1924 befindet sich das
Nationaltheater im West-
flügel, der 1985 zum dritten
Mal abbrannte, im Herbst
1996 jedoch wieder eröffnet
werden konnte.*

Bühne
*Der Bühnen-
raum ist 50 Me-
ter hoch und
54 Meter tief.*

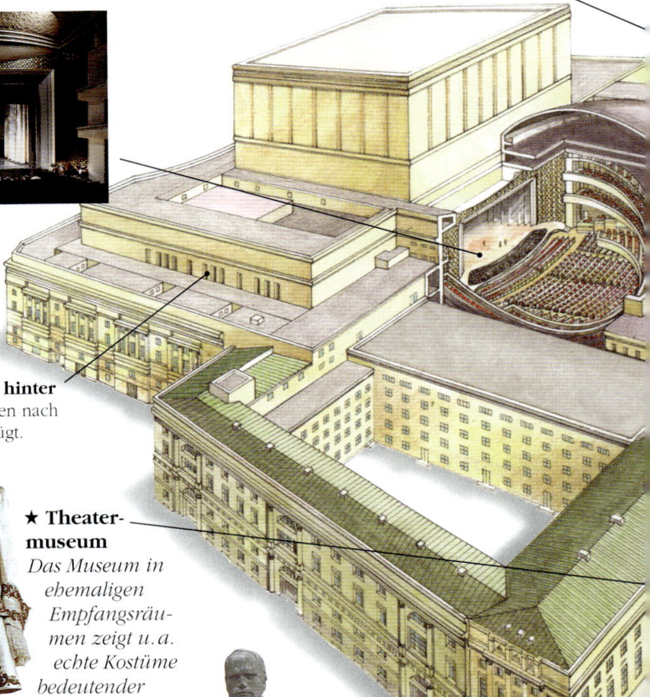

**Die Einrichtungen hinter
den Kulissen** wurden nach
dem Krieg hinzugefügt.

**★ Theater-
museum**
*Das Museum in
ehemaligen
Empfangsräu-
men zeigt u. a.
echte Kostüme
bedeutender
Aufführungen.*

Moniuszko-Denkmal
*Die 1965 aufgestellte
Statue von Stanisław
Moniuszko (1819–72),
der die polnische Staats-
oper gründete, schuf Jan
Szczepkowski.*

NICHT VERSÄUMEN

★ **Fassade**

★ **Theatermuseum**

Dreieckiger Giebel
Das Werk Tomaso Acciardis zeigt die Musen, die eine Büste des antiken Dichters Anakreon mit einem Kranz krönen.

Emil-Młynarski-Auditorium

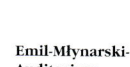

Bogusławski-Denkmal
Wojciech Bogusławski (1757 bis 1829), der Vater des polnischen Nationaltheaters und treibende Kraft hinter der Erbauung des Großen Theaters, wurde 1936 mit diesem Denkmal Jan Szczepkowskis geehrt, das im Zweiten Weltkrieg zerstört, 1965 aber rekonstruiert wurde. Vor dem Denkmal steht ein Pfeiler von 1880, der Warschaus Längen- und Breitengrad angibt.

Das Foyer, das vom Ballsaal im Königsschloss inspiriert ist, entwarf Bohdan Pniewski im Rahmen der Rekonstruktion des Theaters nach dem Zweiten Weltkrieg.

★ Fassade
Ein überdachtes Marktgebäude, das Chrystian Aigner 1819 gestaltete, wurde in die Theaterfassade eingearbeitet.
Dies ist alles, was vom Marktareal Marywil aus dem späten 17. Jahrhundert erhalten blieb. Es wurde beim Bau des Theaters abgerissen.

Klassizistischer Fries
Paweł Malińskis Fries zeigt Ödipus zusammen mit seinen Begleitern bei der Heimkehr, nachdem er an den Olympischen Spielen teilgenommen hat.

DER KÖNIGSWEG

DER KÖNIGSWEG (Trakt Królewski) beginnt am Schlossplatz (Plac Zamkowy) und führt entlang Krakowskie Przedmieście und Nowy Świat. An diesen Straßen am Ufer der Weichsel, die im Mittelalter entstanden, ließen sich Warschaus wohlhabendste Herren von Gärten umgebene Sommerresidenzen errichten. Außerdem gründeten hier mehrere Orden Klöster. Die Gegend litt im Jahr 1655 zwar schwer unter der schwedischen Invasion, wurde aber bald

Gitterdetail am Adam-Mickiewicz-Denkmal

wieder aufgebaut. Die Krakowskie Przedmieście säumen heute viele Bauwerke, vor allem Kirchen und Stadtpaläste, aus dem 17. und 18. Jahrhundert. Der Königsweg führt weiter zur Nowy Świat (wörtlich »Neue Welt«), wo vorwiegend Bauwerke im Stil des Klassizismus stehen, obwohl die Ursprünge dieser Straße im Mittelalter liegen. Hier können Sie Bürgerhäuser und Paläste, exklusive Cafés, Restaurants, Läden und elegante Boutiquen bestaunen und besuchen.

SEHENSWÜRDIGKEITEN AUF EINEN BLICK

Historische Gebäude
Blikle ㉗
Czapski-Palast ⑰
Haus des Dekans ⑤
Hotel Bristol ⑫
Kossakowski-Palast ㉖
Namiestnikowski-Palast ⑩
Polnisches Theater ㉒
Potocki-Palast ⑨
Prażmowski-Haus ①
Staszic-Palast ⑳
Tyszkiewicz-Palast ⑭
Universität Warschau ⑯
Uruski-Palast ⑮
Zamoyski-Palast ㉙

Denkmäler
Adam-Mickiewicz-
   Denkmal ④
Józef-Poniatowski-
   Denkmal ⑪

Nikolaus-Kopernikus-
   Denkmal ⑲
Warschaus Meerjungfrau ㉔

Kirchen
Heiligkreuzkirche ⑱
Kirche der Himmelfahrt
   Mariens und des
   hl. Joseph ⑧
St.-Anna-Kirche ②
St.-Joseph-Kirche ⑬

Museen und Galerien
Karikaturenmuseum ⑦
Ostrogski-Palast ㉓

Straßen und Plätze
Bednarska-Straße ③
Chmielna-Straße ㉚
Foksal-Straße ㉘
Kozia-Straße ⑥
Mariensztat ㉑
Nowy Świat ㉕

ANFAHRT
Die Busse E-1, E2, 116, 122, 174, 175, 180, 192, 195, 303, und 503 fahren die Krakowskie Przedmieście entlang. Straßenbahnen 4, 13, 26 und 32 sowie die Busse 125, 170, 190 und 307 fahren zum Plac Zamkowy, Straßenbahnen 7, 8, 9, 12, 22, 24, 25 und Busse E-5, 102, 127, 158, 517 und 521 zum Rondo de Gaulle.

LEGENDE

▢	Detailkarte S. 114f
🅿	Parken
▭▭▭	Bahnlinie

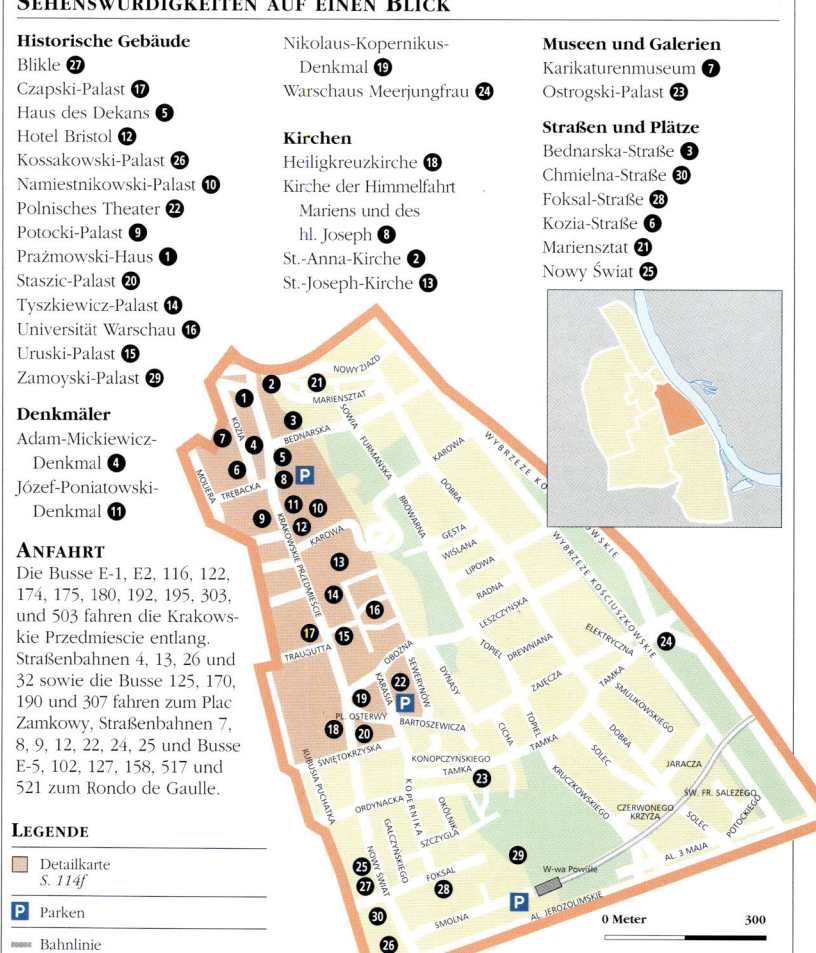

◁ **Neoklassizistische Fassade der St.-Anna-Kirche**

Im Detail: Krakowskie Przedmieście

DIE KRAKOWSKIE PRZEDMIEŚCIE ist eine der schönsten Straßen Warschaus. Mehrere imposante Paläste stehen abseits der Straße, hinter baumgesäumten Plätzen und Höfen, daneben beeindruckende Stadthäuser und einige der interessantesten Kirchen der Stadt. Die Hauptgebäude der Warschauer Universität und die Akademie der Schönen Künste sowie Denkmäler für berühmte Polen befinden sich ebenfalls hier. Und die Restaurants, Cafés und Läden machen die Straße ideal für einen Bummel.

★ St.-Anna-Kirche
Barocke Wandgemälde von Walenty Żebrowski schmücken den Innenraum dieser Kirche (16. Jh.). ❷

Kordegarda ist eine renommierte, wenn auch kleine Galerie für moderne Kunst.

Józef-Poniatowski-Denkmal
Die Reiterstatue dieses Armee-offiziers des 19. Jahrhunderts steht vor dem Namiestnikowski-(»Statthalter«-)Palast. ⓫

Kirche der Mariens Himmelfahrt und des hl. Joseph
Die Fassade der Karmelitenkirche (17. Jh.) krönt eine grüne Kugel. ❽

Hotel Bristol
Nach einer Renovierung ist dies Warschaus schönstes, luxuriöstes und teuerstes Hotel. Café und Restaurants sind erstklassig. ⓬

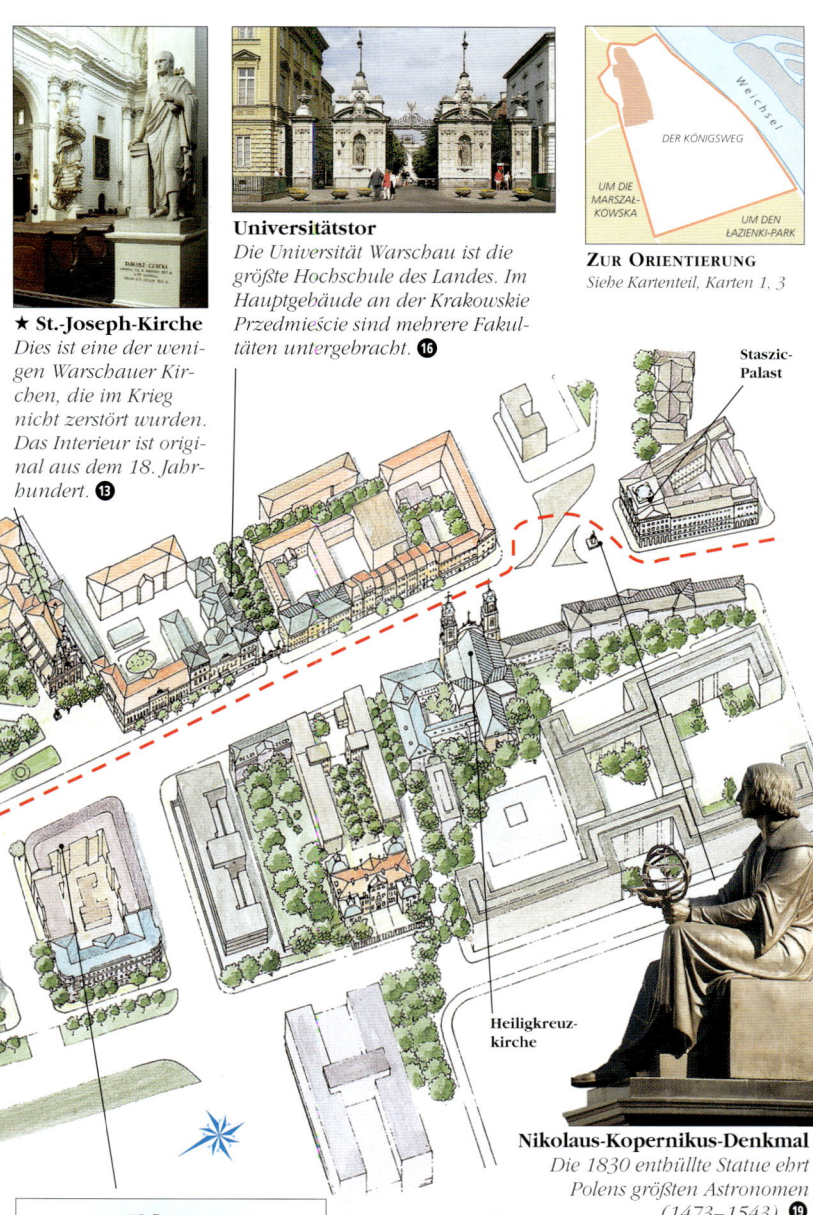

★ St.-Joseph-Kirche
Dies ist eine der wenigen Warschauer Kirchen, die im Krieg nicht zerstört wurden. Das Interieur ist original aus dem 18. Jahrhundert. ⑱

Universitätstor
Die Universität Warschau ist die größte Hochschule des Landes. Im Hauptgebäude an der Krakowskie Przedmieście sind mehrere Fakultäten untergebracht. ⑯

ZUR ORIENTIERUNG
Siehe Kartenteil, Karten 1, 3

DER KÖNIGSWEG

UM DIE MARSZAŁ-KOWSKA

UM DEN ŁAZIENKI-PARK

Weichsel

Staszic-Palast

Nikolaus-Kopernikus-Denkmal
Die 1830 enthüllte Statue ehrt Polens größten Astronomen (1473–1543). ⑲

Heiligkreuz-kirche

0 Meter   75

Das Haus ohne Kanten (Dom bez Kantów) baute Czesław Przybylski 1933. Der Name bezieht sich auf die fließenden, regelmäßigen Linien des Gebäudes, aber auch auf die Rechtschaffenheit der Bauherren.

LEGENDE

– – – Routenempfehlung

NICHT VERSÄUMEN

★ St.-Anna-Kirche

★ St.-Joseph-Kirche

Prażmowski-Haus ❶
Kamienica Prażmowskich

Krakowskie Przedmieście 87.
Karte 2 D3 & 4 D5.

D AS PRAŻMOWSKI-HAUS wurde in der zweiten Hälfte des 17. Jahrhunderts für den königlichen Leibarzt Dr. Pastorius gebaut. Heute gilt es als eines der schönsten Gebäude der Stadt, doch häufige Besitzerwechsel führten zu stilistischen Veränderungen.

Der heutige Rokoko-Stil stammt von 1754, als Jakub Fontana auf Geheiß der Familie Leszczyński, deren Monogramm das Gitter über dem Haupteingang ziert, das Haus verschönerte.

Nach dem Zweiten Weltkrieg wurde es erneut restauriert und der Polnischen Literaturgesellschaft übergeben. Regelmäßig fanden hier lebhafte Diskussionen statt, die das Schicksal vieler polnischer Schriftsteller, wenn nicht des gesamten polnischen Kanons, beeinflussten. Noch immer herrscht im Café das Flair der Boheme.

Das Prażmowski-Haus

St.-Anna-Kirche ❷
Kościół św. Anny

Krakowskie Przedmieście 68.
Karte 2 D2 & 4 D5. 📞 826 89 91.

A NNA, WITWE VON Fürst Bolesław III., ließ die imposante gotische Kirche und ein Bernhardinerkloster im späten 15. Jahrhundert errichten. Zwischen 1518 und 1533 wurde die Kirche ausgebaut,

Die Orgel in der St.-Anna-Kirche

doch bei der schwedischen Belagerung 1655 zerstört.

Nach dieser turbulenten Zeit gestaltete man St. Anna barock um – nach einem Entwurf Józef Szymon Bellottis, der den original gotischen Chorraum und die Fassade beibehielt. Christian Piotr Aigner und Stanisław Kostka Potocki verliehen der Fassade im 18. Jahrhundert ein klassizistisches Antlitz. Der frei stehende Glockenturm aus den 20er Jahren des 19. Jahrhunderts ist ebenfalls neoklassizistisch.

Seit 1864 ist St. Anna die Universitätskirche. In einer Seitenkapelle befinden sich auch die Reliquien des heiligen Władysław von Gielniów, einem der Schutzheiligen Warschaus.

Die Kirche besitzt einen prächtigen Innenraum mit mehreren Rokoko-Altären und Fresken von Walenty Żebrowski. Das Kirchenschiff wurde zwar im Zweiten Weltkrieg zerstört, doch die Fresken konnten restauriert werden.

Die St.-Anna-Kirche ist bei Warschaus Studenten die beliebteste Hochzeitskirche – zum Teil aus Aberglauben, da es heißt, dass jede hier geschlossene Ehe glücklich sein werde.

Neben der Kirche liegen die Überreste eines Bernhardinerklosters aus dem 16. Jahrhundert, das 1864 geschlossen wurde. Die Kreuzgänge im Ostflügel des Klosters haben noch ihr Kristallgewölbe. Und hinter der Kirche befindet

sich eine schöne Kolonnade, Odwach genannt. Hier gibt es viele Secondhand-Buchläden – ein interessanter Ort zum Schmökern.

Bednarska-Straße ❸
Ulica Bednarska

Karte 2 D2 & 4 D5.

D IESE STEILE, ENGE Straße zwischen Krakowskie Przedmieście und Powiśle war ursprünglich eine Staubstraße an einem der zahlreichen Bäche, die in die Weichsel fließen.

Zwischen 1775 und 1864 war dies eine wichtige Durchfahrtsstraße, da sie zu einer Pontonbrücke führte, die die einzige Verkehrsverbindung mit dem Viertel Praga darstellte. Im 18. Jahrhundert erlangte die Bednarska-Straße einen gewissen berüchtigten Ruf,

Die gepflasterte Bednarska-Straße

nachdem der Schlossherr Franciszek Jezierski ein Badehaus mit Bordell, »Kasztelanka«, gebaut hatte.

Die noblen neoklassizistischen Häuser an der Bednarska-Straße entwarfen Baumeister wie Antonio Corazzi und Jan Jakub Gay. 1832 errichtete Alfons Kropiwnicki auf Nummer 2–4, nahe beim Fluss, das Majewski-Badehaus, das heute ein Schulgebäude ist.

1840–41 baute Jan Jakub Gay an der Kreuzung mit der Krakowskie Przedmieście ein Haus für die Warschauer Wohlfahrtsgesellschaft. Im

Zweiten Weltkrieg wurden viele Häuser schwer beschädigt; man baute sie danach jedoch sorgfältig wieder auf und bewahrte den Originalcharakter dieser Kopfsteinpflasterstraße.

Adam-Mickiewicz-Denkmal ❹
Pomnik Adama Mickiewicza

Krakowskie Przedmieście.
Karte 2 D3 & 4 D5.

Das Haus des Dekans mit seiner eleganten runden Nische

W ARSCHAUS Denkmal für den berühmtesten polnischen Dichter der Romantik wurde 1898 zu seinem hundertsten Geburtstag enthüllt – in der Zeit der russischen Besatzung, weshalb es als große Leistung des Stiftungskomitees galt, dessen Vorsitz Michał Radziwiłł und der Literaturnobelpreisträger Henryk Sienkiewicz innehatten. Die Statue entwarf Cyprian Godebski, während der Sockel das Werk Józef Pius Dziekońskis und Władysław Marconis war.

Das Denkmal steht auf einem Platz, der Mitte des 19. Jahrhunderts geräumt worden war – nur die Barock-Statue der Madonna von Passau blieb damals stehen. Die Statue von Józef Szymon Bellotti (1683) hatte König Jan III. Sobieski aus Dankbarkeit für seinen Sieg über die Türken in der Schlacht bei Wien und für die Verschonung seiner Familie von der Pest in Auftrag gegeben.

Adam-Mickiewicz-Denkmal

Haus des Dekans ❺
Dziekanka

Krakowskie Przedmieście 56.
Karte 2 D3 & 4 D5.

D ZIEKANKA, DAS »Haus des Dekans«, ist nach dem Platz, auf dem es steht, benannt. Dieser gehörte einst den Dekanen der Johannes-

schule. Das klassizistische Gebäude von 1770–84 wurde im 19. Jahrhundert zu einem Gasthof umgebaut, nach dem Zweiten Weltkrieg restauriert und zu einem Studentenwohnheim umfunktioniert.

Auffällig ist die große runde Nische an der Fassade, und den hübschen Hof säumen Holzbalkone. Im Sommer ist dies eine Freiluft-Disko und -Theaterbühne.

Kozia-Straße ❻
Ulica Kozia

Karte 2 D2 & 4 D5.

D IE SCHMALE, pittoreske Straße, die die Krakowskie Przedmieście mit der Miodowa-Straße verbindet, stammt aus dem 14. Jahrhundert, doch die Häuser, die

Kozia-Straße

sie säumen, wurden erst ab dem 17. Jahrhundert gebaut. Im 19. Jahrhundert erlangte die Kozia-Straße einen höheren Status – dank dem Hotel

Saski und dem Café »Kawa u Brzezińskiej«, in dem Frédéric Chopin und so mancher Schriftsteller verkehrten. Studio M, ein Café mit Galerie an der Kreuzung mit der Krakowskie Przedmieście, führt diese Tradition fort.

In der angrenzenden Ulica Trembacka steht das Saska Poczta (das Sächsische Postamt) im Stil des Rokoko, auch Wessel-Palast genannt. 1780 wurde das ein paar Jahrzehnte zuvor für General Załuski errichtete Gebäude die Hauptpost. Heute ist hier die Staatsanwaltschaft untergebracht.

Karikaturenmuseum ❼
Muzeum Karykatury

Kozia 11. **Karte** 2 D3 & 4 D5.
827 88 95. Di–So 11–17 Uhr.

D AS 1978 AUF Betreiben des Karikaturisten Eryk Lipiński gegründete Museum ist das weltweit erste seiner Art. Es befindet sich im Dom Ogrodnika (Gärtnerhaus), das zum Primas-Palast *(siehe S. 107)* gehört. Die Sammlung des Museums umfasst satirische Zeichnungen, Bilder und Magazine aus aller Welt. In zwei Räumen werden Wechselausstellungen gezeigt, die alle zwei bis drei Monate ausgetauscht werden.

Karikaturenmuseum

Klassizistische Fassade der Kirche der Himmelfahrt Mariens und des hl. Joseph

geschlossen und von einer Theologieschule übernommen. Nach einer kürzlich erfolgten Renovierung bilden sie nun einen Teil des Erzdiözesanmuseums.

Kirche der Himmelfahrt Mariens und des hl. Joseph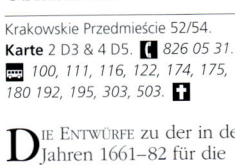
Kościół Wniebowzięcia NMP i św. Józefa Oblubieńca

Krakowskie Przedmieście 52/54.
Karte 2 D3 & 4 D5. 826 05 31.
100, 111, 116, 122, 174, 175, 180 192, 195, 303, 503.

D IE ENTWÜRFE zu der in den Jahren 1661–82 für die Barfüßigen Karmeliter gebauten Barock-Kirche stammten wahrscheinlich von Józef Szymon Bellotti. Die klassizistische Fassade jedoch – eines der frühesten klassizistischen Werke im Land – gestaltete Efraim Schroeger erst im Jahr 1782.

Zwar wurde die Kirche im Zweiten Weltkrieg beschädigt, doch blieben viele Originalteile erhalten, darunter ein imposantes Querschiff mit Reihen miteinander verbundener Seitenkapellen.

Am schönen Hochaltar sind Skulpturen Jan Jerzy Plerschs zu bewundern, der auch die romantische Skulpturengruppe auf einem Seitenaltar schuf, die als *Verlobung Mariens* bekannt ist. Dieses Kunstwerk stand einst in der Dominikanerkirche der Observanten, die es nicht mehr gibt.

Beachtenswert sind außerdem die Barock-Altargemälde und zwei kleine Werke von Szymon Czechowicz in den Seitenaltären.

Die Mönchsgebäude neben der Kirche wurden 1864

Potocki-Palast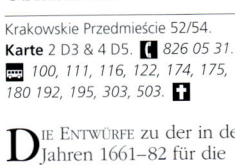
Pałac Potockich

Krakowskie Przedmieście 15.
Karte 2 D3 & 4 D5. 100, 111, 116, 122, 174, 175, 180, 192, 195, 303, 503. für die Öffentlichkeit.

D ER SPÄTBAROCKE Palast aus den 60er Jahren des 18. Jahrhunderts gehört zu Warschaus beeindruckendsten Gebäuden. Er wurde für August Aleksander Czartoryski und seine Frau Maria Zofia, geborene Sieniawska, am Platz einer Residenz aus dem 17. Jahrhundert gebaut, die der einflussreichen Familie Denhoff gehört hatte.

August Czartoryskis Tochter Izabela, die mit Stanisław Lu-

Eingang des spätbarocken Potocki-Palast

bomirski verheiratet war, erbte den Palast und beauftragte Szymon Bogumił Zug und Jan Chrystian Kamsetzer mit der extravaganten Umgestaltung der Innenräume.

Izabela Lubomirska war eine bekannte Persönlichkeit der Gesellschaft – nicht nur als Gattin des Großmarschalls, sondern auch als Kunstmäzenin. Und sie war in der Regierungszeit König Stanisław August Poniatowskis aktiv am politischen Leben und an Intrigen beteiligt.

Im 19. Jahrhundert verfiel der Bau, und einzelne Räume wurden vermietet. In einem Pavillon im Hof wurden Gemälde des 19. Jahrhunderts ausgestellt, u.a. Jan Matejkos *Schlacht von Grunwald* und *Der Preußische Treueid*.

Ende des 19. Jahrhunderts erhielt der Palast dank der Restaurierung von Władysław Marconi teilweise seine frühere Pracht zurück. Nach dem Zweiten Weltkrieg baute man ihn wieder auf, und heute gehört er zum Ministerium für Kunst und Kultur.

Namiestnikowski-Palast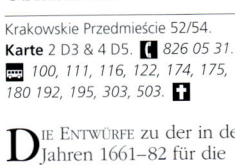
Pałac Namiestnikowski

Krakowskie Przedmieście 46/48. **Karte** 2 D3 & 4 D5. 100, 111, 116, 122, 160, 174, 175, 180, 192, 195, 303, 503. für die Öffentlichkeit.

C HRISTIAN PIOTR AIGNER gestaltete den Palast (Mitte des 17. Jh.) 1818–19 in neoklassizistischer Manier um.

Der Namiestnikowski-Palast hat eine turbulente Vergangenheit. Hier lebten mehrere einflussreiche Familien, darunter die Koniecpolskis und die Lubomirskis. Ab 1685 gehörte der Palast der Radziwiłł-Familie, die ihn 1818 an die russische Regierung verkaufte. So wurde er die Residenz des zaristischen Statthalters (*namiestnik*) in Warschau.

Eine schillernde Bewohnerin im 19. Jahrhundert war Frau Zajączek. Die Primaballerina, die noch im hohen Alter

Der Namiestnikowski-Palast ist die offizielle Residenz des Präsidenten

sehr gut aussah, schockierte die Gesellschaft mit ihren Liebesaffären. Es hieß, ihre Vitalität sei auf eiserne Disziplin zurückzuführen: Sie badete in eiskaltem Wasser, schlief in ungeheizten Räumen und ernährte sich von kalten Speisen.

Nach dem Zweiten Weltkrieg war der Palast Sitz des Ministerrates und Schauplatz bedeutender politischer Ereignisse: 1955 wurde hier der Warschauer Pakt unterzeichnet, 1970 der Vertrag, der die Beziehung zu Deutschland normalisierte, und 1989 fanden hier die Gespräche am runden Tisch zwischen Regierung und Opposition statt.

Seit 1994 ist der Palast die offizielle Residenz des Präsidenten der Republik Polen.

Józef-Poniatowski-Denkmal ⓫
Pomnik Księcia Józefa Poniatowskiego

Krakowskie Przedmieście.
Karte 2 D3 & 4 D5.

AUF DIE ENTHÜLLUNG dieser Statue reagierten die Warschauer nicht gerade enthusiastisch. Der dänische Bildhauer Bertel Thorwaldsen zeigte den Fürsten nicht in Uniform, sondern als barfüßigen, in eine Tunika gewandeten klassischen Helden. Der Fürst war ein Marschall Napoleon Bonapartes, kam während der Völkerschlacht bei Leipzig 1813 im Fluss Elster ums Leben und wurde bald zum polnischen Nationalhelden. Die Statue gab das Stiftungskomitee für Denkmäler 1816 in Auftrag, doch ihre offizielle

Enthüllung wurde vom Novemberaufstand des Jahres 1830 unterbrochen. Die Statue schaffte man in die Modlin-Festung und im Jahr 1840 in einen Palast in Homel in

Die klassische Statue von Fürst Józef Poniatowski

Weißrussland. Dieses Gebäude war die Privatresidenz des russischen Generals Ivan Paskiewicz.

1922 kam das Denkmal nach Polen zurück, und man stellte es auf dem Sächsischen Platz auf, wo es jedoch im Krieg zerstört wurde. 1965 schließlich schenkten die Bürger Kopenhagens der Stadt Warschau einen Abguss der Originalform.

Hotel Bristol ⓬

Krakowskie Przedmieście 42/44.
Karte 2 D3 & 4 D5. 📞 625 25 25.
🚌 100, 106, 111, 116, 122, 160, 174, 175, 180, 192, 195, 303, 503.

DAS BRISTOL war ursprünglich eines der luxuriösesten Hotels Europas, obwohl die Wahl des Architekten einen Skandal hervorrief. Es gab einen Wettbewerb, und die Preise wurden ordnungs-

gemäß verliehen – doch dann verwarf man das Siegermodell zugunsten des Entwurfs von Władysław Marconi, einem der Preisrichter. Er war ein ausgezeichneter Architekt, und trotz der Furore um den Wettbewerb traf sein Neorenaissance-Design auf breite Zustimmung.

Das extra einberufene Baukonsortium, zu dem Ignacy Paderewski *(siehe S. 34)* gehörte, beauftragte auch Otto Wanger den Jüngeren, das sezessionistische Interieur zu entwerfen.

Das Bristol war bald als Treffpunkt der Gesellschaft etabliert – hier fanden Feiern und Empfänge statt, die als die stilvollsten ganz Warschaus galten. Außerdem beging man hier auch besondere Ereignisse wie Marie Skłodowska-Curies Nobelpreis und die Triumphe der gefeierten Operettensängerin Lucyna Messal. In den 30er Jahren des 20. Jahrhunderts hatte der Kunstmaler Wojciech Kossak im fünften Stock ein Atelier. Die Miete bezahlte er mit Bildern, die man in einem der Restaurants sehen kann.

Auch nach dem Zweiten Weltkrieg wohnten hier namhafte Gäste, doch das Hotel geriet in Verfall. Nach einer umfassenden Restaurierung erhob es sich 1992 wie Phönix aus der Asche – in all seiner einstigen Pracht.

Das restaurierte Hotel Bristol

Tabernakel in der St.-Joseph-Kirche

St.-Joseph-Kirche ⑬
Kościół Opieki św. Józefa

Krakowskie Przedmieście 34. **Karte**
2 D3 & 4 D5. 🚌 100, 111, 116, 122, 174, 175, 180, 192, 195, 303, 503.

Im Jahr 1654 begannen die Bauarbeiten an der Kirche, sie wurden jedoch unterbrochen und erst im 18. Jahrhundert unter Karol Bay beendet. Die Fassade stellte man 1763 nach einem Entwurf von Efraim Schroeger fertig. Glücklicherweise wurde die Kirche nie beschädigt; sie hat noch ihr Originaldekor.

Zu den schönsten Kunstwerken in der Kirche gehören die Rokoko-Kanzel in der Form eines Schiffes und Skulpturen am Hochaltar. Das Ebenholztabernakel aus dem Jahr 1654, das Silberarbeiten von Herman Pothoff zieren, entstand im Auftrag von Königin Ludwika Maria.

In der Kirche hängen auch mehrere bekannte Gemälde: *Die Heimsuchung* von Tadeusz Kuntze-Konicz, *Hl. Luis Gonzaga* von Daniel Szulc und *Hl. Franz von Sales* von Szymon Czechowicz.

Im Vorhof der Kirche steht ein 1987 errichtetes Denkmal für Kardinal Stefan Wyszyński. Neben der Kirche befindet sich der Barock-

***Die Heimsuchung*, Tadeusz Kuntze-Konicz**

Konvent der Visitantinnen, deren Orden von Königin Ludwika Maria nach Polen geholt worden war. Hinter dem Konvent liegt ein herrlicher Garten, der von den Nonnen genutzt wird, für die Öffentlichkeit jedoch leider geschlossen ist.

Tyszkiewicz-Palast ⑭
Pałac Tyszkiewiczów

Krakowskie Przedmieście 32. **Karte**
2 D3 & 4 D5. 🚌 E-2, E-3, 100, 111, 116, 122, 174, 175, 180, 192, 195, 303, 503.

Der Palast, der als eine der schönsten klassizistischen Residenzen in Warschau gilt, wurde ursprünglich für Ludwik Tyszkiewicz errichtet. Die Bauarbeiten nach Entwürfen

Die Nordfassade des Tyszkiewicz-Palastes

von Stanislaw Zawadzki begannen 1785. Fertig gestellt wurde das Bauwerk jedoch im Jahr 1792 von Jan Chrystian Kamsetzer.

Die relativ schlichte Fassade des Palastes schmücken feine Stuckarbeiten, und der mittlere Balkon wird von vier eleganten Atlanten *(siehe S. 51)* aus Stein gestützt.

Im Jahr 1840 erwarb das Gebäude die Familie Potocki, deren Wappen heute die mittlere Kartusche der Fassade bildet.

Der schillerndste Besitzer des Palastes war Graf August Potocki, der in den aristokratischen Kreisen Warschaus zärt-

lich Graf Gucio genannt wurde. Er war für seinen ausufernden Lebensstil bekannt und spielte bei zahlreichen Skandalen eine Rolle. Dies tat seiner Popularität, die er durch seine Großzügigkeit und ansteckende Lebenslust erworben hatte, allerdings keinen Abbruch.

Der Tyszkiewicz-Palast erstrahlt nach Renovierungen wieder in seiner einstigen Pracht und bildet heute einen Teil der Universität Warschau.

Uruski-Palast ⑮
Pałac Uruskich

Krakowskie Przedmieście 30. **Karte**
2 D3 & 4 D5. 🚌 E-2, E-3, 100, 111, 116, 122, 174, 175, 180, 192, 195, 303, 503.

Einst stand an dieser Stelle ein spätbarocker Palast, der dem Vater des letzten polnischen Königs gehörte. Dort erfuhr Stanisław August Poniatowski 1764 von seiner Wahl zum König – ein Denkmal im Hof erinnert an dieses historische Ereignis.

In den Jahren 1844–47 gestaltete Andrzej Gołoński den Palast für den neuen Besitzer, Seweryn Uruski, um. Uruski galt nicht nur als neureich, sondern trug auch den damals brandneuen Grafentitel, den ihm die österreichischen Behörden 1844 verliehen hatten. Dies könnte erklären, warum das Familienwappen an der Fassade gar so prahlerisch ausgefallen ist. Das Gebäude wurde nach dem Zweiten Weltkrieg restauriert und wie der Tyszkiewicz-Palast ein Teil der Universität Warschau.

Wappen der Uruski-Familie

Universität Warschau ⑯
Uniwersytet Warszawski

Krakowskie Przedmieście 26/28. **Karte**
2 D3 & 4 D5. 🚌 100, 111, 116, 174, 175, 180, 192, 195, 303, 503.

Einst stand auf dem Platz der Warschauer Universität ein Sommerpalast, der im

Der Kazimierzowski-Palast gehört zur Universität Warschau

17. Jahrhundert der Wasa-Dynastie gehörte. Dieses Gebäude, der Kazimierzowski-Palast, diente ab 1765 als Ritterschule. 1816 wurde es Teil der neu gegründeten Universität Warschau, und heute befinden sich in dem klassizistisch umgebauten Palast die Büros des Rektors.

Zu den anderen klassizistischen Universitätsbauten gehören zwei Nebengebäude: Porektorski und Poseminaryjny, die beide 1814–16 nach Entwürfen Jakub Kubickis errichtet wurden. Das Haupt-Schulgebäude (Szkoła Główna) wurde 1841 nach Plänen Antonio Corazzis fertig gestellt. Inzwischen entwarf Michał Kado 1812–22 das Vorlesungsgebäude und die ehemalige Akademie der Schönen Künste.

Nach dem Januaraufstand von 1863 kam die Universität unter Kontrolle der russischen Regierung. 1894 baute man nach einem Entwurf von Stefan Szyller und Antoni Jabłoński eine neue Bibliothek. Und als Polen 1918 wieder souverän wurde, bekam die Universität das Auditorium Maximum.

Die Universität Warschau ist heute Polens größte Hochschule, und ihre Gebäude verteilen sich über die ganze Stadt.

Czapski-Palast ⓱
Pałac Czapskich

Krakowskie Przedmieście 5. **Karte** 2 D3 & 4 D5. ☎ 826 6251. **Chopin-Salon** ◯ Mo–Fr 10–14 Uhr. 🚌 111, 116, 122, 174, 175, 192, 195, 303, 503.

Der Czapski-Palast befand sich im Lauf seiner Geschichte im Besitz einiger der distinguiertesten polnischen Familien und wurde von mehreren herausragenden Architekten umgestaltet.

Zu den einstigen Besitzern gehörten die Familien Radziwiłł, Radzijowski, Sieniawski und Czartoryski, die Architekten wie Tylman van Gameren, Augustyn Locci und Kacpér Bażanka beschäftigten. Der heutige spätbarocke Stil des Gebäudes resultiert aus Umbauten in den Jahren 1752–65, als es Sitz der Familie Czapski war. 1795 fügte der Baumeister Jan Chrystian Kamsetzer klassizistische Flügel an.

1826 wohnte die Familie Frédéric Chopins im Südflügel. Ihr ehemaliges Wohnzimmer (Salon) wurde mit eleganten Stilmöbeln, Kunstobjekten und Memorabilien des Komponisten rekonstruiert und ist zu besichtigen.

Ende des 19. Jahrhunderts gehörte der Palast der Krasiński-Familie, aus der Zygmunt Krasiński, Dichter der Romantik, stammte.

Nach dem Zweiten Weltkrieg wurde das Haus sorgfältig restauriert und der Akademie der Schönen Künste eingegliedert.

Der Czapski-Palast (18. Jh.)

Condottieri-Denkmal im Hof des Czapski-Palastes

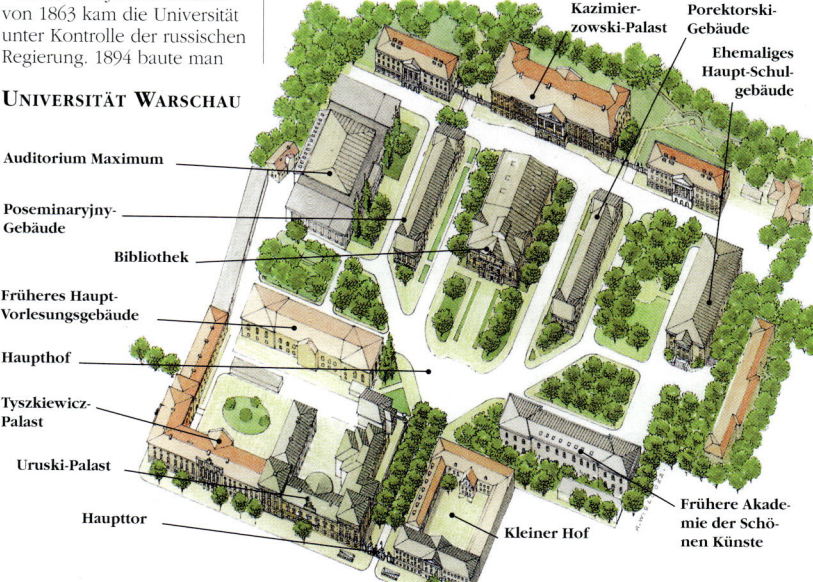

UNIVERSITÄT WARSCHAU

Auditorium Maximum

Poseminaryjny-Gebäude

Bibliothek

Früheres Haupt-Vorlesungsgebäude

Haupthof

Tyszkiewicz-Palast

Uruski-Palast

Haupttor

Kleiner Hof

Kazimierzowski-Palast

Porektorski-Gebäude

Ehemaliges Haupt-Schulgebäude

Frühere Akademie der Schönen Künste

Die prächtigen Zwillingstürme der Heiligkreuzkirche

Heiligkreuz-kirche ⑱
Kościół św. Krzyża

Krakowskie Przedmieście 3. **Karte** 2 D4. 📞 826 89 10. 🚌 111, 116, 122, 174, 175, 195, 303, 503.

DIESES HERRLICHE Beispiel Warschauer Architektur des späten 17. Jahrhunderts (1679–96) entwarf Józef Szymon Bellotti. Die Kirche ersetzte eine ältere, die in der schwedischen Invasion 1655 zerstört worden war.

Die spätbarocke Fassade mit Zwillingstürmen wurde erst 1760 unter Jakub Fontana fertig gestellt.

Ein außergewöhnliches Element der Kirche ist die »untere Kirche« in der Gruft, die im Zweiten Weltkrieg mit der Kirche zerstört wurde. Erhalten blieb jedoch der Altar im Südschiff, den Tylman van Gameren entwarf.

In der Kirche fanden zahlreiche patriotische und religiöse Zeremonien statt, so die Begräbnisse des Staatsmannes Stanisław Staszic, des Komponisten Karol Szymanowski und des Kunstmalers Leon Wyczółkowski. Die Urnen mit den Herzen des Komponisten Frédéric Chopin und des mit dem Nobelpreis ausgezeichneten Schriftstellers Władysław Reymont sind in einen Pfeiler des Kirchenschiffs eingelassen. Die hier gefeierte Messe wird jeden Sonntag vom staatlichen Rundfunk übertragen.

Nikolaus-Kopernikus-Denkmal ⑲
Pomnik Kopernika

Krakowskie Przedmieście. **Karte** 2 D4. 🚌 111, 116, 122, 175, 195, 303, 503.

DER STAATSMANN Stanisław Staszic begann im Jahr 1810 Geld für ein Denkmal für Polens berühmtesten Astronomen zu sammeln, und 1830 wurde die Statue des dänischen Bildhauers Bertel Thorwaldsen dann enthüllt.

Im Zweiten Weltkrieg überdeckten die Nationalsozialisten die Inschriften mit Tafeln auf Deutsch, die Alek Dawidowski, Mitglied der Widerstandsgruppe Szare Szeregi (»Graue Reihen«), entfernte. Das Denkmal litt schwer im Krieg und wäre 1944 beinahe abgerissen worden. Glücklicherweise restaurierte man es stattdessen. Eine aus derselben Form gegossene Statue steht übrigens im amerikanischen Chicago.

Staszic-Palast ⑳
Pałac Staszica

Nowy Świat 72. **Karte** 2 D4. 📞 826 99 45. 🚌 111, 116, 122, 175, 195, 303, 503. ⭕ nach Voranmeldung.

EINE STIFTUNG des Staatsmannes Stanisław Staszic finanzierte den klassizistischen Palast, den Antonio Corazzi 1820–23 für die Königliche Gesellschaft der Freunde der Wissenschaften baute. Nach dem Novemberaufstand von 1830 übernahmen ihn die Russen und gestalteten das Haus 1892–93 im russischbyzantinischen Stil um.

Sein Orignialgesicht erhielt der Palast 1926 unter der Leitung von Marian Lalewicz.

Mariensztat ㉑

Karte 2 D2. 🚌 118, 128, 150, 318.

MARIENSZTAT ist nach einer Straße benannt, die einst am Garten des Bernhardinerklosters, zwischen Krakowskie Przedmieście und Dobra-Straße, entlang verlief. Hier lag

Fassade des klassizistischen Staszic-Palastes

Mariensztats Nachkriegsbauten sind vom 18. Jahrhundert beeinflusst

der im Krieg zerstörte Po-
wiśle-Markt, den man 1948/49
wieder bebaute – als Schaustück sozialistischen Woh-
nungsbaus. Der Stil des von
Zygmunt Stępiński entworfe-
nen Anwesens namens Mari-
ensztat basiert auf Warschaus
Architektur des 18. Jahrhunderts.

Das Projekt wurde in Lie-
dern gepriesen und spielte in
dem Film *Przygoda na Mari-
ensztacie* (»Abenteuer in Mariensztat«) eine Hauptrolle.
Dafür mussten allerdings Kopien der Gebäude errichtet
werden, da sie bis Drehbe-
ginn noch nicht fertig waren.

**Warschaus modernistisches
Polnisches Theater**

Polnisches Theater ㉒
Teatr Polski

Karasia 2. **Karte** 2 E4. ☎ 826 79 72.
🚌 116, 122, 175, 195, 303, 503.

ZUR ZEIT SEINER Erbauung
im Jahr 1912 war dies das
modernste Theater des Landes, mit Drehbühne und
eisernem Vorhang. Czesław
Przybylski gestaltete es in
einer zeitgenössischen Version des Empire-Stils. Initiator
des Projekts war Arnold Szyfman, der erster Intendant des
Theaters wurde. Als erstes
Stück wurde Zygmunt Kra-
siński Irydion gespielt.

Szyfman eröffnete das Theater nach dem Krieg wieder –

mit Juliusz Słowackis *Lilla
Weneda* unter dem legen-
dären Juliusz Osterwa. Das
Polnische Theater gehört
noch immer zu Warschaus
beliebtesten Bühnen.

Ostrogski-Palast ㉓
Pałac Gnińskich-
Ostrogskich

Okólnik 1. **Karte** 2 E4. ☎ 826 59
35. **Chopin-Museum** ◯ Mo, Mi,
Fr 10–17 Uhr, Do 12–18 Uhr, Sa,
So 10–14 Uhr. 🔊 📷 🗐
🎫 für Konzerte. 🆆 *www.
chopin.pl*

DER OSTROGSKI-
Palast wurde
um 1681 als Pavil-
lon eines viel grö-
ßeren, aber nie voll-
endeten Projekts Tylman
van Gamerens gebaut.
Den Pavillon errichtete man
auf einer Terrasse über einem
Keller nahe der Weichsel.
Eine Legende besagt, dass in
diesem Keller eine goldene
Ente lebte, die einen Schatz
bewachte. Der Palast wurde
mehrmals renoviert, und die
heutige Form ist eine Nach-
kriegskopie des Gebäudes im
18. Jahrhundert.

1859 brachte man hier das
Konservatorium Warschaus
unter, nach dem Zweiten
Weltkrieg wurde der Palast

**Das Chopin-Museum im
Ostrogski-Palast**

Sitz der internationalen Frédéric-Chopin-Gesellschaft,
und seither befindet sich hier
ein dem Komponisten gewid-
metes Museum. Gezeigt werden Porträts, Briefe und
Manuskripte sowie das Kla-
vier, auf dem Chopin in den
letzten zwei Jahren seines
Lebens komponierte.

Im Palast gibt es einen Konzertsaal, in dem die Chopin-
Gesellschaft regelmäßig Konzerte organisiert.

Warschaus Meerjungfrau ㉔
Pomnik Syreny

Wybrzeże Kościuszkowskie. **Karte**
2 F3. 🚌 162, 185, 362.

DIES IST DAS zwei-
te Denkmal für
Warschaus Meerjung-
frau, ein mythisches
Wesen aus Frauenge-
stalt und Fisch, das
einst die Stadt
beschützt haben
soll. Seit dem
14. Jahrhundert
ist die Meerjung-
frau auf dem
Wappen
der Stadt
Warschau
abgebildet.

Die Meerjungfrau Das 1939 errichtete Denkmal,
entworfen von Ludwika
Nitsch, trägt die Züge Krysty-
na Krahelskas, einer bekannten Dichterin und Komponis-
tin des Marschs der polnischen Widerstandsbewegung
beim Warschauer Aufstand
von 1944 mit dem Titel *Hej
chłopcy, bagnet na broń* (He,
Burschen, steckt ein Bajonett
auf eure Waffen). Krahelska
kam beim Aufstand ums
Leben.

Die Statue sollte ursprünglich 20 Meter hoch und aus
Glas sein und auf einem Pfeiler im Flussbett der Weichsel
stehen. Später entschied man,
die Meerjungfrau in Bronze
zu gießen, nur zwei Meter
groß zu machen und an der
Wybrzeże Kościuszkowskie,
am Flussufer, zu platzieren.

Die andere Skulptur von
Warschaus Meerjungfrau
befindet sich in der Altstadt
(*siehe S. 83*).

Nowy Świat, gemalt von Władysław Podkowiński 1892

Nowy Świat

Karte 2 D4 & 6 D1. 111, 116, 122, 175, 195, 303, 503.

NACH Krakowskie Przedmieście ist die Straße Nowy Świat («Neue Welt») der nächste Abschnitt des Königswegs. Die Straße entstand im Mittelalter als Hauptroute zu den Städten Czersk und Krakau. Doch erst Ende des 18. Jahrhunderts errichtete man hier die ersten Steinbauten: klassizistische Paläste, zu denen sich Anfang des 19. Jahrhunderts mehrere neoklassizistische Stadthäuser gesellten. Am Ende jenes Jahrhunderts war die Nowy Świat für ihre eleganten Restaurants, Cafés, Läden, Sommertheater und Hotels bekannt.

Nach dem Zweiten Weltkrieg rekonstruierte man die klassizistischen Gebäude, und die noch stehenden Bauten gestaltete man ebenfalls einheitlich in diesem Stil um.

Dies ist nach wie vor eine der elegantesten Straßen Warschaus, mit Cafés und schicken Boutiquen.

Kossakowski-Palast

Pałac Kossakowskich

Nowy Świat 19. **Karte** 2 E5 & 6 D1. 111, 116, 122, 175, 195, 303, 503.

DIESER PALAST wurde Ende des 18. Jahrhunderts für den wohlhabenden Kaufmann Izaak Ollier gebaut, doch sein

Kossakowski-Palast

heutiger italienischer Renaissance-Stil entstand 1849–51, als der neue Besitzer, Władysław Pusłowski, den bekannten Baumeister Henryk Marconi mit der Renovierung und Umgestaltung beauftragte.

Später erwarb Graf Kossakowski den Palast und machte ihn zu einem der angesagtesten Orte der Stadt, wo sich die intellektuelle Elite auf glamourösen Bällen und zum freitäglichen literarischen Salon traf. Die Gäste konnten auch die Kunstschätze des Grafen – eine der besten Privatsammlungen Polens mit vielen Werken ausländischer Künstler – bewundern.

1892 nutzte der Kunstmaler Władysław Podkowiński, der hervorragende Bilder der Nowy Świat schuf, das Sommerhaus des Kossakowski-Palastes als Atelier.

Blikle

Nowy Świat 33. **Karte** 2 D5 & 6 D1. 111, 116, 122, 175, 195, 503.

ANTONI KAZIMIERZ BLIKLE gründete 1869 in der Nowy Świat eine Patisserie mit Café, das bis zum Zweiten Weltkrieg ein beliebter Treffpunkt für Schauspieler und Künstler war. Während des Kriegs bedienten hier Schauspielerinnen.

In der kommunistischen Ära gelang es den Blikles, die Patisserie (in der die besten Krapfen der Stadt hergestellt werden) zu behalten – nicht jedoch das Café. Seit den demokratischen Wahlen von 1989 gründete der jetzige Besitzer Andrzej Blikle weitere Läden in Warschau, und 1993 eröffnete er neben der Patisserie in der Nowy Świat auch wieder ein Café.

Foksal

Karte 2 E5 & 6 D1. 111, 116, 122, 175, 195, 503.

DIE FOKSAL-STRASSE ist nach dem Lustgarten benannt, der im 18. Jahrhundert hier angelegt wurde. Der nach dem Modell des Vauxhall-Lustgartens in London gestaltete Garten wurde auf Betreiben des Bankiers Fryderyk

Wohnblock, Foksal

Kabryt geschaffen. Zu den populärsten Attraktionen des Gartens gehörten damals die ersten in Warschau gesehenen Ballons.

Mitte des 19. Jahrhunderts wurde der Garten umgestaltet und ein Weg zu einer Sackgasse hin zur Nowy Świat ausgebaut. Etwa zur selben Zeit entstanden einige Paläste, beispielsweise der Przeździecki-Palast, und Wohngebäude sowie das prächtige Gebäude (Nr. 19) für die Warschauer Rudergesellschaft an dieser Straße.

Der Przeździecki-Palast befindet sich in Ulica Foksal 6. Das Gebäude mit seinen schmalen Säulen entstand in den Jahren 1878–79 nach Entwürfen von Marceli Berent. Ursprünglich gehörte es der Przeździecki-Familie, doch heute befindet sich darin der Diplomatische Klub des polnischen Außenministeriums.

Zamoyski-Palast ㉙
Pałac Zamoyskich

Foksal 2. **Karte** 2 E5 & 6 E1. 🎧 *827 87 12, 827 87 14.* 🚌 *100, 111, 116, 122, 175, 180, 195, 303, 503.*

DER PALAST in einem herrlichen Park wurde 1878–79 nach Entwürfen Leandro Marconis, Sohn einer berühmten Architektenfamilie, errichtet. Er schuf ein barockes Interieur, das die Behaglichkeit einer Privatresidenz hatte. Die Fassade ist im damals modischen »französischen Kostümstil« (vom Renaissance-Stil Heinrichs IV. und Ludwigs XIII. inspiriert) gehalten.

Eingang des Zamoyski-Palastes

Die Zamoyskis wohnten hier bis zum Zweiten Weltkrieg. Einer ihrer distinguierten Gäste war im Jahr 1923 der französische Marschall Ferdinand Foch, Held des Ersten Weltkriegs. Danach war im Palast die Gesellschaft polni-

scher Architekten untergebracht, und seit 1965 befindet sich im linken Flügel die Foksal-Galerie für moderne Kunst.

Straßenmusiker, Ulica Chmielna

Chmielna-Straße ㉚
Ulica Chmielna

Karte 2 D5 & 6 D1. 🚌 *111, 116, 175, 180, 303, 503, 522.* 🚊 *2, 4, 7, 22, 24, 25, 35, 36.* Ⓜ *Centrum.*

VOR DEM ZWEITEN Weltkrieg war die Ulica Chmielna für ihre Läden, Straßentheater und Cafés bekannt.

In kommunistischer Zeit benannte man die Straße in Ulica Henryk Rutkowski um, und sie wurde zu einem Zentrum privater Unternehmen und Einzelhandelsgeschäfte. Hier bestellten die Warschauer Hochzeitskleider und kauften Handschuhe und Schuhe. In Secondhand-Läden gab es »Dinge aus ausländischen Paketen«, also Artikel, die Verwandte aus

Die Fußgängerzone Ulica Chmielna

dem Westen geschickt hatten. Dazu gehörten Parfüm, Jeans, andere Kleidungsstücke und Sachen wie Barbiepuppen, die man in den staatlich geführten Läden Polens nicht bekam.

Das Ansehen der Ulica Chmielna ist nicht mehr so hoch wie in ihrer Blütezeit, doch sie ist nach wie vor eine hübsche Fußgängerzone mit zahlreichen Läden und Cafés.

Die schmalen Säulen des Przeździecki-Palastes an der Foksal-Straße

UM DIE MARSZAŁKOWSKA

ITTE DES 19. Jahrhunderts verlagerte sich das kommerzielle Zentrum Warschaus von Krakowskie Przedmieście und Theaterplatz hin zur Ulica Marszałkowska (Marschall-Straße). Unterstützt wurde dies durch den neuen Bahnhof der Linie Warschau–Wien, der 1845 an der Kreuzung Aleje Jerozolimskie und Marszałkowska

Tafel mit dem Eröffnungsjahr des Palasts für Kultur und Wissenschaft

eröffnet wurde. In den folgenden Jahrzehnten entwickelte sich die Marszałkowska zur bedeutendsten Einkaufsmeile der Stadt. Und trotz der Zerstörungen im Zweiten Weltkrieg hat die Straße noch heute ihren traditionellen Status inne – auch wenn das kommerzielle Herz Warschaus nun weiter im Westen, in Richtung Hauptbahnhof, schlägt.

SEHENSWÜRDIGKEITEN AUF EINEN BLICK

Kirchen
Erlöserkirche **⑮**
Evangelische Kirche des Augsburgischen Bekenntnisses **②**

Gebäude und Straßen
Ehemaliges Kaufhaus
  Gebrüder Jabłkowscy **⑧**
Hauptbahnhof **⑪**
Haus der Technikergesellschaft **④**
Historische Gebäude an der
  Aleje Jerozolimskie **⑩**
Hotel Warszawa **⑥**
Lwowska-Straße **⑬**
Palast für Kultur und
  Wissenschaft **⑨**
Philharmonie **⑦**
PKO-S.A.-Bank **⑤**
Technische Universität Warschau **⑫**
Wasserfilteranlage **⑭**

Museen und Galerien
Völkerkundemuseum **③**
Zachęta **①**

ANFAHRT
Da die Ulica Marszałkowska im Stadtzentrum Warschaus liegt, verkehren hier viele Bus- und Straßenbahnlinien, die Fahrgäste auch in andere Teile Warschaus bringen. Außerdem gibt es zwischen der Station Polytechnikum und den Stadtteilen Mokotów, Ursynów sowie Natolin eine U-Bahn.

LEGENDE
  Detailkarte *S. 128f*
P Parken
M U-Bahn-Station

0 Meter   500

◁ **In diesem schönen Gebäude in der Ulica Szpitalna befindet sich die Konditorei Wedel**

Im Detail: Marszałkowska

D IE MARSZAŁKOWSKA (Marschall-Straße) ist einer von Warschaus Hauptstandorten für Banken, Hotels und Läden. In den 50er Jahren des 20. Jahrhunderts entstanden hier viele Gebäude, darunter das höchste der Stadt: der Palast für Kultur und Wissenschaft. Doch es gibt auch imposante Bauten aus der Jahrhundertwende mit besonders reich verziertem Interieur.

Zachęta (Gesellschaft der Schönen Künste)
Stefan Szyller entwarf das 1899–1903 errichtete Gebäude, das vor kurzem erweitert wurde. ❶

★ Evangelische Kirche des Augsburgischen Bekenntnisses
Die Kirche (18. Jh.) ist für ihre hervorragende Akustik bekannt. ❷

Völkerkundemuseum
Das Museum präsentiert polnische Volkskunst, darunter diese Krippe. ❸

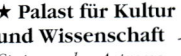

★ Palast für Kultur und Wissenschaft
Statuen des Astronomen Nikolaus Kopernikus (links) und des Dichters Adam Mickiewicz stehen am Haupteingang. An der Fassade sieht man weitere Skulpturen im sozialrealistischen Stil. ❾

Marks & Spencer, das bekannte britische Kaufhaus, hat seit kurzem hier eine Filiale.

MAZOWIECKA

KREDYTOWA

PLAC DĄBROWSKIEGO

ŚWIĘTOKRZYSKA

MARSZAŁKOWSKA

PLAC DEFILAD

LEGENDE

➖ ➖ ➖ Routenempfehlung

Philharmonie
Hier findet alle fünf Jahre der berühmte Chopin-Klavierwettbewerb statt. ❼

ZUR ORIENTIERUNG
Siehe Kartenteil, Karten 1, 2

Die Bank unter den Adlern ist nach den Steinadlern, einem Werk Zygmunt Ottos, auf dem Dach benannt. Die Bank entwarf 1912–17 Jan Heurich junior.

Die Konditorei Wedel in der Ulica Szpitalna hat noch ihr Dekor von der Jahrhundertwende. Hier ist der Sitz der berühmten Patisserie Emil Wedels.

0 Meter   150

★ **Ehemaliges Kaufhaus Gebr. Jabłkowsky**
Warschaus ältestes Kaufhaus (1913–14) wurde kürzlich restauriert. ❽

Eine neue U-Bahn-Station auf zwei unterirdischen Etagen wurde auch als Geschäftszentrum entworfen.

NICHT VERSÄUMEN

★ **Evangelische Kirche des Augsburger Bekenntnisses**

★ **Palast für Kultur und Wissenschaft**

★ **Ehemaliges Kaufhaus Gebrüder Jabłkowscy**

Zachęta ❶

Plac Małachowskiego 3. **Karte** 1 C4.
827 58 54. 106, 160.
Di–So 10–18 Uhr (Do bis 20 Uhr).
Do frei.

D IESES MONUMENTALE Gebäude entstand 1899–1903 im Auftrag der Gesellschaft zur Förderung der Schönen Künste (Towarzystwo Zachęty Sztuk Pięknych, meist schlicht Zachęta genannt).

Das Design im Stil der Neorenaissance stammt von Stefan Szyller, führender Architekt in Warschaus Revival-Periode. Er entwarf eine imposante Treppe, einen Innenhof mit Glasdach sowie vier Flügel – Letztere wurden jedoch erst 1995 fertig gestellt.

Das Ziel der Zachęta war es, zeitgenössische polnische Kunst zu fördern. Dazu trugen Ausstellungen, Wettbewerbe und jährliche Salons bei. Die Gesellschaft kaufte auch Kunstwerke für ihre eigene Sammlung.

Im Jahr 1922 war das Gebäude der Schauplatz eines politischen Mordanschlags. Bei einer Vernissage wurde Gabriel Narutowicz, der erste Präsident der unabhängigen polnischen Republik, erschossen. Attentäter war ein polni-

Verzierte Fassade des Zachęta-Gebäudes (Neorenaissance)

scher Maler und Kunstkritiker mit dem Namen Eligiusz Niewiadomski.

Später verbrachte man die Zachęta-Sammlung ins Nationalmuseum, in Warschau als Muzeum Narodowe bekannt (siehe S. 154ff), und im Zachęta-Gebäude selbst finden heute Wechselausstellungen moderner polnischer Kunst statt.

Portikus, Evangelische Kirche des Augsburgischen Bekenntnisses

Evangelische Kirche des Augsburgischen Bekenntnisses ❷

Kościół Ewangelicko Augsburski (Zbór św. Trójcy)

Kredytowa 4. **Karte** 1 C4. 827 68 17. 106, 160. So.

D IESE KIRCHE, eines der schönsten architektonischen Werke des Klassizismus in Polen, wurde 1777–91 für die lutheranische Gemeinde Warschaus gebaut und zeugte von der religiösen Toleranz unter Stanisław August Poniatowski, Polens letztem König.

Die von Szymon Bogumił Zug entworfene Kirche ähnelt dem Pantheon in Rom, das die Römer als »Tempel aller Götter« erbaut hatten. Doch dieses antike Modell war nur die Grundlage für Zugs einzigartiges Design.

Die Kirche hat einen beeindruckenden dorischen Portikus, der die gesamte Fassade umfasst. Gekrönt wird sie von einer 58 Meter hohen Kuppel – die sie ursprünglich zum höchsten Bauwerk Warschaus machte.

Im Inneren befinden sich ein riesiges zylindrisches Kirchenschiff mit rechteckigen Querschiffen und zwei von Säulen getragene Emporen. Die Kirche ist für ihre hervorragende Akustik bekannt und wird deshalb regelmäßig für Konzerte von Chören verschiedenster Konfessionen genutzt.

Völkerkunde-museum ❸

Muzeum Etnograficzne

Kredytowa 1. **Karte** 2 D4. 827 76 41. 106, 160. Di, Do, Fr 9–16 Uhr, Mi 11–18 Uhr, So 10–17 Uhr. Mi frei.

T EILWEISE inspirierte Venedigs Liberia Sansoviniana dieses Neorenaissance-Gebäude, das zu Warschaus schönsten Bauwerken des 19. Jahrhunderts gehört. Der einstige Hauptsitz der Landeskreditanstalt wurde 1854–58 nach Plänen Henryk Marconis, eines in Warschau ansässigen Italieners, gebaut.

Das Museum präsentiert Dauerausstellungen über polnische Trachten, Folklore und

Das Völkerkundemuseum

Kunsthandwerk. Daneben zeigt das Völkerkundemuseum auch eine Sammlung mit Stammeskunst aus aller Welt, so auch aus Afrika, Australien, den Pazifikländern und Lateinamerika.

Es gibt auch Wechselausstellungen, und der Museumsladen bietet vielerlei Objekte an. Beim Museum an der Ulica Mazowiecka steht das »Künstlerhaus« (Dom Artysty), in dem sich eine Galerie für moderne Kunst und ein gut sortierter Buchladen befinden.

Dreiecksgiebel am Haus der Technikergesellschaft

Haus der Technikergesellschaft ❹
Dom Stowarzyszenia Techników

Czackiego 3/5. **Karte** 2 D4. ☎ 826 74 61. 🚌 150, 155, 174, 192, 506. 🕐 tägl. 8–16 Uhr.

JAN FIJAŁKOWSKI entwarf 1903 die prächtige neubarocke Fassade, die mit allegorischen Figuren von Zygmunt Otto sowie mit Skulpturen und anderen Details von Józef Gardecki verziert ist.

Die lateinische Inschrift am Portikus, *Artibus Technicis*, bedeutet »Kunst und Technik«. Darunter befinden sich zwei Figuren: Archimedes, der einen Hebel hält, und eine »moderne« Frau, die leuchtendes Radium in der Hand hat.

PKO-S.A.-Bank ❺
Bank PKO S.A.

Czackiego 21/23. **Karte** 2 D4. ☎ 661 27 18. 🚌 150, 155, 174, 192, 506. 🕐 Mo–Fr 8–18 Uhr, Sa 10–14 Uhr.

Hauptsitz der PKO-S.A.-Bank

DAS EKLEKTISCHE Design des Gebäudes entwarf Julian Ankiewicz. Es wurde 1878–94 errichtet und 1909–11 von Władysław Marconi erweitert, der einen dreieckigen, mit Pius Weloński Wohlstandsallegorie verzierten Giebel über dem Portikus hinzufügte.

Ursprünglich befand sich hier die städtische Kreditgesellschaft, heute dient das Gebäude als Hauptsitz der

PKO-S.A.-Bank. Die Haupthalle, die Szenen Warschaus im 18. Jahrhundert schmücken, hat ein schönes Oberlicht.

Hotel Warszawa ❻

Karte 2 D4. ☎ 826 94 21. 🚌 102, 148, 150, 155, 174, 180, 192, 506. 🚋 2, 4, 15, 18, 35, 36.

BIS ZUR FERTIGSTELLUNG des Palastes für Kultur und Wissenschaft 1955 war dies Warschaus höchstes Bauwerk.

Das 1934 für die britische Versicherung Prudential errichtete Gebäude war das Herz des Bankenviertels vor dem Krieg. Die Entwürfe stammten von Marcin Weinfeld und dem Mathematiker Stefan Bryła, der für den Stahlrahmen verantwortlich war, auf Grund dessen das Gebäude dem Beschuss während des Warschauer Aufstands 1944 standhielt.

Das nach dem Krieg im Stil des sozialistischen Realismus rekonstruierte Gebäude wurde zum Hotel umgebaut.

Philharmonie ❼
Filharmonia

Jasna 5. **Karte** 1 C5. ☎ 826 57 12. 🚌 E-4, 107, 119. **Ticketschalter** 🕐 Mo–Sa 10–14, 15–19 Uhr.

DAS ORIGINAL-Design der Philharmonie von der Firma Kozłowski und Pianka gehörte zu den kunstvollsten der Stadt. Das durch private Spenden finanzierte, mit allegorischen Figuren und Statuen großer Komponisten geschmückte Bauwerk entstand in Rekordzeit. Die Arbeiten begannen 1900, und das

Die Philharmonie Anfang des 20. Jahrhunderts

Das Hotel Warszawa baute man im sozialistischen Stil wieder auf

Eröffnungskonzert unter der Leitung Ignacy Paderewskis *(siehe S. 34)* fand am 5. November 1901 statt.

Nach dem Krieg wurde es im sozialistisch-realistischen Stil umgebaut, heute hat es nur entfernte Ähnlichkeit mit dem Original. Seit 1927 wird hier der Chopin-Klavierwettbewerb ausgetragen.

Ehemaliges Kaufhaus Gebrüder Jabłkowscy ❽
Dawny Dom Towarowy Bracia Jabłkowscy

Bracka 25. **Karte** 2 D5. ☎ 692 14 00. 🚌 102, 107, 117, 128, 158, 171, 175. 🚋 7, 8, 9, 22, 24, 25. 🕐 Mo–Fr 10–20, Sa 10–17, So 10–16 Uhr.

Buntglasfenster, Kaufhaus Bracia Jabłkowscy

EINST WAR ES Warschaus größtes Kaufhaus, heute gilt das modernistische Gebäude als eines der besten Werke polnischer Architektur des frühen 20. Jahrhunderts. Es wurde 1913–14 nach Plänen Franciszek Lilpops und Karol Jankowskis um einen Stahlbetonrahmen gebaut. Nach dem Krieg verstaatlicht, diente es als Zentrales Kaufhaus (Centralny Dom Towarowy), dann als erster Schuhladen (Dom Obuwia) am Ort. Das Gebäude verfiel, wurde aber restauriert und beherbergt nun schicke Boutiquen. Die schöne Lobby hat ein postsezessionistisches Buntglasfenster (das größte Warschaus) und humorvolle Reliefs von Edmund Bartłomiejczyk.

Sozialistischer Realismus

DER WIEDERAUFBAU WARSCHAUS traf mit dem Aufkommen des sozialistischen Realismus zusammen. Dieser architektonische Stil präsentierte eine idealisierte Version der Wirklichkeit und betonte mit monumentalen Gebäuden die Leistungen des Kommunismus und seinen wachsenden Einfluss.

Das Wohngebiet Marschall-Straße (Marszałkowska Dzielnica Mieszkaniowa, MDM) ist ein Symbol dieser Ära und inspirierte Schriftsteller und Dichter. Es wurde 1950–52 an Stelle der teilweise zerstörten Häuser der Marszałkowska gebaut. Den Mittelpunkt bildete der Plac Konstytucji (Platz der Verfassung). Die Fassaden zeigen zwar architektonisches Talent, sind aber nicht so einzigartig, wie sie die damalige Propaganda gern beschrieb. Ironischerweise erinnern einige an das Wohngebäude von 1913 auf dem Małachowski-Platz, das ursprünglich Graf Krasiński gehörte. Und die Häuser in der Aleja Wyzwolenia ähneln jenen an der Place Vendôme in Paris. Unter Stalin durften Architekten nicht nach Paris reisen – so war dies der einzige »Teil« jener Stadt, den sie in Warschau sehen konnten.

Sozialistisch-realistische Laterne

Der Bürokomplex in der Krucza-Straße Nr. 36

KRUCZA-STRASSE

ENDE DER 1940ER und Anfang der 1950er Jahre plante man, an den Straßen Ulica Krucza, Ulica Wspólna und Ulica Żurawia einen Bürokomplex zu errichten. An der Stelle von niedergebrannten Wohnhäusern aus dem 19. Jahrhundert errichtete man große Gebäude, in denen Ministerien und Industrieunternehmen untergebracht wurden.

Einige Bauten bekamen ungewöhnliche Fassaden. Das Ministeriumsgebäude in der Ulica Krucza 36 etwa ähnelt einem Chicagoer Büroblock der Jahrhundertwende, und das zehnstöckige Grand Hotel (Nr. 28) hat ein Flachdach, das als Hubschrauberlandeplatz dienen

Die Glasfassade des Kaufhauses Smyk

SMYK (»DER BALG«)

DAS KAUFHAUS aus Glas und Stahlbeton, den typisch modernistischen Materialien, wurde nach seiner Fertigstellung 1952 offiziell als »ideologisch ausländisch, kosmopolitisch« kritisiert.

In den 50er Jahren bildete die Presse häufig das Interieur und das frühere Café als Treffpunkt der »dekadenten Jugend« Warschaus ab.

1977 beschädigte ein Brand das Kaufhaus schwer, doch in der Folge baute man es wieder auf.

Die monumentale Säulenhalle des Landwirtschaftsmuseums

sollte. Neben dem Hotel, am Plac Trzech Krzyży (Drei-Kreuz-Platz), steht inmitten einer Gebäudegruppe, in der sich einst das Staatliche Planungskomitee befand, eine große überkuppelte Konferenzhalle.

LANDWIRTSCHAFTS-MINISTERIUM

D AS 1951–55 IM Stil des sozialistischen Realismus gebaute Landwirtschaftsministerium rühmt sich Warschaus höchster Kolonnade (an der Ulica Wspólna), die mehrere Stockwerke hoch ist. In den 50er Jahren gab es Pläne, gegenüber dem Ministerium einen weiten Platz zu schaffen, wo Landwirte, die das Ministerium besuchten, die Möglichkeit haben sollten, modernste Ackerbaumethoden kennen zu lernen.

BÜROGEBÄUDE AN DER WSPÓLNA-STRASSE

I N DEN 50ER Jahren war Marek Leykam, der Architekt dieses Gebäudes, führendes Mitglied einer architektonischen »Widerstandsbewegung«. Während andere Architekten ihre Pläne dem sozialistisch-realistischen »Glaubensbekenntnis« anglichen, arbeitete er im »internationalen« Stil und schuf als »Rasierklingen« bezeichnete Bauwerke mit Fassaden aus vorgefertigten Elementen. Zu den Häusern in diesem Stil gehören das Budimex-Gebäude, Marszałkowska 82, und das Bergbauinstitut, Ulica Rakowiecka 4.

Anfang der 50er Jahre plante Leykam ein mehrstöckiges »Rasierklingen«-Gebäude in der Ulica Wspólna 62. Die Behörden lehnten diesen ersten Entwurf jedoch ab – was ihn zur Errichtung eines Gebäudes an dieser Stelle provozierte, dessen architektonischer Stil eine verschleierte Parodie der sozialistisch-realistischen Prinzipien darstellt.

Die Fassaden sind Variationen des Themas eines Florentiner Bankierspalasts aus dem 15. Jahrhundert; innen

Ein überkuppelter Hof des Büroblocks in der Wspólna-Straße Nr. 62

ist ein großer Hof mit einer Betonkuppel überdacht und von mehreren Reihen offener Galerien umgeben.

BANKEN- UND FINANZZENTRUM

D IESES VOM Modernismus beeinflusste Gebäude mit Details des sozialistischen Realismus entstand 1948–51 nach einem Entwurf von Wacław Kłyszewski, Jerzy Mokrzyński und Eugeniusz Wierzbicki. Ursprünglich war hier der Sitz des Zentralbüros der Kommunistischen Partei. Heute dient das Gebäude als Banken- und Finanzzentrum und beherbergt die Börse – die größte in ganz Osteuropa.

WOHNSIEDLUNGEN

V IELE WOHNSIEDLUNGEN in Warschau stammen aus der Ära des sozialistischen Realismus, den 40er und 50er

Jahren des 20. Jahrhunderts. Die älteste von ihnen ist die kleine, sehr schöne Siedlung Mariensztat *(siehe S. 122f)*.

Größere Siedlungen entstanden im ehemaligen jüdischen Ghetto. Eine davon, Muranów, entwarf Bohdan Lachert.

Die Gebäude errichtete man auf den Schutthügeln der Nachkriegsruinen des Viertels, das die Nationalsozialisten vollständig zerstört hatten.

Die Siedlung ist voller friedlicher Plätze, Kolonnaden und Bogengänge, die in Innenhöfe führen.

Monumentaler ist die Bauweise einer Siedlung an General-Anders- und Johannes-Paul-II.-Allee zwischen Ulica Elektoralna und Aleja Solidarności. Im Keller des Hauses Johannes-Paul-II.-Allee 36 befindet sich ein Laden, der noch immer sein originales 50er-Jahre-Dekor aufweist.

Im Banken- und Finanzzentrum befindet sich Polens Börse

Palast für Kultur und Wissenschaft ❾

D IESES MONOLITHISCHE BAUWERK war ein »Geschenk« der Sowjetunion
an die Einwohner Warschaus und als Denkmal für den »Geist der
Erneuerung und des sozialen Fortschritts« gedacht. Es wurde 1952–55
nach Plänen des russischen Architekten Lev Rudniev errichtet und
ähnelt Moskaus sozialistisch-realistischen Hochhäusern. Bei seiner Fertigstellung war es das zweithöchste Bauwerk Europas, obwohl es nur
30 Stockwerke hat. Inklusive der Spitze ist das Gebäude 230 Meter
hoch, es fasst über 800 000 Kubikmeter und besteht aus 40 Millionen
Ziegelsteinen. Viele der architektonischen und dekorativen Elemente
wurden angeblich nach dem Zweiten Krieg aus Warschauer Residenzen entwendet. Auch nach fast einem halben Jahrhundert ruft der
Palast extreme Reaktionen vor – von der Bewunderung bis hin zur
Abrissforderung. Mit dem Ende der sowjetischen Herrschaft änderte sich die Rolle des Palastes, der nun als Bürogebäude dient. Doch noch immer ist er auch
ein kulturelles Zentrum mit zwei Theatern,
einem Kino, einem Puppentheater und einem
hervorragenden Buchladen.

**Statue im Theater für
Dramatische Künste**
*Am Gebäude gibt es
28 solcher sozialistisch-
realistischer Allegorien
zu Themen wie Wissen-
schaft, Kunst und Kol-
lektivwirtschaft.*

Im Palast der Jugend
gibt es einen Pool,
Turnhallen und einen
Wintergarten.

Laternen, die vor
dem Palast einen
Halbkreis bilden,
sehen ihren Moskau-
er Vorbildern täu-
schend ähnlich.

★ Kongresshalle
*Hier fanden einst die Kongresse
der Kommunistischen Partei
statt, und heute dient die Halle
noch immer als Veranstaltungsort für Konferenzen, Konzerte
und Festivals wie das Jazz Jamboree, an dem schon Jazz-
Legenden wie Louis Armstrong,
Ray Charles und Miles Davis
teilnahmen.*

**Das Technolo-
giemuseum** hat
ein Planetarium
und das Glas-
Mädchen, ein
Modell des
menschlichen
Körpers.

PLAC DEFILAD

Fast eine Million Menschen versammelten sich hier am 24. Oktober 1956, um eine aufgeklärtere Politik der Regierung und die Ernennung Władysław Gomułkas zum Ersten Sekretär der Polnischen Arbeiterpartei zu feiern. Das nächste Großereignis hier war die Messe, die Papst Johannes Paul II. im Jahr 1987 vor Hunderttausenden zelebrierte.

INFOBOX

Plac Defilad 1. **Karte** 1 C5 & 5 C1. 656 62 01. **Aussichtsterrasse** Nov–Apr Mo–Sa 9–16 Uhr, So 10–16 Uhr; Mai–Okt tägl. 9–24 Uhr.

Die Aussichtsterrasse bietet einen hervorragenden Blick über die Stadt.

Renaissance-Attiken
In der Renaissance-Architektur nennt man einen verzierten Maueraufsatz über einem Gesims Attika. Die Attiken an diesem Palast waren von Gebäuden in Krakau, Baranów und Krasiczyn inspiriert.

Steinobelisk vor dem Palast

Das Theater für Dramatische Künste gehört zu Polens besten Theatern.

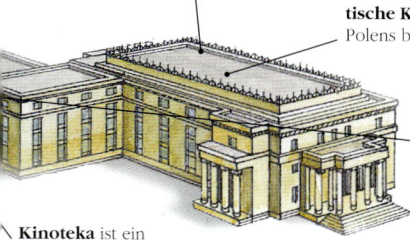

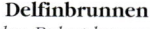

Kinoteka ist ein neuer Kinokomplex. Andere Kinos wurden zum Kaufhaus BAS umgebaut.

Marmorinterieur
Marmorflure und -treppen verbinden die Kongresshalle mit den Empfangsräumen im ersten Stock.

Delfinbrunnen
Um den Palast herum befinden sich vier gusseiserne Springbrunnen mit Delfinskulpturen. In der Nähe stehen auch drei große Steinbrunnen sowie zwei kleinere Brunnen.

NICHT VERSÄUMEN

★ **Kongresshalle**

Historische Gebäude an der Aleje Jerozolimskie ⑩
Kamienice w Alejach Jerozolimskich

Karte 5 C1 & 5 C2.

IN DER GEGEND von Aleje Jerozolimskie und den Straßen Nowogrodzka, Poznańska und Emilii Plater stehen mehrere herausragende Gebäude aus der Zeit der Jahrhundertwende.

Das Hotel Polonia, Aleje Jerozolimskie 45, in den Jahren 1909–13 für Graf Konstanty Przeździecki gebaut, hat eine Pariser Beaux-Arts-Fassade, und der prächtige Speisesaal des Hotels besitzt

Gebäude an der Aleje Jerozolimskie

noch sein Originaldekor im Stil Ludwigs XVI.

Das Gebäude daneben, Nr. 47, hat ein sezessionistisches Interieur und eine imposante Kuppel an einer Ecke. Die eklektische Fassade von Nr. 51 entwarfen die Gebrüder Hoser, eine berühmte Firma für Gartengestaltung.

Durch die Eingänge von Nr. 49 und 51 betritt man Innenhöfe, die allgemein »Brunnenschächte« genannt werden. Sie sind typisch für die Vorkriegs-Warschau. Ein weiteres Beispiel findet man in Nr. 53, wo man die miteinander verbundenen Höfe in ein Atrium mit Galerien und verglasten Aufzügen verwandelt hat.

In der Ulica Nowogrodzka gibt es ein massives Gebäude, das als Hauptsitz der ehemaligen Landwirtschaftsbank entworfen wurde. Architekt war der Pole Marian Lalewicz, der nach Warschau zurückkehrte, nachdem er in St. Petersburg gearbeitet hatte. Entsprechend erinnert der klassizistische Stil des Gebäudes an zahlreiche

Bauwerke, die in St. Petersburg vor der Russischen Revolution errichtet wurden. Die Eingangshalle wurde später mit vielen bunten Art-déco-Elementen geschmückt.

Hauptbahnhof

Hauptbahnhof ⑪
Dworzec Centralny

Aleje Jerozolimskie 54. **Karte** 5 C1. 94 36. 102, 105, 109, 128, 158, 160, 175, 505, 507, 519. 7, 8, 9, 10, 12, 16, 17, 22, 24, 25, 33, 130, 151, 157.

DER Hauptbahnhof wurde zwischen 1972 und 1976 nach Entwürfen von Arseniusz Romanowicz errichtet. Die meisten Züge nach Warschau halten hier. Sie kommen durch einen Tunnel unter der Aleja Jerozolimskie zu den unterirdischen Bahnsteigen, die durch mehrere Unterführungen unterhalb der Haupthalle miteinander verbunden sind. In den letzten Jahren entstanden hier viele Läden – nach und nach werden die Unterführungen zu richtigen Einkaufsarkaden.

Technische Universität Warschau ⑫
Politechnika Warszawska

Plac Politechniki. **Karte** 5 C2. 660 72 11. Politechnika. 2, 4, 15, 18, 35, 36. tägl. 7–21 Uhr.

WARSCHAUS TECHNISCHE Universität ist ein Komplex aus sechs Gebäuden, die in den Jahren zwischen 1899 und 1901 nach Entwürfen von Stefan Szyller und Bronisław Brochwicz-Rogóyski errichtet wurden.

Das Hauptgebäude des Polytechnikums gestaltete Szyller als Fünfeck um einen Innenhof. Dieser große, glasüberdachte Hof dient als Aula und ist als Veranstaltungsort beliebt. In kleineren Galerien rund um die zentrale Fläche werden neue Arbeiten der Studenten ausgestellt.

Die glasüberdachte Aula der Technischen Universität Warschau

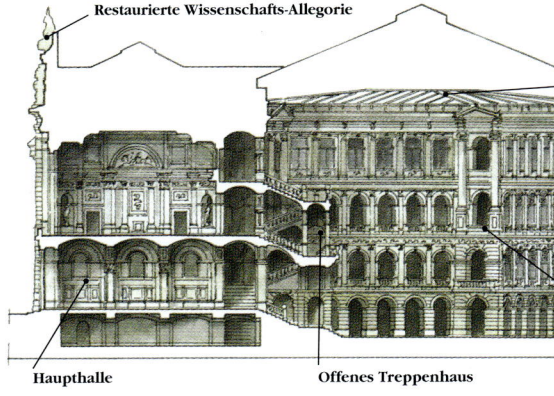
Restaurierte Wissenschafts-Allegorie

Haupthalle

Offenes Treppenhaus

Lwowska-Straße ⑬
Ulica Lwowska

Karte 6 D2 & 6 D3. **M** *Politechnika.* 🚌 *159.* 🚊 *2, 15, 36.*

EINE ATMOSPHÄRE wie im Warschau der Jahrhundertwende herrscht in der Ulica Lwowska, der einzigen Straße aus jener Periode im Zentrum, die im Krieg nicht zerstört wurde.

Das Gebäude Nr. 15/17, ein malerisches Werk des frühen Modernismus, ist von skandinavischer Bauweise inspiriert; entworfen wurde es 1910 von Artur Górney. Im Hof von Nr. 13 steht ein kleiner Palast von 1912. Das riesige sezessionistisch-modernistische Gebäude an der Ecke von Ulica Lwowska und Koszykowa war ursprünglich die russische

Gebäude an der Ecke Ulica Lwowska und Ulica Koszykowa

Hochschule, heute ist hier die Architektur-Fakultät der Technischen Universität untergebracht.

Wasserfilteranlage ⑭
Stacja Filtrów

Starynkiewicza 5. **Karte** 5 B2 & 5 B3. 📞 *€28 80 61.* 🚌 *159.* 🚊 *2, 15.* ⭕ *nach Voranmeldung.*

DIE FILTERANLAGE im Zentrum Warschaus gehört zu den bedeutensten industriel-

Teil der Wasserfilteranlage

len Bauwerken des 19. Jahrhunderts in der Stadt.

In den 80er Jahren des 19. Jahrhunderts war Warschau die erste Stadt im damaligen russischen Reich, die – dank der Initiative des Stadtoberhauptes General Sokrates Starynkiewicz – ein modernes Wasserversorgungs- und Abwassersystem bekam.

Das Projekt hatte viele Gegner, vor allem unter den Wirten, die die Kosten für eine Abwasseranlage nicht tragen wollten. Eines ihrer Argumente war, dass das neue System die Landwirtschaft der Region beeinträchtigen würde, da den Bauern dadurch die natürlichen Düngemittel aus der Stadt fehlten.

Die Ingenieure des Systems kamen aus England: William Lindley und sein Sohn William H. Lindley, die bereits Wasser-

systeme für andere europäische Städte ersonnen hatten.

Die interessantesten Elemente der Filteranlage befinden sich unter der Erde: Wasserfilter aus untereinander verbundenen, gewölbten Ziegelkammern, gestützt von hohen Granitpfeilern.

Im ehemaligen Maschinenraum befindet sich heute ein kleines Museum, das die Arbeitsweise der Filteranlage demonstriert und die Geschichte der Erbauung dieses Wasserversorgungs- und Abwassersystems illustriert.

Erlöserkirche ⑮
Kościół Zbawiciela

Marszałkowska 37. **Karte** 6 D3. **M** *Politechnika.* 🚌 *117, 131, 206.* 🚊 *2, 4, 15, 18, 35, 36.*

DAS GESAMTDESIGN dieser 1901–11 gebauten Kirche

Erlöserkirche

basiert auf einer mittelalterlichen Kathedrale, die Fassade und das Interieur jedoch wurden auch vom polnischen Renaissance- und Barock-Stil inspiriert. Die Seitenkapellen wurden der Sigismundkapelle in Krakaus Wawel-Schloss, bis 1596 Königsresidenz, nachempfunden.

Die Baumeister der Erlöserkirche, einem der größten Gotteshäuser der Stadt, waren Józef Pius Dziekoński, Ludwik Panczakiewicz und Władysław Żychiewicz.

TECHNISCHE UNIVERSITÄT WARSCHAU

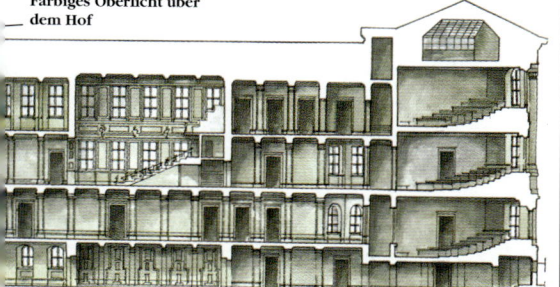

Farbiges Oberlicht über dem Hof

Galerien um den Hof

EHEMALIGES JÜDISCHES GHETTO

VOR DEM ZWEITEN WELTKRIEG befand sich im nordwestlichen Teil von Warschaus Zentrum ein großes, überwiegend jüdisches Viertel, Nalewki genannt. Mit 450 000 Einwohnern war dies nach New York die zweitgrößte jüdische Gemeinde. 1940 machten die Deutschen aus Nalewki das jüdische Ghetto, und bis 1942 wurden über 300 000 Menschen in Todeslager verschleppt, weitere 100 000 kamen im Ghetto ums Leben. Nach dem Ghetto-Aufstand von 1943 machten die Nationalsozialisten Nalewki dem Erdboden gleich.

Nach dem Krieg baute man hier Wohnhäuser; heute erinnern zahlreiche bedeutende Monumente an die Opfer der Judenverfolgung, und ein neues Museum zu Ehren der 800-jährigen jüdischen Geschichte und Kultur in Polen soll 2006 eröffnet werden.

SEHENSWÜRDIGKEITEN

Historische Straßen
Bohaterów-Getta-Straße ⑬
Chłodna-Straße ⑦

Historische Gebäude
Gerichtshof ⑱
Lubomirski-Palast ⑳
Mostowski-Palast ⑭

Monumente
Bunker-Denkmal ③
Denkmal der 300 Opfer ⑥
Denkmal der Helden des
   Ghetto-Aufstands ①
Umschlagplatz-Monument ④

Museen
Fabrik Norblin ⑲
Jüdisches Historisches
   Institut ⑪

Erinnerungsstätten
Pawiak-Gefängnis ⑤
Reste der Ghetto-Mauer ⑧
Straße des jüdischen
   Erinnerns ②

Kirchen und Synagogen
Kirche der Geburt der
   Jungfrau Maria ⑰
Nożyk-Synagoge ⑨
Protestantisch-reformierte
   Kirche ⑯

Moderne Architektur
Blauer Turm ⑫

Theater
Jüdisches Nationaltheater ⑩
Warschauer Kammeroper ⑮

ANFAHRT

Das ehemalige jüdische Ghetto ist ein lebendiges Viertel mit zahlreichen Bus- und Tramhaltestellen. Vom Zentrum können Sie die Straßenbahnen und Busse an Johannes-Paul-II.-Allee oder Marschall- oder Andersa-Straße nach Żoliborz nehmen.

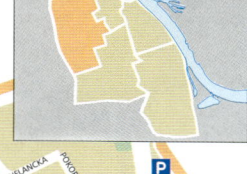

LEGENDE

Detailkarte
S. 140f

P Parken

0 Meter   500

◁ **Denkmal der Helden des Ghetto-Aufstands**

Im Detail: Straße des jüdischen Erinnerns

DIE STRASSE DES ERINNERNS legte man im Zentrum des
ehemaligen jüdischen Ghettos an, wo im April 1943
die schlimmsten Gefechte des Ghetto-Aufstands – eines
Verzweiflungsaktes des jüdischen Kämpferbundes –
stattfanden. Das Ghetto, in dem Tausende von Juden
unter erbärmlichen Bedingungen lebten, diente den
Nationalsozialisten als Quelle für kostenlose Arbeits-
kräfte. Sie schlugen den Aufstand nieder, zerstörten
das gesamte Viertel und folterten hier Insassen des
Pawiak-Gefängnisses *(siehe S. 143)*. Die ver-
bliebenen Juden wurden im Konzentrationslager in Treblinka ermordet. Monumente an
der Straße erinnern an den Mut der
Ghetto-Bewohner.

★ Umschlagplatz-Monument
*Von hier wurden 300 000 Juden
zu den Todeslagern deportiert.
Das Denkmal ähnelt den Viehwaggons, in denen die Juden
transportiert wurden.* ❹

Bunker-Denkmal
*Hier stand der Bunker,
von dem aus Mordechaj
Anielewicz den Ghetto-
Aufstand leitete.* ❸

El-Mole-Rachim
*Bronislaw Linkes Gemälde,
zu sehen im Nationalmu-
seum, drückt die Verzweif-
lung der Juden aus.*

LEGENDE

▬ ▬ ▬   Straße des Erinnerns

NICHT VERSÄUMEN

**★ Denkmal der
   Helden des Ghetto-
   Aufstands**

★ Straße des Erinnerns

**★ Umschlagplatz-
   Monument**

★ **Straße des jüdi-
schen Erinnerns**
*1988 stellte man
Granitblöcke auf, die
Ereignissen oder
Helden des Ghettos
gewidmet sind. Sie
tragen Inschriften in
Polnisch und
Hebräisch.* **2**

ZUR ORIENTIERUNG
Siehe Kartenteil, Karten 1, 3

★ **Denkmal für die
Helden des
Ghetto-Aufstands**
*Die 1948 errichte-
te Skulptur erhebt
sich über dem Zent-
rum des ehemali-
gen jüdischen
Ghettos.* **1**

Z A M E N H O F A

L E W A R T O W S K I E G O

Z A M E N H O F A

0 Meter   50

**Die Mordechaj-
Anielewicz-Straße**,
einst Gesia.

DAS WARSCHAUER GHETTO

Im November 1940 wurde das hauptsächlich von Juden be-
wohnte Ghetto gegründet. Anfangs war es 307 Hektar groß
und umfasste Warschaus jüdische Gemeinde und umliegende
Orte – insgesamt etwa 450 000 Menschen –, doch bald wurde
es von den Deutschen enger
begrenzt. Sie führten ein Terror-
regime, und mehr als 100 000
Einwohner starben an Hunger
und Krankheiten. Von März 1942
an fanden Massendeportationen
der Juden aus dem Ghetto ins
Konzentrationslager Treblinka
statt. Die endgültige Vernichtung
der Ghetto-Bewohner kam jedoch in der Folge des vergeb-
lichen Aufstands im Mai 1943.

Grenze des Ghettos 1940

Das eingeebnete Gebiet des Ghettos nach seiner Zerstörung 1944

Denkmal der Helden des Ghetto-Aufstands **❶**
Pomnik Bohaterów Getta

Zamenhofa. **Karte** 1 A2, 3 B4.
🚌 *107, 111, 180.*

D^(AS VON DEM) Bildhauer Natan Rapaport und dem Architekten Marek Suzin geschaffene Monument wurde 1948 errichtet, als Warschau noch in Trümmern lag. Es symbolisiert den mutigen Trotz des Ghetto-Aufstands von 1943 *(siehe S. 140f),* der nicht als Befreiungsversuch, sondern als würdige Art, den Tod zu suchen, geplant war.

Reliefs zeigen Männer, Frauen und Kinder, die aus dem brennenden Ghetto fliehen wollen, dazu eine Prozession von Juden, die mit Nazi-Bajonetten in Konzentrationslager getrieben werden.

Das Denkmal besteht aus schwedischem Labradorit – dem Stein, aus dem die Nationalsozialisten Siegesmonumente in den von ihnen eroberten Ländern errichten wollten.

Straße des jüdischen Erinnerns **❷**
Trakt Męczeństwa i Walki Żydów

Zamenhofa, Stawki. **Karte** 1 A1, 3 B4. 🚌 *107, 111, 157, 180.* 🚋 *35.*

Z^(WISCHEN DEM) Denkmal für die Helden des Ghetto-Aufstands und dem Umschlagplatz-Monument eröffnete man im Jahr 1988 die Straße des jüdischen Erinnerns. Den Weg markieren 16 Granitblöcke, die an die 450 000 umgekommenen Warschauer Juden, besonders an die Helden des Aufstands von 1943, erinnern. Zu den auf den Blöcken genannten Einzelpersonen gehören: Szmul Zygielbojm (1895–1943), Mitglied des Polnischen Nationalrats in London, der sich aus Protest gegen die Liquidation des Warschauer Ghettos das Leben nahm, Emanuel Ringelblum (1900–44), der das Ghetto-Archiv mit Materialien

zur Widerstandsbewegung gründete, Mordechaj Anielewicz (1917–43), der Kommandant der jüdischen Widerstandsbewegung, Dr. Janusz Korczak, der die Waisenkinder, für die er Sorge trug, ins Todeslager begleitete *(siehe S. 143),* und der Dichter Icchak Kacenelson (1886 bis 1944). In jeden Granitblock sind polnische, hebräische und jiddische Inschriften sowie die Jahreszahlen 1940–1943 eingemeißelt.

Einer der Granitblöcke an der Straße des jüdischen Erinnerns

Bunker-Denkmal **❸**
Pomnik Bunkra

Dzielna. **Karte** 1 A2, 3 B5.
🚌 *107, 111, 180.*

E^(IN KLEINER) Hügel und ein Steinblock zwischen den Straßen Miła und Niska erinnern an den Bunker, von dem aus Mordechaj Anielewicz (1917–43) den Ghetto-Aufstand anführte. Er beging Selbstmord, indem er den Bunker sprengte.

Umschlagplatz-Monument **❹**
Pomnik Umschlagplatz

Stawki. **Karte** 1 A1, 3 B4.
🚌 *148, 157, 170.* 🚋 *16, 17, 33, 35.*

D^(AS) U^(MSCHLAGPLATZ)-Monument – gemeinsames Werk der Architektin Hanna

Marmorwand des Umschlagplatz-Monuments

Szmalenberg und des Bildhauers Władysław Klamerus – wurde 1988 am Ort eines früheren Eisenbahngleises (Umschlagplatz) errichtet, wo Juden in Viehwaggons gepfercht und in Konzentrationslager gebracht wurden.

Die Namen Hunderter von Menschen aus dem Ghetto sind auf das Monument geschrieben, darunter auch die von Janusz Korczak und seiner Gruppe jüdischer Waisenkinder.

Das Denkmal der 300 Opfer steht symbolisch für einen Scheiterhaufen

Pawiak-Gefängnis ❺
Wiezienia Pawiak

Dzielna 24. **Karte** 1 A2, 3 B5. ☎ 831 13 17. 🚌 107, 111, 148, 157, 170. 🚊 16, 17, 33. 🕐 Mi 9–17, Do 9–16, Fr 10–17, Sa 9–17, So 10–16 Uhr.

PAWIAK WURDE von den Russen nach einem Entwurf von Henryk Marconi, der einer berühmten Architektenfamilie entstammte, in den Jahren 1830–35 als Gefängnis gebaut.

Das Gebäude wurde im Zweiten Weltkrieg berüchtigt, als die Nationalsozialisten hier Polen und Juden gefangen hielten. Das verfallene Gefängnis dient heute als Museum. Beim Eingang steht ein »stummer Zeuge«: ein seit langem toter Baum, der mit Todesanzeigen für Insassen bedeckt ist, die hier während des Krieges starben.

Baum mit Todesanzeigen, Pawiak

Denkmal der 300 Opfer ❻
Pomnik 300 Pomordowanych

Gibalskiego 21. 🚌 107, 111, 180. 🚊 22, 27, 29.

BEI BAUARBEITEN in der Nähe des jüdischen Friedhofs stieß man 1988 auf die Überreste von 300 Juden und Polen, die von den Nationalsozialisten auf dem Sportplatz des Skra-Klubs ermordet worden waren.

Die Stätte ist nun ein kleiner Friedhof, den ein Denkmal markiert, das als Symbol für einen Scheiterhaufen steht – ein Entwurf der zwei bekannten Warschauer Architekten Tadeusz Szumielewicz und Marek Martens.

Chłodna-Straße ❼
Ulica Chłodna

Karte 5 A1. 🚌 125, 148, 157, 410, 522. 🚊 16, 17, 20, 22, 24, 29, 32, 33.

VOR DEM ZWEITEN Weltkrieg war dies eine der betriebsamsten Straßen der Stadt, mit Läden und mehreren Kinos in den Wohnblöcken. Heute erinnern nur noch Straßenbahngleise und ein paar Häuser, die den Krieg überstan-

den, an ihren ursprünglichen Charakter. Zu Letzteren gehört das neubarocke Haus Nr. 20, das als »Haus unter der Uhr« (Dom Pod Zegarem) bekannt ist und nach Entwürfen von Wacław Heppen und Józef Napoleon Czerwiński 1912 gebaut wurde. Während der Nazi-Besatzung wohnte in diesem Haus, das im Ghetto-Gebiet lag, der Vorsitzende des Ghetto-Judenrats, Adam Czerniaków, dessen Tagebücher vom Schicksal der polnischen Juden berichten.

Die Ulica Chłodna war eine wichtige Durchgangsstraße, und um sie selbst benutzen zu können, die Juden aber davon abzuhalten, bauten die Deutschen an beiden Seiten der Straße Mauern. Eine Holzbrücke verband die beiden Teile des Ghettos. Eine Kopie dieser Brücke ist heute im Holocaust-Museum in Washington zu sehen.

Die hölzerne Fußgängerbrücke über die Ulica Chłodna

JANUSZ KORCZAK

Janusz Korczak (geboren als Henryk Goldszmidt, 1878 oder 1879–1942) widmete als Arzt, Autor und Lehrer sein Leben den Kindern. Er war als Kinderarzt tätig, und von 1912 an war er Rektor des jüdischen Waisenhauses in Warschau. Sein ganzes Leben lang kämpfte er unermüdlich für die Rechte der Kinder und schrieb sogar Kinderbücher. 1940 wurde sein Waisenhaus ins Ghetto verlegt, und im August 1942 ging Korczak freiwillig mit seinen Waisenkindern ins Konzentrationslager. Alle kamen in Treblinka um.

Reste der Ghettomauer **8**

Fragmenty murów getta

Sienna 55, Walicόw. **Karte** 5 A2.
🚌 *155, 157.*

D IE NAZIS schufen das Ghetto 1940. Anfangs war das Gebiet von einer drei Meter hohen Mauer umgeben, auf die später noch ein Meter hoher Stacheldraht montiert wurde. Als die Grenzen 1941 neu gezogen wurden, um die Größe des Ghettos zu reduzieren, ließen die Nazis neue Mauern bauen, einige in der Mitte von Straßen.

Auch auf beiden Seiten der Ulica Chłodna führten Mauern entlang, die die Juden davon abhielten, die Straße zu benützen. Diese Mauern teilten das Ghetto in zwei Teile, die von einer hölzernen Fußgängerbrücke verbunden wurden *(siehe S. 143)*.

Unerlaubtes Überqueren der Mauern stand unter Todesstrafe, doch die Ghetto-Bewohner gruben viele Tunnel und Löcher, durch die Leute und Waren hinaus- und hineingeschmuggelt wurden.

Von der Ghettomauer stehen nur noch ein paar Fragmente. Ein Abschnitt (mit Gedenkplakette) ist im Hof des Hauses Ulica Sienna 55 zu sehen, ein weiterer an der Kreuzung der Straßen Pereca und Walicόw.

Die Fassade der Nożyk-Synagoge

Nożyk-Synagoge **9**

Synagoga Nożyków

Twarda 6. **Karte** 1 B4. 📞 *620 43 24.*
🚌 *100, 160.*

Z ELMAN UND Ryfka Nożyk stifteten diese Synagoge. 1893 spendeten sie den Grund, auf dem sie gebaut werden sollte, und sie hinterließen die Hälfte ihres Anwesens der orthodoxen jüdischen Gemeinde. Die Bauarbeiten an der von einem Hof und Wohnblöcken umgebenen Synagoge dauerten von 1898 bis 1902. Während des Zweiten Weltkriegs wurde sie geschlossen und von den Nationalsozialisten als Lagerhaus verwendet. Im Jahr 1945 wurde sie wieder für Gottesdienste geöffnet, und derzeit ist sie die einzige genutzte Synagoge in Warschau.

1977–83 wurde das Gebäude renoviert und wieder in seinen Originalzustand versetzt. Von den Wohnhäusern, die die Synagoge umgaben, stehen nur noch wenige.

Die Synagoge hat einen imposanten Portikus, den eine Metallkuppel mit dem Davidstern krönt. Innen befinden sich die Bundeslade mit der Thorarolle, auf die der Pentateuch (die fünf Bücher Mose) geschrieben sind. Das Schiff ist von Emporen umgeben, die einst weiblichen Gläubigen vorbehalten waren.

Jüdisches Nationaltheater **10**

Państwowy Teatr Żydowski

Plac Grzybowski 12/16. **Karte** 1 B4.
📞 *620 70 25.* 🚌 *100, 160.*
🕐 *Mo–Fr 10–14, 15–18 Uhr, Sa 12–19 Uhr, So 14.30–18 Uhr.*

D AS JÜDISCHE Nationaltheater, das sich Stücken aus der jüdischen Tradition verschrieben hat, wurde 1949 in Łόdź gegründet, als sich das Theater dieser Stadt mit einer anderen jüdischen Theatertruppe aus Niederschlesien

Lesung aus dem Pentateuch in der Nożyk-Synagoge

Szene einer Aufführung im Jüdischen Nationaltheater

zusammentat. 1955 zog das Ensemble nach Warschau, das heutige Gebäude stammt aus dem Jahr 1970. Die Aufführungen finden in Jiddisch statt, mit polnischen Übersetzungen.

Thoraschild, Exponat im Jüdischen Historischen Institut

Jüdisches Historisches Institut ⓫
Żydowski Instytut Historyczny

Tłomackie 3/5. **Karte** 3 C5. 827 92 21. E-2, 107, 111, 125, 127, 170, 171, 190, 307, 406, 409, 512. 2, 4, 13, 15, 18, 26, 32, 35, 36. Mo–Fr 8–16 Uhr. **Museum** Mo–Mi, Fr 9–16 Uhr, Do 11–18 Uhr. letzter Einlass 30 Minuten vor Schließung.

E DWARD EBER, ein berühmter Architekt jener Zeit, entwarf das klassizistische Gebäude des Jüdischen Historischen Instituts, das 1936 fertig gestellt wurde. Eber wollte, dass die Fassade mit der benachbarten Großen Syna-

goge (die sieben Jahre später von den Nazis zerstört wurde) harmoniert. Das Gebäude beherbergte die Judaistische Bibliothek und das Judaistische Institut für Geschichte. Ein Dozent des Instituts war der bedeutende Historiker Dr. Majer Bałaban.

Nach dem Krieg wurde das Gebäude restauriert und Jüdisches Historisches Institut benannt. In seinem umfangreichen Archiv befinden sich u.a. Dokumentationen über Synagogen und andere jüdische Bauwerke, die nicht mehr existieren. Außerdem gibt es eine Bibliothek und ein Museum mit Relikten aus jüdischen Ghettos und NS-Konzentrationslagern, deutschen Judaika-Sammlungen und vielen Werken jüdischer Künstler wie Leopold Gottlieb, Eliasz Kanarek, Jan Gotard sowie der Gebrüder Menasz und Ephraim Seidenbeutel.

Blauer Turm ⓬
Błękitny Wieżowiec

Plac Bankowy 2. **Karte** 1 B3, 3 C5. E-2, 107, 111, 119, 127, 170, 171, 190, 409, 410, 415, 420, 508, 512, 515, 522, 524. 2, 4, 13, 15, 18, 26, 32, 35, 36.

M IT SEINEN glänzenden aquamarinblauen Glasfassaden stellt dieser Turm eines der schönsten Bauwerke der Stadt dar. Er wurde Anfang der 90er Jahre des 20. Jahrhunderts, nach dem Fall des kommunistischen Regimes, fertig gestellt, nachdem das Hochhaus über 25 Jahre lang als Bauruine herumgestanden hatte. Weil die teilweise fertig gebauten Fassaden mit goldfarbenem Aluminium verkleidet waren, nannte man das Gebäude »Warschaus Goldzahn«.

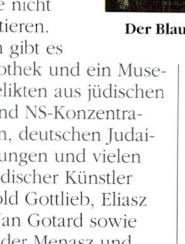

Der Blaue Turm

Es galt als verflucht, da es auf dem Grund der ehemaligen Großen Synagoge, dem größten jüdischen Gotteshaus der Stadt, gebaut wurde. Am 16. Mai 1943 wurde diese Synagoge auf Befehl des »Schlächters des Ghettos«, SS-General Jürgen Stroop, als Vergeltung für den Ghetto-Aufstand *(siehe S. 140)* gesprengt. Dies markierte die endgültige, barbarische Liquidation des jüdischen Viertels. Alles, was von der Synagoge blieb, waren das Bruchstück einer Steinsäule und ein Garderobenticket. Beides ist heute im Jüdischen Historischen Institut zu besichtigen.

Die Große Synagoge, bevor die Nationalsozialisten sie zerstörten

Bohaterów-Ghetta-Straße ⓭
Ulica Bohaterów Ghetta

Frühere Ulica Nalewki. **Karte** 3 C5. 🚌 *111, 180, 516.* 🚊 *2, 4, 15, 18, 35, 36.*

VOR DEM ZWEITEN Weltkrieg war dies die Einkaufsmeile der Gegend mit hauptsächlich jüdischen Firmen. Das größte Geschäftshaus war die Simons-Arkade an der Kreuzung mit der Ulica Długa, mit Läden, einem Hotel, kleinen jüdischen Theatern und dem Makabi-Sportklub. Die Arbeiten an dem Glas-Beton-Bau dauerten von 1900 bis 1904.

Die Ulica Nalewki wurde im Zweiten Weltkrieg komplett zerstört, und man kann sich heute nur schwer ihre frühere Erscheinung vorstellen. Doch ein Teil der Originalstraße verläuft durch den Krasiński-Garten. An Mauerfragmenten und Abschnitten von alten Straßenbahngleisen zwischen den Pflastersteinen wurden Markierungen angebracht.

Mostowski-Palast ⓮
Pałac Mostowskich

Andersa 15. **Kartee** 1 B2 & 3 B4. 🚊 *zum Plac Zamkowy.*

DIESES SCHÖNE klassizistische Gebäude war ursprünglich ein Barock-Palast, Eigentum des Woiwoden (Landeshauptmanns) von Minsk, Jan Hilzen. Von 1823 an beherbergte das Haus die Verwaltungskommission für innere Angelegenheiten. Der Innenminister Tadeusz Mostowski beauftragte den Architekten Antonio Corazzi, den Palast umzugestalten. An der reich verzierten Fassade finden sich ebenfalls neoklassizistische Reliefs von Paweł Maliński und Jan Norblin.

Nach der Niederschlagung des Novemberaufstands von 1830 durch die Russen wurde der Palast als Kaserne der russischen Armee genutzt.

Nach dem Zweiten Weltkrieg erweiterte man das Gebäude und brachte hier die städtische Miliz unter. Jahrelang kursierte das Gerücht, im Keller unter den Büroräumen säßen politische Gefangene ein. Heute ist der Palast Sitz des Polizeipräsidiums der Stadt.

Warschauer Kammeroper ⓯
Warszawska Opera Kameralna

Aleja Solidarności 76b. **Karte** 1 B3 & 3 B5. 📞 *831 22 40.* 🚌 *125, 170, 171.* 🚊 *13, 23, 26, 32.*
Ticketschalter 🕐 *Sep–Juli Mo–Fr 10–14, 16–19 Uhr, Sa, So 16–19 Uhr.*

URSPRÜNGLICH war das in den Jahren 1770–80 errichtete Gebäude eine protestantische Kirche, heute beherbergt es die Warschauer Kammeroper, und hier findet auch jedes Jahr das Mozart-Festival statt.

Die Warschauer Kammeroper

Die von Szymon Bogumił Zug gestaltete Kirche wurde von den Einwohnern der kleinen Lehensstadt Lesznos, die sich im Besitz der Adelsfamilie Leszczyński befand, gestiftet. In Leszno wohnten einst Siedler aus Deutschland, die ihren protestantischen Glauben aufrechterhielten.

Der neugotische Turm der Protestantisch-reformierten Kirche

Protestantisch-reformierte Kirche ⓰
Kościół Ewangelicko Reformowany

Aleja Solidarności 76. **Karte** 1 B3 & 3 B5. 📞 *831 23 83.* 🚌 *E-2, 119, 125, 170, 171.* 🚊 *13, 23, 26, 32.*

ADOLF ADAM LOEWE entwarf die 1866–82 gebaute neugotische Kirche mit dem typischen durchbrochenen Turm.

Im Gegensatz zu anderen christlichen Kirchen gibt es hier keinen Hochaltar. Stattdessen hat die Kirche eine Kanzel, von der den Gläubigen aus der Bibel vorgelesen und gepredigt wird.

Die imposante neoklassizistische Fassade des Mostowski-Palastes

Die barocke Kirche der Geburt der Jungfrau Maria

Kirche der Geburt der Jungfrau Maria ⑰

Kościół Narodzenia NMP

Aleja Solidarności 80 (ehemalige Ulica Leszno). **Karte** 1 A3 & 3 B5. E-2, 119, 125, 170, 171. 13, 16, 17, 19, 26, 32, 33.

Nahezu ein Jahrhundert lang, von 1638 bis 1731, baute man an dieser schlichten Barock-Kirche, in deren Hof einst ein Pranger stand, an dem »promiskuitive Jugendliche, berüchtigte Schurken und Diebe« bestraft wurden.

Während der Teilungen Polens *(siehe S. 28f)* diente die Kirche als Gefängnis für politische Aktivisten.

Im Zweiten Weltkrieg lag die Kirche im jüdischen Ghetto, und durch Tunnel unter der Krypta wurden Juden herausgeschmuggelt.

Nach dem Krieg, als die Ulica Leszno für die W–Z-Linie verbreitert wurde, stand die Kirche plötzlich dem neuen Verkehrssystem im Weg. In einer wahren technischen Meisterleistung wurde das gesamte Bauwerk dann im Jahr 1962 – mit Einsatz damals brandneuer Technologien – um 20 Meter verschoben.

Gerichtshof ⑱

Gmach Sądów

Aleja Solidarności 127. **Karte** 1 A3 & 3 B5. 620 03 71. Mo–Fr 8.30–16 Uhr. 119, 125, 171, 410, 522. 13, 23, 26, 32.

Dieses monumentale Bauwerk wurde von Bohdan Pniewski entworfen und 1935–39 errichtet. Über die gesamte Fassade verläuft die Inschrift »Gerechtigkeit ist das Fundament der Stärke und Stabilität der Republik«.

Während der Nazi-Besatzung benutzten polnische Juden wie auch Christen das Gebäude, um sich ins Ghetto oder aus ihm herauszustehlen.

Nach dem Krieg fanden hier Schauprozesse gegen Kleriker und politische Gegner des kommunistischen Regimes statt. Doch im Jahr 1980 wurde die Gewerkschaft Solidarność in diesem Gebäude offiziell anerkannt – ein Präzedenzfall in den Ländern des kommunistischen Blocks.

Freitreppe zum Gerichtshof

Fabrik Norblin ⑲

Fabryka Norblina

Żelazna 51/53. **Karte** 1 A3 & 5 B1. 620 47 92. 105, 109, 150, 155, 157. 10. **Industriemuseum** Di–Sa 9–16, So 10–16 Uhr.

Heute befindet sich in diesem Gebäude das Industriemuseum, Teil des Technologiemuseums *(siehe S. 134)*, früher war es Sitz der Firma Norblin, Buch Bros. & T. Werner, die Silber- und versilberte Objekte, Metallplatten und Draht herstellte.

Das Museum befindet sich in den einstigen Produktionshallen, in denen noch die Maschinen jener Zeit, darunter Schlagpressen und Schmiedemaschinen, stehen.

Wechselausstellungen illustrieren die Geschichte der Fabrik Norblin und die Entwicklung des Motorrads. Eines der Exponate ist eine Vorkriegs-Sokół (»Falke«), die Kenner mit der Harley-Davidson gleichsetzen.

Lubomirski-Palast ⑳

Pałac Lubomirskich

Plac Żelaznej Bramy. **Karte** 1 B4. 107, 119, 127, 171, 508, 512. 2, 4, 15, 18, 35, 36. für die Öffentlichkeit.

Das ungewöhnlichste Ereignis in der Geschichte dieses Palastes aus dem 17. Jahrhundert war 1970 die Drehung des gesamten Gebäudes um 78 Grad. Die Fassade vervollständigt nun die Sächsische Achse (ein barockes Stadtplanungsprojekt).

Der ursprüngliche Barock-Palast bekam ein Rokoko-Antlitz und trägt auch klassizistische Züge wie eine Kolonnade von 1791–93. Jakub Hempel baute den Palast für Fürst Aleksander Lubomirski, dessen Gattin Aleksandra als eine der wenigen Polinnen in der Französischen Revolution unter die Guillotine kam. Angeblich wurde sie wegen der Zurückweisung der Avancen des Revolutionärs Maximilien Robespierre getötet.

Die monumentale Kolonnade am Lubomirski-Palast

SEHENSWÜRDIGKEITEN

Kirchen
Alexanderkirche **4**

Paläste
Belvedere-Palast **18**
Wasserpalast **20**

Historische Gebäude
Observatorium **16**
Stadthäuser, Aleje
  Ujazdowskie **10**
Villen, Aleje Ujazdowskie **9**

Regierungsgebäude
Kabinettsgebäude **13**
Kultusministerium **14**
Parlament **6**

Straßen und Plätze
Ujazdowski-Allee **8**
Drei-Kreuze-Platz **3**
Mokotowska-Straße **7**

Parks und Gärten
Botanischer Garten **15**
Łazienki-Park und -Paläste **19**
Ujazdowski-Park **11**

Museen
Museum der
  Erdwissenschaften **5**
Nationalmuseum **1**
Polnisches Militärmuseum **2**
Zentrum für zeitgenössische
  Kunst **12**

Denkmäler
Jan-III.-Sobieski-Denkmal **17**

ANFAHRT
Mehrere Busse zu Aleje Ujazdowskie, Ujazdowski-Park und
Łazienki-Park fahren am Königsweg entlang. Busse und Straßenbahnen, die die Aleje Jerozolimskie entlang fahren, kommen am Nationalmuseum und
am Polnischen Militärmuseum
vorbei. Und bei diesen Museen
befindet sich die U-Bahn-Station
Powiśle.

LEGENDE
▢ Detailkarte *S. 150f*
P Parken

◁ **Hübsche Ecke im Ujazdowski-Park**

Um den Łazienki-Park

IN DIESEM TEIL Warschaus liegen Parks, Paläste und andere historische Bauwerke, Museen und Regierungsministerien. Vom Drei-Kreuze-Platz (Plac Trzech Krzyży) erstreckt sich die Aleje Ujazdowskie, an der einstige Residenzen polnischer Aristokraten und reicher Kaufmannsfamilien stehen. Neben mehreren Ministerien besetzen die beiden Kammern des Parlaments einen großen Komplex in der benachbarten Ulica Wiejska. Am anderen Ende der Aleje Ujazdowskie befindet sich der Belvedere-Palast, der bis 1994 Residenz des polnischen Präsidenten war. Ebenfalls an der Aleje Ujazdowskie findet man eine Reihe ausländischer Botschaften, darunter die der Schweiz und der USA.

Die populärste Attraktion in diesem Teil der Stadt ist jedoch der Łazienki-Park. In diesem romantischen Park stehen der Wasserpalast sowie mehrere andere Paläste, Pavillons, ein Amphitheater und zwei Orangerien.

Satyrstatue im Łazienki-Park

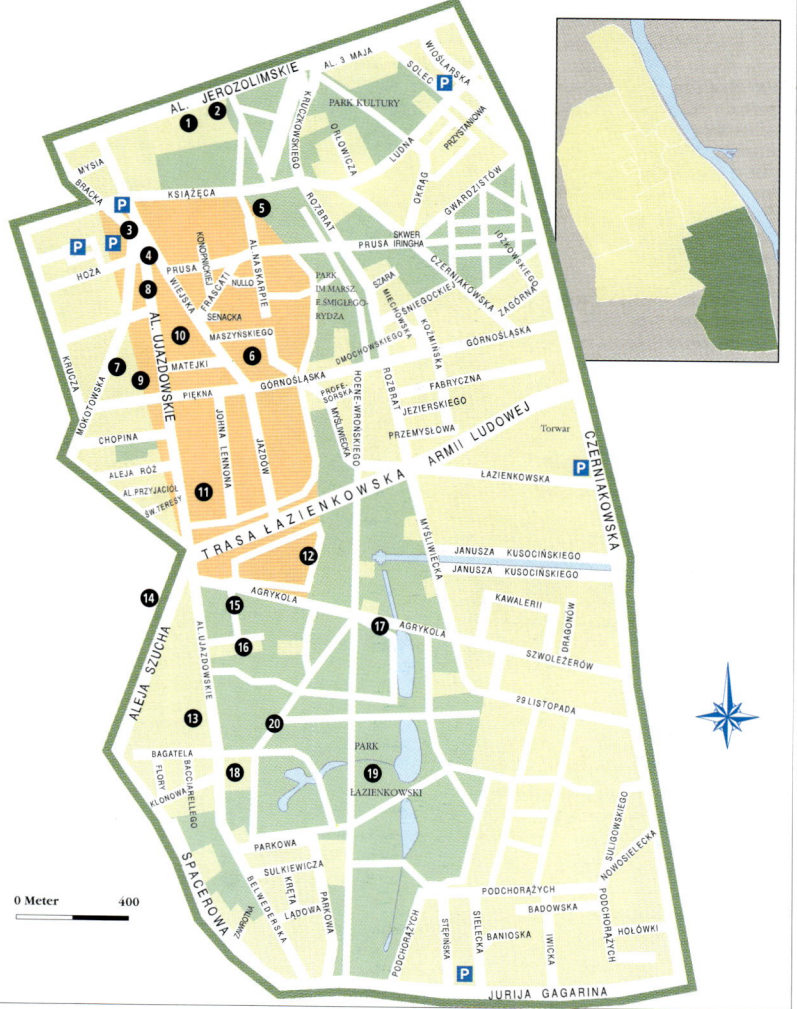

0 Meter 400

Im Detail: Aleje Ujazdowskie

DAS GEBIET UM Aleje Ujazdowskie und Plac Trzech Krzyży (Drei-Kreuze-Platz) ist Warschaus Regierungs- und Diplomatenviertel. Hier steht der Belvedere-Palast, in dem vor dem Zweiten Weltkrieg das Staatsoberhaupt Józef Piłsudski *(siehe S. 30)* und danach Lech Wałęsa wohnten, bis dieser 1994 die Residenz in den Namiestnikowski-Palast *(siehe S. 118f)* verlegte.

Parlament
Zum Parlamentskomplex gehört der 1928 gebaute halbrunde Saal des Sejm, den Art-déco-Basreliefs schmücken. **6**

Hotel Sheraton
Vor dem modernen Hotel steht ein Denkmal für Wincenty Witos (siehe S.152).

Zur Altstadt

Drei-Kreuze-Platz
Kleine Häuser (18. Jh.) und die Alexanderkirche stehen inmitten moderner Gebäude. **3**

Alexanderkirche
Die klassizistische Kirche wurde 1885–95 umgebaut und erweitert, doch nach der Zerstörung im Zweiten Weltkrieg bekam sie wieder ihr Aussehen des 18. Jahrhunderts. **4**

Villen, Aleje Ujazdowskie
In der Villa Rau befindet sich, wie in mehreren alten Gebäuden in dieser Straße, eine ausländische Botschaft. **9**

NICHT VERSÄUMEN

★ **Zentrum für zeitgenössische Kunst**

★ **Łazienki-Park**

LEGENDE

– – –   Routenempfehlung

★ Ujazdowski-Park
Dieser kleine, im späten 19. Jahrhundert geschaffene Park ist eine grüne Oase zwischen Botschaftsgebäuden. ⓫

ZUR ORIENTIERUNG
Siehe Kartenteil, Karten 2, 6

★ Zentrum für zeitgenössische Kunst
Das Zentrum liegt im Ujazdowski-Schloss, das nach dem Krieg original im Barock-Stil rekonstruiert wurde. ⓬

★ Łazienki-Park
Der Park, einer der schönsten der Stadt, wurde Ende des 18. Jahrhunderts angelegt. ⓳

Botanischer Garten
Hier gibt es ein Observatorium und eine Parzelle für Heilpflanzen. ⓯

Zum Belvedere-Palast

0 Meter   75

Nationalmuseum ❶
Muzeum Narodowe

Siehe S. 154ff.

Rüstung, Polnisches Militärmuseum

Polnisches Militärmuseum ❷
Muzeum Wojska Polskiego

Aleja Jerozolimskie 3. **Karte** 2 E5 & 6 E1. 629 52 71. 102, 111, 117. 7, 22, 24, 25. Powiśle. Winter Mi–So 10–16 Uhr; Sommer Mi–So 11–16 Uhr. Ausstellung im Park geöffnet bis Sonnenuntergang, Eintritt frei.

Das von dem Staatsmann und Militärkommandanten Marschall Józef Piłsudski *(siehe S. 30)* gegründete Polnische Militärmuseum, das zweitgrößte Museum Warschaus, wurde 1920 eröffnet. Seit 1933 befindet es sich in seinem jetzigen Gebäude.

Die Ausstellungen illustrieren auf fesselnde Weise die Geschichte polnischer Waffen, Feuerwaffen und Rüstungen der letzten tausend Jahre, besonders vom frühen Mittelalter bis ins 18. Jahrhundert. Zu den Exponaten gehören Turnierrüstungen und ein seltener vergoldeter Helm, der einem polnischen Anführer der frühchristlichen Zeit gehörte (Polen wurde 966 christianisiert).

Einzigartig in Europa ist die Sammlung von Husarenrüstungen, und es gibt sogar eine schöne lebensgroße Husaren-Reiterstatue. Im 17. Jahrhundert galten die polnischen

Husaren als beste Kavallerie in Europa, und ihr großartigster Sieg war jener in Wien 1683, als sie gnadenlos die mächtige türkische Armee schlugen. Ein herrliches türkisches Offizierszelt gehörte damals zu ihrer Beute. Im Museumspark kann man außerdem Waffen, Panzer und Flugzeuge aus dem Zweiten Weltkrieg besichtigen.

Drei-Kreuze-Platz ❸
Plac Trzech Krzyży

Karte 6 E1. 108, 116, 119, 122, 128, 151, 171, 180, 195, 404, 503, 509, 513, 518.

Der Name des Platzes ist irreführend, da hier nur zwei Säulen mit vergoldeten Kreuzen stehen. Diese Kreuze, 1731 von Joachim Daniel Jauch im Auftrag von König August II. dem Starken errichtet, markierten den Anfang der Kalvarienstraße mit den Kreuzstationen.

Ein drittes Kreuz hält jedoch die Statue des heiligen Johannes Nepomuk in der Hand. Diese Statue wurde 1752 auf dem Platz aufgestellt – gestiftet von Großmarschall Franciszek Bieliński, um die Fertigstellung der Straßenpflasterung in Warschau zu feiern. Und ein viertes Kreuz krönt die Kuppel der nahen Alexanderkirche.

Die zwei ältesten Gebäude an diesem Platz stammen aus dem 18. Jahrhundert. Das Haus an der Ecke der Nowy

Świat hat eine schöne frühklassizistische Fassade, und jenes in Nr. 2 gehört zu einem Komplex des Instituts für Taube und Blinde, das der Gemeindepfarrer Jakub Falkowski 1817 gründete. Das Hauptbüro des Instituts befindet sich in einem Neorenaissance-Haus aus dem 19. Jahrhundert.

Der Platz um das Denkmal für Wincenty Witos (Witos war in Anfang der 20er Jahre des 20. Jahrhunderts Premierminister Polens) ist heute ein beliebtes Trainingsareal für junge Skateboarder.

Statue des heiligen Johannes Nepomuk

Alexanderkirche ❹
Kościół św. Aleksandra

Plac Trzech Krzyży. **Karte** 6 E1. 628 53 35. 100, 108, 116, 119, 122, 151, 171, 180, 195, 503, 509, 513.

Chrystian Piotr Aigner gestaltete diese in den Jahren 1818–25 gebaute Kirche nach dem Vorbild des Pantheon in Rom, jedoch um einiges kleiner.

Am auffälligsten sind zwei monumentale Portiken in der ansonsten schlichten Fassade.

Der Name der Kirche erinnert an Alexander I., den russischen Zaren, der 1815, nach

Der modernistische Holland-Park neben der Alexanderkirche

den Teilungen Polens *(siehe S. 28f)*, König des Landes wurde.

Im 19. Jahrhundert wurde die Kirche nach Plänen Józef Pius Dziekońskis vergrößert, und nach dem Zweiten Weltkrieg stellte man ihr Aussehen im frühen 19. Jahrhundert wieder her. Zu ihren neuen Nachbarn gehört der modernistische Holland-Park *(siehe S. 105)*.

Museum der Erdwissenschaften ❺
Muzeum Ziemi

Na Skarpie 20/26 & 27. **Karte** 6 E1. 629 80 63. 1E-1, E-2, 108, 116, 122, 171, 180, 195, 503, 509, 513. Mo–Fr 9–16, So 10–16 Uhr. So frei.

DIE SAMMLUNG dieses Museums umfasst etwa 150 000 Exponate, darunter Steine, Mineralien, Edelsteine und Fossilien. Die Bernsteinsammlung gehört zu den besten der Welt. Im Museum befindet sich ein Marmorblock, der mit dem Blut eines Soldaten befleckt ist, der während des Warschauer Aufstands im Jahr 1944 ums Leben kam.

Das Museum verteilt sich über zwei Gebäude, die auf einer Böschung der Weichsel stehen, auf dem Grund des ehemaligen Parks mit Namen Na Górze (»Auf dem Hügel«). Szymon Bogumił Zug gestaltete diesen Park im 18. Jahrhundert, und im Jahr 1935 errichtete der polnische Architekt Bohdan Pniewski hier seine eigene modernistische Villa, die er später dem Museum vermachte. Ein weiteres Werk Pniewskis ist übrigens das Foyer des Großen Theaters *(siehe S. 111)*.

Mineralien im Museum der Erdwissenschaften

Sitzung des Sejm im Parlamentsgebäude

Parlament ❻
Sejm

Wiejska 4/6. **Karte** 6 E2. 694 23 38. 108, 116, 122, 195. nach Voranmeldung.

POLENS parlamentarische Tradition begann im 15. Jahrhundert, und 1569 wurde der Sitz des Sejm (Parlament) von Krakau nach Warschau verlegt.

Die Teilungen Polens Ende des 18. Jahrhunderts *(siehe S. 28f)* unterbrachen den parlamentarischen Prozess, der erst 1918, als das Land nach dem Ersten Weltkrieg wieder souverän geworden war, fortgesetzt wurde. In Ermangelung eines passenden Gebäudes fanden die Sitzungen der beiden Kammern in den Räumen des früheren Instituts zur Ausbildung junger Damen statt.

Diese Räume wurden umund ausgestaltet, und 1928 baute man nach Entwürfen von Kazimierz Skórewicz einen halbrunden Sitzungssaal für den Sejm. Jan Szczepkowski schmückte ihn mit Artdéco-Basreliefs aus, die unter anderem Wissenschaft, Recht, Kommerz, Luftwaffe und Handelsmarine repräsentieren.

Nach dem Zweiten Weltkrieg wurden weitere Parlamentsgebäude im Stil des damals dominierenden sozialistischen Realismus errichtet. Und in der Folge der demokratischen Wahlen von 1989 (den ersten seit 1939) wurde der Senat wieder eingesetzt. 1990 stellte man vor dem Parlament ein Denkmal für die Armia Krajowa (Heimatarmee) auf.

Mokotowska-Straße ❼
Ulica Mokotowska

Karte 6 D2. 107, 116, 118, 122, 151, 159, 195, 509.

DIE ULICA MOKOTOWSKA gehört zu den besterhaltenen Straßen, die um das zentrale Viertel Warschaus herumführen.

Das auffälligste der historischen Gebäude ist das Haus Nr. 57. Es wurde um 1900 nach Plänen des Architekten Zygmunt Binduchowski errichtet. Zu den erhaltenen Originalelementen gehören Statuen eines Krakauers und eines *góral* (Hochlandbewohners), die die Erkerfenster stützen, sowie am Eingang der Bodenbelag aus Holzblöcken. Die offenen Höfe der Häuser Nr. 51–53 entwarf der Architekt Marian Lalewicz extra, um einen umschlossenen Hof zu vermeiden.

Die Fassade des Hauses Ulica Mokotowska Nr. 57

Nationalmuseum ❶

Der Kuss,
W. Szymanowski

D AS NATIONALMUSEUM (Muzeum Narodowe), 1862 als Museum für Schöne Künste gegründet, erhielt seine jetzige Bestimmung im Jahr 1916. Sein heutiges modernistisches Gebäude entwarf Tadeusz Tołwiński. Es präsentiert unter anderem archäologische Funde, mittelalterliche Kunst und polnische Malerei.

★ Jungfrau mit Kind
Das einzige Gemälde Sandro Botticellis (1445–1510) in einem polnischen Museum gehört zu den Höhepunkten dieser Sammlung.

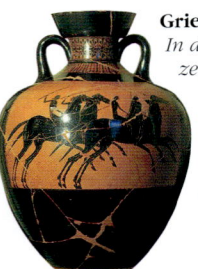

★ Die Schlacht von Grunwald (Ausschnitt)
Jan Matejkos (1838–93) Bild zeigt die polnische Armee im Kampf gegen die Deutschordensritter 1410.

Griechische Vase
In der Galerie antiker Künste zeigen Vasen die Entwicklung griechischer Zeichenkunst vom 10. bis 3. Jahrhundert v. Chr.

Erdgeschoss

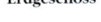

Eingang

LEGENDE

🟪	Antike Kunst
🟪	Archäologische Faras-Sammlung
🟧	Mittelalterliche Kunst
🟨	Polnische Malerei vor dem 20. Jh.
🟩	Polnische Kunst des 20. Jhs.
⬜	Ausländische Kunst
🟦	Dekorative Kunst Polens
🟩	Dekorative Kunst Europas
🟧	L.-Kronenberg-Silbersaal
🟪	Wechselausstellung
⬜	Keine Ausstellungsfläche

»Schöne Madonna« von Breslau
Die Skulptur aus dem 15. Jahrhundert (Mittelalter-Sammlung) repräsentiert den spätgotischen »schönen« oder weichen Stil.

Die Erweckung des Lazarus

Das Gemälde (1642) des Rembrandt-Schülers Carel Fabritius (1622–54) gehört zu den schönsten Werken der ausländischen Galerie.

INFOBOX

Aleje Jerozolimskie 3. **Karte** 2 E5 and 6 E1. ☎ 621 10 31. 🚌 101, 102, 111, 117, 158, 517, 521. 🚋 7, 22, 24, 25. ⏰ Di, Mi, Fr 10–16 Uhr, Do 12–17 Uhr, Sa, So 10–16 Uhr. ⏰ Mo, 1. Jan, Ostersonntag, 1. und 3. Mai, Fronleichnam, 15. Aug, 1. Nov, 25. Dez. 💳 (Sa frei). 🎒 👪 🚫 💻 📷 Ⓦ www.mnw.art.pl

Möbel

Dieses Schlafzimmer (1909) von Karol Tichy steht für die Gebrauchskunst des späten 19. und frühen 20. Jahrhunderts.

Zweiter Stock

Erster Stock

KURZFÜHRER

Die Sammlungen sind auf drei Etagen aufgeteilt. Im Erdgeschoss sind antike Kunst, Faras-Sammlung und mittelalterliche Kunst zu sehen, und im ersten und zweiten Stock befinden sich polnische Malerei sowie ausländische Kunst.

Bankett

In diesem Gemälde demonstrierte der Maler und Mathematiker Leon Chwistek seine Theorie der »Schichtung«: Es ist in Bereiche unterteilt, die von Farben und Formen dominiert werden.

Polnischer Hamlet

Das Porträt von Aleksander Wielopolski malte Jacek Malczewski 1903 im Stil des polnischen Symbolismus.

NICHT VERSÄUMEN

★ *Jungfrau mit Kind,* **Botticelli**

★ *Polnischer Hamlet*

★ *Die Schlacht von Grunwald,* **Matejko**

Überblick: Sammlung des Nationalmuseums

DEN GRUNDSTEIN DER RIESIGEN SAMMLUNG bildete 1862 der Erwerb von 36 Gemälden. Nachfolgende Ankäufe machten das Museum zu einem der besten des Landes. Trotz der Verluste im Zweiten Weltkrieg überspannt die Sammlung Jahrhunderte, von antiken Artefakten bis zu modernen Werken. Dazu gehören polnische Kunst älterer Epochen un der Gegenwart und archäologische Funde aus Faras im heutigen Sudan. Auf Grund des eingeschränkten Platzangebots sind einige Sammlungen nur in Wechselausstellungen zu sehen.

Altar der hl. Barbara (1447), Detail

ANTIKE KUNST

FUNDE POLNISCHER Archäologen in Ägypten, im Sudan, auf Zypern und der Krim (im Süden der Ukraine) zeigt diese Galerie.

Die ägyptischen Säle präsentieren Mumien, Sarkophage und Papyri, darunter das besonders interessante *Totenbuch* aus der Periode des Neuen Reichs in der Geschichte des alten Ägypten.

Das antike Griechenland wird durch Töpferwaren verschiedener Epochen repräsentiert. Es gibt auch römische Kopien antiker griechischer Skulpturen zu sehen.

Schwerpunkte der Abteilungen römischer und etruskischer Kunst sind Statuen, Urnen und Bronzeobjekte.

ARCHÄOLOGISCHE FARAS-SAMMLUNG

DIE 1972 zusammengetragene Faras-Sammlung besteht aus Objekten, die polnische Archäologen Anfang der 60er Jahre des 20. Jahrhunderts in Nubien (Teil des heutigen Sudan) fanden.

Der Großteil der Funde stammt von der Kathedrale in Faras, vom 7. bis 14. Jahrhundert Sitz der nubischen Bischöfe. Dazu gehören zahlreiche Fresken und architektonische Bruchstücke – von Stuckdetails bis hin zu ganzen Säulen und Kapitellen.

Die ältesten Fresken – beispielsweise Abbildungen der Heiligen Peter und Paul in majestätischen Posen sowie ein Bild der heiligen Anna *(siehe S. 38)* – datierte man auf das 8. Jahrhundert.

MITTELALTERLICHE KUNST

GOTISCHE MALEREI und Bildhauerkunst sind die Schwerpunkte der Mittelalter-Galerie. Viele der religiösen Artefakte stammen aus polnischen Kirchen, die nicht mehr existieren. Am bedeutendsten sind die Altarbilder, wie etwa die Malereien am Altar der heiligen Barbara von 1447 und eines Altars aus Grudziądz von ca. 1380 mit Szenen aus dem Leben Jesu und Mariens.

Vom Altar der Elisabethkirche (św. Elżbieta) in Breslau stammt eine Bildhauerarbeit von etwa 1480, die die Verkündigung darstellt. Ein Triptychon des 16. Jahrhunderts aus Pławno, das die Legende des heiligen Stanisław illustriert, soll, so glaubt man, Hans Süß aus Kulmbach geschaffen haben.

Eine wunderbare *Pietà* aus Lubiąż, ebenfalls in dieser Sammlung zu sehen, entstand um 1370, und die so genannte »Schöne Madonna« aus Breslau stammt von 1410. Aus Breslau ist auch ein Retabel – ein verzierter Altaraufsatz mit religiösen Malereien oder Skulpturen –, das Jacob Beinhart um das Jahr 1400 schuf. Es ist mit einem Basrelief des heiligen Lukas dekoriert, der die Jungfrau Maria malt.

POLNISCHE MALEREI VOR DEM 20. JAHRHUNDERT

DIE BEI WEITEM größte Abteilung des Nationalmuseums ist die Sammlung polnischer Gemälde, Skulpturen und anderer Kunstwerke aus der Zeit vom 16. Jahrhundert bis zum Ersten Weltkrieg.

Die meisten historischen Gemälde stellen Porträts dar, während das so genannte Goldene Zeitalter der Aufklärung durch große Meister wie Bernardo Bellotto repräsentiert wird, der oft den Namen seines Onkels, Canaletto, benutzte. Unter seinen detailreichen Gemälden befin-

Altweibersommer **(1875) von Józef Chełmoński**

det sich ein Bild von Warschau (1773) mit Blickrichtung vom Königsschloss. Zur Porträtreihe (18. Jh.) von Marcello Bacciarelli gehört ein symbolisches Bild Stanisław August Poniatowskis, das den König mit Sanduhr zeigt.

Hauptattraktionen in der Romantik-Abteilung sind zwei Gemälde Piotr Michałowskis: eines seiner Tochter auf einem Pferd und eines von Napoleon Bonaparte, ebenfalls auf dem Rücken eines Pferdes. Zu den weiteren romantischen Malern gehören Józef Simmler und Henryk Rodakowski. Von Ersterem stammt das berühmte Bild *Tod der Barbara Radziwiłł*.

Die Sammlung mit Beispielen der Historienmalerei bietet allen voran Jan Matejkos große *Schlacht von Grunwald*. Zu seinen weiteren Werken gehört ein Bild des Hofnarren *Stańczyk*.

Den akademischen Stil repräsentiert Henryk Siemiradzkis Werk *(Christliche Dirke)*, der Realismus ist durch die Gebrüder Gierymski und Józef Chełmoński vertreten.

Zu den impressionistischen Gemälden gehören Werke Leon Wyczółkowskis, Władysław Podkowińskis und Józef Pankiewicz'. Und Symbolismus und Modernismus repräsentieren Künstler wie Józef Mehoffer, der *Ein seltsamer Garten* schuf, sowie Stanisław Wyspiańskis Pastellarbeiten.

POLNISCHE KUNST DES 20. JAHRHUNDERTS

VON 1918 BIS 1939 reflektierte die polnische Kunst alle wichtigen Stile und Genres europäischer Kunst, und das Nationalmuseum stellt viele Werke jener Zeit aus. Einige stammen von Gauguins Schüler Władysław Ślewiński, und von dem Kubisten Tadeusz Makowski ist eine ganze Reihe von Kunstwerken zu sehen.

Zu den hier ausgestellten Expressionisten gehören Tytus Czyżewski, Leon Chwistek und Bolesław Cybis.

Werke abstrakter Maler wie Władysław Strzemiński und Henryk Stażewski, Mitglieder

der Künstlerzirkel »Blok« und »Praesens«, sind ebenfalls zu sehen.

Nach eher traditionellen Stilen folgen eine Reihe polnischer Maler, die in Paris arbeiteten, wie Jan Cybis, Józef Czapski und Tamara Łempicka, die sich mit ihren eindrucksvollen Porträts internationale Anerkennung erwarb.

Auch die moderne polnische Bildhauerkunst ist durchaus zahlreich vertreten – etwa mit Werken von Bolesław Biegas und dem berühmten Xawery Dunikowski *(siehe S. 172)*.

Primavera (1936) des polnischen Malers Bolesław Cybis.

AUSLÄNDISCHE KUNST

DIE SAMMLUNG ausländischer Kunst umfasst zahlreiche Stilrichtungen, darunter Werke italienischer, französischer, holländischer, deutscher und flämischer Meister.

Das interessanteste Gemälde in der italienischen Sammlung ist zweifellos Sandro Botticellis *Jungfrau mit Kind*. Zu den weiteren Meisterwerken gehören *Jesus lehrt im Tempel* von Cima de Conegliano und das wunderbare *Venus und Amor* von Paris Bordone. Die Barock-Kunst repräsentieren mehrere Maler wie Crespi und Tiepolo sowie herausragende Werke Bernardo Bellottos.

In der vergleichsweise bescheidenen französischen Sammlung finden sich *Der Gitarrenspieler* von Jean-Baptiste Greuze sowie Werke von Natier und Largillière.

Der Gitarrenspieler (1757) von Jean-Baptiste Greuze

Deutsche und niederländische Kunst ist u. a. mit einem Polyptychon des heiligen Reinhold von Joos van Cleve, dem Triptychon *Ecce Homo* von Maerten van Heemskerck und Lucas Cranachs Gemälde *Schöne Prinzessin* vertreten.

Weitere flämische und niederländische Künstler sind Jan Brueghel, Jacob Jordaens, Jan Steen und Hendrick Terbrugghen. Das beeindruckendste impressionistische Werk der flämischen und niederländischen Schule stellt jedoch Carel Fabritius' *Erweckung des Lazarus* dar.

Zu sehen sind auch Werke der Künstler Gustave Courbet, Maurice Vlaminck und Paul Signac.

DEKORATIVE KUNST POLENS

IM ZWEITEN STOCK des Museums findet man polnisches Kunsthandwerk: in einer Galerie Stickereien und andere Textilien wie einige Gobelins; in einer anderen Glas, Porzellan und Fayencen sowie Goldobjekte aus den Werkstätten, die für polnische Aristokraten arbeiteten.

Auch Möbel aus dem 19. und 20. Jahrhundert, Mode und andere Objekte angewandter Kunst sind zu sehen.

DEKORATIVE KUNST EUROPAS

DIESE ABTEILUNG präsentiert etwa 500 Werke dekorativer Kunst – vom Mittelalter bis ins 19. Jahrhundert.

Die Villa »Zur Artischocke« an der Aleje Ujazdowskie

Aleje Ujazdowskie ❽

Karte 6 E2 & 6 E3. 🚌 *107, 116, 119, 122, 138, 151, 180, 182, 195, 503, 513.*

Im Sommer lockt diese von Bäumen gesäumte Straße, eine der schönsten Warschaus, viele Fußgänger an.

Die Straße, einst Kalvarienstraße genannt, legte Joachim Daniel Jauch für König August II. den Starken auf Grund und Boden des Dorfs Ujazdów an. Ende des 18. Jahrhunderts wurde Ujazdów Teil eines städtischen Bebauungsplans, und die Straße wurde mit Linden gesäumt. An der Westseite stehen elegante Villen und Häuser, die für die Warschauer Oberschicht gebaut wurden, an die Ostseite grenzen Parks und Gärten, die sich von der Ulica Piękna bis zum Belvedere-Palast erstrecken.

Villen, Aleje Ujazdowskie ❾
Pałacyki w Alejach Ujazdowskich

Karte 6 E2. 🚌 *107, 116.*

Eine der interessantesten Villen an dieser Allee ist jene von Haus-Nr. 12–14, die im 19. Jahrhundert von der Familie Marconi gebaut und 1869 von Leandro Marconi umgestaltet wurde. Sie ist als Villa »Zur Artischocke« bekannt – nach der dekorativen

Artischocke an der Fassade. Die Nr. 27 ist die klassizistische Villa Rau, die ebenfalls Marconi entwarf.

Stadthäuser, Aleje Ujazdowskie ❿
Kamienice w Alejach Ujazdowskich

Karte 6 E2. 🚌 *107, 116, 118, 119, 122, 195, 501, 503, 509, 513.* ⬤ *für die Öffentlichkeit.*

Vergoldeter Stuck, marmorne Wände und Dachgärten sind typisch für die schicken Häuser an dieser Allee. Die Häuser Nr. 17 und 19, gestaltet von Grochowicz, haben noch ihre Originalform. Die eklektische Nr. 17 wurde 1904 für den Kaviarimporteur Nicholas Szelechow gebaut, und Nr. 19 ließ Henryk Kołobrzeg-Kolberg, der optische Instrumente herstellte, 1912 errichten. Zum prächtigen Interieur gehören vergoldete Balkonbalustraden und Schlafzimmer im Stil des Rokoko mit weißen Marmorkaminen, die aus Paris importiert wurden.

Ujazdowski-Park ⓫
Park Ujazdowski

Karte 6 E2. 🚌 *107, 116, 119, 122, 195, 503, 509, 513, 520.* ⬤ *Sonnenaufgang bis -untergang.*

Vor hundert Jahren war diese Gegend ein beliebter Veranstaltungsort für Volkstänze und andere Unter-

haltung. Die berühmteste Feierlichkeit war 1829 die Krönung von Zar Nikolaus I. zum König Polens. Man trank Met aus speziellen Brunnen, während Bier und Wein aus »natürlichen Quellen« flossen.

Die heutige Anlage des Parks mit See, Wasserfall, Brücken und verschiedenen Baumarten entwarf Franciszek Szanior 1896. Im Park stehen zwei Bronzestatuen: *Gladiator* von Pius Weloński (1892) und *Eva* von Edward Wittig. Eine Waage für öffentlichen Gebrauch stammt von 1912.

Zentrum für zeitgenössische Kunst ⓬
Centrum Sztuki Współczesnej

Aleje Ujazdowskie 6. **Karte** 6 E3. 📞 *628 12 71.* 🚌 *116, 119, 122, 195, 503, 509, 513.* ◯ *Di–Do, Sa, So 11–16.30, Fr 11–20.30 Uhr.* ♿ 🏛 ♯ 🍴 ☂ 📷
🚫 *Do frei.*

Pius Welońskis *Gladiator*, **Ujazdowski-Park**

Das Schloss Ujazdowski, heute Zentrum für zeitgenössische Kunst, ließen König Zygmunt III. Wasa und sein Sohn Władysław IV. Anfang des 17. Jahrhunderts bauen. Das Schloss hatte einen Hof, vier Türme und reich dekorierte Räumlichkeiten. Seine Pracht war nur von kurzer Dauer, da schwedische Soldaten bei der Belagerung von 1655 das Schloss plünderten. 1809–1944 diente es als Lazarett. Nach dem Krieg brannte es aus, und 1953 sprengten die Kommunisten die Ruine. In den 70er Jahren wurde das Schloss rekonstruiert, und heute befinden sich hier eine riesige moderne Kunstsammlung sowie das Restaurant Qchnia Artystyczna, von dessen Fenstern die Gäste eine wunderbare Sicht über den königlichen Kanal haben.

Breiter Fußgängerweg der Aleje Ujazdowskie

In dem um 1979 rekonstruierten Schloss Ujazdowski befindet sich das Zentrum für zeitgenössische Kunst

Kabinetts-gebäude ⑬
Urząd Rady Ministrów

Aleje Ujazdowskie 1. **Karte** 6 E3.
🚌 *116, 118, 119, 122, 195, 503, 513.* ⬤ *für die Öffentlichkeit.*

IN DIESEM IMPOSANTEN Gebäude an der Aleje Ujazdowskie hält das polnische Kabinett seine regelmäßigen Sitzungen ab.

Die Architekten Wiktor Junosza Piotrowski und Henryk Gay entwarfen das 1900 konstruierte Gebäude, das ursprünglich als Kaserne der Kadettenschule Suvorow diente. Bis 1926 befand sich hier auch die Schule der Infanterie-Offiziere. Danach wurde das Gebäude Sitz des Generalinspektors der polnischen Armee.

In den Jahren zwischen den Kriegen waren in einem Flügel die Militärbibliothek und die Sammlung des Rapperswil-Museums untergebracht. 1939 zerstörte ein Feuer infolge der Bombardierung durch die deutsche Luftwaffe sowohl Bibliothek als auch Museumssammlung.

Zwischen 1984 und 1990 besetzte die Akademie der Gesellschaftswissenschaften der Kommunistischen Partei – meist »Akademie des 1. Mai« genannt – einen Teil des Gebäudes.

Heutzutage finden hier häufig Demonstrationen gegen die Regierung statt. Einmal verteilten protestierende Bergarbeiter Kohlehaufen vor dem Eingang. Später taten es ihnen Bauern nach und luden hier Kartoffeln ab.

Der eindrucksvolle Eingang des Kabinettsgebäudes

Kultus-ministerium ⑭
Ministerstwo Edukacji Narodowej

Aleja Szucha 25. **Karte** 6 E3. 📞 *629 49 19.* 🚌 *116, 119, 122, 151, 180, 195, 503.* **Museum des Kampfes und Märtyrertums** ⬜ *Mi 9–17, Do, Sa 9–16, Fr 10–17, So 10–16 Uhr.*

DIESES 1925–30 ERRICHTETE Gebäude ist wegen des Kontrasts zwischen Fassade und Interieur beachtenswert.

Die modernistische Fassade mit ihren beeindruckenden klassizistischen Säulen entwarf der Architekt Zdzisław Mączeński, während Wojciech Jastrzębowski das Art-déco-Interieur schuf. Die monumentalen Proportionen des Bauwerks müssen den deutschen Besatzern gefallen haben, da sie es als Hauptquartier der Gestapo nutzten. Im Keller wurden Folterkammern eingerichtet, in denen während des Krieges Tausende von Polen starben.

Danach gestaltete man den Keller zum Museum des Kampfes und des Märtyrertums (Mauzoleum Walki i Męczeństwa) um. Eine der Zellen, die die Häftlinge »Straßenbahnwagen« nannten, wurde so wiederhergestellt, wie sie die Nazis hinterließen: Die Gefangenen, die darauf warteten, gefoltert zu werden, mussten wie in der Straßenbahn hintereinander sitzen, mit dem Rücken zur Wand. Und dort erwarteten sie – regungs- und lautlos – ihr Schicksal.

Botanischer Garten ⓑ

Ogród Botaniczny

Aleje Ujazdowskie 4. **Karte** 6 E3.
📞 553 05 11. 🚌 116, 118, 119,
195, 403. 🕐 Apr–Aug Mo–Fr 9–20,
Sa, So 10–20 Uhr; Sep tägl. 10–18
Uhr; Okt tägl. 10–17 Uhr. 📷

W ARSCHAUS ERSTER Botanischer Garten wurde 1811
für die Medizinhochschule, die
fünf Jahre später zur Universität Warschau aufstieg (siehe
S. 120f), hinter dem Kazimierzowski-Palast angelegt. Der
heutige Garten stammt von
1818, als Zar Alexander I. die
Universität mit 22 Hektar
Grund des Łazienki-Parks
beschenkte. Der Direktor des
Gartens, Michał Szubert,
brachte 1824 den ersten Katalog der hier gezogenen Pflanzen mit über 10 000 Arten heraus. Zu jener Zeit galt Warschaus Botanischer Garten als
berühmtester in Europa.

Nach dem Novemberaufstand von 1830 reduzierten
die Russen die Fläche des
Gartens um zwei Drittel.

Die Warschauer achteten
anfangs den Garten nicht
gerade hoch. Erst um 1850
kamen die Damen der Gesellschaft in Pferdekutschen und
klauten Exemplare aus der
Kakteensammlung.

Zur selben Zeit war der
Garten heimlicher Treffpunkt
patriotischer Gruppierungen.
Hier hatte man 1792 Fundamente für einen Tempel der
Vorsehung gelegt, um der Verfassung vom Mai 1791 zu

Friedlicher Abschnitt des Botanischen Gartens

gedenken. Der Tempel wurde
nie fertig gestellt, Teile der
Fundamente sind aber nach
wie vor zu sehen.

Das Observatorium

Observatorium ⓰

Obserwatorium Astronomiczne

Aleje Ujazdowskie 4. **Karte** 6 E3.
📞 629 40 11. 🚌 116, 119, 195, 503.

D AS OBSERVATORIUM wurde
1824 unter Leitung des
Architekten Chrystian Piotr
Aigner nach Entwürfen von
Michał Kado und Hilary Szpilowski für die Universität
Warschau gebaut.

Im 19. Jahrhundert trafen
sich die Damen der Gesellschaft auf der Terrasse, um
den Botanischen Garten zu
beschauen und die verschiedenen Veranstaltungen auf
dem Ujazdowski-Platz zu
beobachten. 1944 brannte
das Observatorium
beim Warschauer Aufstand ab, es wurde
aber nach dem Krieg
wieder aufgebaut.

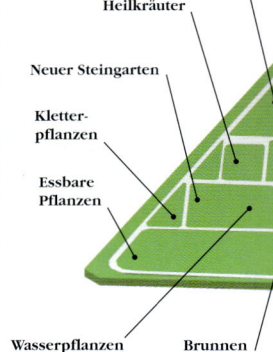

Azaleen
und Rosen

Blumen-
beete

Heilkräuter

Neuer Steingarten

Kletter-
pflanzen

Essbare
Pflanzen

Wasserpflanzen   Brunnen
und Becken

Jan-III.-Sobieski-Denkmal ⓱

Pomnik Jana III. Sobieskiego

Agrykola. **Karte** 6 E3. 🚌 100, 108,
116, 118, 119, 162, 195, 503.

P OLENS LETZTER König, Stanisław August Poniatowski, ließ das Denkmal 1788 auf
der Agrykola-Brücke aufstel-

Jan-III.-Sobieski-Denkmal

Tulpenpracht im Frühling

BOTANISCHER GARTEN

Bodenbedecker

Fundamente
des Tempels
der Vorsehung

Alter Stein-
garten

Observatorium

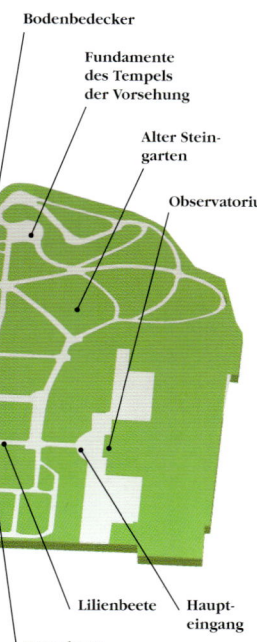

Lilienbeete Haupt-
eingang

Rosenbeete

Eine der unzähligen blühenden Pflanzen im Botanischen Garten

len, wo er es vom Wasser-
palast aus sehen konnte.

Das Denkmal wurde wohl
von André le Brun entworfen,
geschaffen hat es Francis
Pinck. Der König trägt der
künstlerischen Konvention
gemäß eine römisch anmu-
tende Rüstung, und sein Pferd
tritt auf einen Türken.

Das Monument ehrt Jan III.
Sobieskis Sieg über die Türken in der Schlacht bei Wien
1683 und hatte auch ein politisches Motiv. Stanisław August Poniatowski wollte
antitürkische Gefühle schü-
ren, ehe er sich im Krieg
gegen das Osmanische Reich
der russisch-österreichischen
Koalition anschloss.

Belvedere-Palast ⓲
Pałac Belweder

Belwederska 52. **Karte** 6 E4. ▨ *116,
118, 119, 195, 503.* ◻ *nur nach
Voranmeldung.*

O BWOHL DER Palast schon
aus dem 17. Jahrhundert
stammt, wurde er erst 1818

berühmt, als hier Warschaus
russischer Vizekönig, Großherzog Konstantin (verhasster
Bruder von Zar Alexander I.)
wohnte.

Ehe der Großherzog und
seine Gemahlin (eine polnische Adlige) einzogen, wurde
der Palast renoviert und erweitert, und aus dem Garten
wurde ein schön angelegter
Park. Um ein Becken und
Kanäle setzte man romantische Pavillons in griechischem, ägyptischem und gotischem Stil. Dies alles gehört
nun zum Łazienki-Park.

Am 29. November 1830, am
Anfang des Novemberauf-
stands, griff eine Gruppe Offizierskadetten zusammen mit
ein paar Studenten den Belvedere-Palast an. Der Großherzog konnte jedoch fliehen.

Seit 1918 gehört der Palast
dem Staat. Marschall Józef
Piłsudski *(siehe S. 30)* be-
wohnte ihn 1926–35, dann
war er 1945–52 und erneut
1989–94 offizielle Residenz
des polnischen Präsidenten.
Der schöne klassizistische

Palast ist übrigens am besten
vom Fuße der Anhöhe aus zu
sehen.

Łazienki-Park ⓳

Siehe S. 162f.

Magnolien gehören zu den zahlreichen Pflanzen im Łazienki-Park

Wasserpalast ⓴
Pałac Na Wodzie

Siehe S. 164f.

Das elegante Portal am Eingang des Belvedere-Palasts

Łazienki-Park und -Paläste ⓳

Łazienki Królewskie

IM MITTELALTER WAREN die masowischen Fürsten Besitzer des Łazienki-Parks. Im frühen 17. Jahrhundert, als er der polnischen Krone gehörte, befand sich hier eine königliche Menagerie. 1674 erwarb Großmarschall Stanisław Herakliusz Lubomirski den Park und engagierte Tylman van Gameren, um eine Eremitage und einen Badepavillon zu entwerfen. Der Pavillon gab dem Park seinen Namen (*Łazienki* bedeutet Bäder). Im 18. Jahrhundert gehörte der Park König Stanisław August Poniatowski, der ihn von Karol Agrykola, Karol Schultz und Jan Schuch als formellen Garten anlegen ließ. Dominik Merlini gestaltete den Pavillon als Residenz. Der Łazienki-Palast ist heute Museum.

Pfau im Łazienki-Park

★ Alte Orangerie
1788 schuf Dominik Merlini im Ostflügel des Gebäudes ein Theater – heute eines der wenigen erhaltenen Hoftheater aus dem 18. Jahrhundert.

★ Chopin-Denkmal
Das sezessionistische Denkmal für Frédéric Chopin fertigte Wacław Szymanowski schon 1908, es wurde aber erst 1926 enthüllt. Es steht an einem See und zeigt Polens berühmtesten Komponisten unter einer Weide sitzend, wo er auf Inspiration durch die Natur hofft.

Sibyllentempel
Das neoklassizistische, einem griechischen Tempel nachempfundene Gebäude wurde um 1820 errichtet.

0 Meter — 200

Wasserturm
Den 1778 nach Entwürfen Dominik Merlinis gebauten Wasserturm gestaltete Chrystian Piotr Aigner 1827 um.

Eremitage

Tylman van Gameren entwarf das 1690 fertig gestellte Gebäude als Schlupfwinkel für Stanisław Herakliusz Lubomirski. Zur Zeit Stanisław August Poniatowskis wohnte hier die Wahrsagerin und Vertraute des Königs, Henrietta Lhullier.

INFOBOX

Łazienki Królewskie, Agrykola 1.
Karte 6 E3, 6 F3, 6 E4, 6 F4.
621 62 41. 100, 107, 108, 116, 119, 195, 503, 513.
Łazienki-Park Sonnenauf- bis -untergang. **Wasserpalast** Di–So 9.30–16 Uhr. Sa frei.

Sobieski-Denkmal

Wasserpalast

Offiziersschule

Von diesem Gebäude aus marschierten Offizierskadetten zum Angriff auf den Belvedere-Palast (siehe S. 161). Dies war der Beginn des Novemberaufstands im Jahr 1830.

Myślewicki-Palast

Dominik Merlini entwarf diesen klassizistischen Palast im Jahr 1784 für Stanisław August Poniatowskis Neffen, Fürst Józef Poniatowski.

★ Theater auf der Insel

Ein Graben trennt Zuschauerraum und Bühne, die die Form eines Ruinentempels in Baalbek hat.

★ Weißes Haus

Das von Dominik Merlini 1774–77 gestaltete Haus nutzte Stanisław August Poniatowski für romantische Stelldicheins. Der spätere französische König Ludwig XVIII. lebte hier 1801 im Exil.

NICHT VERSÄUMEN

* ★ Theater auf der Insel
* ★ Weißes Haus
* ★ Alte Orangerie
* ★ Chopin-Denkmal

Neue Orangerie

Die 1861 aus Gusseisen und Glas gebaute Neue Orangerie entwarfen Józef Orłowski und Adam Loewe.

Wasserpalast ⑳

Personifikationen der vier
Elemente von André le Brun

DIESER PALAST GEHÖRT zu den neoklassiszistischen Meisterwerken in Polens Architektur. König Stanisław August Poniatowski beauftragte Dominik Merlini, einen Badepavillon aus dem 17. Jahrhundert zur Sommerresidenz umzubauen, was zwischen 1772 und 1793 geschah. Leider konnte der König den Palast nur wenige Jahre nutzen, denn nach der dritten Teilung Polens war er gezwungen abzudanken, und am 7. Januar 1795 verließ er Warschau – unter den Tränen seiner großen Anhängerschaft. Drei Jahre später starb er in St. Petersburg. Die Nazis planten, das Gebäude zu sprengen, doch weil sie bei ihrem Rückzug aus Warschau keine Zeit mehr hatten, legten sie nur Feuer. 1965 war der Palast wieder aufgebaut.

**Blumenständer,
18. Jh.**

**Brücke mit
Säulengalerie**

Herkulesstatue im Ballsaal

Statuen von Herkules, einem Zentauren und Zerberus (dem Hund, der Hades bewachte) stützten den Kaminsims im Ballsaal. Sie stehen für den Sieg des Menschen über die Mächte der Finsternis.

Terrasse

**★ Basreliefs im
Badezimmer**
Basreliefs (17. Jh.) aus dem originalen Badepavillon zeigen Szenen aus Ovids Metamorphosen.

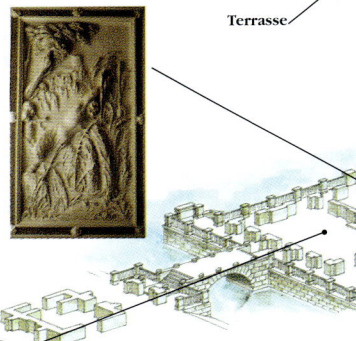

★ Ballsaal
Den reich geschmückten Ballsaal entwarf Jan Chrystian Kamsetzer.

ZEITSKALA

1650	1700	1750	1800	1850	1900	1950
	1690 Marschall Lubomirski baut einen Badepavillon	**1788** Der Ballsaal entsteht	**1793** Der Palast wird fertig gestellt		**1965** Die Renovierung wird abgeschlossen	
			1817 Zar Alexander I. erwirbt den Palast			
	1772 Beginn der Bauarbeiten am Palast			**1915** Stadtverwaltung kauft den Palast		
	1784 Fertigstellung der Südfassade			**1922** Beginn der Restaurierung		
	1795 Stanisław August Poniatowski dankt ab			**1944** Nazis legen Feuer		

DONNERSTAGS-DINERS

Jeden Donnerstag lud der König Maler, Schriftsteller und Intellektuelle zum Diner – im Sommer in den Wasserpalast, im Winter in den Marmorraum des Königsschlosses. Ein häufiger Gast war der Dichter und Bischof Ignacy Krasicki. Diese reinen Herrenveranstaltungen dienten als künstlerisches und politisches Forum, was so manche Gäste nicht von »Dessert-Poesie« abhielt – sie schrieben beim Nachtisch ungebührliche Verse, die sie unter ihren Tellern liegen ließen. Am Schluss wurde übrigens immer ein Pflaumengericht serviert.

Bischof Ignacy Krasicki

Palast-
fassade

★ Gemäldegalerie
Jan Chrystian Kamsetzer entwarf die Galerie 1793, um die große Sammlung des Königs auszustellen. An jeder Wand hängen in bis zu drei Reihen Gemälde – ein beeindruckender Anblick.

Francis Bacon
Frans Pourbus' Porträt hängt in der Gemäldegalerie.

Speisesaal, in dem
die Donnerstags-
Diners stattfanden

Salomonsaal
Die Decke des Hauptempfangsraums bemalte ursprünglich Marcello Bacciarelli; nach dem Zweiten Weltkrieg rekonstruierte man den Raum.

Rotunde
Diesen kreisförmigen Raum schuf Dominik Merlini als Gegenstück zum Pantheon, allerdings für Polens große Monarchen. Hier stehen Skulpturen von Königen wie Kazimierz Wielki, Zygmunt Stary, Stefan Batory und Jan III. Sobieski.

STEPHANUS BATOREUS

NICHT VERSÄUMEN

★ **Ballsaal**

★ **Basreliefs im Badezimmer**

★ **Gemäldegalerie**

ABSTECHER

WÄHREND IN WARSCHAUS Innenstadt die meisten historischen Bauwerke nach dem Zweiten Weltkrieg wieder aufgebaut werden mussten, blieben in anderen Teilen der Stadt viele Gebäude von der Zerstörung verschont, wie etwa mehrere schöne Residenzen an der Böschung des linken Weichselufers, die man meist mit öffentlichen Verkehrsmitteln oder sogar zu Fuß erreichen kann. Am Stadtrand liegt der Wilanów-Park mit dem gleichnami-

Fliegerdenkmal, Wawelska-Straße

gen Palast, einst Residenz von König Jan III. Sobieski. Im Bielański-Park stehen eine Kamaldulenser-Kirche und -Einsiedelei. Auch für Tagesausflüge jenseits der Stadtgrenzen gibt es mehrere Alternativen, darunter den schön angelegten Arkadia-Park und den benachbarten Nieborów-Palast. Einen Besuch lohnen auch Frédéric Chopins Geburtshaus zu Żelazowa Wola, heute ein Museum, sowie mehrere historische Städte wie Łowicz, Pułtusk und Płock.

SEHENSWÜRDIGKEITEN AUF EINEN BLICK

Paläste und Gärten
Botanischer Garten Powsin **7**
Królikarnia-Palast **3**
Natolin-Palast **5**
Rozkosz-Palast **4**
Szuster-Palast **2**
Wilanów-Palast und -Park **1**
Zoologischer Garten **11**

Kirchen
Kirche des hl. Antonius
von Padua **6**

Kirche des hl. Stanisław
Kostka **13**
Russisch-orthodoxe
Kirche der hl. Maria
Magdalena **9**

Friedhöfe
Jüdischer und andere
Friedhöfe in Powązki **15**
Katholischer Friedhof in
Powązki **14**

Wälder und Parks
Bielański-Wald **12**
Kabacki-Wald **8**

Märkte
Różycki-Markt **10**

LEGENDE

◼ Stadtzentrum
▬▬▬ Hauptstraße
✈ Flughafen

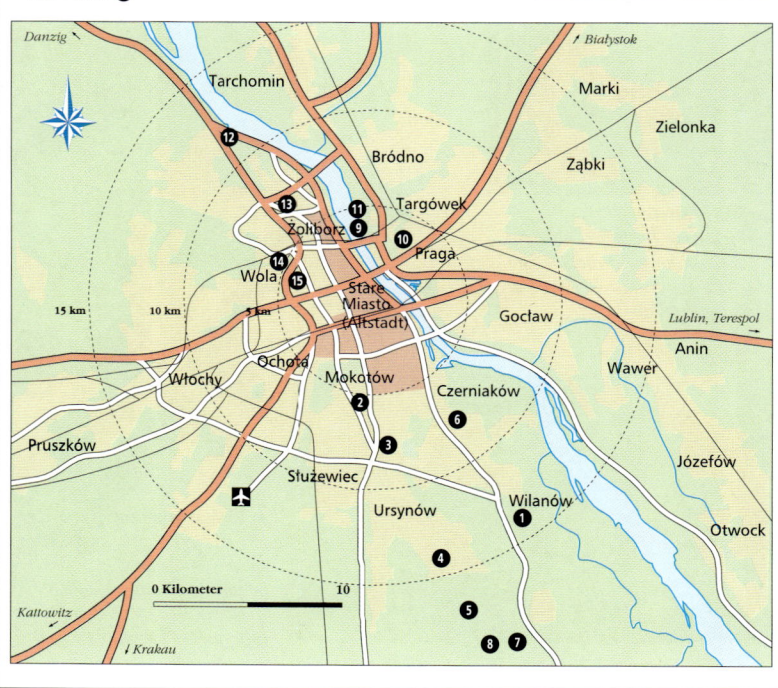

◁ **Die neoklassizistische Toreinfahrt zum Wilanów-Park und -Palast**

Wilanów-Palast und -Park ❶

Orangerie
Hier finden heute Kunsthand-werksausstellungen statt.

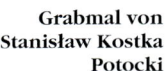

OBWOHL DER WILANÓW-PALAST königliche Residenz war, wurde er eigentlich als Rückzugsort für König Jan III. Sobieski entworfen, der das Familienleben höher schätzte als materielle Pracht. Das Originalanwesen, die Villa Nova, war 1677 erworben und innerhalb von zwei Jahren nach Plänen des Architekten Augustyn Locci in ein Herrenhaus umgebaut worden. Später

Putten

wurden zwei Flügel, Türme und im ersten Stock ein Bankettsaal hinzugefügt, deren Interieur von einigen der besten Handwerker Europas gefertigt wurde. Die Skulpturen an der Fassade stammen von Andreas Schlüter, einige Wandgemälde (17. und 18. Jh.) von Michelangelo Palloni, Claude Callot und Jerzy Eleuter Szymonowicz-Siemiginowski.

Grabmal von Stanisław Kostka Potocki
Ironischerweise liegt Polens größter Klassik-experte unter einem neugotischen Baldachin vor dem Haupttor.

0 Meter   50

Haupteinfahrt
Die imposante Einfahrt aus dem 17. Jahrhundert schmücken alle-gorische Figuren, die Krieg und Frieden darstellen.

★ Plakatmuseum
Die frühere Reit-schule Wilanóws beherbergt heute das faszi-nierende Plakatmuseum (Muzeum Plakatu).

Pavillon
Dieser chinesische Pavillon steht im englischen Garten im Norden des Palasts, der im 19. Jahrhundert angelegt wurde.

INFOBOX

S.K. Potockiego 10–16.
📞 842 07 95. 🚌 116, 130, 164, 180, 410, 522.
Palast ⬜ Mi–Mo 9.30–14.30 Uhr. ⬤ Di, Jan. **Park** ⬜ tägl. 9.30–Dämmerung. 🎫 Do frei.
🖼 👪 🚻 📷 ⬜ 🚫

★ Barock-Park
Der älteste, in barockem Stil gestaltete Teil des Wilanów-Anwesens liegt hinter dem Palast.

Palastfassade
Offene Perspektiven erlauben die Sicht auf den Palast vom ganzen Park und sogar von den angrenzenden Feldern von Morysin aus.

Stuckgiebel
Der Giebel, der die Tapferkeit des Königs Jan III. Sobieski symbolisiert, ziert die Fassade über einem Parkeingang.

★ Wilanów-Palast
Dies war die Lieblingsresidenz von König Jan III. Sobieski.

NICHT VERSÄUMEN

★ **Wilanów-Palast**

★ **Plakatmuseum**

★ **Barock-Park**

Überblick: Wilanów-Palast

DIE INTERESSANTESTEN GEMÄCHER, in denen ursprünglich König Jan III. Sobieski und seine Gattin Marysieńka wohnten, liegen im Erdgeschoss des Hauptgebäudes, das noch viele Originalelemente aufzuweisen hat. Im Nordflügel befinden sich Räume aus dem 19. Jahrhundert, in denen einst die Kunstsammlung der Potocki-Familie untergebracht war und spätere Besitzer wohnten. Im Südflügel liegen der für König August II. den Starken gestaltete barocke Große Speisesaal sowie die Gemächer der Prinzessin Izabela Lubomirska, zu denen ein Badezimmer von 1775 gehört. Die Kinder- und Gouvernantenzimmer befinden sich – zusammen mit einer faszinierenden Gemäldegalerie – im ersten Stock.

Schmuckdetail an der Fassade

Florentinischer Sekretär
Dieser prächtige Schreibschrank (17. Jh.) steht im Vorzimmer des Königs.

Großer karmesinroter Saal
Der Saal ist nach dem roten Stoff an den Wänden benannt. An dem riesigen Tisch wurden wichtige Persönlichkeiten unterhalten.

Porträt der Familie Sobieski
Die Hochzeit von König Jan III. Sobieski und Marysieńka war eine echte Liebesheirat, was einst in adeligen Kreisen selten war.

ZEITSKALA

	1600	1650	1700	1750	1800	1850	1900

1692 Fertigstellung des Großen Speisesaals

1667 Erbauung von Wilanów beginnt

1775 Bad für Izabela Lubomirska wird erbaut

1723 Baubeginn an den Flügeln

1805 Stanisław Kostka Potocki gründet ein Museum

1855–56 Kapelle wird eingerichtet

1681 Türme und Galerien werden gebaut

1696 König Jan III. Sobieski stirbt

1730 König August II. der Starke pachtet Wilanów

1720 Elżbieta Sieniawska kauft den Palast

1850 Nordflügel wird ausgebaut, neue Pavillons werden errichtet

1945 Wilanów wird Museum

Nordgalerie
Zu dieser Galerie gehört ein Porträt von Potocki, geschaffen von dem französischen Maler Jacques-Louis David (1748–1825).

Vorzimmer der Königin
An den Wänden hängen noch die originalen Barock-Stoffe aus dem 17. Jahrhundert, als Königin Marysieńka hier residierte.

★ Großer Saal
Bei Szymon Bogumił Zugs klassizistischer Umgestaltung blieben einige Barock-Elemente erhalten, z.B. die Allegorie der vier Elemente.

★ Schlaf-zimmer des Königs
Der Baldachin über dem Bett ist aus türkischem Stoff (17. Jh.).

Kapelle
Dieses Basrelief befindet sich über der Tür zur Kapelle (Mitte 19. Jh.), die Henryk Marconi und Franciszek Maria Lanci entwarfen.

Der Große Speisesaal
wurde 1730–33 nach einem Entwurf von Jan Zygmunt Deybel für König August II. den Starken erbaut, der damals Wilanów gepachtet hatte.

LEGENDE

Gemächer der Königin
Gemächer des Königs
Großer Speisesaal
Gemächer Prinzessin Lubomirskas
Andere zu besichtigende Räume

NICHT VERSÄUMEN

★ **Schlafzimmer des Königs**

★ **Großer Saal**

Szuster-Palast ❷
Pałacyk Szustra

Szuster-Palast

Morskie Oko 2. **Karte** 6 E5. 849 68 56. 122, 130, 167, 206, 505, 514, 515, 524. 4, 18, 19, 35, 36.

EFRAIM SCHROEGER gestaltete den kleinen Palast ursprünglich als »malerische Villa« für Prinzessin Izabela Lubomirska (geborene Czartoryska). Der 1774 inmitten eines Landschaftsparks gebaute Palast hat eine herrliche Lage auf einer Anhöhe in Mokotów vor den Toren Warschaus. Den Park, Morskie Oko, legte 1776–78 Szymon Bogumił Zug an, der kurz danach den Szuster-Palast umgestaltete.

1820 erwarb Anna Wąsowicz-Potocka (geborene Tyszkiewicz) das Haus und ließ ihn 1822–25 von Henryk Marconi in neugotischem Stil umbauen. Der deutsche Wissenschaftler Alexander von Humboldt wurde hier im Jahr 1830 empfangen. Er beschrieb Palast und Park als »reich mit Blumen, Marmor und antiken griechischen Artefakten geschmückt«. Dieses Urteil enttäuschte und verletzte Anna Potocka jedoch, die überschwänglichere Preisungen gewohnt war. Sie soll auf die Bemerkung geantwortet haben: »Ich versuche, mich mit ihm über interessante Dinge zu unterhalten, und er dröhnt etwas über sibirische Gräser. Ein typischer, stumpfsinniger Preuße!«

Ab 1845 gehörte der Palast fast hundert Jahre lang der Familie Szuster. Nach einem Brand im Jahr 1944 wurde er jedoch als Sitz der Warschauer Musikgesellschaft wieder aufgebaut. In dem kürzlich restaurierten Park befinden sich ein maurisches Haus, ein Taubenschlag, ein Tor (spätes 18. Jh.) von Szymon Bogumił Zug und das Mausoleum der Szuster-Familie.

Królikarnia-Palast ❸
Pałacyk Królikarnia

Puławska 113a. 843 15 86. 167, 505, 514, 515, 524. 4, 18, 19, 35, 36. Di–So 10–16 Uhr. Do frei.

SEINEN UNGEWÖHNLICHEN Namen verdankt dieser exquisite Palast (wörtlich »Kaninchenstall«) der Tatsache, dass er auf dem Grund einer Kaninchenfarm mit Jagdrevier steht, der im 18. Jahrhundert August II. dem Starken gehörte.

Der von Dominik Merlini in klassizistischem Stil gestaltete viereckige Palast mit Kuppel erinnert an Andrea Palladios Meisterwerk, die Villa Rotonda in der Nähe von Vicenza.

Der Palast wurde zwischen 1782 und 1786 für Karol de Valery Thomatis, den Intendanten von Stanisław August Poniatowskis königlichem Theater, gebaut. Der Palast in einem Park in Mokotów beherbergt heute das Xawery-Dunikowski-Museum mit Werken dieses berühmten polnischen Bildhauers.

Falum von Xawery Dunikowski im Królikarnia-Palast

Rozkosz-Palast ❹
Pałac Rozkosz

Nowoursynowska 166. 515.

DER ZWISCHEN 1775 und 1780 für Izabela Lubomirska, die Gattin des berühmten Armeemarschalls, erbaute Rozkosz(»Lust«)-Palast steht idyllisch auf einer Anhöhe in Ursynów am Weichselufer. Zehn Jahre nach der Erbauung wurde er nach einem gemeinsamen Entwurf von Christian Piotr Aigner und Stanisław Kostka-Potocki (dem späteren Besitzer) umfassend renoviert.

1822–1831 gehörte der Palast dem Politiker und Schriftsteller Julian Ursyn Niemcewicz, dem Adjutanten Tadeusz Kościuszkos, der den Aufstand von 1794 anführte.

Im Jahr 1858 gab der neue Besitzer, Ludwik Krasiński, Zygmunt Rospendowski den Auftrag, den Palast klassizistisch umzugestalten. Die Fassade wurde damals mit Büsten militärischer Anführer wie Stefan Czarniecki, Paweł Sanguszko, Władysław Koniecpolski und Jan Tarnowski sowie mit Büsten mehrerer polnischer Königinnen wie Barbara und Jadwiga geschmückt.

Heute dient der Rozkosz-Palast als Hauptsitz der Landwirtschaftsschule.

Die klassizistische Fassade des Rozkosz-Palasts im Winter

Der Natolin-Palast steht in einem schön gestalteten Park

Natolin-Palast ❺
Pałac w Natolinie

Nowoursynowska. 🚌 *412, 505, 513.*
Ⓜ *Natolin.* ⬤ *für die Öffentlichkeit.*

Deckengemälde von Vincenzo Brenna im Natolin-Palast

Als diese klassizistische Residenz in den Jahren 1780–82 erbaut wurde, lag sie mehrere Kilometer vor Warschaus südlicher Grenze. Heute entstehen in der Gegend jedoch immer mehr Mietshäuser.

Der Architekt von Natolin, Szymon Bogumił Zug, wurde den Besitzern von Fürst August Czartoryski und seiner Tochter Izabela Lubomirska, denen das benachbarte Wilanów-Anwesen *(siehe S. 168ff)* gehörte, empfohlen.

Der Natolin-Palast hat verzierte Wände und Deckengemälde von Vincenzo Brenna, einem italienischen Architekten und Maler. 1808 gestaltete Christian Piotr Aigner den Palast um. Er fügte unter anderem die auffällige Kuppel und einen ungewöhnlichen Sommersalon hinzu, der sich zum Garten hin öffnet.

Der Palast steht in einem angelegten Park, der sich an einer Anhöhe entlang erstreckt. Im Park befinden sich außerdem mehrere Gebäude und schmückende Bauwerke wie eine Brücke, ein dorischer Tempel, ein Aquädukt und ein maurisches Tor.

Da weder Palast noch Garten für die Öffentlichkeit zugänglich sind, kann man lediglich eine Eiche mit dem Namen Mieszko (dem Namen mehrerer polnischer Könige) neben dem Palast an der Ulica Nowoursynowska bewundern. Dieser älteste Baum im Stadtgebiet Warschaus soll der einzige Überlebende des Masowischen Waldes sein, der einst das ganze Gebiet bedeckte.

Die Kirche des hl. Antonius von Padua mit ihrer grünen Kuppel

Kirche des hl. Antonius von Padua ❻
Kościół św. Antoniego Padewskiego

Czerniakowska 2/4. 📞 *842 03 71.*
🚌 *131, 159, 162, 180, 185, 187, 362.*

Die Barock-Kirche, die 1687–93 von den Mönchen des Bernhardinerordens gebaut wurde, entwarf der berühmte Architekt Tylman van Gameren. Sie steht an der Stelle des früheren Dorfes Czerniaków, das dem Hofmarschall Stanisław Herakliusz Lubomirski gehörte.

Die relativ schlichte Fassade der Kirche verbirgt ein reich verziertes Interieur mit Stuckarbeiten und Wandgemälden, meist Werken Antonio Giorgiolis, über das Leben des heiligen Antonius von Padua.

Einige der Altäre sind Barock-Entwürfe des berühmten deutschen Baumeisters und Bildhauers Andreas Schlüter (1664–1714). In einem Glassarg unter dem Hochaltar liegen die Überreste des heiligen Bonifatius (eines Papstes im 5. Jh.). Diese Reliquien übergab Papst Innozenz XI. Stanisław Herakliusz Lubomirski im Jahr 1687.

Botanischer Garten Powsin ❼
Ogród Botaniczny w Powsinie

Prawdziwka 2. 📞 *648 09 51.* 🚌 *139.*
⬤ *Apr–Okt tägl. 10–18 Uhr.* 📷

Die Polnische Akademie der Wissenschaften gründete den Botanischen Garten Powsin im Jahr 1974 als Lehr- und Forschungseinrichtung. Seit 1990 ist der Garten für das Publikum geöffnet.

Auf dem 16 Hektar großen Gelände am Ufer der Weichsel befinden sich eine Baumschule, eine Sammlung seltener und bedrohter Pflanzenarten, Heilpflanzen und Kräuter. Und in Gewächshäusern werden außerdem Zierpflanzen gezogen.

Topfpflanzen, Blumen und Setzlinge gibt es hier zu kaufen, und in den Wintermonaten finden Jahrmärkte statt.

Der winterliche Kabacki-Wald im Süden Warschaus

Kabacki-Wald ❽
Las Kabacki

Ⓜ *Kabaty.* 🚌 *412, 504, 505, 519.*

D ER KABACKI-WALD an der Ulica Prawdziwka nahe dem Botanischen Garten ist ein beliebtes Ausflugsziel der Warschauer. Auf 920 Hektar gibt es verschiedenste Laubbäume wie z. B. Eichen sowie Areale mit vorwiegend immergrünen Kiefern.

Vor dem Zweiten Weltkrieg schützte Stefan Starzyński, der Bürgermeister Warschaus, den Wald vor Bebauung, indem er ihn im Namen des Stadtrates den Besitzern abkaufte.

In der Nähe Powsins am südöstlichen Rand des Waldes befindet sich inmitten von Bäumen ein Ferienzentrum mit Swimmingpool und anderen Sporteinrichtungen sowie Übernachtungsmöglichkeiten in einem Châlet.

Russisch-orthodoxe Kirche der hl. Maria Magdalena ❾
Cerkiew św. Marii Magdaleny

Aleja Solidarności 52. **Karte** 4 E3.
Ⓒ *619 08 86.* 🚌 *120, 125, 135, 160, 162, 170, 192, 362, 402, 512, 517, 718.* 🚊 *3, 6, 13, 21, 25, 26.*

I M STADTTEIL Praga am rechten Weichselufer baute Nikolai Sychev 1868–69 die Kirche der heiligen Maria Magdalena, die von byzantinischen Zwiebeltürmen gekrönt ist.

Im Inneren befinden sich Wandgemälde mehrerer russischer Künstler sowie eine interessante Ikonostase. Auf dieser kunstvollen Bilderwand, die den Gemeinde-

vom Altarraum trennt, sind Türen und Ikonen in Reihen angeordnet.

Die Kirche ist außerhalb der Gottesdienste selten der Öffentlichkeit zugänglich. Die

Kuppeln der russisch-orthodoxen Kirche der hl. Maria Magdalena

besten Zeiten für einen Besuch sind die orthodoxen Feiertage, an denen Sie hier auch den hervorragenden Kirchenchören zuhören können.

Różycki-Markt ❿
Bazar Różyckiego

Targowa 54. **Karte** 4 F4. 🚌 *101, 103, 120, 125, 135, 138, 169, 302, 509.* 🚊 *3, 6, 13, 21, 25, 26, 32.* Ⓞ *Mo–Fr 6–18 Uhr.*

A LS SEIT LANGEM etablierte Institution bietet der Różycki-Markt ein gutes Beispiel des »alten Warschau«. Der Markt befindet sich im Herzen von Praga, südlich der russisch-orthodoxen Kirche der hl. Maria Magdalena. Im Zuge wirtschaftlicher Refor-

men und der Umgestaltung von Praga verlor der Markt zwar seine Rolle als wichtigste Einkaufsmeile Warschaus, er hat jedoch nach wie vor seine ganz eigene Atmosphäre.

A. Różycki, ein Warschauer Apotheker, gründete den Markt um 1900 an der Stelle eines älteren Marktes. Inmitten heruntergekommener Mietshäuser werden aus Hunderten von Holzbuden vor allem Kleidung und Lebensmittel verkauft. Eine hiesige Spezialität ist ein warmes Gericht namens *flaki*, das Straßenverkäufer lauthals anpreisen.

Der Markt ist schon immer bei Taschendieben beliebt – achten Sie also gut auf Ihre Wertsachen.

An den Straßen gleich hinter dem Markt, Ząbkowska und Brzeska, stehen alte Ziegelhäuser, an deren Mauern man noch die Einschusslöcher aus dem Zweiten Weltkrieg sieht. In der Ulica Brzeska bekam man bis vor kurzem illegale Getränke. Abends und wenn Sie allein unterwegs sind, meiden Sie die Straße besser.

Zoologischer Garten ⓫
Ogrod Zoologiczny

Ratuszowa 1/3. **Karte** 4 D3 & 4 D4.
Ⓒ *619 40 41.* 🚌 *125, 160, 162, 170.* 🚊 *4, 6, 13, 21, 26, 32.* Ⓞ *tägl. 9–18 Uhr.*

W ARSCHAUS ZOO am rechten Weichselufer öffnete 1928 seine Pforten. Die zoologische Tradition der Stadt reicht jedoch bis ins 17. Jahrhundert zurück, als wohlhabende Magnaten sich Privatzoos einrichteten.

Der ursprüngliche Warschauer Tierpark im Praski-

Mutter Pavian mit Kind im Zoologischen Garten

Garten wuchs kontinuierlich bis zum Ausbruch des Zweiten Weltkriegs. In den ersten Kriegswochen wurden jedoch große Teile des Zoos zerstört und die Tiere von den deutschen Truppen abgeschlachtet.

1948 wurde der Tiergarten wieder hergerichtet, und zurzeit bedeckt er 40 Hektar mit zumeist offenen Flächen. Hier leben insgesamt etwa 3000 Tiere, darunter 91 Säugetier-, 87 Vogel-, 49 Reptilien- und ebenso viele Fischarten.

Der Małe-Zoo (»Kleiner Zoo«) ist ein Abschnitt, in dem man Tiere füttern und streicheln kann. Ein paar Gehminuten vom Hauptzoo entfernt befindet sich in der Aleja Solidarności ein von einem Graben umgebenes Bärengehege.

Grab von Pater Jerzy Popiełuszko, Kirche des hl. Stanisław Kostka

Bielański-Wald **⑫**
Las Bielański

Dewajtis. 🚌 *121, 181.*
🚊 *6, 15, 17, 27.*

DER BIELAŃSKI-WALD am Ufer der Weichsel bedeckt eine Fläche von 150 Hektar – das ist alles, was vom prähistorischen Masowischen Wald übrig ist. In diesem Wald gibt es eine breite Palette an Pflanzen und Bäumen, darunter 700 Jahre alte Eichen.

Heute ist der Wald – noch bis vor wenigen Jahrzehnten ein beliebtes Jahrmarkt- und Picknickareal, wohin Tausende mit Vergnügungsbooten kamen – ein geschützter Nationalpark.

Die höchste Erhebung ist der Pólkowska-Hügel, auf dem an einem Fluss die Kirche der Unbefleckten Empfängnis steht. Kamaldulensermönche bauten die Kirche zwischen 1669 und 1710 mit Stuck im Stil des Rokoko im ovalen Kirchenschiff. Zu den Wohltätern des Klosters gehörten die polnische Königsfamilie und andere wohlhabende Gönner, deren Familienwappen am Portal der Einsiedeleien hinter der Kirche zu sehen sind. In diesen kleinen Häusern wohnten bis 1904 Mönche. Im angrenzenden Friedhof befindet sich das Grab von Stanisław Staszic (1755–1822), einem berühmten politischen Schriftsteller, Philosophen und Wissenschaftler, der die Königliche Gesellschaft der Freunde der Wissenschaft mit begründete.

Sowohl die Kardinal-Stefan-Wyszyński-Universität als auch das Warschauer Priesterseminar in der Nähe der Kirche wurden in den 80er Jahren des 20. Jahrhunderts gebaut.

In der Ulica Pułkowa am Rand des Bielański-Waldes gibt es einen kleinen Friedhof für italienische Soldaten. Er wurde 1927 eingerichtet und vom obersten technischen Beauftragten für Soldatenfriedhöfe in Rom entworfen. Hier liegen die italienischen Soldaten begraben, die im Ersten Weltkrieg auf polnischem Boden fielen, sowie ca. 1200 Kriegsgefangene, die im Zweiten Weltkrieg von den Nationalsozialisten getötet wurden. Das Friedhofstor hat die Form eines Triumphbogens, und die Gitter sind mit Lorbeerblättern und römischen Schildmotiven verziert.

Kirche des hl. Stanisław Kostka **⑬**
Kościół św. Stanisława Kostki

Hozjusza 1. **Karte** 3 A2. 🚌 *110, 116, 121, 122, 157, 181, 185, 195, 303, 409, 508, 514, 515.* 🚊 *6, 15, 36.*

DIE MODERNISTISCHE Kirche mit ihren Zwillingstürmen steht inmitten der Villen von Żoliborz. Sie ist Ziel polnischer Wallfahrer, die das Grab des Paters Jerzy Popiełuszko besuchen, dessen couragierte Predigten zur Verteidigung der Freiheit Polens zur Zeit des Kommunismus berühmt waren. Im Jahr 1984 wurde Popiełuszko von kommunistischen Geheimagenten umgebracht.

Katholischer Friedhof in Powązki **⑭**
Katolicki Cmentarz Powązkowski

Siehe S. 176f.

An Allerseelen schmücken Kerzen und Blumen den Powązki-Friedhof

Katholischer Friedhof in Powązki ⓮
Katolicki Cmentarz Powązkowski

WARSCHAUS GRÖSSTER und schönster Friedhof gehört zu einem riesigen Komplex, der nach religiösen Konfessionen – neben katholisch auch jüdisch und protestantisch *(siehe S. 178f)* – eingeteilt ist. Vor Gründung des Friedhofs im Jahr 1790 befand sich auf dem Nachbargrundstück Izabela Czartoryskas dem Trianon in Versailles nachempfundener Rokoko-Palast in einem romantischen Park. In der Nähe des Friedhofs verlaufen Straßen mit Namen wie Spokojna (»ruhig«) und Smętna (»traurig«). Je weiter sich der Friedhof ausdehnte, umso komplizierter wurde es, die Parzellen zu verzeichnen, und um ein bestimmtes Grab zu finden, braucht man Geduld und eine gute Karte.

Beim Haupteingang (St.-Honorata-Tor) steht die im 18. Jahrhundert von König Stanisław August Poniatowski und seinem Bruder Michał, Primas von Polen, gestiftete Kirche des St. Karol Boromeusz, die 1891–98 restauriert wurde.

Lilpop-Familiengrab
Der neugotische gusseiserne Spitzturm (1866) von Józef Manzel erhebt sich über dem Grab der Familie Lilpop (Parzelle B), Miteigentümer einer Metallfabrik.

Wacław Szymanowski
Szymanowski (1821–86) war Journalist und Chefredakteur der Zeitung Kurier Warszawski. *Sein Grabmal (Parzelle 40), das sein Sohn Wacław jun. im Jahr 1905 meißelte, ist ein Meisterwerk des sezessionistischen Stils.*

Edward Rydz-Śmigły
Rydz-Śmigły, Oberster Kommandant der polnischen Armee beim Feldzug von 1939, verließ danach das Land und wurde in Rumänien interniert. Er floh nach Ungarn und kehrte nach Warschau zurück, wo er starb. Er wurde unter dem Pseudonym Adam Zawisza in einem schlichten Grab (Parzelle 139) mit weißem Birkenkreuz beigesetzt.

Bolesław Prus
Aleksander Głowacki (1847–1912) alias Bolesław Prus gehörte zu Polens populärsten realistischen Schriftstellern des 19. Jahrhunderts (Parzelle 209).

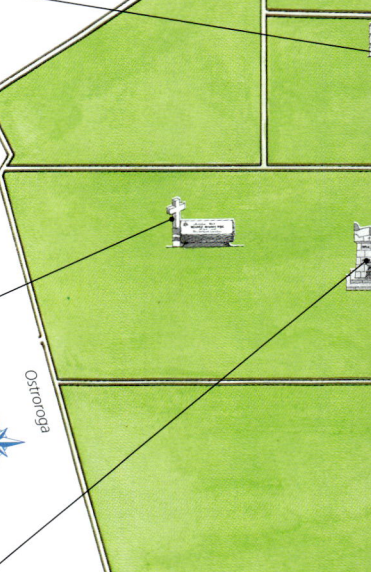

Tatarska

Ostroroga

Frédéric Chopins Eltern und Stanisław Moniuszko

In benachbarten Gräbern (Parzelle 9) liegen Stanisław Moniuszko, Komponist und Gründer der Nationaloper, sowie Justyna und Mikołaj Chopin.

Lusia Raciborowska

Die eindringliche Statue von 1900 (Parzelle 3) wurde im Mailänder Atelier von Donato Barcaglio aus weißem Marmor geschaffen.

Stanisław Wojciechowski

(1869–1953), der zweite Präsident des souveränen Polen, wurde bei Józef Piłsudskis Putsch im Mai 1926 abgesetzt. Er ist in Parzelle 12 begraben.

St.-Honorata-Tor

Die Kirche des St. Karol Boromeusz

entstand nach den eklektischen Plänen Józef Pius Dziekońskis.

Die Allee der Verdienste

wurde 1925 angelegt. An der Südseite liegen berühmte Künstler, Wissenschaftler und Politiker der Stadt.

Powązkowska

Jan Kiepura

Der »Junge aus Sosnowiec« war ein berühmter Operntenor, der mit seiner Frau Martha Eggerth auch in vielen Filmen auftrat. Seinem Begräbnis wohnten 1966 einige tausend Bewunderer bei.

Władysław Reymont

Reymont, dessen Grab an der Allee der Verdienste liegt, gehörte zu Polens herausragendsten Autoren. 1924, ein Jahr vor seinem Tod, wurde ihm für seinen Roman Chłopi (Die Bauern) *der Nobelpreis verliehen.*

Jan Szczepkowski

Diese Engelsstatue bewacht das Grab von Jan Szczepkowski (1878–1964), einem führenden Art-déco-Bildhauer.

Katakomben

In den 1792 gebauten und 1851 erweiterten Katakomben wurden die Familie von König Stanisław August Poniatowski und andere berühmte Polen bestattet.

Jüdischer Friedhof ⑮ und andere Friedhöfe in Powązki
Cmentarz Żydowski

D ER JÜDISCHE FRIEDHOF, Ulica Okopowa, stammt von 1799–1806. Die heute aufgegebene Stätte ist sehr ergreifend, und Bäume und dichter Bewuchs zwischen den Grabsteinen machen den Zugang einiger Abschnitte beschwerlich. Religiöse Vorschriften verboten menschliche Abbilder auf den Grabsteinen, weshalb sie vor allem mit Symbolen und Ornamenten verziert sind. Die meisten sind schlichte Grabsteine *(masebas)*, es gibt aber auch kunstvollere Denkmäler wie Marmorobelisken, Sarkophage und Kapellen mit Gedenktafeln *(oheles)*.

Mausoleum der Familie Wedel
Das Grab der berühmten Schokoladenhersteller (Aleje A, Nr. 31) ziert eine bronzene Christusstatue, die Stanisław R. Lewandowski 1931 schuf.

Jenike-Familiengrab
Das sezessionistische Grab aus Sandstein (Aleje 54) gestaltete Zygmunt Otto im Jahr 1903.

Halpert-Kapelle
Diese große Kapelle im Empire-Stil (Aleje E) gab Maria Halpert im Gedenken an ihren im Jahr 1832 verstorbenen Gatten Salomon in Auftrag.

Braeunig-Kapelle
Die älteste gusseiserne Kapelle Warschaus wurde 1821 erbaut. Sie steht an der Aleje D, Nr. 55a.

Evangelisch-reformierter Friedhof
Die lutherische und die evangelisch-reformierte Gemeinde teilten sich einst einen Friedhof in der Ulica Mylna. Seit die Ruhestätten an diesen gepflegten Friedhof (Cmentarz Ewangelicko-Reformowany) verlegt wurden, trennt eine Mauer die Grabstätten der beiden Gemeinden.

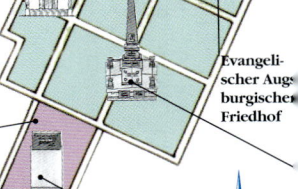

Młynarska

Evangelischer Augsburgischer Friedhof

Evangelisch-reformierter Friedhof

Laskowicki-Familiengrab
Dieses Grab (Parzelle B) krönt eine Engelsstatue mit Fackel, das Werk von Bolesław Jezio-rański.

Żytnia

Stefan Żeromski
Żeromski, im frühen 20. Jahrhundert einer der beliebtesten Schriftsteller Polens, schrieb Kurzgeschichten und Romane wie Przedwiośnie *(Vorfrühling). Sein Grab liegt in Parzelle F.*

Estera Rachela Kamińska
Die Theater- und Filmschauspielerin galt als »Mutter des jüdischen Theaters«. 1915 gründete sie das ihrem Mann Abraham Kamiński gewidmete Jüdische Theater Warschaus. Ihren Grabstein (Parzelle 39) entwarf Feliks Rubinlicht.

Jüdischer Friedhof

Janusz-Korczak-Denkmal
Das Denkmal (Parzelle 72) steht über dem symbolischen Grab Janusz Korczaks (1878–1942; siehe S. 143). Es zeigt ihn mit jüdischen Waisenkindern auf dem Weg ins Konzentrationslager.

Samuel Orgelbrand (1810–66) war Buchhändler, Verleger und Druckereibesitzer. Sein Grabstein steht in Parzelle 20.

Ludwik Zamenhof
Der gelernte Optiker Zamenhof (1859–1917) wurde 1887 durch die Erfindung der internationalen Sprache Esperanto bekannt. Seine letzte Ruhestätte befindet sich in Parzelle 10.

Okopowa

Evangelischer Augsburgischer Friedhof
Seit 1792 ist der Friedhof der augsburgisch-protestantischen Gemeinde (Cmentarz Ewangelicko-Augsburgski) in der Ulica Młynarska letzte Ruhestätte mehrerer Warschauer Würdenträger. Den Friedhof gestaltete Szymon Bogumił Zug, der hier 1807 bestattet wurde.

Wojciech Gerson (1831–1901) aus Warschau war ein berühmter Maler. Sein Grab befindet sich an der Aleje 19.

Anna German
Die großartige Sängerin (1936–82) war einer der populärsten Stars Polens.

SYMBOLE AN GRABSTEINEN

Die *masebas* im Jüdischen Friedhof zieren Symbole, die entweder die Familie, den Namen oder den Beruf des Verstorbenen darstellen.

Tagesausflüge

WARSCHAU IST VON der Masowischen Ebene umgeben, deren Landschaft Wälder und die Weichsel, der einzige Fluss Europas, der noch seinem natürlichen, unregelmäßigen Lauf folgt, bestimmen. Historische Städte und Stätten verlocken zu Tagesausflügen. Zu den Attraktionen gehören die Ruinen der mittelalterlichen Burg in Czersk, der Jabłonna-Palast in einem schönen Park und das Herrenhaus Żelazowa Wola, in dem Chopin zur

Niobe aus der Nieborów-Sammlung

Welt kam. Einige Reisebüros organisieren Touren *(siehe S. 237)* zu diesen Orten.

SEHENSWÜRDIGKEITEN AUF EINEN BLICK

Paläste und Schlösser
Czersk ❶
Jabłonna ❷
Nieborów ❸
Opinogóra ⓫

Historische Städte
Łowicz ❺
Płock ❿
Pułtusk ❾

Historische Gebäude
Żelazowa Wola ❻

Friedhöfe
Palmiry ❼

Parks
Arkadia ❹
Nationalpark
    Kampinoska ❽

LEGENDE

▢ Innenstadt Warschau
▢ Großraum Warschau
▬ Hauptstraße
✈ Flughafen

Łowiczer Tracht

Czersk ❶

39 km südlich von Warschau. 🚌 *vom Bahnhof Mokotów, Kreuzung Ulica Puławska und Nowoursynowska.*

DAS DORF Czersk war einmal die Hauptstadt der Region Masowien. 1413 – als die Weichsel ihren Lauf von Czersk weg veränderte – übernahm jedoch Warschau diese Rolle.

Zum Dorf gehört die Ruine einer mittelalterlichen Burg aus dem 14. bis 16. Jahrhundert, die man auf einer Brücke über den Burggraben erreicht. Die drei Türme wurden im 16. Jahrhundert vergrößert.

Im 13. Jahrhundert hielt Konrad Mazowiecki, der 1226 den Deutschritterorden nach Polen brachte, im Südturm den jungen Prinzen Bolesław Wstydliwy (den späteren Fürsten von Krakau) und den Fürsten von Breslau, Henryk Brodaty, gefangen.

Jabłonna ❷

20 km nördlich von Warschau.
📞 628 16 75. 🚌 723, 801.
Park 🕐 tägl. 6–22 Uhr.

SCHON SEIT DEM 15. Jahrhundert gibt es an diesem Ort einen Palast. Nach dem Tod von König Władysław IV. Wasa im Jahr 1648 wurde der Originalpalast zum Hauptstützpunkt von Karol Ferdy-

nand Wasa, als dieser um den polnischen Königsthron kämpfte.

Der heutige klassizistische Stil ist das Resultat von Dominik Merlinis Umgestaltung des Palasts für den polnischen Primas Michał Poniatowski in den Jahren 1775–79.

1837 möbelte Henryk Marconi das Gebäude erneut auf und fügte an der Fassade einen Turm mit ungewöhnlichem kugelförmigem Dach hinzu.

Im Palast selbst sowie im Park, den Szymon Bogumił Zug im 18. Jahrhundert entwarf, finden im Sommer Konzerte und andere Veranstaltungen statt.

Nieborów ❸

81 km westlich von Warschau.
📞 (046) 838 56 20, (046) 838 56 23.
🚌 bis Łowicz, dann Bus. **Palast**
🕐 Feb–Apr Di–So 10–16; Mai–Juni Di–So 10–18; Juli–Okt Mo–Fr 10–16, Sa, So 10–18 Uhr. **Park** 🕐 tägl. bis Sonnenuntergang. 📷

DER VON TYLMAN van Gameren im Stil des Barock entworfene Nieborów-Palast von 1690–96 steht in einem symmetrisch angelegten Gar-

ten. Den Palast gab der Erzbischof von Gnesen (Gniezno), Michał S. Radziejowski, ein großzügiger Kunstmäzen, in Auftrag.

Um 1766 ließ Fürst Michał K. Ogiński den Giebel im Rokoko-Stil dekorieren – mit einem tanzenden Bacchus mit Lorbeerkranz und Weintrauben in der Hand. Ogińskis höchstes Verdienst war ein Kanalsystem, das über ein

Der barocke Nieborów-Palast

Flüssenetz das Schwarze Meer mit der Ostsee verband.

Zwischen 1771 und 1945 war der Nieborów-Palast im Besitz der aristokratischen Radziwiłł-Familie, deren prächtige Möbel und umfangreiche Kunstsammlung in allen Räumen und Korridoren zu bestaunen sind.

Zu den Kunstwerken gehört Antoine Pesnes Porträt der berühmten Schönheit Anna Orzelska, Tochter von August II. dem Starken *(siehe S. 25)*. Das antike Marmorhaupt der Niobe ist eine römische Kopie

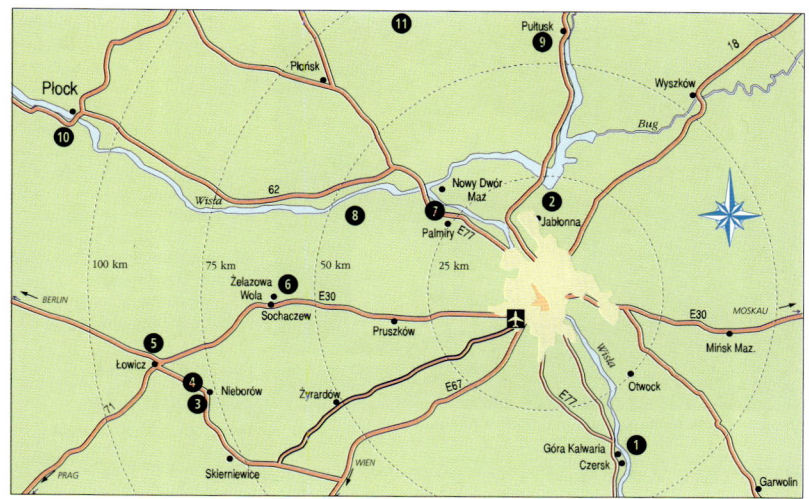

des griechischen Originals aus dem 4. Jahrhundert v. Chr. Das vom Dichter Konstanty Ildefons Gałczyński gepriesene Haupt schenkte Katharina II. die Große der Prinzessin Helena Radziwiłł.

Diana-Tempel in Arkadia

Arkadia ❹

85 km westlich von Warschau. 🚉 *vom Bahnhof Śródmieście nach Mysłaków.* ⏰ *Mai–Okt tägl. 10–16 Uhr; Juni–Aug 10–18 Uhr.* 📷

DEN ROMANTISCHEN Arkadia-Park zwischen den Städten Nieborów und Łowicz gründete Prinzessin Helena Radziwiłł im Jahr 1778. Sie wollte eine idyllische Landschaft mit Bäumen und Seen sowie malerischen Gebäuden schaffen. Mehrere Pavillons entwarfen Szymon Bogumił

Ruine eines gotischen Gebäudes im Arkadia-Park

Zug und Henryk Ittar. Heute ist der Park zugewuchert, aber noch immer ideal für einen Spaziergang. Zu den Gebäuden gehören der Diana-Tempel, das Priesterhaus, das Markgrafenhaus mit Steinbogen, das Gotische Haus, die Sibyllengrotte und ein Aquädukt. An einigen Mauern sind Fragmente der originalen Skulpturen und anderen Steinmetzarbeiten des Bischofspalasts im Stil der Renaissance, der einst in Łowicz stand.

Łowicz ❺

81 km westlich von Warschau. 🚉 *vom Bahnhof Śródmieście oder vom Hauptbahnhof.* **Łowiczer Regionalmuseum** ☎ *(046) 837 39 28.* ⏰ *Di–So 10–16 Uhr.* 📷

DIE KLEINE, im 13. Jahrhundert gegründete Stadt war einst Sitz einer der ältesten Kastellaneien Polens. Mehrere Jahrhunderte lang war Łowicz Residenz der Erzbischöfe Gnesens, die zu-

gleich Primas von Polen waren. Sie hinterließen mehrere kirchliche Bauten, darunter die schöne mittelalterliche **Kollegiatskirche**, die im 17. Jahrhundert wieder aufgebaut wurde. Sie birgt zahlreiche herrliche Kunstwerke und Grabmale wie das von Jakub Uchański, dem 1581 verstorbenen Primas von Polen. Es befindet sich in einer Kapelle, die 1782–83 in klassizistischem Stil – nach einem Entwurf Efraim Schroegers – wieder aufgebaut wurde. Das Grab ziert eine Alabasterstatue, die Jan Michałowicz von Urzędów schuf.

Zu den Gebäuden beim Marktplatz gehört ein ehemaliges Kloster und das Seminar für Missionare, in dem sich heute das **Łowiczer Regionalmuseum** befindet. Es präsentiert Volkskunst, und in der Krypta einer früheren Kapelle (1689–1701 von Tylman van Gameren entworfen) sind eine Sammlung barocker Kunst und Wandmalereien Michelangelo Pallonis zu besichtigen. Und ein kleiner *skansen* (Freilichtmuseum) hinter der Kapelle besteht aus zwei alten Bauernhäusern mit Originaleinrichtung.

Łowicz sollte man am besten an Fronleichnam (Ende Mai oder Anfang Juni) besuchen, um der feierlichen Prozession beizuwohnen, zu der viele Frauen traditionelle Tracht tragen.

Żelazowa Wola, Geburtsstätte von Frédéric Chopin

Żelazowa Wola ❻

52 km westlich von Warschau.
📞 *(046) 863 33 00.* 🚌 *vom Bahnhof Zachodni.* ⏱ *Apr–Okt Di–So 9.30–17.30; Nov–März Di–So 10–16 Uhr.*

P OLENS BERÜHMTESTER Komponist, Frédéric Chopin, kam am 1. März 1810 in diesem Herrenhaus zur Welt. Zu jener Zeit war das Haus ein strohgedecktes Nebengebäude, in dem Chopins Eltern, Mikołaj und Justyna, wohnten. 1931 wurde das Gebäude zum Museum, verwaltet von der Chopin-Gesellschaft in Warschau. Sie baute das Haus um und richtete es im Stil des 19. Jahrhunderts ein. Eine Sammlung von Erinnerungsstücken, die mit dem Komponisten in Zusammenhang stehen, bildet die Ausstellung. Im Park wurden Bäume und Büsche gepflanzt, die verschiedene Regionen des Landes stifteten.

Im Zweiten Weltkrieg beschlagnahmte die deutsche Besatzung viele Exponate, verboten Chopin-Konzerte und zerstörten sogar Porträts des Komponisten. Nach Renovierungsarbeiten konnte das Museum schließlich 1949 – an Chopins 100. Todestag – wieder eröffnet werden.

An den meisten Wochenenden von Mai bis Oktober finden auf der Terrasse Chopin-Konzerte statt.

Elf Kilometer nordwestlich von Żelazowa Wola liegt am Rand des Kampinos-National-parks das Dorf Brochów, in dessen Renaissance-Kirche Chopins Eltern heirateten und Frédéric Chopin selbst getauft wurde.

Palmiry ❼

25 km nordwestlich von Warschau.
🚌 *von den Bahnhöfen Marymont und Zachodni.*

D ER PALMIRY-Friedhof im Nationalpark Kampinos ist letzte Ruhestätte für mehr als 2200 Opfer von Hinrichtungen, die die Nazis hier und in anderen Wäldern im Bezirk Warschau durchführten.

Beim Friedhofseingang zitiert eine Inschrift einen unbekannten Gefangenen der Gestapo: »Leicht ist es, über Polen zu reden, schwerer, da-

Gräber auf dem Palmiry-Friedhof

für zu arbeiten, noch schwerer, dafür zu sterben, doch am schlimmsten ist es, für Polen zu leiden.«

Von Dezember 1939 bis Juli 1944 erschoss man hier Gefangene. Unter den bekannten Warschauern, die hier getötet wurden, war Janusz Kusociński, Godmedaillengewinner über 10 000 Meter bei den Olympischen Spielen von 1932 in Los Angeles.

Die Massengräber wurden später mit Bäumen bepflanzt.

Nationalpark Kampinos ❽
Puszcza Kampinoska

Nordwestlich von Warschau. 🚌 *708, 712, 714 und 716 von den Bahnhöfen Marymont und Zachodni. Beste Ausgangsorte: Dziekanów Leśny, Truskaw, Zaborów oder Kampinos.*

Im Kampinos-Nationalpark

D ER 1959 GEGRÜNDETE Kampinos-Nationalpark umfasst einen 35 000 Hektar großen Wald nordwestlich von Warschau. Zwar besteht der Wald überwiegend aus Kiefern, doch es gibt 1000 weitere Arten von Bäumen, Büschen und anderen Pflanzen. Baumbestandene Binnenlanddünen sind die ungewöhnlichsten Merkmale des Parks. Zu den Wildtieren gehören Biber, Elch, Kranich und Schwarzstorch. Bis vor kurzem gab es sogar Luchse.

Auf markierten Pfaden kann man leicht einen ganzen Tag lang den Park erkunden.

Kirchenschiff und Hochaltar der Kollegiatskirche in Pułtusk

Pułtusk ❾

60 km nördlich von Warschau.
🚆 *vom Bahnhof Zachodni.*

Pᵁᴸᵀᵁˢᴷˢ LAGE am Fluss Narwa gehört zu den schönsten in Masowien. In der Altstadt auf einer Insel befinden sich das reich verzierte Rathaus mit Ziegelturm und einer der größten Marktplätze *(rynek)* Europas. An dessen nördlichem Ende steht die Kollegiatskirche (Gotik/Renaissance) der Jungfrau Maria. Das Tonnengewölbe des Kirchenschiffs ist das Werk von Venedigs größtem Baumeister, Giovanni Battista.

Die mehrmals zerstörte und wieder aufgebaute Burg auf der anderen Seite des Marktplatzes war ursprünglich gotisch. Nach der letzten Rekonstruktion in den 80er Jahren des 20. Jahrhunderts beherbergt die Burg nun das Haus der polnischen Diaspora (Dom Polonii), das vor allem von polnischen Emigranten genutzt wird, aber jedermann offen steht. Es bietet elegante Unterkünfte, und

Epitaph in Pułtusks Kollegiatskirche

im Restaurant serviert man traditionelle – sehr empfehlenswerte – Küche. Sportmöglichkeiten stehen den Gästen ebenfalls zur Verfügung.

Płock ❿

110 km nordwestlich von Warschau. 🚆 *vom Bahnhof Zachodni.*
Museum Masowiens
📞 *(024) 262 44 91.*
🕐 *Mitte Mai–Sep Di–Do, So 9–16, Fr, Sa 10–17 Uhr; Okt–Mitte Mai Mi–Fr 9–15, Sa, So 9–16 Uhr.* 📷
Diözesanmuseum
📞 *(024) 262 26 23.*
🕐 *Mi–So.* 📷

Mᴵᵀᵀᴱᴸᴾᵁᴺᴷᵀ dieser Stadt ist ihr Kathedralhügel, wo sich die meisten Sehenswürdigkeiten gruppieren. Płock war ab 1075 Sitz der masowischen Bischöfe und ab 1138 mehrere Jahrhunderte auch Residenz der Fürsten Masowiens und Płocks.

Hauptattraktion der Stadt ist das Museum Masowiens (Muzeum Mazowieckie) mit der besten Sammlung sezessionistischer Exponate in Polen – darunter ganze Zimmereinrichtungen.

Die Renaissance-Kathedrale errichteten Giovanni Cini und Bernardino Zanobi de Gianotis im 16. Jahrhundert an der Stelle einer früheren romanischen Kirche. Später renovierte der Venezianer Giovanni Battista die Kathedrale. Das reich verzierte Interieur beherbergt mehrere Renaissance- und Barock-Gräber sowie einige Fresken im sezessionistischen Stil.

Nahe bei der Kathedrale steht das Diözesanmuseum (Muzeum Diecezjalne), in dem es eine große Vielfalt religiöser Exponate zu besichtigen gibt.

Opinogóra ⓫

100 km nördlich von Warschau.
📞 *(023) 671 70 25.* 🚆 *bis Ciechanów, dann Lokalbus.* **Museum**
🕐 *Di–So 10–16 Uhr.* 📷

Oᴾᴵᴺᴼᴳᴼᴿᴬ, ein kleiner neugotischer Palast, steht inmitten eines romantischen Landschaftsparks. Der Palast entstand 1843 als Hochzeitsgeschenk für Graf Zygmunt Krasiński (1812–59), der neben Adam Mickiewicz und Juliusz Słowacki einer der bedeutendsten polnischen Dichter der Romantik war.

Den Entwurf des Palasts schreibt man dem französischen Architekten Eugène Emmanuel Viollet-le-Duc zu, der auch für die Restaurierung von Nôtre Dame in Paris verantwortlich zeichnete.

Im Palast befindet sich das Museum der Romantik (Muzeum Romantyzmu) mit restauriertem Interieur und Stücken aus dem Besitz Zygmunt Krasińskis. In einem Nachbargebäude sind zusätzliche Ausstellungen zu sehen.

Auch der Park lohnt einen Besuch. Hier steht die Pfarrkirche, die 1874–85 nach einem Entwurf von Wincenty Rakiewicz in klassizisitischem Stil erbaut wurde. In der Krypta der Kirche befindet sich das Mausoleum der Familie Krasiński, in dem auch Zygmunt Krasiński bestattet wurde.

Haupteingang, Kathedrale Płock

DREI SPAZIERGÄNGE

WARSCHAU lässt sich sehr gut zu Fuß erkunden, da die Hauptattraktionen nahe beieinander liegen. Außerdem sind die Alt- und die Neustadt für den Verkehr ohnehin gesperrt, und auch viele Parks, Plätze, Arkaden und das Weichselufer sind leicht per pedes zu erreichen.

Eine schöne Gehstrecke ist der Königsweg, an dem historische Paläste, Kirchen und Monumente stehen. Er verläuft südlich der Altstadt, fast parallel zum linken Weichselufer *(siehe S. 112ff)*.

Urne auf der Terrasse des Ostrogski-Palastes

Oder wählen Sie, wenn Sie genügend Zeit haben, einen der im Folgenden beschriebenen Spaziergänge. Der erste führt Sie durch die Gegend zwischen Königsweg und linkem Weichselufer, der zweite durch die Parks im Viertel Powiśle, und der dritte leitet Sie durch den Stadtteil Saska Kępa am rechten Ufer der Weichsel.

Hier erkunden Sie den Skaryszewski-Park und Wohngebiete mit moderner Architektur aus den 20er und 30er Jahren des 20. Jahrhunderts.

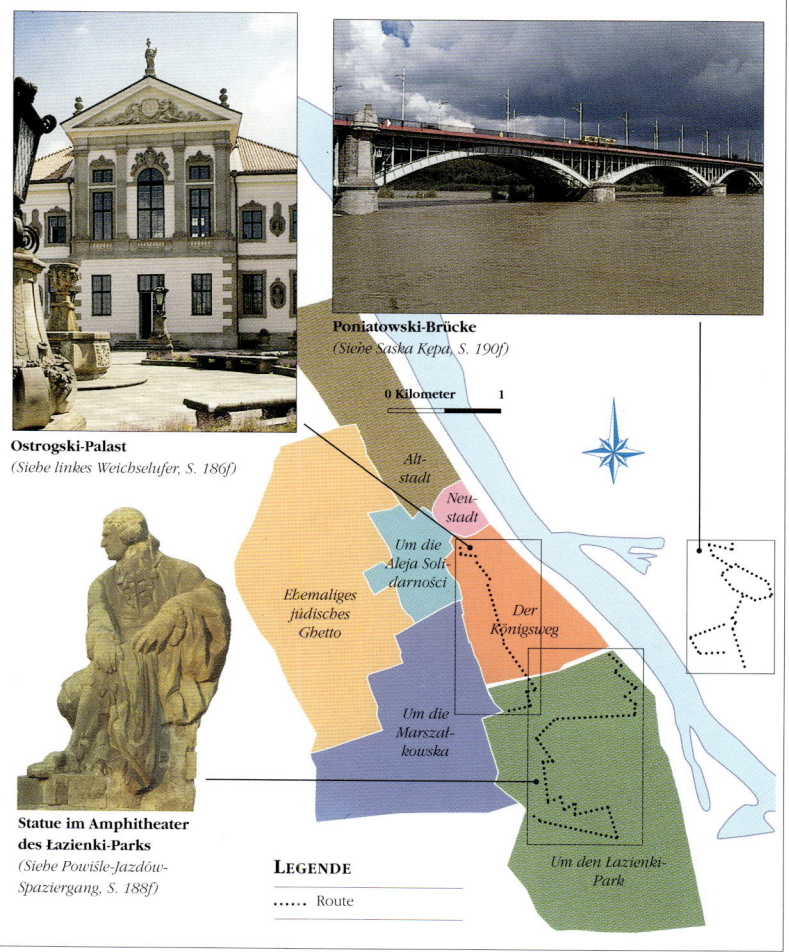

Ostrogski-Palast
(Siehe linkes Weichselufer, S. 186f)

Poniatowski-Brücke
(Siehe Saska Kępa, S. 190f)

Statue im Amphitheater des Łazienki-Parks
(Siehe Powiśle-Jazdów-Spaziergang, S. 188f)

LEGENDE
..... Route

◁ **Beim Spaziergang durch Saska Kępa durchquert man den Skaryszewski-Park**

Am linken Weichselufer entlang

DIESER SPAZIERGANG führt Sie am Kamm der Flussböschung am linken Weichselufer entlang durch
die Gärten mehrerer Paläste und Klöster, über das An-
wesen des Militärmuseums und durch das Wohnviertel
Frascati zum Drei-Kreuze-Platz. Etwas weiter entfernt
liegt der Łazienki-Park.

Kazimierzowski-Palast ⑤

Am Mariensztat-Platz ②

Vom Schlossplatz zum Kazimierzowski-Palast

Vom Schlossplatz aus gehen
Sie Richtung Fluss, die Treppe
beim Glockenturm der St.-
Anna-Kirche ① hinunter zum
Viertel Mariensztat. Am Ende
einer engen Passage erreichen
Sie die Ulica Sowia. Oder Sie
gehen am Fuße der Treppe
über den Mariensztat-Platz ②.
Die Ulica Sowia geht in die
Furmańska über, auf der Sie
weitergehen. Beachten Sie
unterwegs die Karmelitengär-
ten hinter dem Namiestni-
kowski-Palast ③.

Bei der nächsten Möglich-
keit biegen Sie rechts in die
Ulica Karowa ein. Steigen Sie
die Treppe bis zur Höhe einer
Serpentinenstraße hoch, und
gehen Sie unter den Bögen
eines Viadukts aus dem
19. Jahrhundert hindurch, auf
dem die Statue der Meerjungfrau steht ④. Dann nehmen
Sie den Weg auf dem Kamm,
hinter der Universität. Der
grüne Kazimierzowski-Park ⑤
erstreckt sich hinter dieser
Stelle.

Vom Kazimierzowski-Park zum Bahnhof Powiśle

Wandern Sie durch den Kazimierzowski-Park, überqueren
Sie die Ulica Oboźna, und folgen Sie der Flussböschung.
Von hier aus sehen Sie den
Dynasy-Park. Gehen Sie weiter bis zur Ulica Bartos-
zewicza. Am
Ende dieser
Straße gehen
Sie eine Treppe
zu einer Fuß-
gängerbrücke
über die Ulica
Tamka hinunter.
Diese bringt Sie an
die Rückseite des
Ostrogski-Palastes ⑥, in
dem sich das Frédéric-Chopin-Museum befindet. Von der
Fußgängerbrücke aus sehen
Sie einen Platz mit Springbrunnen, der die Stelle eines
unterirdischen Wasserbassins

**Die Meerjungfrau auf dem Viadukt
aus dem 19. Jahrhundert ④**

markiert, in dem die legen-
däre goldene Ente Warschaus
(siehe S. 19) einen Schatz
hütete. Der Schatz war in
einem Verlies unter dem
Ostrogski-Palast versteckt,
und der Legende nach
sollte er dem Finder
gehören, wenn

Pałac Kazimierzowski

0 Meter   200

er eine Bedingung der
Ente erfüllte: Er musste
1000 Dukaten für sich selbst
ausgeben, und zwar innerhalb
24 Stunden. Eines Tages fand
ein Mann den Schatz. Entsprechend der Bedingung amü-
sierte er sich mit den 1000
Dukaten, bis er nur noch einen einzigen hatte. Im letzten
Moment der 24 Stunden gab
er diesen einen Dukaten
einem Bettler – der Rest des
Schatzes wurde ihm verwehrt.

Büste, Ostrogski-Palast ⑥

Wenn Sie am Ostrogski-Palast vorbei sind, steigen Sie die Treppe zum Park hinter der Musikakademie ⑦ hinauf. Vor vielen Jahren stand hier ein Zirkus, dessen Ringkämpfe berühmt waren. 1966 baute man an seiner Stelle die Musikakademie. Gehen Sie an der Wand zur Linken entlang weiter, hinter der sich die Gärten der Barmherzigen Schwestern ⑧ befinden. Vom Böschungskamm aus können Sie die Nonnen bei der Gartenarbeit beobachten – abgeschieden und völlig vom Lärm der nahen Stadt abgeschirmt. Zu Ihrer Rechten müssten Sie den rosarot-weißen Zamoyski-Palast ⑨ sehen können. Der Palast aus dem Jahr 1877 ist von wunder-

schönen Gärten umgeben. Im linken Flügel des Palastes ist die Foksal-Galerie untergebracht, die zeitgenössische Kunst präsentiert. Nehmen Sie jetzt Ihre Route wieder auf, und gehen Sie weiter, bis Sie auf die Aleje Jerozolimskie und den Bahnhof Powiśle stoßen.

Vom Bahnhof Powiśle zum Drei-Kreuze-Platz
Bevor Sie den Spaziergang abschließen, machen Sie einen Umweg zur Powzechny Bank Kredytowy ⑩ an der Aleje Jerozolinkskie, einem guten Beispiel für Nachkriegsarchitektur.

Die Flussseite des Zamoyski-Palastes ⑨

Unterqueren Sie den Viadukt der Poniatowski-Brücke ⑪, den Türme im Stil der polnischen Renaissance flankieren. Die Brücke von Stefan Szyller und Mieczysław Marszewski war nach ihrer Fertigstellung 1914 die längste Stahlbetonkonstruktion Europas. Von der Unterführung gelangen Sie in den Garten des Polnischen Militärmuseums ⑫, wo viele Waffen und Fahrzeuge aus dem Zweiten Weltkrieg ausge-

stellt sind. Gehen Sie durchs südliche Tor in den Na-Książęcem-Park hinaus und bis über die Fußgängerbrücke über die Ulica Książęca. Links erstreckt sich ein Park aus dem 18. Jahrhundert mit Originalpavillons. Weiter die Böschung entlang kommen Sie am Haus des Architekten Bohdan Pniewski *(siehe S. 110f)* vorbei – einem guten Beispiel moderner, funktionaler Architektur. Derzeit befindet sich hier eine Filiale des Museums der Erdwissenschaften ⑬.

Von hier ab heißt der Weg an der Böschung Ulica Na Skarpie. Gehen Sie weiter, bis Sie rechts in die Ulica Bolesława Prusa kommen. Hier steht das YMCA mit dem Theatre Buffo ⑭. Gehen Sie weiter, am Hotel Sheraton vorbei, und rechts auf den Drei-Kreuz-Platz ⑮.

LEGENDE

● ● ● Route

❋ Aussichtsplatz

🚏 Bushaltestelle

ROUTENINFO

Anfangspunkt: *Schlossplatz.*
Länge: *3 km.*
Anfahrt: *Mit den Bussen 116, 122, 175, 195 oder 503 zum Schlossplatz (Plac Zamkowy).*
Rasten: *Cafés und Restaurants im Sheraton, Ulica Prusa, im Tsubame, Ulica Foksal, und im Literacka auf dem Schlossplatz.*

Insekt in Bernstein, Museum der Erdwissenschaften ⑬

Durch Powiśle und Jazdów

HIER KOMMEN SIE DURCH DIE Parks und schönen Grünanlagen von Jazdów und Powiśle. Vor dem Zweiten Weltkrieg war Powiśle ein Industriebezirk; nach dem Krieg jedoch wurde aus den Ruinen der große Rydz-Śmigły-Park geschaffen. Der Spaziergang führt am Parlament (Sejm) vorbei in den Ujazdowski-Park aus dem 19. Jahrhundert und schließlich zum Eingang des Łazienki-Parks *(siehe S. 162f)* und zum Botanischen Garten *(siehe S. 160)*, beide südlich von Agrykola.

Von der Poniatowski-Brücke zum Rydz-Śmigły-Park

Dreifaltigkeitskirche ②

Unser Spaziergang beginnt am westlichen Ende der Poniatowski-Brücke. Von der Straßenbahnhaltestelle Wisłostrada gehen Sie an der Südseite der Brücke die Treppen zur Ulica Wioślarska hinab. Sie passieren – mit der Weichsel zur Linken – den klassizistischen Pavillon (rechts), der Mitte des 19. Jahrhunderts als Schlachthaus errichtet wurde und heute die Verwaltung des Asien- und Pazifikmuseums ① *(siehe S. 89)* beherbergt.

Beim Museum biegen Sie rechts in die Ulica Ludna ab und an der nächsten Kreuzung links in die Ulica Solec, an deren Ende Sie die Dreifaltigkeitskirche ② sehen. Das Interieur der kleinen Barock-Kirche (1699–1726) wurde im Zweiten Weltkrieg weitgehend zerstört und später restauriert. Die Christusfigur (17. Jh.) entging jedoch auf wunderbare Weise der Zerstörung und wird heute hochverehrt. Hier baute man auch ein Kloster für den Trinitarier-orden, der 1795 aufgelöst wurde. In den früheren Klostergebäuden ist heute das Erzdiözesanmuseum Warschaus untergebracht ③.

Von der Kirche gehen Sie rechts in die Ulica Gwardzistów, dann den ersten Abzweig links in den Park. Gehen Sie durch den Park zur Aleje Bolesław Prus, die die Grünflächen des Viertels verbindet. An dieser Allee steht das dramatische Denkmal der Sappeure ④ aus Betonpfeilern, die in die Luft »schießen«. Stanisław Kulon schuf es 1975.

Gehen Sie die Allee weiter in Richtung Rydz-Śmigły-Park. In der Mitte dieses Parks befindet sich eine Aussichtsterrasse ⑤, die in der kommunistischen Zeit im Stil des sozialistischen Realismus errichtet wurde. Von hier aus haben Sie eine wunderschöne Sicht auf die Weichsel und die Stadt dahinter.

Das Denkmal der Sappeure ④

Vom Rydz-Śmigły-Park zum Ujazdowski-Park

Von der Terrasse können Sie wählen: Gehen Sie entweder die Straßen des Viertels entlang oder durch weitere Grünanlagen.

Auf der »Straßenroute« gehen Sie von der Terrasse die Ulica Frascati hinunter. Die Nr. 2 ist ein imposantes modernes Gebäude, das nach Plänen Zdzisław Mączeńskis 1939 für die Industrie- und Handelskammer fertig gestellt wurde und heute das Außenministerium beherbergt ⑦. Am Ende dieser Straße gelangen Sie links auf die Ulica Wiejska mit weiteren Parlamentsgebäuden und dem Gelände des Ujazdowski-Krankenhauses (19. Jh.), das im Krieg zerstört wurde ⑨.

Auf die »Parkroute« kommen Sie von der Terrasse im Rydz-Śmigły-Park, wenn Sie links in die Ulica Na Skarpie einbiegen. Die Häuser an dieser

Straße ließen sich prominente Mitglieder der Kommunstischen Partei errichten. Gehen Sie hinter den Gebäuden der beiden Parlamentskammern, des Sejm und des Senats ⑥, entlang. Links stehen Holz-Fertighäuser *(domki fińskie)* ⑧, die die Sowjetunion

Senatsdebatte ⑥

Russisches Fertighaus an der Ulica Na Skarpie ⑧

1945/46 wegen des Wohnraummangels in der Stadt den Warschauern »schenkte«. Von den 350 Häusern stehen nur noch wenige. Am Ende der Na Skarpie überqueren Sie die Ulica Górnośląska auf der Fußgängerbrücke, dann gehen Sie

Gehen Sie hinter dem Krankenhaus in die Ulica Piękna, vorbei an Ulica Jazdów und John Lennon, zum Nordtor des Ujazdowski-Parks.

Ujazdowski-Park bis Agrykola

Gehen Sie in den Park, zu dessen Statuen Pius Welońskis *Gladiator* ⑩, Edward Wittigs *Eva* ⑪ und das Paderewski-

dem Schloss und den Weg am Piaseczyński-Kanal zur Ulica Myśliwiecka, rechts in die Agrykola und zum ehemaligen Wärterhaus am Eingang

Schloss Ujazdowski ⑬

des Łazienki-Parks ⑭ *(siehe S. 162f)*. Gehen Sie in den Park oder die Ulica Agrykola weiter zum Jan-III.-Sobieski-Denkmal ⑮ *(siehe S. 160)*. Dahinter, am Eingang des

Pomnik Sapera

Die schlichte Fassade des ehemaligen Wärterhauses im Łazienki-Park ⑭

Denkmal ⑫ gehören. Beim Südtor gehen Sie links zur Fußgängerbrücke über Trasa Łazienkowska. Auf der anderen Seite ist das Schloss Ujazdowski ⑬, heute Zentrum für zeitgenössische Kunst *(siehe S. 159)*. Das Schloss wurde auf einer Bastion aus der Zeit vor der Gründung von Warschaus Altstadt errichtet. Nehmen Sie die Treppe hinter

Botanischen Gartens vorbei, befindet sich der Na-Rozdrożu-Platz, von dem Busse ins Zentrum fahren.

LEGENDE

••• Route

❀ Aussichtspunkt

🚌 Bushaltestelle

rechts und auf der Ulica Górnośląska zur Kreuzung mit Ulica Wiejska und Piękna. Hier treffen sich »Straßen-« und »Parkroute«, die unterwegs durch einen Weg von der Ulica Wiejska unter der Brücke, die den Sejm an einen Büroblock anschließt, verbunden sind.

Eva von Edward Wittig ⑪

ROUTENINFO

Anfangspunkt: *Poniatowski-Brücke.*
Länge: *4 km.*
Anfahrt: *Busse 101, 102, 111, 117, 158, 303, 517, 521. Straßenbahnen 7, 8, 9, 12, 22, 24, 25, an der Haltestelle Wisłostrada aussteigen.*
Rasten: *Restaurant Qchnia Artystyczna im Schloss Ujazdowski.*

0 Meter 200

Zwei Stunden in Saska Kępa

SASKA KĘPA gehört zu Warschaus schönsten Stadtteilen. Der Kamionkowskie-See und der Skaryszewksi-Park trennen ihn vom Bezirk Praga-Północ, die Weichsel vom Stadtzentrum. Früher war der Fluss noch breiter als die heutigen 500 Meter, und oftmals machte Hochwasser Saska Kępa zu einer Insel *(kępa)*. August III., Kurfürst von Sachsen und König von Polen, picknickte hier von Zeit zu Zeit – daher der Namenszusatz Saska (Sächsisch).

Das klassizistische Zollhaus ①

Kamionek

Vom klassizistischen Zollhaus ① in der Ulica Grochowska gehen Sie am Süden in Richtung Kirche Unserer Siegreichen Königin ②. Die Arbeiten an dieser Kirche begannen 1929, doch sie ist noch immer nicht fertig. Die im 13. Jahrhundert gegründete Gemeinde Kamionek ist die älteste auf dieser Seite der Weichsel. Hier fand 1572 die erste Wahl eines polnischen Königs statt, als Henryk Walezjusz gewählt wurde.

Die dreitägige Schlacht gegen die Schweden wurde hier 1656 ausgetragen – an diese und zahlreiche spätere Schlachten erinnert ein Steinmonument, das den Soldaten verschiedener Nationalitäten und Konfessionen gedenkt, die im ehemaligen Friedhof an der Kirche bestattet wurden.

Von der Kirche gehen Sie in Richtung Kamionkowskie-See ③, ursprünglich ein Seitenarm der Weichsel. Folgen Sie die Biegung des Sees zur Ulica Zieleniecka.

Skaryszewski-Park

Gehen Sie um den See herum und weiter gen Süden auf der Aleja Zieleniecka zum Skaryszewski-Park ④, der auch als Paderewski-Park bekannt ist.

Dieser Park, von Franciszek Szanior entworfen und zwischen 1905 und 1922 in sezessionistischem und modernistischem Stil angelegt, gehört zu Warschaus schönsten Grünanlagen.

Am Ufer des Sees – einem beliebten Angelplatz – entlang kommen Sie zum Denkmal ⑤ für die Crew der *British Liberator 961* vom 178. Geschwader der RAF. Dieses Flugzeug wurde 1944 während des Warschauer Aufstands über der Stadt abgeschossen, als es Vorräte für die Armia Krajowa (Heimatarmee) abwarf. 1988 enthüllte die damalige britische Premierministerin Margaret Thatcher das Denkmal. Im Park stehen auch mehrere Skulpturen aus den Jahren zwischen den Kriegen (1918–39), darunter Stanisław Jackowskis *Tänzerin* ⑥, Olga Niewskas *Badende* ⑦ und Henryk Kunas *Rhythmus*. Eine Statue zeigt Colonel Edward House ⑧, im Ersten Weltkrieg Berater des amerikanischen Präsidenten Woodrow Wilson und treuer Unterstützer Polens. Der Pianist und Staatsmann Ignacy Paderewski stiftete das 1932 enthüllte Monument, das von den Kommunisten zerstört und vor kurzem neu gegossen wurde. Paderewskis Büste ⑨ steht am Weg nahe dem Tor zum Rondo Waszyngtona. Auf der anderen Seite dieses großen Platzes befindet sich eine 1989 enthüllte Büste des ersten US-Präsidenten George Washington ⑩.

Die Badende ⑦

Saska Kępa

Vom Rondo Waszyngtona gehen Sie auf der Ulica Francuska, der Einkaufsmeile und Hauptstraße von Saska Kępa, in Richtung Süden. Diese und die umliegenden Straßen wurden zwischen 1918 und 1939 ausgebaut. Die modernistischen Häuser ⑪ sind nur ein paar Stockwerke hoch und stehen inmitten grünen Buschwerks.

An der Ecke zur Ulica Obrońców können Sie einen Umweg machen, indem Sie links an Villen aus den 30er Jahren vorbeigehen. Nehmen Sie die dritte Straße (Nobla) wieder links, und gehen Sie am Ende dieser Straße rechts zur Kirche Unserer Herrin des Ewigen Beistands ⑫. Diese Kirche wurde 1938–56 nach Plänen von Piotr Lubiński, Józef Łowiński und Jan Bogusławski errichtet. Die Fassade ist vom Stil mittelalterlicher Provinzialkirchen beeinflusst. Die Decke des überraschend hohen Kirchenschiffs tragen Betonsäulen und -bögen.

Nach der Kirche gehen Sie zur Ulica Obrońców zurück. Überqueren Sie die Ulica Francuska und biegen Sie rechts in die schmale Ulica Katowicka ein, an der mehrere Avantgarde-Villen aus den späten 20er und den 30er Jahren des 20. Jahrhunderts stehen.

Besonders interessant ist das Haus Nr. 7a in dieser Straße. Es wurde 1938 nach Entwürfen Jerzy Szanajcas, Stanisław Barylskis und Bohdan Lacherts für die Familie Avenarius gebaut. Das Haus rühmt sich einer Betontreppe mit Glasfront, gekrönt von einem flachen, durchbrochenen Betondach.

Die Nr. 11 in der Ulica Kato-

Washington-Denkmal ⑩

In der Kirche Unserer Herrin des Ewigen Beistands ⑫

Architekt Le Corbusier einführte.

Andere Gebäude an dieser Straße weisen interessante dekorative Elemente aus den 40er Jahren auf. Einige der Villen gehören übrigens heute zur deutschen Botschaft.

Wenn Sie am Ende der Ulica Katowicka, an der Ecke zur Ulica Walecznych, ankommen wenden Sie sich nach links, bis Sie zur Uferstraße Mieczeszyński, die parallel zur Weichsel verläuft, gelangen. Von hier aus haben Sie eine gute Aussicht über den Fluss und die Gebäude des tiefer liegenden Powiśle-Bezirks am anderen Ufer. Hinter Powiśle sehen Sie die vielen Dächer und Spitztürme, die die Innenstadt Warschaus kennzeichnen.

Stadion des 10. Jahrestags
Am östlichen Ende der Poniatowski-Brücke ⑭ gehen Sie rechts, zurück in Richtung Saska Kępa und vom Fluss weg. Die Zwillingstürme der Poniatowski-Brücke wurden 1988 nach den Originalentwürfen Stefan Szyllers aus der Zeit der Jahrhundertwende rekonstruiert.

Unterhalb der Brücke sehen Sie das massive Stadion des 10. Jahrestags ⑮, das 1954–55 gebaut wurde, um an den zehnten Jahrestag des Kriegsendes und der ersten kommunistischen Dekade zu erinnern. Die Architekten des Stadions waren Jerzy Hryniewiecki, Marek Leykam und Czesław Rajewski. Für die Konstruktion der Fundamente wurde Schutt aus dem kriegszerstörten Warschau verwendet.

Bald nach der Fertigstellung des Stadions im Jahr 1955 trug man hier die Eröffnungsfeierlichkeiten des Weltjugendfestivals aus. Nach jahrelanger, von den Kommunisten auferlegter Isolation war dies die erste Möglichkeit für Polen, Menschen aus aller Welt zu treffen, und auf die Einheimischen wirkten diese Besucher recht exotisch. In späteren Jahren verfiel das Stadium zusehends, aber nach 1989

Die Avantgarde-Villa Lachert in der Ulica Katowicka ⑬

wurde ihm eine neue Rolle zuteil: Es wurde Osteuropas größter Markt unter freiem Himmel, bekannt als »Sächsischer Markt«. Händler aus ganz Europa und sogar aus Asien reisten zum Markt, um alle möglichen Waren zu kaufen und anzubieten.

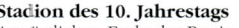

Staffellauf ⑯

Am Stadion vorbei kommen Sie zu einer sozialistisch-realistischen Statue mit dem Titel *Der Staffellauf* ⑯. Von hier ist es ein kurzer Spaziergang zurück zum Rondo Waszyngtona, wo es zahlreiche Bus- und Straßenbahnverbindungen mit der Warschauer Innenstadt gibt.

LEGENDE

● ● ● Route

▦ Bushaltestellen

ROUTENINFO

Anfangspunkt: Ulica Zamoyski beim Zollhaus und bei der Kirche Unserer Siegreichen Königin.

Länge: 5 km.

Anfahrt: Die Straßenbahn Nr. 6 fährt zum Anfang der Route, die Nr. 25 hat eine Haltestelle in 100 Meter Entfernung. Vom Rondo Waszyngtona zurück können Sie die Straßenbahnen 7, 8, 9, 12, 22, 24 und 25 oder die Busse E-5, 101, 102, 111, 117, 158, 303, 509, 517 und 521 nehmen.

Rasten: Im Sommer ist ein Café im Skaryszewski-Park geöffnet. In diesem Park gibt es auch viele Bänke und hübsche Plätze zum Ausruhen. Zahlreiche Cafés und Bars finden Sie am Rondo Waszyngtona und entlang der Ulica Francuska.

GROCHOWSKA
Kościół Matki Boskiej Zwycięskiej

Pomnik Lotników Angielskich

PARK SKARYSZEWSKI IM.I.PADEREWSKIEGO

JERZEGO WASZYNGTONA

RONDO WASZYNGTONA

0 Meter   200

---

wicka ist die zweistöckige Villa Lachert ⑬, die Bohdan Lachert für sich selbst als Wohnhaus entwarf. Die im Jahr 1929 errichtete Villa basiert auf den architektonischen Prinzipien, die der berühmte modernistische

Zu Gast in Warschau

ÜBERNACHTEN

NOCH VOR WENIGEN JAHREN war es schwierig, in Warschau eine Unterkunft zu finden, und der Standard der Hotels war beträchtlich niedriger als der westeuropäischer Häuser. Seit 1989 eröffneten viele neue – luxuriöse und entsprechend teure – Hotels, die meist zu internationalen Ketten gehören und somit nicht gerade Warschauer Traditionen pflegen. Mittelklassehotels sind mit wenigen Ausnahmen recht anonym, aber komfortabel und oft zentral gelegen. Preiswerte Unterkünfte, meist in umgebauten ehemaligen Arbeiterherbergen, Bürogebäuden, Kasernen und Studentenwohnheimen, befinden sich hauptsächlich in Vororten; im Zentrum herrscht daran noch immer Mangel. Die auf den Seiten 200ff aufgeführten Hotels decken eine breite Palette ab. Wir haben sie nach Stadtteilen und Preisklassen geordnet. Auch privat gibt es Zimmer – oder auch ganze Häuser – zu mieten *(siehe S. 197)*. Jugendherbergen und Campingplätze sind ebenfalls günstige Optionen *(siehe S. 196f)*, doch die Einrichtungen dieser Etablissements sind häufig recht schlicht, und sie liegen nicht gerade zentral.

Portier im exklusiven Hotel Bristol

Die elegant renovierte Rezeption im Hotel Bristol

ZIMMERSUCHE

WARSCHAU IST eine weitläufige Stadt, und am bequemsten ist eine Unterkunft im Stadtzentrum *(śródmieście)* nahe bei den Hauptattraktionen und den besten Läden und Restaurants. In diesem Teil der Stadt gibt es zwar viele Hotels, die sich aber nicht in bestimmten Gebieten konzentrieren. Ideal ist die Gegend um Krakowskie Przedmieście und Plac Piłsudskiego (Piłsudski-Platz), der historisch interessanteste Teil Warschaus nahe bei der Altstadt (Stare Miasto).

Die Hotels in dieser Gegend gehören meist zu internationalen Ketten unterschiedlichen Standards – oder es sind große, schlichte Häuser, die auf Geschäftsreisende (häufig aus Ländern der ehemaligen Sowjetunion) ausgerichtet sind, die auf den hiesigen Märkten Handel treiben. Nur wenige Hotels haben noch Original-Interieur und -Atmosphäre, darunter das exklusive Hotel Bristol mit schön restauriertem sezessionistischem Interieur. In dieser Gegend gibt es viel günstigere Hotels, die jedoch meist der Modernisierung bedürfen. Kleine Hotels am Straßenrand und Motels in den Vororten sind freundlich und haben oft hübsche Gärten. Doch ein Zimmer in einem Vorort ist mit zeitraubenden Fahrten ins Zentrum verbunden.

ZIMMERRESERVIERUNG

BEI DER PLANUNG eines Warschau-Besuchs lohnt es sich, vorab ein Hotelzimmer zu buchen. Die Zimmersuche vor Ort kann, vor allem in Juni und Juli, von September bis November und um kirchliche Feiertage schwierig sein. Für diese Zeiten sollten Sie mehrere Wochen im Voraus reservieren.

Das luxuriöse Restaurant im Hotel Polonia

Die moderne Lobby des Mercure

AUSSTATTUNG

HOTELZIMMER IN Polen sind in der Regel eher klein, doch renovierte und modernisierte haben im Allgemeinen eigene Badezimmer. In diesen Hotels haben die Zimmer meist Fernseher, manche auch Videogeräte. Die meisten Hotels bieten einen Wäscheservice.

In den kostspieligeren Hotels gibt es einen 24-Stunden-Zimmerservice und in den Zimmern eine Minibar. Einige Hotels nehmen auch Haustiere auf.

Die Gäste werden meist gebeten, am Abreisetag bis 12 Uhr auszuchecken. Falls Sie später erst abreisen, können Sie Ihr Gepäck am Empfang aufbewahren lassen. Das Personal in Warschaus Hotels spricht meist Englisch oder Deutsch.

PREISNACHLÄSSE

DIE PREISE IN den komfortableren Hotels sind recht hoch. Doch viele Häuser, auch die exklusiveren, bieten günstigere Wochenendtarife und Ermäßigungen für Kinder. Preisnachlässe gibt es auch bei Hotels internationaler Ketten, wie Intercontinental und Forum. Manchmal kann man Nachlässe in Voraus aushandeln, vor allem wenn man außerhalb der Hauptsaison im Sommer und Herbst kommt. Die Preise gelten fürs Zimmer, und bei Ein-

zelbelegung von Doppelzimmern gibt es nur ganz selten eine Ermäßigung – überhaupt gibt es in ganz Warschau nur recht wenig Einzelzimmer für allein Reisende.

VERSTECKTE EXTRAS

DIE MEISTEN Hotels geben ihre Preise inklusive Mehrwertsteuer (die derzeit zwischen 7 und 22 Prozent schwankt) und Service an. In Polen – außer in den exklusiveren Hotels in der Hauptstadt – ist es nicht üblich, dem Personal zusätzlich ein Trinkgeld zu geben.

Das Frühstück besteht aus einer Auswahl fester Angebote oder einem Buffet im schwedischen Stil. In einigen Häusern ist das Frühstück nicht im Zimmerpreis inbegriffen – fragen Sie am besten schon bei der Reservierung nach.

In den meisten Hotelzimmern gibt es Direktwahltelefone. Beachten Sie jedoch, dass Anrufe im Ausland normalerweise sehr teuer sind, da Sie einen hohen Zuschlag bezahlen müssen. Öffentliche

BEHINDERTE REISENDE

NUR WENIGE Hotels in Warschau bieten behindertengerecht ausgestattete Zimmer und Einrichtungen für Behinderte. Detaillierte Informationen über Hotels, die auf Rollstühle eingestellt sind, finden Sie auf Seite 244.

Der Nationale Rat für Behinderte (Krajowa Rada Osób Niepełnosprawnych) berät ebenfalls bei der Hotelauswahl und informiert über behindertengerechte Sehenswürdigkeiten (siehe S. 244).

MIT KINDERN UNTERWEGS

WARSCHAU heißt Kinder generell willkommen (siehe S. 232f), ebenso die meisten Hotels in der Stadt.

Viele bieten Preisnachlässe für Kinder, einige lassen sie sogar umsonst übernachten – bis zum Alter von drei Jahren. In ein paar Häusern ist diese Altersgrenze auf 14 Jahre angehoben, falls die Kinder mit den Eltern reisen. Am besten fragen Sie bei der Reservierung nach solchen Ermäßigungen.

Es ist auch üblich, dass Kinder im Zimmer der Eltern schlafen – oft umsonst. Die Hotels sind darauf eingestellt und bieten häufig zu diesem

Opulentes, wenn auch etwas verschlissenes Zimmer im Hotel Europejski

Telefone sind viel billiger und bieten ebenfalls Direktwahl. Im ganzen Stadtgebiet findet man viele öffentliche Telefone, die mit Telefonkarten betrieben werden (siehe S. 242), die man bei Zeitungshändlern und an Kiosken kaufen kann.

Zweck Klappbetten an. Viele Hotelrestaurants sind sehr entgegenkommend, auch wenn sie keine gesonderte Kinderkarte haben; auch Hochstühle sind eher selten. Doch das größte Problem dürfte darin bestehen, Kinderbetreuung zu finden.

AUF EINEN BLICK

NÜTZLICHE ADRESSEN IM DEUTSCH- SPRACHIGEN AUSLAND

Botschaft der Republik Polen (Deutschland)
Lassenstraße 19–21,
D-14193 Berlin.
[(030) 22 31 30.

Botschaft der Republik Polen (Österreich)
Hietzinger Hauptstraße 42 C,
A-1130 Wien.
[(01) 870 15-0.

Botschaft der Republik Polen (Schweiz)
Elfenstrasse 9,
CH-3006 Bern.
[(031) 351 19 35.

Polnisches Fremden- verkehrsamt (Deutschland)
Kurfürstendamm 71,
D-10709 Berlin.
[(030) 21 00 92-0.

Polnische Fluggesellschaft LOT
Budapester Straße 18,
D-10787 Berlin.
[01803-00 33 36.

Polnisches Fremden- verkehrsamt (Österreich)
Mariahilfer Str.
32–32/102,
A-1070 Wien.
[(01) 524 71 91 12.

AGENTUREN FÜR UNTERKÜNFTE IN WARSCHAU

Almatur
Kopernika 23.
Karte 2 E4.
[826 26 39.
○ Jun–Sep Mo–Fr 9–18 Uhr.

Gromada Tours
Plac Powstańców,
Warszawy 2.
Karte 2 D4.
[827 92 51.

Mazurkas Travel
Nowogrodzka 24/26.
Karte 6 D1.
[629 12 49.

Długa 8/14.
Karte 1 C2.
[536 46 00.

Orbis Travel
Świętokrzyska 20.
Karte 1 B5, 5 C1.
[826 16 80.

Syrena Unilevel
(Unterkünfte in Privat-
häusern)
Krucza 17.
Karte 6 D2.
[628 75 40.

Agentur für Unterkünfte in Warschau und ganz Polen (Warszawska Infor- macja Noclegowa)
(nur telefonische
Anfragen)
[641 53 66.
○ Mo–Fr 10–17 Uhr.
[662 64 89.
○ Mo–Fr 17–23 Uhr, Sa,
So 10–17 Uhr.

Fremdenverkehrs- zentrum Warschau (Warszawskie Centrum Informacji Turystycznej)
Plac Zamkowy 1/13.
Karte 2 D2.
[635 18 81.
○ tägl. 9–18 Uhr.

MIETWOHNUNGEN UND -ZIMMER

Die folgenden Agenturen
vermitteln Wohnräume,
die normalerweise nur für
mehrere Monate angemie-
tet werden können.

Agencja Kaczmarczyk
Aleje Jerozolimskie 31/8.
Karte 6 D1.
[832 22 29.

Agentur Dragowski (Dragowski Nieruchomości)
Jasna 10.
Karte 1 C4.
[827 30 02.

Marszałkowska 83.
Karte 6 D3.
[622 30 33.

Śliska 3.
Karte 1 B5.
[652 30 44.

Agentur Nobil House (Agencja Nobil House)
Aleje Ujazdowskie 20,
10. Stock.
Karte 6 E2.
[625 40 59.

Agentur Piotrowski (Agencja Piotrowski)
Żurawia 24.
Karte 6 D2.
[621 47 46.

Marszałkowska 85.
Karte 1 C4.
[622 71 81, 622 71 82.

Gebrüder Strzelczyk (Bracia Strzelczyk)
Plac Konstytucji 4.
Karte 6 D2.
[625 66 61.

Marszałkowska 58.
Karte 1 C4.
[625 15 15.

Bonifraterska 16.
Karte 3 B3.
[635 30 65.

Unikat
Fabryczna 16/22.
Karte 6 F2.
[337 13 13.

Marszałkowska 83 m1.
Karte 6 D2.
[628 11 57.

STUDENTEN- WOHNHEIME UND FREMDEN- HEIME

Wohnheim der Medizinstudenten Nr. 1 Duet (Dom Studenta Duet nr 1 Akademii Medycznej)
Batalionu »Pięść« 9.
[836 03 71.

Studentenwohn- heim Grosik (Dom Studenta Grosik)
Madalińskiego 31/33.
[849 23 02.

Studentenwohn- heim Hermes (Dom Studenta Hermes)
Madalińskiego 6/8.
[849 67 22.

Studentenwohn- heim Oasis (Dom Studenta Oaza)
Madalińskiego 39/43.
[849 24 01.

JUGEND- HERBERGEN

Karolkowa 53A.
[632 88 29.
○ ganzjährig.

Międzyparkowa 4/6.
[831 17 66.
○ Apr–Mitte Nov.

Smolna 30.
[827 89 52.
○ ganzjährig.

CAMPINGPLÄTZE

Bitwy Warszawskiej
1920 r 15/17.
[823 37 48.
○ Apr–Okt.

Park Kultury Powsin.
[648 48 11.
○ Mai–Okt.

Żwirki i Wigury 32.
[825 43 91.
○ Apr–Okt.

MIETWOHNUNGEN UND -ZIMMER

IN DEN LETZTEN Jahren stieg die Anzahl der Mietunterkünfte in Warschau beträchtlich. Sie sind eine günstige und beliebte Alternative zu Hotels, besonders im Stadtzentrum. Durchschnittlich bezahlt man für die Übernachtung in einer Privatwohung umgerechnet 18 Euro für eine und 22 Euro für zwei Personen. Darin ist Frühstück jedoch nicht eingeschlossen.

Agenturen bieten eine breite Palette solcher Unterkünfte, einige auch für langfristige Aufenthalte. Bei der Reservierung sollten Sie gewünschte Ausstattungsmerkmale und den bevorzugten Stadtteil angeben. Praga-Północ (Praga-Nord) und andere Wohngebiete außerhalb des Zentrums sind nicht zu empfehlen – mit Ausnahme von Ursynów Natolin, das per U-Bahn mit dem Zentrum (*śródmieście*) verbunden ist.

In Agenturen müssen Sie bar bezahlen und bekommen eine Bestätigung für die Vermieter. Banküberweisungen werden nur für längerfristige Mietverhältnisse akzeptiert.

Im Sommer kann man oft in Studentenwohnheimen unterkommen – wenden Sie sich an die Agentur **Almatur**.

JUGENDHERBERGEN

WARSCHAU hat zwei Jugendherbergen, die das ganze Jahr geöffnet sind, und eine weitere öffnet zur Hauptsaison. Sie sind relativ sauber und bieten meist Betten in Schlafsälen. Zwei oder drei Tage vor Ankunft sollte man hier buchen. Am vollsten ist es freitags und samstags sowie im Frühling und im Herbst, wenn die Herbergen in der Hand von Schulklassen sind. Sie schließen zwischen 10 und 16 Uhr. Sie sollten vor 22 Uhr einchecken – eine spätere Ankunft könnte problematisch werden. Die Preise liegen unter 10 Euro pro Nacht im Schlafsaal. Mit einem Internationalen Jugendherbergsausweis bekommen Sie Ermäßigungen.

CAMPINGPLÄTZE

DIE MEISTEN Campingplätze liegen vor den Toren Warschaus – die einzige Ausnahme ist in Żwirki i Wigury. Die Ausstattungen entsprechen dem Standard, und neben Stellplätzen für Zelte oder Wohnmobile und -wagen bieten sie auch Hütten. Normalerweise sind die Campingplätze von April bis Oktober geöffnet. Nur jener in der Ulica Grochowska (nahe der Fernstraße Warschau–Moskau, 8 km östlich des Zentrums) ist ganzjährig offen. Der schönste Campingplatz ist Powsin. Dieser nur in der Hochsaison geöffnete Platz liegt in einem Wald in der Nähe des Botanischen Gartens. Nähere Informationen über Warschaus Campingplätze und ihre Einrichtungen bekommen Sie beim **Fremdenverkehrszentrum Warschau (Waszawskie Centrum Informacji Turystycznej)**.

Suite im Hotel Karat in der Nähe des Łazienki-Parks

Warschaus beste Hotels

DIE ANZAHL DER Zimmer in Warschau ist in den letzten Jahren enorm gestiegen. Neue Luxushotels wurden gebaut, ältere Etablissements wurden renoviert und modernisiert. Der Standard bei Service und Ausstattung verbesserte sich, obgleich es da Ausnahmen gibt. Die Hotels auf dieser Doppelseite (die auch alle in der nachfolgenden Liste beschrieben sind) garantieren einen angenehmen, wenn auch kostspieligen Aufenthalt in Warschau.

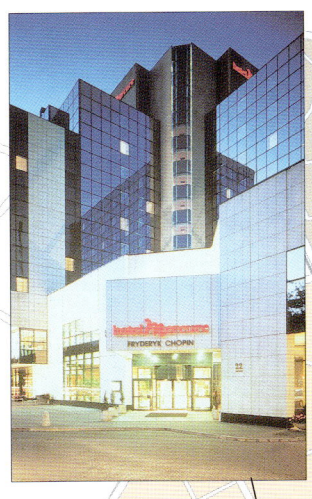

Mercure–Fryderyk Chopin
Das moderne Hotel bietet im Restaurant Le Balzac französische Küche und im Le Stanislaus internationale Kost (siehe S. 202).

Ehemaliges jüdisches Ghetto

Holiday Inn
1989 war dies Warschaus erstes Hotel mit internationalem Standard (siehe S. 202).

Marriott
Mehrere Restaurants sowie Business- und Sporteinrichtungen machten dieses Luxushotel zu einem der beliebtesten (siehe S. 202).

Jan III Sobieski
Dieses Hotel ist eine moderne Interpretation traditioneller Warschauer Architektur (siehe S. 202).

Europejski

*Das älteste Hotel der Stadt hat
eine Fassade aus der Mitte des
19. Jahrhunderts. Restaurant
und Patisserie sind ebenfalls
etabliert* (siehe S. 202).

Bristol

*Nach umfassender Renovierung ist das
Bristol heute Warschaus luxuriösestes
Hotel, das moderne Ausstattung mit
schönem sezessionistischem Interieur
kombiniert* (siehe S. 202).

Neustadt

Altstadt

Um die
eja Soli-
arności

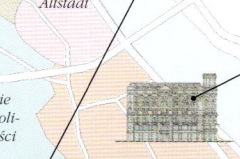

Der Königsweg

Sheraton

*Das Luxushotel ist das neueste
internationale Kettenhotel in
Warschau* (siehe S. 203).

Um den
Łazienki-Park

Um die
Marszałkowska

0 Kilometer 1

Sofitel Victoria

*Das Sofitel Victoria hat ein
berühmtes Restaurant und
attraktives modernes Interieur* (siehe S. 203).

Hotelauswahl

IN DIESER TABELLE sind die auf den folgenden Seiten beschriebenen Hotels aufgelistet. Sie stellen eine Auswahl der – in puncto Preis-Leistungs-Verhältnis, Lage, Ausstattung und Service – besten Hotels in und um Warschau dar. Sie finden eine breite Palette über ein großes Preisspektrum, und für jeden Geschmack sollte eigentlich etwas dabei sein. Für Informationen zu anderen Unterkünften lesen Sie die Seiten 194f.

	Preiskat.	ANZAHL DER ZIMMER	DOPPELZIMMER VERFÜGBAR	BUSINESS-AUSSTATTUNG	EINRICHTUNGEN FÜR KINDER	EMPFEHLENSWERTES RESTAURANT	LÄDEN IN DER NÄHE	RUHIGE LAGE	24-STUNDEN-ZIMMERSERVICE
STADTZENTRUM *(siehe S. 201ff)*									
Mazowiecki	Zł Zł	54	●				●		●
Belwederski	Zł Zł Zł	51		■	●			■	●
Gromada Centrum	Zł Zł Zł	236		■	●		●		●
Harenda	Zł Zł Zł	45		■	●				
Karat	Zł Zł Zł	37	●		●			■	
Maria	Zł Zł Zł	24			●				●
Metropol	Zł Zł Zł	182		■			●		●
Parkowa	Zł Zł Zł	44		■	●			■	
Polonia	Zł Zł Zł	234			●				●
Warszawa	Zł Zł Zł	126							●
Europejski	Zł Zł Zł Zł	238	●	■	●	■	●		●
Grand	Zł Zł Zł Zł	385		■	●		●		●
MDM	Zł Zł Zł	120		■	●	■	●		
Solec	Zł Zł Zł Zł	137		■	●		●		
Bristol	Zł Zł Zł Zł Zł	206	●	■	●	■	●		●
Holiday Inn	Zł Zł Zł Zł Zł	336	●	■	●				●
Jan III Sobieski	Zł Zł Zł Zł Zł	414	●	■	●	■	●		●
Marriott	Zł Zł Zł Zł Zł	525	●	■	●	■	●		●
Mercure–Fryderyk Chopin	Zł Zł Zł Zł	250	●	■	●	■			●
Novotel Warszawa Centrum	Zł Zł Zł Zł	733		■	●		●		●
Sheraton	Zł Zł Zł Zł Zł	352		■	●	■	●	■	●
Sofitel Victoria	Zł Zł Zł Zł Zł	365	●	■	●	■	●		●
AUSSERHALB DES ZENTRUMS *(siehe S. 203)*									
Agra	Zł	40	●					■	●
Felix	Zł Zł	234	●						●
Gromada	Zł Zł Zł	127	●	■	●				●
Hotel IBiB	Zł Zł Zł	44	●	■					
Zajazd Napoleoński	Zł Zł Zł	24							
Vera	Zł Zł Zł Zł	278	●	■	●	■			●
Novotel	Zł Zł Zł Zł Zł	146			●	■			●
AUSSERHALB WARSCHAUS *(siehe S. 203)*									
Eden	Zł Zł	52	●	■					●
Konstancja	Zł Zł Zł	44	●	■	●	■		■	●

Preiskategorien für ein Doppelzimmer mit Dusche bzw. Bad, inkl. Frühstück, Service und Mehrwertsteuer (z. Zt. 7 Prozent):

Zł unter 50 Złoty
Zł Zł 150–300 Złoty
Zł Zł Zł 300–450 Złoty
Zł Zł Zł Zł 450–600 Złoty
Zł Zł Zł Zł Zł über 600 Złoty

BUSINESS-AUSSTATTUNG
Telefon im Zimmer, Nachrichtenservice, Fax und Konferenzräume.

EINRICHTUNGEN FÜR KINDER
Kinder- oder Extrabetten in den Zimmern.

EMPFEHLENSWERTES RESTAURANT
Die Restaurants im/beim Hotel haben gute Küche sowie ein ungewöhnliches oder historisches Ambiente.

STADTZENTRUM

Mazowiecki

Mazowiecka 10. **Karte** 2 D4.
📞 827 23 65. FAX 827 23 65. W
www.mazowiecki.com.pl **Zimmer:**
54. 🛏 1 ⊞ TV 24 ⤵ Y 🍴
🍷 AE, DC, V, MC. ②②②

Das einstige Garnisonshotel steht
seit ein paar Jahren zivilen Gästen
offen, lässt aber noch die militäri-
schen Wurzeln spüren. Das Personal kultiviert Kasernenmanieren,
und der Rezeptionist lächelt selten.
Küchenduft umhüllt Sie, sobald
Sie über die Schwelle treten. Nur
ein paar Zimmer haben Bad. Doch
das Hotel ist günstig und nahe am
Zentrum.

Belwederski

Sulkiewicza 11. **Karte** 6 E4. 📞 840
40 11. FAX 840 08 47. W www.
hotelbelwederski.pl **Zimmer:** 51. 1
⊞ 24 TV 🖥 🔧 ⬙ ⤵ Y 🍴
🍷 AE, V, MC. ②②②

Das achtstöckige Gebäude in der
Nähe des Belvedere-Palasts wurde
in späten 90er Jahren des 20. Jahrhunderts renoviert. Von den oberen Stockwerken hat man Blick
auf den Łazienki-Park. Vor dem
Hotel verläuft die Straße in die Altstadt und nach Wilanow. Das
Hotel gehört dem Militär, aber
Zivilisten sind willkommen. Am
Wochenende bekommt man Preisnachlässe von bis zu 30 Prozent.

Gromada Centrum

Plac Powstańców Warszawy 2. **Karte**
2 D3. 📞 827 92 51. FAX 625 21 40.
W www.gromada.pl **Zimmer:** 236.
🛏 ⬙ Y 🍴 �   1 24 TV 🔧 🏃
🍷 AE, DC, MC, V. ②②②

Der frühere Name des Hotels, »Dom
Chłopa« (»Bauernhaus«), stammt aus
kommunistischer Zeit, als die Regierung die Beziehungen zwischen
Arbeitern und Bauern fördern wollte. Das Hotel hat noch etwas von
diesem Charakter, da es noch
immer die Landbevölkerung auf
Besuch in die Hauptstadt anzieht.
Das Gebäude gestaltete Bohdan
Pniewski, ein herausragender Architekt des 20. Jahrhunderts (siehe
S. 210f), Ende der 50er Jahre. Die
große Lobby ist zwar recht düster,
die Zimmer wurden jedoch alle
modernisiert.

Harenda

Krakowskie Przedmieście 4/6. **Karte**
2 D4. 📞 826 00 71, 826 00 72, 826
00 73. FAX 826 26 25. @ hh@hotel-
harenda.com.pl **Zimmer:** 45 🛏 15.
1 ⊞ P Y 🍴 🚻 🍷 AE, MC, V.
②②②

Das kleine Hotel befindet sich im
zweiten Stock der ehemaligen Tou-
ristenherberge (Dom Turysty), über
einem Antiquitätenladen und Auk-
tionshaus. Die Lage an der Krakowskie Przedmieście – einer der
schönsten Straßen im historischen
Zentrum Warschaus – ist ideal, da
zudem die Altstadt ganz in der
Nähe liegt. Nur ein paar der Gästezimmer haben eigene Bäder,
und die Doppelzimmer sind klein.
Es gibt auch Unterkünfte im
Schlafsaalstil ohne eigenes Badezimmer. Das ganze Ambiente des
Harenda erinnert einen eher an
einer Campingplatz als an ein
Hotel. Aber es gibt ein Restaurant
mit gutem Ruf und ein Pub in
englischem Stil.

Karat

Słoneczna 37. **Karte** 6 E4. 📞 601
44 11, 849 84 54. FAX 849 52 94.
W www.hotelkarat.pl **Zimmer:** 37.
🛏 1 ⊞ P ⬙ TV 🔧 24 ⬙ ⤵
Y 🍴 🍷 AE, MC, V. ②②②

Dieses kürzlich renovierte Hotel
befindet sich in einer Wohnstraße
mit hübschen Villen, nahe an der
Weichsel und am Łazienki-Park
gelegen. Die Zimmer sind größer
als in Warschaus Hotels sonst
üblich, und die Preise sind verhältnismäßig niedrig. Die eleganten weißen Badezimmer sind
makellos gepflegt.

Maria

Aleja Jana Pawła II 71. **Karte** 3 A3.
📞 838 04 62. FAX 838 38 40. TX 81
77 57. W www.hotel-mariacom
Zimmer: 24. 🛏 1 ⊞ 24 TV 🏃
P 🍴 🍷 AE, MC, V. ②②②

Dieses kleine Hotel am nördlichen
Rand des Stadtzentrums hat eine
heimelige Atmosphäre und bietet
eine willkommene Abwechslung
zur Stadthektik. Die Besitzer und
das Personal sind immer höflich.
Die Gästezimmer sind geräumig,
geschmackvoll eingerichtet und
sauber.

Metropol

Marszałkowska 99a. **Karte** 6 D2.
📞 629 40 01. FAX 625 30 14.
@ hotel.metropol@syrena.com.pl
Zimmer: 182. 🛏 1 ⊞ 24 TV 🔧
⬙ ⤵ P Y 🍷 AE, DC, MC, V.
②②②

Das Metropol befindet sich nur ein
paar Minuten zu Fuß vom Hauptbahnhof (Dworzec Centralny) entfernt. Das in den 60er Jahren des
20. Jahrhunderts gebaute Hotel ist
zwar so etwas wie eine architektonische Monstrosität, doch die
Zimmer sind sauber und haben
anständige Bäder, und die Preise
sind mäßig.

Parkowa

Belwederska 46/50. **Karte** 6 E4.
📞 694 80 00, 841 60 21. FAX 41 60
29. **Zimmer:** 44. 🛏 1 TV 24 ⤵
⊟ 🍴 🔧 P 🍴 ⬙ 🍴 🍷 AE,
DC, MC, V. 🍷

Früher war das Parkowa ein Garnisonshotel, das bei Offizieren der
Warschauer-Pakt-Länder als luxuriös galt. Nach Modernisierung
steht es nun jedem offen, doch
das Personal pflegt weiterhin die
unhöfliche Attitüde aus kommunistischer Zeit. Die Lage macht
dies aber wieder wett. Von den
oberen Stockwerken hat man Sicht
über den Garten der russischen
Botschaft, das Verteidigungsminis-
terium und den Łazienki-Park
(siehe S. 162f).

Polonia

Aleje Jerozolimskie 45. **Karte** 2 E5.
📞 628 72 41. FAX 622 31 18.
Zimmer: 234. 🛏 147. ⊞ 24 TV
⤵ Y 🍴 🔧 🚻 🍷 AE, DC, MC, V.
②②②

Das zwischen 1909 und 1913 im
Beaux-Arts-Stil (siehe S. 136)
errichtete Polonia hat ein opulentes Interieur, besonders in der
Lobby und im eher protzigen
Restaurant. Das Ambiente ist ähnlich elegant und üppig, und man
kann förmlich Fred Astaire die
Treppe runterkommen sehen. In
der Zeit zwischen den Kriegen
waren im Hotel mehrere Botschaften und andere diplomatische
Dienste untergebracht. Leider
beraubte eine Renovierung in den
60er Jahren die Räume ihres einzigartigen Charakters. Doch nun
steht eine weitere Restaurierung
an, die vielleicht den strengen
Charme von einst zurückbringt.
Das Polonia ist zentral gelegen,
ganz in der Nähe des Palastes für
Kultur und Wissenschaft (Pałac
Kultury i Nauki).

Warszawa

Plac Powstańców Warszawy 9.
Karte 6 D1. 📞 826 94 21. FAX 827
18 73. @ hotel.warszawa@syrena.
com.pl **Zimmer:** 126. 🛏 ⊞ 24 TV
⬙ P 1 ⤵ ⤵ Y 🍴 🍷 AE,
DC, MC, V. ②②②

Dieses Gebäude von 1934 war
einst Polens höchstes Bauwerk
(siehe S. 131), wird nun aber vom
turmhohen Palast für Kultur und
Wissenschaft (Pałac Kultury i
Nauki) überragt. Nach der Rekonstruktion nach dem Krieg baute
man es in ein Hotel um, in dem
jedoch nicht alle Zimmer eigene
Bäder haben, sodass Sie auf den
Fluren neue Freundschaften
schließen können. Der Geldwech-
selschalter bietet mit die günstigs-
ten Kurse in der Stadt.

Zeichenerklärung siehe S. 197

Europejski

Krakowskie Przedmieście 13. **Karte** 2 D3. 826 50 51. FAX 826 11 11, 826 11 11. @ europej@orbis.pl
Zimmer: 238.
AE, DC, MC, V.

Hinter einer klassizistischen Fassade befindet sich Warschaus ältestes Hotel, das zwischen 1855 und 1877 erbaut wurde. Im Jahr 1939 bot es König Zog von Albanien Zuflucht, nachdem er von den Italienern gestürzt worden war. Das Interieur des Hotels hat beim Nachkriegswiederaufbau leider seinen früheren Charakter eingebüßt. Die Gästezimmer sind teils recht klein, aber alle haben Minibars. Das Hotel befindet sich in einem etwas heruntergekommenen Zustand und wird nun modernisiert. Das Restaurant hat einen guten Ruf, und im Café im Erdgeschoss gibt es hausgemachten Kuchen, der zu den besten der Stadt gezählt wird. In einer weiteren Kaffee-Bar im Hotel, die auf die Krakowskie Przedmieście hinausgeht, wird dieser berühmte Kuchen ebenfalls serviert.

Grand

Krucza 28. **Karte** 6 D2. 583 21 00. FAX 621 97 24. TX 81 34 22.
Zimmer: 385. AE, DC, MC, V.

Der Name führt in die Irre, da dieses große Gebäude aus den späten 50er Jahren des 20. Jahrhunderts keine Grandeur bietet. Die Gästezimmer sind dezent dekoriert, und jene in den obersten Stockwerken bieten die beste Aussicht. Die Hauptattraktion, zumindest für Spieler, ist der große Spielklub im Hotel.

MDM

Plac Konstytucji 1. **Karte** 6 D2. 621 62 11. FAX 621 41 73. TX 81 48 71. *Zimmer:* 120. AE, DC, MC, V.

Das MDM ist ein Beispiel des so genannten sozialistischen Realismus *(siehe S. 31)*. Nach einer Modernisierung haben nun alle Zimmer makellos saubere Bäder und hübsche Einrichtungen. Eine kleine Lobby führt in das große Restaurant Ugarit, dessen Interieur von syrischer Architektur inspiriert wurde. Das Hotel befindet sich nahe an guten Geschäften und einem interessanten Wohngebiet der 50er Jahre, Marszałkowska Dzielnica Mieszkaniowa *(siehe S. 132)*, dem das Hotel seinen Namen verdankt.

Solec

Zagórna 1. **Karte** 6 F2. 625 44 00. FAX 621 64 42. @ solec@orbis.pl/htp *Zimmer:* 137.
AE, DC, MC, V, JCB.

Das zweistöckige Hotel, nahe an einem Park und der Weichsel gelegen, wurde in den 70er Jahren des 20. Jahrhunderts gebaut. Zu den Einrichtungen gehören eine Einkaufsarkade, ein Restaurant, eine Bar und ein paar Läden. Die Gästezimmer sind recht modern ausgestattet, aber nichts Besonderes. Das Haus gehört auch zu den wenigen Hotels in Warschaus Stadtmitte mit eigenem – wenngleich kleinem – Garten. Leider liegt es auch nahe an der viel befahrenen und lauten Wisłostrada-Fernstraße.

Bristol

Krakowskie Przedmieście 42/44. **Karte** 2 D3. 625 25 25. FAX 625 25 77. W www.lemeridien-bristol. com *Zimmer:* 206. AE, DC, MC, V.

Das exklusivste Hotel in Warschau steht auf der Liste der Nationaldenkmäler. Seine schöne Architektur im sezessionistischen Stil entwarf der Wiener Otto Wagner der Jüngere. Seit der Eröffnung im Jahr 1900 wohnten hier zahlreiche Berühmtheiten. Im Restaurant speisten schon der ehemalige französische Präsident Charles de Gaulle und Resa Pahlewi, der Schah von Persien. Nach einer umfangreichen Restaurierung wurde das Bristol im Dezember 1992 von Margaret Thatcher offiziell wieder eröffnet. Die Preise in diesem Hotel sind freilich hoch, doch es bietet wirklich etwas fürs Geld. Im Restaurant Malinowa wird polnisch-französische Küche serviert, während im Marconi italienisch gekocht wird.

Holiday Inn

Złota 48/54. **Karte** 5 B1. 697 39 99. FAX 697 38 99. *Zimmer:* 336.
AE, DC, MC, V.

Das 1989 eröffnete Holiday Inn war Warschaus erstes Hotel mit westlichem Standard. Es hat eine glänzende Lobby mit vielen Pflanzen, daneben Restaurants, Cafés und Läden. Einige der Zimmer haben dreieckige Erkerfenster. Das Hotel befindet sich in der Nähe des Hauptbahnhofs und des Palasts für Kultur und Wissenschaft.

Jan III Sobieski

Plac Zawiszy 1. **Karte** 5 B2. 579 10 00. FAX 659 88 28. *Zimmer:* 414.
AE, DC, MC.

Postmoderne Fassaden und Avantgarde-Interieur machten dieses Hotel zum Gesprächsthema, als es 1992 eröffnete *(siehe S. 105)*. Doch bald akzeptierten es die Warschauer, und es passte sich ins Stadtgefüge ein. Die geräumige Lobby ist mit rosa Marmor und bunten Mosaiken dekoriert, und im Restaurant gibt es ein Atrium. Eine Marmorstatue sowie alte Gemälde und gerahmte Kopien von Zeichnungen aus dem 17. Jahrhundert erinnern an den Namensgeber des Hotels, König Jan III. Sobieski *(siehe S. 22)*. Die Gästezimmer sind mit Korb-, Kirschholz- und Marmormöbeln ausgestattet. Bitten Sie bei der Reservierung um ein Zimmer mit Blick auf den Dachgarten.

Marriott

Aleje Jerozolimskie 65/79. **Karte** 2 E5. 630 63 06. FAX 830 03 11. W www.marriott.com *Zimmer:* 525.
AE, DC, MC, V.

Das Marriott ist ein 40-stöckiger, luxuriöser Turm mit geräumigen, elegant eingerichteten Zimmern auf den oberen 20 Etagen. Die große Lobby hat Marmor-, Chrom- und Kristalldekor. In den Restaurants kann man polnisch, italienisch, amerikanisch oder international speisen, weitere Optionen bieten Cafés, ein Kasino und mehrere Bars. Die Panorama-Bar in 140 Metern Höhe bietet wunderbare Sicht auf die Stadt. Außerdem gibt es mehrere Festsäle und Konferenzräume.

Mercure–Fryderyk Chopin

Aleja Jana Pawła II 22. **Karte** 3 A3. 620 02 01. FAX 620 87 79. @ mercure@perynet.pl *Zimmer:* 250.
AE, DC, MC, V.

Dieses Luxushotel gehört zur französischen Mercure-Kette und bietet mit eleganten, modernen Möbeln ausgestattete Gästezimmer. Zum Hotel gehören die Restaurants Le Balzac, das sich auf französische Küche spezialisiert hat, und Le Stanislaus, das eine internationale Speisekarte hat, sowie eine charmante Café-Patisserie. Das Hotel befindet sich in der Nähe des Hauptbahnhofs.

Novotel Warszawa Centrum

Nowogrodzka 24/26. **Karte** 5 B2.
621 02 71. FAX 625 04 76.
TX 81 47 04. **Zimmer:** 733. 1
AE, DC, MC, V.

Das ehemalige Forum ist Warschaus größtes Hotel. Die kleinen Zimmer haben eher uninteressante Einrichtungen aus der Zeit der Volksrepublik Polen. Ein paar Zimmer haben Minibars, und die neu ausgestatteten Badezimmer sind sehr gut. Im Erdgeschoss gibt es eine große Lobby sowie Cafés, Restaurants, Reisebüros und andere Läden. Von den Zimmern über dem 20. Stock hat man herrlichen Blick über die Innenstadt.

Sheraton

Prusa 2. **Karte** 6 E2. 657 61 00.
FAX 657 62 00. W www.sheraton.pl
Zimmer: 352. 1 24
AE, DC, MC, V.

Dies ist das neueste Luxushotel der Stadt. Hinter der imposanten postmodernen Fassade befindet sich ein opulentes Interieur in internationalem Stil. Die hervorragende Lage und alle möglichen Annehmlichkeiten (u.a. eine in ganz Warschau bekannte Jazzbar) machen den Aufenthalt zum Genuss. Das Hotel ist vor allem auf VIPs und Geschäftsreisende ausgerichtet. Der luxuriösere »Türme«-Abschnitt in den obersten Etagen, mit exquisiten Suiten und ebensolchem Service, ist fast ein Hotel für sich.

Sofitel Victoria Warsaw

Królewska 11. **Karte** 4 D5. 657
80 11. FAX 827 98 56. @ sofitel@
victoria.pl **Zimmer:** 365. 1 24
MC, V.

Ende der 70er Jahre war dies Warschaus exklusivstes Hotel. Doch seit den Wahlen 1989 entstanden mehrere Luxushotels und überflügelten das Sofitel Victoria. Dennoch: Alle Zimmer sind modern ausgestattet und haben Minibars und moderne Bäder. Zu den Einrichtungen gehören gute Restaurants, ein Café und eine große Lobby mit Blick auf den nach Marschall Piłsudski *(siehe S. 30)* benannten Piłsudski-Platz, einen der größten Plätze der Stadt, an den das Nationaltheater (Teatr Wielki Narodowy) und der Sächsische Garten (Ogród Saski) grenzen.

AUSSERHALB DES ZENTRUMS

Agra

Falęcka 9/11. **Karte** 6 D5.
849 38 81. **Zimmer:** 40. 24
AE, DC, MC, V.

Die niedrigen Preise sind der größte Vorteil dieses Hotels, einst ein Studentenwohnheim der Landwirtschaftsakademie (Szkoła Główna Gospodarstwa Wiejskiego). Wie in Studentenherbergen teilen sich zwei Zimmer ein Bad. Es gibt auch eine Kellerbar.

Felix

Omulewska 24. 810 97 72,
810 06 91. FAX 813 02 55. **Zimmer:**
234. 1 24
AE, MC, V.

Im Felix, einst eine Arbeiterherberge, steigen viele Reisegruppen, vor allem aus ehemaligen Sowjetstaaten, ab. Es bietet schlichte Zimmer zu niedrigen Preisen.

Gromada

17 Stycznia 32. 576 46 00.
FAX 846 15 80. @ airport@gromada.
pl **Zimmer:** 127. 1 24
AE, DC, MC.

Dieses neue Hotel gehört wie auch Gromada Centrum *(siehe S. 201)* der Gromada-Gesellschaft. Es befindet sich nahe dem Flughafen Okęcie, eine 30-minütige Busfahrt von der Innenstadt entfernt. Die Zimmer sind sauber und haben eigene Bäder und Fernseher. Neben dem Hotel liegt ein billigeres Motel mit Ziegelbungalows und Holz-Chalets.

Hotel IBiIB

Ul Trojdena 4. 623 27 44. FAX 658
28 71. **Zimmer:** 44. 1
AE, DC, MC, V.

Dieses Hotel hat eine ruhige und friedliche Atmosphäre. Es ist vor allem bei Akademikern beliebt. Seine schöne Lage und der gute Service sorgen oft für ein volles Haus – Sie sollten also einige Wochen im Voraus ein Zimmer reservieren.

Zajazd Napoleoński

Płowiecka 83. 815 30 68. FAX 815
22 16. W www.napoleon.waw.pl.
Zimmer: 24. 1
AE, DC, MC, V.

Napoleon wohnte hier zwar nie, kam aber wohl mit seiner Armee vorbei, als er seinen Feldzug gegen Moskau anging. Das napoleonische Vermächtnis reflektiert das klassizistische Interieur, das einem polnischen Herrenhaus nachempfunden ist.

Novotel

1 Sierpnia 1. 846 40 51. FAX 846
36 86. @ nov.airport@orbis.pl
Zimmer: 278. 1 24
in summer.
AE, DC, MC, V.

Das Hotel an einer baumgesäumten Straße zum Flughafen Okęcie ist eines der Kettenhotels, die in Polen in den 70er Jahren gebaut wurden. In Größe und Design ähnelt es den Hotels Vera und Solec. Im Garten befindet sich ein wirklich schöner Swimmingpool.

Vera

Bitwy Warszawskiej 1920 roku 16.
822 74 21. FAX 823 62
56. @ vera@orbis.pl **Zimmer:** 161.
1
DC, MC, V.

Der Stil des 1980 gebauten Hotels sowie sein Standard und seine Preise sind ähnlich wie im Novotel und im Solec. Es steht nahe beim Westbahnhof (Dworzec Zachodni) Warschaus, eine 15-minütige Busfahrt vom Stadtzentrum entfernt.

AUSSERHALB WARSCHAUS

Eden

Janki, Mszczonowska 43.
720 43 20. **Zimmer:** 52. 1
24
MC, V.

Das Eden ist ein kleines Hotel mit netter, heimeliger Atmosphäre und einem beliebten Restaurant. Es steht an der Hauptstraße nach Kattowitz, in der Nähe eines großen Einkaufszentrums in Janki.

Konstancja

Konstancin Jeziorna, Źródlana 6/8.
756 43 25, 756 46 74. FAX 756
43 67. **Zimmer:** 44. 1 24
AE, DC, MC, V.

Das Konstancja steht in der etwa 20 Kilometer von Warschau entfernten Kurstadt Konstancin-Jeziorna. Es ist von einem Park umgeben, in dem zwei Salzwassertürme ein einzigartiges Mikroklima schaffen.

Zeichenerklärung *siehe S. 197*

RESTAURANTS, CAFÉS UND BARS

DIE WARSCHAUER Gastronomie-szene blüht, seit nach den demokratischen Wahlen von 1989 Privatbesitz wieder eingeführt wurde. Qualität wie Quantität der Restaurants steigen, und es gibt eine überraschend große Auswahl internationaler Küchen – von französisch, italienisch und spanisch über britisch und griechisch bis hin zu japanisch, chinesisch, vietnamesisch und mexikanisch, nicht zu vergessen vegetarisch. Viele Restaurants servieren traditionelle polnische

Vegetarisches Angebot

Kost, und auch die moderne Küche Polens mit einfallsreichen Versionen traditioneller Gerichte wird immer beliebter. Zwar steigen die Preise, doch in Warschau auswärts zu essen ist für westliche Touristen noch immer günstig, und es gibt auch viele wirklich preiswerte Lokale. Inzwischen boomen auch Cafés und Bars und tragen zur gastronomischen Vielfalt bei. Im Folgenden erhalten Sie Richtlinien für Ihre Wahl der Etablissements, die auf den Seiten 214ff detailliert beschrieben sind.

Das Restaurant Chopin im Hotel Jan III Sobieski *(siehe S. 219)*

RESTAURANTS

IN WARSCHAU finden Sie leicht internationale Restaurants, von mediterran über asiatisch bis südamerikanisch, doch in den Hotelrestaurants wird meist traditionelle polnische Küche serviert, von herzhaftrustikal bis kultiviert. Moderne polnische Küche (neue Varianten klassischer Gerichte, mit internationalen Techniken und Zutaten zubereitet) speist man in den feineren Restaurants wie Fukier, Malinowa im Hotel Bristol und Chopin im Hotel Jan III Sobieski.

Mehrere Restaurants in Warschau bieten ihren Gästen auch ein sehr stimmungsvolles Ambiente. Das Bazyliszek in der Altstadt etwa ähnelt einem Jagdschloss des 18. Jahrhunderts, während sich das Swiętoszek in einem gemütlichen Keller mit Ziegelgewölbe befindet.

Die meisten Restaurants sind von 11 oder 12 Uhr bis mindestens 23 Uhr geöffnet. Eine Tischreservierung ist empfehlenswert.

CAFÉS, BARS UND PUBS

WARSCHAU hat viele Konditoreien, in denen es verlockende Kuchen zu besonderen Kaffees, heißer Schokolade oder Zitronentee gibt.

Besonders beliebt sind das Café Krokodyl auf dem Altstäder Markt, das Café Blikle, das Wedel, die Konditorei im Hotel Europejski und das Café Bristol mit schönem sezessionistischem Interieur. Im Sommer stehen an vielen Plätzen und Gehsteigen der ganzen Stadt Cafétische.

In Bars und Kneipen kann man Wodka probieren – Polen produziert weltweit die größte Menge puren und – mit Zitrone, Paprika, Honig oder Kirsche – aromatisierten Wodkas. Englische und irische Pubs sind in Warschau ebenfalls etabliert. Sie bieten eine beeindruckende Anzahl an Bieren.

Sommerterrasse eines Cafés in der Neustadt

FASTFOOD UND SNACKS

IM STADTZENTRUM gibt es zahlreiche Cafeterias mit Selbstbedienung sowie Fastfood-Restaurants, von den üblichen McDonald's, Burger King und Pizza Hut bis hin zu billigen chinesischen, vietnamesischen und polnischen Imbissen. Viele Delikatessen- und Lebensmittelläden verkaufen auch Sandwiches und belegte Brötchen. Im Sommer stehen überall Eisverkäufer.

VEGETARISCHES ESSEN

EIN PAAR Restaurants sind auf vegetarische Küche spezialisiert, und auch Salatbars werden immer zahlreicher. Außerdem bieten viele Lokale fleischlose Optionen an. Einige klassische polnische Gerichte wie *pierogi* (Ravioli) und *mizeria* (Gurken-Sauerrahm-Salat) sind

Das Ugarit ist auf arabische Küche spezialisiert *(siehe S. 216f)*

PREISE UND TRINKGELD

DIE PREISE variieren zwischen den Restaurants der Stadt enorm. Das billigste Drei-Gänge-Menü (ohne Getränke) kostet um die 25 Złoty (6 Euro) pro Person. In einem edleren Restaurant kann die Rechnung leicht zehnmal so

Restaurant Montmartre in der Nowy-Świat-Straße *(siehe S. 218)*

ohnehin vegetarisch. Auch bei Asiaten und Italienern werden Vegetarier gut bedient.

hoch ausfallen. Die Preise beinhalten auch nicht immer die Mehrwertsteuer, die dann

auf der Karte extra angegeben ist. Falls bei einem Gericht kein Preis steht, sollten Sie vor der Bestellung danach fragen (vielleicht ist das Gericht auch gerade nicht zu haben). Viele Restaurants bieten Festpreismenüs oder Buffets zu einem guten Preis.

Da importierte Weine und Spirituosen sehr teuer sein können (und es davon immer mehr als von polnischen Getränken gibt), lohnt es, vor Bestellung nach dem Preis zu fragen. Auch Alkoholfreies kann kostspielig sein.

In teureren Restaurants werden meist Kreditkarten akzeptiert, kaum jedoch in Bars, Kneipen, Cafés und billigeren Lokalen. Ein Trinkgeld von zehn Prozent ist üblich.

Kerzenlicht sorgt in einigen der besten Restaurants für Atmosphäre

ZEICHENERKLÄRUNG

Legende der Symbole auf den Seiten 214ff:

V Vegetarische Gerichte

🎵 Live-Musik

🏞 Tische im Freien

🍷 Gute Weinkarte

★ Sehr empfehlenswert

💳 Kreditkarten

Preiskategorien für ein Drei-Gänge-Menü *(siehe auch S. 213):*

Ⓩ unter 40 Złoty

ⓏⓏ 40–70 Złoty

ⓏⓏⓏ 70–100 Złoty

ⓏⓏⓏⓏ über 100 Złoty

Warschaus beste Restaurants und Cafés

DIE GROSSE AUSWAHL an Restaurants und Cafés in Warschau reicht von traditioneller und moderner polnischer Küche bis zu den interessantesten Küchen der Welt. Viele Restaurants und Cafés in der Innenstadt haben ein wunderschönes historisches Ambiente, z. B. in Kellergewölben, in einem Bürgerhaus oder in sezessionistischer Pracht und Eleganz.

Pożegnanie z Afryką
*Im Café »Jenseits von Afrika«
wird der beste Kaffee der
Stadt serviert (siehe S. 214).*

Café Bristol
*Neben exzellentem
Kaffee und ebensol-
chem Kuchen gibt es
hier leichte Mittags-
gerichte. Das sezes-
sionistische Interieur
schafft ein angeneh-
mes Wiener Flair
(siehe S. 215).*

Ehemaliges
jüdisches
Ghetto

Café Blikle
*Nach sorgfältiger
Restaurierung ist das
historische Café nun
einer der angesagtes-
ten Treffpunkte – mit
berühmten Kuchen
und Torten (siehe
S. 215).*

Casa Valdemar
*Im prächtigen Lehmofen dieses namhaften
spanischen Restaurants werden kastilische
Braten zubereitet (siehe S. 218).*

0 Kilometer   1

**Vegetarische
Optionen**
*Die wachsende
Anzahl vegetari-
scher Restaurants
bieten gute, frische
Salate, Shakes und
Fruchtsäfte.*

Fukier
Ein schönes Bürgerhaus am Altstädter Markt ist das idyllische Ambiente für moderne polnische Gerichte in traditioneller Atmosphäre (siehe S. 214).

Malinowa
In dem eleganten sezessionistischen Raum speisten schon viele Berühmtheiten, und die modernen Interpretationen klassischer polnischer Küche sind hoch geschätzt (siehe S. 215).

Tsubame
Tsubame, die erste Sushi-Bar der Stadt, ist auch eines der besten orientalischen Restaurants, das elegante japanische Gerichte (siehe S. 216) serviert.

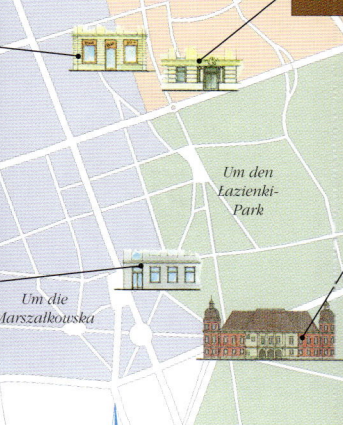

Qchnia Artystyczna
Das postmoderne Restaurant im Zentrum für zeitgenössische Kunst, wo Konzerte und Ausstellungen stattfinden, bietet exzentrisches Interieur und eine interessante Speisekarte (siehe S. 218).

Belvedere
Im großartigen Ambiente einer Orangerie im Łazienki-Park bietet das Restaurant erstklassige moderne polnische und französische Küche (siehe S. 218).

"eu-adt

die Aleja darności

Alt-stadt

Der Königs-weg

Um den Łazienki-Park

Um die Marszałkowska

Was isst man in Warschau?

Roggenbrot

Essiggurken

Wildpilze

Pilze in Sahne-sauce

DIE POLNISCHE KÜCHE hat slawische Wurzeln, wurde aber auch von Nachbarländern wie Russland, Litauen, Weißrussland, Ukraine und Deutschland beeinflusst. Auch die jüdische Bevölkerung fügte Gerichte hinzu, und französische und italienische Prinzessinnen, die polnische Könige heirateten, führten Spezialitäten ihrer Heimat ein. In kommunistischer Zeit herrschte allerorten Mangel, doch jetzt variieren Warschaus Küchenchefs traditionelle Gerichte neu. Mahlzeiten fangen oft mit Suppe an, gefolgt von einem Fleischgericht (Rind, Schwein, Geflügel oder Wild) mit Kartoffeln, Buchweizen *(kasza)* oder Klößen und Gemüse wie Wildpilzen, Roten Beten und Kohl. Typische Desserts sind gedämpftes Obst und Käsekuchen.

BEILAGEN

Als Beilage oder allein als kleiner Imbiss (meist mit Wodka) werden marinierte Kultur- oder Wildpilze und eingelegte Gurken mit Dill serviert.

HORS D'ŒUVRES

Zu den beliebtesten Vorspeisen gehören Karpfen auf jüdische Art, Hering in Sauerrahm und Räucheraal.

Kartoffelpuffer
Die Puffer aus geriebenen rohen Kartoffeln werden heiß mit Sahne und Salz oder Zucker oder mit einer Sauce gereicht.

Hasenpastete – eine polnische Spezialität

Hering
Sehr beliebt als Hors d'œuvre ist Hering mit Sahne-Apfel-Zwiebel-Sauce.

Salat aus Bohnen und Heringen

Krupnik
Diese Suppe wird aus Gerste und Kartoffeln sowie Fleisch- oder Gemüsebrühe zubereitet.

Kutteln Warschauer Art
Kutteln – oft mit Fleischbällchen – ist eine hiesige Spezialität, die oft auf der Karte steht.

Borschtsch
Eine heiße Suppe aus Roten Beten. Litauischer Borschtsch ist eine kalte Variante.

Żurek
Aus weißer Wurst besteht die ungewöhnliche, aber leckere fermentierte «saure» Suppe.

Pilzsuppe
Milch färbt diese Suppe weiß. Sie wird mit Klößen oder Backerbsen serviert.

Kohlrouladen
Die mit Buchweizen oder Reis und Fleisch oder Pilzen gefüllten Kohlblätter werden in einer Tomaten- oder Pilzsauce gebacken.

Pierogi
Die Ravioli mit Fleisch-, Sauerkraut- oder Pilzfüllung können auch mit Käse serviert werden.

Bigos (Jägereintopf)
Das klassische polnische Gericht besteht aus Sauerkraut, frischem Kohl und polnischer Wurst.

Buchweizen

Eingelegte Gurken

Rindsrouladen
Rindsrouladen werden mit Sauerkraut und Pilzen, Fleisch oder durchwachsenem Speck sowie Essiggurken gefüllt.

Schweineschnitzel
Zum panierten Schnitzel gibt es Kartoffelpüree und Krautsalat.

Rindsrouladen

Ente mit Apfel
Wildgeflügel ist sehr beliebt, und dies ist eines der typischsten Entengerichte. Dazu gibt es meist Bratkartoffeln.

Gefüllter Schweinebraten
Schweinelende wird gern mit Backpflaumen gefüllt. Dies ist ein klassisches «altpolnisches» Gericht.

Barsch polnische Art
Barsch wird mit geschmolzener Butter, Zitronenspalten und gehackten hart gekochten Eiern garniert.

DESSERTS
Zu den beliebtesten Desserts gehören Kuchen und Gebäck wie mit kandierten Rosen gefüllte Krapfen, Mohnkuchen (vor allem an Ostern und Weihnachten) und Pfefferkuchen nach einem mittelalterlichen Rezept.

Pfefferkuchen

Apfel-Charlotte

Krapfen

Eiscreme
Eis in unzähligen Geschmacksrichtungen, serviert mit Früchten, Schlagsahne oder Waffeln, steht auf jeder Speisekarte.

Mohnstollen

Was trinkt man in Warschau?

POLNISCHER WODKA gilt international als qualitativ hochwertig. Die größte Auswahl hat man bei klarem, purem Wodka, der normalerweise aus Roggen gebrannt wird, und aromatisierte Sorten gibt es von trocken bis süß, von fruchtig bis würzig. Für importierte Getränke wie Cognac, schottischen Whisky, Gin und Wein muss Zoll bezahlt werden, weshalb die Preise astronomisch sein können. Bier erlebt gerade einen Boom, und in der ganzen Stadt eröffnen immer mehr englische und irische Pubs. Die Vielfalt und die Qualität polnischer Biere haben in den letzten Jahren enorm zugenommen, und heute sind sie importierten Marken ebenbürtig. Zu den beliebtesten Softdrinks gehören Fruchtsäfte wie Johannisbeer-, Himbeer- und Kirschsaft, und mehrere Mineralwässer stammen aus polnischen Kurstädten.

Logo polnischer Wodkabrenner

Żywiec, eine der ältesten und beliebtesten Biermarken Polens

POLNISCHER WODKA

WODKA IST seit langem Polens Nationalgetränk, und auf dem Markt sind Hunderte von Marken. Im Gegensatz zum neutral schmeckenden »internationalen« Wodka hat der polnische einen ganz eigenen Charakter. Er sollte gekühlt serviert und genippt werden, um das Aroma wirklich zu genießen.

Wodka wird in reine und aromatisierte Sorten eingeteilt. Der berühmteste reine oder klare Wodka ist Wyborowa mit Roggenaroma und subtiler Süße, die allein vom Destillationsprozess herrührt, nicht von irgendwelchen Zugaben. Es gibt auch koscher hergestellte Wodkas. In letzter Zeit entstanden Deluxe-Wodkas

wie Chopin mit einem Bild des Komponisten auf dem Etikett. Belvedere, eine andere Luxusmarke, ist nach dem Palast in Warschau benannt.

Aromatisierte Wodkas sind mit Früchten, Kräutern und

Label auf einer Żubrówka-Flasche

anderen Zutaten versetzt. Eine Marke, Żubrówka, wird mit einem Kraut namens Büffelgras aromatisiert. Dieses Gras, das ausschließlich im Natio-

nalpark Białowieża in Ostpolen wächst, ist die Leibspeise des europäischen Wisents, der noch immer dort umherstreift.

Ein weiterer nur in Polen gebrannter Wodka ist Goldwasser, der tatsächlich Blattgoldstückchen enthält, so wie es das Originalrezept aus dem 16. Jahrhundert verlangt. Goldwasser wird normalerweise nach einer Mahlzeit als Digestif getrunken.

Nur selten wird Wodka ohne etwas zu essen serviert. Vor einer Mahlzeit gibt es dazu Hors d'œuvres (*zakąski*) wie gesalzenen Hering, eingelegte Pilze, Dillgurken, polnische Wurst und Roggenbrot. Diese salzigen, würzigen Aromen harmonieren mit dem Wodka – und spornen zu einer weiteren Runde an.

Klare Wodkas

Aromatisierte Wodkas

Premium-Wodka, in Poznań (Posen) gebrannt

Wyborowa, die bekannteste Exportmarke

Żubrówka, mit Büffelgras aromatisiert

Goldwasser enthält Blattgold

BIER

Brok

Żywiec

EB

Okocim

BRAUEREIEN GEHÖRTEN zu den ersten Unternehmen, die von Polens Wandel zu einer freien Marktwirtschaft im Jahr 1989 profitierten. Die Folge war eine drastische Qualitätsverbesserung polnischer Biere (zumeist Lagerbiere). Auch die Markenanzahl wuchs, dank der Gründung regionaler und »Boutique«-Brauereien.

Zu den beliebtesten Bieren gehören Żywiec, Brok, Heweliusz, EB und Okocim. Polnisches

Okocim-Etikett

Żywiec-Etikett

Theke einer typischen Warschauer Kneipe

Bier kann es heute in Sachen Qualität durchaus mit den importierten Bieren aus Irland, Deutschland, den Niederlanden, Dänemark und der Tschechischen Republik aufnehmen.

Neue »Themen«-Kneipen sowie viele neue Bars haben ebenfalls zur wachsenden Beliebtheit des Biers beigetragen *(siehe S. 214ff).*

MET

MET, EINES DER ÄLTESTEN polnischen Getränke, wird noch immer nach traditionellen Rezepten hergestellt: Fermentierter Honig wird mit Wasser verdünnt und mit Gewürzen und Hopfen aromatisiert – die genauen Rezepte sind jedoch normalerweise streng geheim.

Der Alkoholgehalt von Met schwankt zwischen 9 und 18 Volumenprozent. Die Stärke und den Charakter von Met bestimmt das Verhältnis von Honig und Wasser, und verschiedene Verhältnisse haben ihre eigene Terminologie. *Półtorak* (»zwei Drittel«) heißt, für den Met wurden zwei Teile Honig zu einem Teil Wasser genommen. Dieser Met ist der stärkste und süßeste und gilt vielerorts als der beste. Für *Dwójniak* nimmt man gleiche Teile Honig und Wasser, für *Trójniak* einen Teil Honig zu zwei Teilen Wasser und für *Czwórniak* einen Teil Honig zu drei Teilen Wasser.

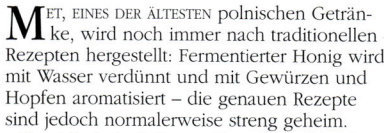
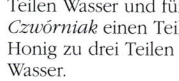

Alkoholgehalt

Stammwürze

Haltbarkeitsdatum

Das Etikett einer Okocim-Bierflasche

Trójniak-Met

Restaurantauswahl

DIE RESTAURANTS UND CAFÉS in diesem Buch wurden primär auf Grund ihres guten Essens ausgewählt, manche auch wegen des Preis-Leistungs-Verhältnisses oder des Ambientes. Diese Tabelle stellt Faktoren heraus, die Ihre Wahl beeinflussen könnten. Ausführlichere Beschreibungen finden Sie auf den Seiten 214ff. Die Lokale sind nach Stadtteilen in alphabetischer und preislicher Reihenfolge angegeben.

	Preis	SCHÖNE LAGE	TISCHE IM FREIEN	POLNISCHE SPEZIALITÄTEN	BIS SPÄTABENDS GEÖFFNET	VEGETARISCHE SPEZIALITÄTEN
ALTSTADT (siehe S. 214)						
Maharaja-Thai	ⓏⓏⓏ	●	■		■	●
Rycerska	ⓏⓏⓏ	●	■	●	■	
Dom Restauracyjny Gessler	ⓏⓏⓏ	●			●	●
Fukier ★	ⓏⓏⓏⓏ	●	■	●	■	●
Tsarina	ⓏⓏⓏⓏ	●				
NEUSTADT (siehe S. 214)						
Pożegnanie z Afryką ★	Ⓩ	●				
Pod Samsonem	ⓏⓏ	●	■	●	■	
Nove Miasto	ⓏⓏⓏ	●	■			●
UM DIE ALEJA SOLIDARANOŚCI (siehe S. 214)						
Prohibicja	ⓏⓏ	●	■		■	
Pekin	ⓏⓏⓏ					●
Barbados	ⓏⓏⓏⓏ	●	■	●	■	
Der Elefant	ⓏⓏⓏⓏ	●	■		■	
El Popo	ⓏⓏⓏⓏ	●			■	●
La Bohème	ⓏⓏⓏⓏ	●	■	●	■	
DER KÖNIGSWEG (siehe S. 214f)						
Europejska	ⓏⓏ	●	■			
Pod Baryłką	ⓏⓏ		■		■	
Café Blikle ★	ⓏⓏⓏ	●	■	●		●
Chianti	ⓏⓏⓏ	●			■	
Harenda	ⓏⓏⓏ	●	■		■	
Literacka	ⓏⓏⓏ	●	■			●
Café Bristol ★	ⓏⓏⓏⓏ	●				●
Malinowa ★	ⓏⓏⓏⓏ	●		●		●
Nowy Świat–Café	ⓏⓏⓏⓏ	●	■	●		
Tsubame ★	ⓏⓏⓏⓏ				■	●
UM DIE MARSZAŁKOWSKA (siehe S. 216f)						
Batida	Ⓩ					●
Krokiecik	Ⓩ					●
Café Brama	ⓏⓏ				■	
Capriccio	ⓏⓏⓏ	●	■	●	■	
Dong Nam	ⓏⓏⓏ					●
Ha Long	ⓏⓏⓏ	●			■	●
Mekong	ⓏⓏⓏ				■	●
Sportowy Champions Bar	ⓏⓏⓏ	●		●	■	
Ugarit	ⓏⓏⓏ		■	●	■	
Chicago Grill	ⓏⓏⓏⓏ				■	
Lila Weneda	ⓏⓏⓏⓏ			●	■	●
Parmiggiano	ⓏⓏⓏ					●

Preiskategorien für ein Drei-Gänge-Menü pro Person und eine halbe Flasche Hauswein, inklusive Service und Steuern.

Zł unter 40 Złoty
ZłZł 40–70 Złoty
ZłZłZł 70–100 Złoty
ZłZłZłZł über 100 Złoty

★ sehr empfehlenswert

SCHÖNE LAGE
Restaurant in ungewöhnlicher oder historischer Lage mit schönem Ausblick.

TISCHE IM FREIEN
Bei gutem Wetter kann man draußen essen.

POLNISCHE SPEZIALITÄTEN
Gute Auswahl an traditionellen Gerichten.

BIS SPÄTABENDS GEÖFFNET
Bestellungen sind auch nach 23.30 Uhr möglich.

VEGETARISCHE SPEZIALITÄTEN
Gute Auswahl an vegetarischen Gerichten.

	Preis	SCHÖNE LAGE	TISCHE IM FREIEN	POLNISCHE SPEZIALITÄTEN	BIS SPÄTABENDS GEÖFFNET	VEGETARISCHE SPEZIALITÄTEN
U Szwejka	ZłZłZł	●	■	●	■	●
EHEMALIGES JÜDISCHES GHETTO (siehe S. 217)						
99	ZłZłZłZł		■			●
Caryca Katarzyna	ZłZłZłZł		■		■	●
Le Balzac	ZłZłZł					
Restauracja Warszawa Jerozolima	ZłZłZłZł			●	■	
UM DEN ŁAZIENKI-PARK (siehe S. 217f)						
Czytelnik	Zł	●		●		
Da Elio	ZłZł		■	●		●
Klub Aktora	ZłZł	●		●	●	
Belvedere ★	ZłZłZłZł	●	■	●	■	
Casa Valdemar ★	ZłZłZłZł	●	■		■	●
London Steak House	ZłZłZł	●	■		■	
Montmartre	ZłZłZł		■		■	
Qchnia Artystyczna ★	ZłZłZł	●	■	●	■	●
Studio Buffo	ZłZłZł		■	●		●
ANDERE STADTTEILE (siehe S. 218f)						
B-40	Zł	●	■		■	
Zielona Gęś	Zł		■		■	
Boston Port	ZłZł		■			
Rong Vang	ZłZł					●
Amigos	ZłZł		■		■	
Le Cedre	ZłZł		■			●
Mibella	ZłZł		■	●	■	●
Positano	ZłZł		■			●
Chopin	ZłZłZł		■	●		●
Flik	ZłZłZł	●	■	●		●
Santorini	ZłZłZł		■			●
Shogun	ZłZł					●
Zajazd Napoleoński	ZłZłZł		■	●	■	
AUSSERHALB WARSCHAUS (siehe S. 219)						
Pod Złotym Linem	ZłZłZł	●	■	●		
Trattoria	ZłZłZłZł		■		■	●

Die Fotos und Beschreibungen auf den Seiten 208f illustrieren einige der beliebtesten polnischen Gerichte.

ALTSTADT

Maharaja-Thai

Szeroki Dunaj 13. **Karte** 1 C1 & 3 C4.
(635 25 01. ○ tägl. 12–24 Uhr.
🟥 🍴 💲 🍷 🖥 AE, DC, MC, V.
㉑㉑㉑

Dies war das erste Thai-Restaurant
in Polen. Es hat ein interessantes
Interieur und einen etwas passi-
ven Service, aber das Essen ist
wirklich ausgezeichnet. Der Küchenchef ersetzt unnötigerweise
die in Thailand übliche Kokosmilch durch Kuhmilch und Reis-
strohpilze durch Austernpilze,
doch dank der gekonnten und
einfallsreichen Verwendung von
Ingwer, Knoblauch, Zitrone, Paprika, Kräutern und verschiedenen
Curryarten haben die Gerichte
dennoch echtes Thai-Aroma. Zu
den besten zählen die Hühnersuppe mit Zitronenaroma, grünes
Hühnercurry, gebratener Fisch,
thailändisches Hackfleisch-Omelett
und gefüllte Hähnchenflügel, bei
denen kunstvoll die Knochen entfernt wurden.

Rycerska

Szeroki Dunaj 9/11. **Karte** 1 C1 &
3 C4. (831 36 68. ○ tägl. 12–23
Uhr. 🟥 🖥 AE, MC, V. 🍷
㉑㉑㉑

Das Restaurant und die Speisekarte sind nach wie vor im Stil der
frühen 70er Jahre, doch die Küche
ist auf dem neuesten Standard,
und die Atmosphäre ist äußerst
angenehm. Im Rycerska serviert
man beispielsweise einen interessanten, altmodischen polnischen
weißen Borschtsch, bekannt als
żurek, sowie köstlichen Hering,
rustikale Gerichte aus Spanferkel
in Biersauce und Truthahn in
Glühweinsauce. Unter den Fischgerichten ist besonders der lecker
gekochte Karpfen in Zitronensau-
ce zu empfehlen.

Dom Restauracyjny Gessler

Rynek Starego Miasta 21. **Karte** 4 D4
& 6 D1. ○ tägl. 11 Uhr bis der letzte
Gast geht. 🍴 🟥 💲 🍷 🖥 AE, DC,
MC, V. ㉑㉑㉑㉑

Das Essen ist zwar nicht gerade das
beste in ganz Warschau, aber das
Interieur beeindruckt sicherlich
jeden, besonders der Keller, der im
Stil eines Landgasthofs aus dem
18. Jahrhundert konstruiert ist und
vielleicht aus einem kleinen Dorf
namens Wojtkowice Stare hierher
transportiert wurde. Überall sieht
man Kunsthandwerk – es ist einfach bezaubernd. Auf der Speisekarte stehen viele traditionelle polnische Gerichte.

Fukier

Rynek Starego Miasta 27. **Karte** 4 D4
& 6 D1. (831 10 13, 831 58 08.
○ tägl. 12 Uhr bis der letzte Gast
geht. 🟥 🍴 🎵 💲 🍷 🖥 AE, DC, MC,
V. ㉑㉑㉑㉑ ★

In wunderbarem Ambiente wird
hier exzellentes Essen serviert. Die
Eichenböden und -tische sowie
die Düfte von Räuchern, Kerzen
und Blumen schaffen eine herrliche Atmosphäre. Serviert wird vor
allem kreative polnische Küche
mit französischen und anderen
europäischen Einflüssen. Im Angebot sind z. B. Schweinsfüße in
Aspik, Steinpilz-Carpaccio, żurek
(fermentierte Suppe) mit Steinpilzen und weißer Wurst, Kalbsleber
mit Aceto Balsamico, Spargel, in
Sahne gebackener Karpfen mit
Steinpilzen sowie Wildkeule. Als
Desserts gibt es wundervollen
Mohnkuchen, Zitronensorbet mit
Wodka und lockeren Käsekuchen.

Tsarina

Jezuicka 1/3. **Karte** 4 D4 &
6 D1. (635 74 74. ○ tägl. 12–24
Uhr. 🟥 🍷 🖥 AE, DC, MC, V.
㉑㉑㉑㉑

Das Restaurant erweckt russische
Fabeln zum Leben. In die fünf
großen und fünf kleinen Räumen
werden die Kellner per Ebenholz-
telefon gerufen. Das diskrete Personal trägt zaristische Uniformen.
Im Angebot sind Kaviar, Pelmeni
(gefüllte Teigtaschen) und köstlich
gewürzte Suppen. Condé Nast Tra-
veler zählt dieses zu den 50 besten
Restaurants der Welt.

NEUSTADT

Pożegnanie z Afryką

Freta 4/6. **Karte** 1 C1 & 3 C4. ○
tägl. 11–20 Uhr. ㉑ ★

Das kleine, mit einem Laden verbundene Café verströmt die
leckersten Düfte der Stadt. Hier
können Sie unter zahlreichen
exzellenten Kaffeesorten wählen.
Es gibt – außer Wasser – ausschließlich Kaffee, aber mehr
braucht man auch nicht. Ein
Besuch im »Jenseits von Afrika« ist
ein Abenteuer für sich.

Pod Samsonem

Freta 3/5. **Karte** 1 C1 & 3 C4.
(831 17 88. ○ tägl. 10–23 Uhr.
🟥 🍷 🖥 AE, DC, MC, V. ㉑㉑

Dies ist ein Treffpunkt für alle
preisbewussten Vertreter der Intel-
lektuellenszene Warschaus. Das
Restaurant bietet unprätentiösen
Service, saubere Räumlichkeiten
und eine Kombination aus polni-

scher und jüdischer Küche. Zu
den Spezialitäten gehören gehackte Leber (»jüdischer Kaviar«),
gefüllter Karpfen und Schnitzel.
Als Dessert seien »Pêches Cardinal«
empfohlen.

Nove Miasto

Rynek Nowego Miasta 13/15. **Karte**
1 C1 & 3 C4. (831 43 79. ○ tägl.
10–24 Uhr. 🟥 🖥 ㉑㉑㉑㉑

Das hauptsächlich vegetarische
Restaurant am Neustädter Markt ist
in hellen Farben gehalten und
komfortabel eingerichtet. Auf der
umfangreichen Karte stehen ungewöhnliche Salate, vegetarische
pierogi und Pasta mit Thunfisch
und Krabben. Alles ist mit Kräutern und Gewürzen fein abge-
schmeckt. Innen gibt es Livemusik, und bei gutem Wetter kann
man auch draußen speisen.

UM DIE ALEJA SOLIDARNOŚCI

Prohibicja

Podwale 1/3. **Karte** 2 D2, 4 D4.
(635 62 11. ○ tägl. 12–24 Uhr.
🟥 🖥 💲 🍷 🖥 AE, DC, MC, V. ㉑㉑

Das kleine Restaurant mit Café
und Bar ist wegen seines guten,
unprätentiösen Essens beliebt –
und wegen der Möglichkeit, auf
einen der Besitzer zu treffen: Die
polnischen Filmstars Wojciech
Malajkat, Bogusław Lind, Mark
Kondrat und Zbigniew Zama-
chowski betreiben zusammen dieses neue Lokal.

Pekin

Senatorska 27. **Karte** 1 C2 & 4 D5.
(827 48 04. ○ tägl. 12–23 Uhr.
🟥 🍷 🖥 AE, MC, V. ㉑㉑

Das Pekin bietet die beste fernöst-
liche Küche der Stadt. Der Service
kann jedoch zu wünschen übrig
lassen. Zu chinesischer Musik werden exzellentes Seafood, köstliche
Ente und zahlreiche vegetarische
Optionen serviert. Als Dessert sind
die Bananenpfannkuchen unge-
schlagen. Bier und Spirituosen
sind nicht überteuert.

Barbados

Wierzbowa 9. **Karte** 1 C3 & 3 C5.
(82 27 71 61. ○ Mo–Do 13–24,
Fr 13–1, Sa 17–1, So 15–24 Uhr.
🟥 🍷 🖥 AE, DC, MC, V.
㉑㉑㉑㉑

Zu den vielen Vorspeisen in dem
großen Restaurant gehören mehrere Garnelengerichte. Liebhaber der
polnischen Küche bekommen hier
Borschtsch mit Klößen oder Wild-

pilzsuppe. Empfehlenswerte Hauptgerichte sind z.B. Ente mit Birnen und Kartoffeln in Wein-Wacholder-Sauce, Kalbskotelett in Knoblauch und mit frischen Kräutern gefüllte Forelle in Kräuterbuttersauce. Nach dem Abendessen legen von Donnerstag bis Samstag Discjockeys Tanzmusik auf.

Der Elefant

Plac Bankowy 1. **Karte** 1 B3 & 3 C5. 624 79 05. tägl. 10.30–1.30 Uhr. AE, DC, MC, V.

Der Elefant bietet die beste Bistroküche der Stadt, eine tolle Atmosphäre sowie irisches und deutsches Bier. Zu den Grillgerichten wie Steak, Kebab, großen, würzigen Hamburgern *(pleskawica)* und Wurst gibt es Pommes frites. Außerdem werden heiße Muscheln mit kalter Sauce und gebackener Camembert mit Preiselbeeren serviert.

El Popo

Senatorska 27. **Karte** 1 C2 & 4 D5. 827 23 40. tägl. 12 Uhr bis der letzte Gast geht.

El Popo, eines von zwei mexikanischen Lokalen in Warschau, bietet mexikanische Livemusik in farbenfrohem, gemütlichem Azteken-Ambiente. Serviert werden mexikanische Klassiker von traditionellen Fajitas und Tortillas in zahlreichen Kombinationen bis zu brutzelnden Garnelen in Knoblauch und – ganz ausgefallen – Pute in Schokolade.

La Bohème

Pl Teatralny 1. **Karte** 1 C2 & 3 C5. 692 06 81. tägl. 11 Uhr bis der letzte Gast geht. AE, DC, MC, V.

Ein Restaurant mit Café nahe dem Nationaltheater. Die Schwerpunkte der europäischen Speisekarte sind die französische und die italienische Küche. Eine Spezialität des Hauses ist Hummer in verschiedenen Varationen, und auch Wildgerichte sind zu empfehlen. Gegenüber, auf der anderen Seite des Platzes befindet sich der Restaurantladen mit Take-away-Versionen der Gerichte.

DER KÖNIGSWEG

Europejska

Hotel Europejski, Krakowskie Przedmieście 13. **Karte** 2 D3 & 4 D5. 826 50 51. Winter tägl. 11–22, Sommer tägl. 11–24 Uhr. AE, DC, MC, V.

Das große Café hat ein angenehmes Flair. Einst war es ein beliebter Treffpunkt der Warschauer, und noch immer hat es viele einheimische Stammgäste, vor allem zum Frühstück.

Pod Baryłką

Garbarska 5/7. **Karte** 2 D2 & 4 D5. 826 62 39. tägl. 12–24 Uhr.

Dies ist einer der schönsten Pubs in Warschau, mit hübschem, gemütlichem Interieur und ruhiger Atmosphäre. Zu den elf Bieren vom Fass gibt es gegrillte Schinken- und Käsesandwiches und Brezeln.

Café Blikle

Nowy Świat 33. **Karte** 2 D5 & 6 D1. 826 66 19. Mo–Fr 8–23, Sa 9–23, So 10–23 Uhr. V DC, MC. ★

Das Café Blikle, ein angesagter Treffpunkt, trägt zur Wiederbelebung der Warschauer Kaffeehausszene bei. Es ist ein lebhaftes, immer volles Café, in dem oft bekannte Polen sitzen. Exzellent sind die gefrorenen Joghurts und Sorbets, und die berühmten Krapfen sind einfach köstlich. Das Café serviert verlockendes Frühstück und hervorragenden Tee mit Verlockungen wie Heringsklößen, Pasteten mit gehackten Aprikosen, Nüssen und Backpflaumen sowie vegetarischen Brötchen.

Chianti

Forsal 17. **Karte** 2 E5 & 6 D1. 828 02 22. tägl. 12–23 Uhr. V

Ideal für ein romantisches Diner: Steinmauern und bunter Stuck, der Duft von Basilikum und Rosmarin und gute Hintergrundmusik schaffen die Atmosphäre einer italienischen Stadt. Neben den vielen Pastagerichten gibt es mit Mozzarella und Parmesan überbackene Auberginen und Penne mit Lachs in weißer Sauce. Als Dessert ist Tiramisu besonders zu empfehlen.

Harenda

Krakowskie Przedmieście 4/6. **Karte** 2 D3 & 4 D5. tägl. 8–15 Uhr. 826 29 00. V

Groß, angesagt und immer voller Menschen – dies ist der Lieblingsort von Warschaus Liberalen, Ausländern und besser gestellten Studenten. Sie können ein Drei-Gänge-Menü bestellen, die Karte ist jedoch nicht sehr einfallsreich – die Hauptattraktion des Abends sind gebackene Kartoffeln. Zu den ausgeschenkten Bieren gehören Guinness, Heineken und Żywiec.

Literacka

Krakowskie Przedmieście 87/89. **Karte** 1 D2. 828 89 95. tägl. 10 Uhr bis der letzte Gast geht.

Das Literacka in dem legendären Dom Literata (Literatenhaus) hat im Erdgeschoss ein stimmungsvolles Café, doch das Restaurant im Keller ist nicht zu empfehlen. Desserts wie Apfelpfannkuchen und Vanillepudding sind jedoch köstlich.

Café Bristol

Hotel Bristol, Krakowskie Przedmieście 42/44. **Karte** 2 D3 & 4 D5. 625 25 25. tägl. 8–23 Uhr. ★

Ein exklusives Kaffeehaus im Wiener Stil ist ein hervorragender Ort fürs Frühstück, Mittagessen oder einen eleganten Imbiss zu jeder Tageszeit. Das Interieur ist schön und stilvoll, das Personal professionell und höflich. Außer leckeren Süßspeisen (Mousse, Cremekuchen, Eclair, Eiscreme) gibt es auch sehr gute warme und kalte Snacks, Salate, Pasteten, Sandwiches, Pfannkuchen und Lasagne. Kaffee und andere Getränke sind teuer, aber die leichten Mahlzeiten und Süßspeisen treiben niemanden in den Ruin.

Malinowa

Hotel Bristol, Krakowskie Przedmieście 42/44. **Karte** 2 D3 & 4 D5. 625 25 25. tägl. 18 Uhr bis der letzte Gast geht. AE, DC, MC, V. ★

Das Malinowa gilt als das exklusivste Restaurant der Stadt. Es beschäftigt Köche der Weltklasse wie Małgorzata Marchewka, deren Spezialität, Spanferkel mit Büffelgras, beim Europa-Cup-Wettbewerb für Regionalküche in Poitiers 1995 eine Silbermedaille gewann. Das luxuriöse, stilvolle Interieur des Restaurants erinnert an die 20er und 30er Jahre des 20. Jahrhunderts. Die Preise sind freilich hoch, aber das Essen ist nicht nur hervorragend, sondern auch schön anzusehen. Klassische Gerichte werden auf aufregende Art abgewandelt und Zutaten auf neue Art verwendet, z.B. für einige Desserts.

Nowy Świat Café

Nowy Świat 63. **Karte** 1 D5 & 6 D1. 826 58 03. Sommr tägl. 9–23 Uhr; Winter tägl. 9–22 Uhr.

Viele Jahre lang war dies eines der beliebtesten Restaurants der Stadt. Man kann nicht nur schön essen, sondern auch die neuesten Zeitungen lesen. Es ist groß, immer voll und bietet eine umfangreiche Auswahl an Süßspeisen und österreichischen Gerichten. Die teure, aber appetitanregende Speisekarte ist voller österreichischer Einschläge. Samtige Knoblauchsuppe, in einem großen Krustenbrötchen serviert, und Hühnersuppe mit Spinatroulade gehören zu den Vorspeisen. Als Hauptspeisen empfehlen sich Schweinefleisch mit Kohl oder Wiener Gulasch mit Brot-Zwiebel-Klößen. Traditioneller Apfelstrudel mit Vanilleeis und Schlagsahne rundet die Mahlzeit ab. Auch der Kaffee ist ausgezeichnet.

Tsubame

Foksal 16. **Karte** 3 E5 & 6 D1.
℡ 826 51 27. ⏲ tägl. 12–24 Uhr.
Ⓥ 🍷 🄴 ㉑㉑㉑㉑ ★

Das authentische japanische Lokal bietet die ganze Bandbreite der faszinierenden Küche. Zum Restaurant gehört die erste Sushi-Bar Polens, in der Sie Spezialitäten wie rohes Krustenbrötchen, mit Reis in Algenblätter gewickelt, probieren können. Die Preise sind hoch – aber die unvergessliche Gourmet-Erfahrung ist sie wert. Zum hervorragenden Sushi-Angebot gehören Omelett, Makrele, Thunfisch, Lachs, Gelbschwanz, roter Lachsrogen, Garnelen, drei Muschelarten, Oktopus und Tintenfisch. Zu den anderen Gerichten gehören *maki* – schöne Röllchen aus Reis und Gurke, Pflaumen, eingelegten Kürbisfasern oder Avocadostreifen. Dazu gibt es eine Garnitur aus eingelegtem Ingwer und zu trinken heißen Sake, und auch der Tee ist sehr gut.

UM DIE MARSZAŁKOWSKA

Batida

Nowogrodzka 1/3. **Karte** 5 B2.
℡ 621 45 34. ⏲ Mo–Sa 8–16 Uhr.
Ⓥ ㉑

Dies ist eine mit einem Laden verbundene Snackbar, nach dem Vorbild einer typischen Pariser *Croissanterie*. Hier gibt es die besten französischen Backwaren in Warschau. Die warmen Gerichte sind im Allgemeinen recht gut, doch die Hauptattraktion sind der gute Kaffee und die Torten, Meringues, Eclairs, Rosinenbrötchen und Croissants.

Krokiecik

Zgoda 1. **Karte** 2 D5 & 6 D1. **℡** 827 30 37. ⏲ Mo–Sa 9–21, So 11–19 Uhr. **Ⓥ** ㉑

Die Selbstbedienungsbar mit einer wechselvollen Vergangenheit ist ein idealer Platz für eine schnelle und preiswerte Mahlzeit. Das Café hat ungarische Einschläge im Repertoire, und wahrscheinlich können Sie fantastische gebratenen Kohl oder Pilze sowie Pfannkuchen (*krokiety*), Suppen wie z.B. Borschtsch und Gulaschsuppe (*bogracz*) oder Hühnchen auf chinesische Art probieren. Und zum Nachtisch gibt es köstliche kalte Pfannkuchen mit Früchten und Schlagsahne.

Café Brama

Marszałkowska 8. **Karte** 6 D3. **℡** 625 09 10. ⏲ tägl. 14 Uhr bis der letzte Gast geht. 🎵 🍷 🄴 ㉑㉑

Das moderne europäische Café Brama beim Varieté-Theater (Teatr Rozmaitości) liegt in einem Künstlermilieu. Das Speisenangebot ist eingeschränkt, aber hervorragend, mit köstlichen Grillgerichten und zahlreichen Alkoholika. Das minimalistische Interieur bildet eine geschmackvolle Kulisse, und der Livejazz am Abend trägt zur Boheme-Erfahrung bei.

Capriccio

Koszykowa 54. **Karte** 5 B2.
℡ 630 88 51. ⏲ tägl. 12 Uhr bis der letzte Gast geht. **Ⓥ** 🎵 🍷 🍷 🄴 AE, DC, MC, V. ㉑㉑㉑

Dieses erst 2002 eröffnete Etablissement ist ein typisches italienisches Restaurant in guter, zentraler Lage. Es gibt auch ein paar polnische Gerichte. Wählen Sie unter Spezialitäten wie Seezunge in Safransauce oder Wildentenbrust in Karamellsauce. Gute Auswahl an italienischen und anderen Weinen. Zur gemütlichen Atmosphäre trägt an drei Abenden die Woche auch Livemusik bei. Der Service ist höflich, ohne zu übertreiben, und das Restaurant bleibt gern lange für Sie geöffnet.

Dong Nam

Marszałkowska 45/49. **Karte** 6 D2.
℡ 621 32 34. ⏲ tägl. 12–23 Uhr.
Ⓥ 🍷 ㉑㉑㉑

Die beste thailändische und vietnamesische Küche in ganz Polen bekommen Sie im stimmungsvoll eingerichteten Dong Nam. Die vier Behälter an jedem Tisch enthalten Sojasauce, bitter-süße Fruchtsauce, scharfe Fruchtsauce und eine dunkle Mischung aus Chillies, die man spärlich verwenden sollte. Neben exzellentem grünem Hähnchencurry gibt es Fisch in roter Currysauce mit Kokosmilch, schwarze Suppe mit Meeresfrüchten und Seafood im Hormok-Stil (das sind in Bananenblätter gehüllte Häppchen) in

Form kleiner Soufflés mit einer schaumigen weißen Sauce und Kokosmilch. *Pad thai* ist ebenfalls zu empfehlen, während *gai pad phet* und *tom yum*, eine Suppe mit Huhn und Zitronengras, ein wahres Inferno am Gaumen garantiert. Das nicht sehr umfangreiche Weinangebot ist nicht überteuert.

Ha Long

Emilii Plater 36. **Karte** 1 B5 & 5 C2.
℡ 620 15 23. ⏲ tägl. 11–22 Uhr.
Ⓥ 🍴 🄴 AE, DC, MC, V. ㉑㉑㉑

Zwei kleine, klimatisierte Räume mit Teppichboden, einem Aquarium und schönen Grafiken an den Wänden schaffen das Flair eines kleinen Restaurants im Fernen Osten. Die chinesische und vietnamesische Küche bietet auf verschiedene Arten zubereitete Ente, z.B. mit brutzelnden Riesengarnelen, auf Sichuan-Art oder auch die klassische Peking-Ente. Die bietet nicht als einzelnes Gericht, sondern als vollständiges Menü daherkommt, das man 24 Stunden zuvor bestellen muss. Zu den delikaten Suppen gehören Krabben-, Garnelen- und Aalsuppe, die besten sind jedoch die »sauren Hechtsuppen«.

Mekong

Wspólna 35. **Karte** 5 C2. **℡** 621 18 81. ⏲ tägl. 12–23 Uhr. **Ⓥ** 🍴 🄴 AE, DC, MC, V. ㉑㉑㉑

Das Mekong serviert im schönsten asiatischen Restaurant Warschaus chinesische Küche. Die wunderbaren Gerüche aus der Küche erhöhen die Erwartung, und an jedem Tisch steht Sojasauce zum Nachwürzen. Doch die Versuche, etwas einfallsreichere Gerichte zu kreieren, sind nicht immer erfolgreich und oftmals sogar enttäuschend. Weine und Spirituosen sind im Mekong teuer, aber der sehr gute grüne Tee ist durchaus günstig.

Sportowy Champions Bar

Hotel Marriott, Aleje Jerozolimskie 65/79. **Karte** 2 E5 & 5 C1. **℡** 630 51 19 & 630 74 19. ⏲ tägl. 11–24 Uhr. 🍴 **Ⓥ** 🄴 AE, DC, MC, V. ㉑㉑㉑

Diese elegante Bar ist teuer, bietet aber hochwertiges Essen in einem komfortablen Ambiente. Serviert wird der Inbegriff amerikanischer Küche – darunter die besten Hamburger in Warschau (»Marriottburgers«). Auf der Speisekarte stehen außerdem Hamburger und Hotdogs der gehobenen Art, warme und kalte Sandwiches sowie eine Auswahl österreichischer Nachspeisen. Zu trinken gibt es mehrere Fassbiere wie z.B. EB und Beck's.

Ugarit

Hotel MDM, Plac Konstytucji 1. **Karte** 6 D2. 621 62 11, Nebenanschluss 185. tägl. 7–24 Uhr. V ♥ 🍴 🎵 🥂 ②②②②

Im Ugarit gibt es die beste arabische Küche in Warschau, und das zu recht vernünftigen Preisen. Das Marmorinterieur mit Säulen und hohen Decken schafft das Ambiente eines Bahnhofs. Zu den im Holzkohlenofen gekochten Fleischgerichten gehören Lamm- und Kalb-Kebab, Shish-Kebab, Hühnchen, Rippchen und Gänseklein. Das Beste sind die Vorspeisen: Hummus, *Muttabal* (geräucherte, pürierte Auberginen), vegetarisches »syrisches Steak«, *Basturma* (würzige Wurst) und warmen *Marija* (Kebab im Brötchen).

Chicago Grill

Hotel Marriott, Aleje Jerozolimskie 65/79. **Karte** 2 E5 & 5 C1. 630 51 75. tägl. 18–22.30 Uhr (Juli–Aug nur Mo–Fr). V 🎵 ♥ 🥂 AE, DC, MC, V. ②②②②

Dies ist Warschaus einziges gehobenes Restaurant, das sich auf traditionelle amerikanische Küche spezialisiert hat. Serviert werden marinierte Steaks und grillte Rippchen mit EB und Beck's vom Fass.

Lila Weneda

Hotel Marriott, Aleje Jerozolimskie 65/79. **Karte** 2 E5 & 6 C1. 630 51 76. Mo–Fr 6.30–14.30, Sa 6.30–10.30, So 6.30–17 Uhr. V 🎵 ♥ 🥂 AE, DC, MC, V. ②②②②

Das elegante und komfortable Restaurant eignet sich gut fürs Mittagessen oder ein sehr frühes Abendessen, aber nicht für einen romantischen Abend. Es bietet ein sehr gutes Mittagsbuffet, das für Kinder ab acht Jahre gratis ist; gelegentlich gibt es ein »Themen-Buffet« (indisch, polnisch, mexikanisch, orientalisch, Seafood und amerikanisch). Auf der Karte stehen fantastische gebratene Pilze in Schimmelkäsesauce, libanesisches Grillhuhn, Lammhaxe mit Pfefferminzsauce und sehr leckere Kartoffelgerichte, außerdem amerikanische Klub-Sandwiches, die es in Polen selten gibt, und verschiedene Fassbiere.

Parmiggiano

Hotel Marriott, Aleje Jerozolimskie 65/79. **Karte** 2 E5 & 6 C1. 630 50 96. tägl. 12–22.30 Uhr. V 🎵 ♥ 🥂 AE, DC, MC, V. ②②②②

Parmiggiano, das beste italienische Restaurant in der Stadt, bietet eine breite Auswahl leckerer Gerichte, von Antipasti über Pasta, Risotto, Fisch- und Fleischspeisen hin zu köstlichem Tiramisu als Dessert. Es herrscht eine freundliche Atmosphäre, und der Service ist hervorragend. Zu den Spezialitäten des Hauses gehören Tagliatelle in Basilikumsauce, Spaghetti Carbonara, Risotto mit Wildpilzen, Schwertfisch in Tomatensauce, Kalbsschnitzel mit Salbei *(Saltimbocca)* und Lammrücken mit Oliven. Aber sparen Sie etwas Hunger für die Nachspeisen auf.

U Szwejka

Hotel MDM, Plac Konstytucji 1. **Karte** 6 D2. 621 62 11, Nebenanschluss 495. Mo–Fr 10–1, Sa, So 10–2 Uhr. V 🎵 ♥ 🍴 🥂 ②②②②

Lautes und stimmungsvolles Lokal mit dem besten Pub-Essen in der Stadt. Zu vielerlei Fassbieren, darunter Budweiser, bekommen Sie Grillfleisch wie *pleskawica* (ein großes, würziges Hacksteak mit Kräuterbutter) mit hervorragenden Pommes frites. Gebratene Muscheln sind eine weitere Spezialität, ebenso kalte, marinierte, mit geriebenem Schafkäse bestreute Muscheln und gebackener Camembert mit Preiselbeeren.

EHEMALIGES JÜDISCHES GHETTO

99

Jana Pawła II 23. **Karte** 1 B4 & 5 B1. 620 19 99. So–Do 12–23, Fr, Sa 12–24 Uhr. V 🍴 ♥ 🥂 AE, MC, V. ②②②②

Dieses Restaurant befindet sich im Geschäftszentrum Atrium. Das moderne Interieur ist mit Holz- und Metallelementen dekoriert. Die Küche ist auf Grillgerichte spezialisiert, die in einem Brotofen traditionell am Spieß zubereitet werden. Zum internationalen Angebot gehören außerdem warme Vorspeisen wie Ziegenkäsetorte, und unter den Fischgerichten ist der Barsch mit Buchweizen in Muschelsauce zu empfehlen.

Caryca Katarzyna

Chmielna, 132/4. **Karte** 2 D5, 5 B2. Mo–Fr 12–23, Sa 18–23 Uhr. 🎵 V 🍴 ♥ 🥂 ②②②②

Dies war das erste russische Restaurant in Warschau. Hier bekommen Sie viele Delikatessen, von den weltbekannten *bliny* (Buchweizen-Pfannkuchen) mit Kaviar oder russischem *kulebyak* bis zu Spezialitäten wie geräuchertem russischem Stör oder Ossietra-Stör in Kapernsauce. Schnelle, höfliche Kellner in zaristischen Offizierstuniformen bedienen die Gäste, während russische Balladen im Hintergrund ertönen. Zum eleganten Dekor gehören Ikonen aus dem 18. Jahrhundert. Abendkleidung ist in diesem von Warschauer Geschäftsleuten frequentierten Lokal zwar nicht unbedingt erforderlich, aber doch anzuraten.

Le Balzac

Hotel Mercure, Jana Pawła II 22. **Karte** 1 A2 & 3 A3. 620 02 01. Mo–Fr 12–16, 18–22.30 Uhr (im Winter auch Sa). ♥ 🥂 ②②②②

Im Le Balzac wird in typischer Hotelatmosphäre gute französische Küche serviert. Das sehr teure, aber auch luxuriöse Etablissement ist ideal für Geschäftsessen zu Mittag. Auf der Karte stehen vielerlei Fisch und Meeresfrüchte sowie hervorragende Frösche und Schnecken. Es gibt verführerische Morchel-*Velouté* und fabelhaftes Enten-Confit.

Restauracja Warszawa Jerozolima

Smocza 27. **Karte** 3 A4. 838 32 17. tägl. 12–24 Uhr. V 🎵 ♥ 🥂 MC, V. ②②②②

In diesem lebhaften Restaurant im Keller des Business Club wird jüdisch-polnische Küche serviert. Die Musik ist laut, und es gibt Karaoke-Versionen von israelischen, osteuropäischen und polnischen Hits. Sogar die Bedienungen singen! Zu den Spezialitäten des Hauses gehören gefüllter Karpfen auf jüdische Art, Gänseleber auf einem Bett aus Kirschen und Toast sowie gebackenes Lamm in Rotwein. Die Weine stammen alle aus Israel.

UM DEN ŁAZIENKI-PARK

Czytelnik

Wiejska 12a. **Karte** 6 E2. 628 14 41 ext. 304. Mo–Fr 9–16 Uhr. V ②

Die Selbstbedienungs-Kantinenbar des Verlagshauses Czytelnik steht den Angestellten wie der Öffentlichkeit zur Verfügung. Es gibt billiges Bistroessen und Mittagsmahlzeiten sowie guten Kaffee und Kuchen. Dennoch ist dies ein recht elitärer Ort, an den Einheimische nicht so sehr des (mittelmäßigen) Essens wegen kommen, sondern um berühmte Schriftsteller und Theaterleute zu sehen.

Da Elio

Żurawia 20. **Karte** 6 D1. 629 06 02. tägl. 11–23 Uhr.

Das quirlige italienische Lokal hat nicht gerade das allerschönste Dekor, aber es ist komfortabel. Man bekommt köstliche Pizzas, Lasagne, Cannelloni, *Vitello tonnato* und *Bistecca alla pirata*. Die Eisbecher und Sorbets sind ein Genuss! Zum Essen können Sie aus der sehr guten – und darüber hinaus günstigen – italienischen Weinkarte wählen.

Klub Aktora

Aleje Ujazdowskie 45. **Karte** 6 E2. 628 93 66. tägl. 12 Uhr bis der letzte Gast geht.

Dieses Restaurant war ehemals unter dem Namen SPATiF legendär und als Treffpunkt der polnischen Kino-, Theater- und Literaturkreise bekannt. Das Essen war nicht schlecht, die Drinks erschwinglich. Heute ist es nur noch ein Schatten seines früheren Selbst: Die Preise stiegen, und die Speisen sind mittelmäßig – doch noch immer sieht man hie und da bekannte polnische Gesichter.

Belvedere

Łazienki Królewskie. **Karte** 6 E5 & 6 F4. 841 22 50 und 841 48 06 (Reservierungen). tägl. 12 Uhr bis der letzte Gast geht. ★

Dieses Restaurant mit Tischen inmitten der exotischen Pflanzen des früheren Gewächshauses ist wohl Polens teuerstes. Es bietet zwei Hauptattraktionen: Die erste ist die klassische polnische Speisekarte, die etwa *żurek* (fermentierte Suppe) mit Schinken und Pilzen, Lendenbraten nach dem alten Rezept von Tremo (Meisterkoch am Hof Königs Stanisław August Poniatowskis), Rehrücken in Backpflaumensauce und Preiselbeer-Ravioli bietet. Die zweite ist eine französische Karte mit Trüffeln, Foie gras, Kaviar und Austern. Die Portionen sind klein, werden aber köstlich und sehr elegant serviert.

Casa Valdemar

Piękna 7/9. **Karte** 6 D2. 628 81 40 & 628 45 43. tägl. 12 Uhr bis der letzte Gast geht. ★

Das luxuriöse spanische (kastilische) Lokal mit geschmackvollem Mobiliar kombiniert Eleganz mit einem üppigen – teils etwas übertriebenen – Dekor. Es bietet eine wunderbare Atmosphäre und delikates Essen. Der Stolz des Hauses sind mehrere mit Kräutern gewürzte Gerichte aus dem Lehmofen, darunter Lamm, Spanferkel, Geflügel, spanische Wurst und Tortillas. Neben dem klassischen Gazpacho gibt es einen sensationellen *ajo blanco* – eine dicke kalte Suppe aus gemahlenen Mandeln, Knoblauch und ganzen grünen Weintrauben, gewürzt mit Öl und weißem Sherry-Essig.

London Steak House

Aleje Jerozolimskie 42. **Karte** 2 E5 & 5 C1. 827 00 20. tägl. 11–24 Uhr.

In diesem Restaurant, das an einen (allerdings überteuerten) Pub erinnert, bekommen Sie exzellente Grill- und englische Gerichte. Serviert werden köstliches Roastbeef mit Yorkshire-Pudding, T-bone-Steak, Steak Diane sowie gute Kartoffeln und Suppen. Żywiec-Bier gibt es vom Fass.

Montmartre

Nowy Świat 7. **Karte** 2 D5 & 6 D1. 628 63 15. tägl. 11 Uhr bis der letzte Gast geht.

Das Montmartre ist ein exzellentes französisches Restaurant ohne allzu elegante Attitüden. Die Preise sind hoch, aber verglichen mit anderen Lokalen mit ähnlichem Angebot nicht übertrieben. Zu den appetitlichen Gerichten gehören grüner Salat mit Hühnerstreifen, würzige Marseiller Fischsuppe, Kalbsnieren in Wermutsauce, *Côte de bœuf* (gegrillte Rippchen vom Rind), Frösche, Schnecken, frische Austern und eine Pariser Delikatesse: Muscheln in Champagner – alles luxuriös und teuer, aber unvergesslich. Und warmer Apfelkuchen mit Karamellsauce und Vanilleeis rundet ein Menü im Montmartre vollendet ab.

Qchnia Artystyczna

Zentrum für zeitgenössische Kunst (Centrum Sztuki Współczesnej), Schloss Ujazdowski, Aleje Ujazdowskie 6. **Karte** 6 E2. 625 76 27. tägl. 12–24 Uhr. ★

Dies ist eines der originellsten Restaurants der Stadt, mit exzentrischem Interieur in angeblich postmodernem Stil. Es hat eine witzige Speisekarte, viel Flair und illustre Gäste (im Zentrum finden viele Ausstellungen, Shows, Konzerte, Symposien und Workshops über moderne Kunst statt), doch leider fehlt ein exzellenter Küchenchef, um es an die Spitze der Warschauer Restaurantliste zu bugsieren. Ein Tipp: Wählen Sie die – relativ günstigen – vegetarischen Gerichte.

Studio Buffo

Konopnickiej 6. **Karte** 6 E2. 626 8907 (Reservierung). Mo–Fr 12–23, Sa, So 13–23 Uhr. ★

Hierher kommen Künstler aus dem Theater Studio Buffo sowie die Politiker aus den nahe gelegenen Parlamentsgebäuden. Schnörkelloses Interieur sowie Tische, Bänke und Stühle aus Eschenholz bilden den Rahmen für polnische und internationale Küche. Zu den Spezialitäten gehören Fischsuppe, Lamm, gefüllte Schweinsfüße, Hühnerleber-Schaschlik und köstliche russische Pierogi (nach einem Rezept des Politikers Jacek Kuroń), dessen Sohn Maciej das Restaurant führt und durch seine beliebte Fernsehsendung »Meisterkoch« im ganzen Land bekannt ist.

ANDERE STADTTEILE

B-40

Most Poniatowskiego. **Karte** 6 F1. tägl. 10 Uhr bis der letzte Gast geht.

Das Pub, Treffpunkt von Rockern und Harley-Davidson-Fans, hat eine ungewöhnliche Lage: Es befindet sich in einem Stützpfeiler der Poniatowski-Brücke auf der Praga-Seite der Weichsel. Hier bekommt man Bier, Wodka und Cola. Die Stammgäste sind nicht unbedingt scharf auf Touristen, doch wenn Sie mit einer Harley Davidson in der Stadt sind, können Sie hier sicherlich Freunde finden.

Zielona Gęś

Aleje Niepodległości 177. **Karte** 5 C4. 825 20 26. Mo–Fr 9–2, Sa, So 9–5 Uhr.

Die Cowboy-Bar mit Ranch-Dekor ist bei Fans der Country Music angesagt. Das Speisenangebot – Grillfleisch, Salate und Sandwiches – passt zur Atmosphäre.

Boston Port

Okolska 2. 844 03 15. Mo–Fr 11–20, Sa, So 12–19 Uhr.

Die kleine Bar mit Selbstbedienung ist auf die Küche der nordöstlichen Staaten der USA spezialisiert. Zum Angebot gehört ein köstlicher Fischeintopf »New England« aus fünf verschiedenen Fischsorten. Man bekommt überraschend gutes selbst gemachtes Corned beef und gebratenen Virginia-Schinken und auch europäische Gerichte wie in Portwein gekochtes *Filet mignon* und Kalb in Marsala.

Rong Vang

Broniewskiego 74. [834 51 51.
◯ tägl. 10.30–22 Uhr. V 🍴
ⓩⓩⓩ

Das Rong Vang serviert günstige vietnamesische Küche in gemütlicher, lebhafter Atmosphäre. Zu den interessanten Speisen gehören »In den Mond schauender Karpfen«, Tonkin-Ente, Froschpastete, Aalsuppe, Kokoshuhn, gebratener Reis mit Garnelen oder Krabben und gedämpftes Gemüse mit Bambussprossen. Der Namensgeber ist eine gummiartige, mit Trockenfrüchten gefüllte Reistorte.

Amigos

Aleje Jerozolimskie 119. **Karte** 2 E5 & 5 C1. [629 39 69. ◯ tägl. 12–24 Uhr. 🍴 🍴 🍴 🍴 ⓩⓩⓩ

Die Gästeschar des Steakhauses ist nicht sehr aufregend, die Preise sind hoch, aber das Essen ist dafür ausgezeichnet, so auch Thunfischsalat, süße Rippchen und Schweinebraten in Knoblauchsauce. Außer amerikanischen gibt es nun auch mexikanische Gerichte. Die Bar bietet eine große Auswahl an teuren Spirituosen und internationale Cocktails, außerdem Fassbier wie ein tschechisches Lager.

Le Cedre

Aleja Solidarności 61. **Karte** 1 A3 & 3 C5. [818 52 60. ◯ tägl. 11 Uhr bis der letzte Gast geht. V 🍴 🍴 ⓩⓩⓩ

Hier wird griechische und Mittelmeerküche freundlich serviert. Das Lokal liegt abseits der Touristenwege, lohnt aber einen Besuch wegen seiner Hammelgerichte. Empfehlenswert ist auch *shawarma* (Fleisch mit Zwiebeln und Tomaten in Sesamsauce), mit Reis und Gemüse gefüllte Weinblätter oder Frosch nach Art des Hauses.

Mibella

Kasprowicza 56. [834 23 78.
◯ tägl. 11–24 Uhr. V 🍴 🍴 ⓩⓩⓩ

Das unprätentiöse Lokal, das beste in diesem Teil der Stadt, bietet gutes Essen in angenehmer Atmosphäre. Es gibt Kalbsleber in Sahnesauce, Chicken-Nuggets mit drei Saucen und das klassische Pfeffersteak. Im Winter werden heißer Punsch, Bier mit Gewürzen, Met und Wein serviert.

Positano

Wołoska 74a. [848 24 55 & Witosa 31 (Panorama-Gebäude). [642 87 11. ◯ tägl. 12–23 Uhr. V 🍴 🍴 🍴 🍴 ⓩⓩⓩ

Positano, eine der wenigen Pizzerien der Stadt, bietet in zwei kleinen, hübschen Räumen krosse Pizzas mit köstlichen Belägen, delikate Lasagne *al forno* und Salate. Weitere Filialen sind in Kasprowicza 30 (Tel. 834 48 10) und Aleje Krajowej Edukacji Narodovej 14 (Tel. 649 44 64).

Chopin

Hotel Jan III Sobieski, Plac Zawiszy 1. **Karte** 5 B2. [658 44 44 ext. 1008. ◯ tägl. 6.30–22.30 Uhr. 🎵 🍴 🍴 🍴 V ⓩⓩⓩ

Das teure Restaurant in einem modernen Hotel hat geschmackvolles Interieur mit einem Atrium und Grünpflanzen. Zu den nach alten polnischen Rezepten zubereiteten »Königstafel«-Gerichten gehören exzellente Wildbretfilets nach Jagiellonenart. Daneben gibt es Speisen aus aller Welt, z.B. österreichischer Tafelspitz, Kalbfleisch Florentiner Art, mexikanische *puntas de filete*, würziger Thai-Salat und Nilbarsch in Balsamicosauce. Einige sind köstlich, aber die Qualität schwankt.

Flik

Puławska 43. **Karte** 6 D4. [849 44 06. ◯ tägl. 10 Uhr bis der letzte Gast geht. V 🎵 🍴 🍴 🍴 ⓩⓩⓩⓩ

Das Flik hat die erschwinglichsten Preise aller Nobelrestaurants und bietet außerdem einen tollen Blick über den Morskie-Oko-Park. Aus der Küche kommen gut zubereitete polnische Gerichte wie Blutwurst mit Äpfeln, Sauerkrautsuppe mit Kartoffeln, Schweinshaxe in Bier, gehackte Frühlingszwiebeln mit hart gekochten Eier und Sahne sowie Folienkartoffeln mit Kaviar und Garnelen. Außerdem gibt es hier die besten *pierogi* der Stadt, mit Frischkäse, Kohl, Pilzen, Fleisch oder Erdbeeren, und gute Weine zu vernünftigen Preisen. Im Sommer stehen im hübschen Garten ein Grill und Tische.

Santorini

Egipska 7 (in Saska Kępa). [672 05 25. ◯ tägl. 12–23 Uhr. V 🎵 🍴 🍴 🍴 ⓩⓩⓩⓩ

Das griechische Lokal, etwas außerhalb des Zentrums, ist ein hervorragender Ort für ein romantisches Abendessen. Die Bürogebäude-Fassade ist nicht gerade viel versprechend, aber das Interieur versetzt Sie ein paar hundert Kilometer nach Süden an die sonnige Ägäisküste. Zu den kalten *meze* (Vorspeisen) gehören exzellente Oliven, Fetakäse, Hummus, gefüllte Weinblätter und gekochte Rote Bete in Knoblauchteig, dazu gibt es warme Dips und griechische Weine wie z.B. Retsina.

Shogun

Migdałowa 12. [648 19 19. ◯ Di–Fr 12–22 Uhr, Sa, So 14–22 Uhr. V 🍴 🍴 ⓩⓩⓩⓩ

Dieses luxuriöse japanische Restaurant im abgelegenen Natolin-Bezirk ist unglaublich teuer und wird vor allem von den Bossen großer internationaler Elektronik- und Automobilunternehmen frequentiert. Seine Spezialität ist *sukiyaki* – eine interessante japanische Fondue-Variante.

Zajazd Napoleoński

Płowiecka 83. [815 30 68. ◯ 13 Uhr bis der letzte Gast geht. V 🍴 🍴 🍴 ⓩⓩⓩⓩ

Dieses Restaurant in einem ländlichen Herrenhaus bietet schmackhafte polnische und französische Küche. Serviert werden Gerichte wie Frösche, Schnecken, Wildpilze, erlesenster Spargel, Kalbsfüße in Honig, gerollte Wildbretfilets, Entenbraten und Kalbsschnitzel in Steinpilzsauce. Als Nachspeise sollten Sie Vanilleeis mit heißen Himbeeren probieren. Nur das übertriebene Dekor könnte Ihren Appetit eventuell ein wenig beeinträchtigen.

GROSSRAUM WARSCHAU

Pod Złotym Linem

In Wierzbica, auf dem Weg nach Olsztyn nach Serock. [782 74 73. ◯ tägl. 8–21 Uhr (im Sommer bis 22 Uhr). 🍴 🍴 ⓩⓩⓩ

In diesem relativ preiswerten Top-Restaurant wird Ihnen eine große Auswahl an Fischgerichten geboten: Schleie, Karausche, Zander, Wels, Forelle, Karpfen, Aal und Hecht. Meist wird der Fisch gebraten, in Sahne geschmort oder in kaltem Gelee serviert. Eine Spezialität ist Aal in Dillsauce.

Trattoria

Hotel Villa Park Wesoła, ul. 1. Praskiego Pułku 89, Wesoła. [773 61 30. ◯ tägl. 11 Uhr bis der letzte Gast geht. 🍴 🍴 ⓩⓩⓩ

Die Trattoria, eines von drei Restaurants im Hotel Villa Park Wesoła, ist ein gehobenes italienisches Speiselokal. Im Angebot stehen moderne Versionen traditioneller italienischer Gerichte und die Klassiker dieser Küche – Parmaschinken, Tomaten-Mozzarella-Salat, Spaghetti und Kalbfleischgerichte. Als Desserts können Sie zum Beispiel Crêpes oder heiße karamellisierte Bananen genießen. Die Speisen werden schön präsentiert, das Ambiente ist modern.

Zeichenerklärung *siehe* S. 205

LÄDEN UND MÄRKTE

IN WARSCHAU EINZUKAUFEN ist mit den Privatisierungen seit 1989 ein völlig anderes Erlebnis geworden. Nach Jahren des Mangels, der sowohl Lebensmittel als auch andere Handelswaren betraf, kann man heute in Warschau wirklich alles kaufen. Viele Firmen aus dem Westen gründeten hier Läden, und internationale Marken sind immer weiter verbreitet. Polnische Her-

Bunzlauer Töpferwaren

steller und Geschäfte beginnen nun auf Grund dieser Konkurrenz, die Qualität und Bandbreite ihrer Waren dem Import anzupassen. In immer mehr Kaufhäuser, Einkaufsarkaden und Fußgängerzonen lässt es sich gemütlich bummeln, während Basare und Märkte mit ihrer traditionellen Atmosphäre nach wie vor die Schnäppchenjäger anziehen.

ÖFFNUNGSZEITEN

LÄDEN IN DER Warschauer Innenstadt haben normalerweise montags bis freitags von 11 bis 19 Uhr und samstags von 9 bis 14 oder 15 Uhr geöffnet. Delikatessengeschäfte und Supermärkte öffnen oftmals früher und schließen erst um 20 oder gar 22 Uhr.

Kaufhäuser und große Einkaufszentren haben ebenfalls längere Öffnungszeiten, während in jedem Viertel mindestens ein oder zwei Läden rund um die Uhr offen haben. Große Einkaufszentren – und während der Urlaubssaison viele Souvenirläden – sind häufig auch am Sonntag geöffnet.

Am letzten Sonntag vor Weihnachten und Ostern stehen wirklich alle Geschäfte in der Stadt jenen offen, die

noch Geschenke brauchen. Die Läden im Zentrum Warschaus sind samstags und am Nachmittag am vollsten – versuchen Sie also, am Vormittag einzukaufen, um die Massen zu meiden.

BEZAHLEN

BARGELD LACHT – dies ist die bevorzugte Zahlungsart in Polen. Bestimmte Läden akzeptierten in der Vergangenheit auch Fremdwährungen, doch mittlerweile müssen auch Touristen mit der polnischen Währung, dem Złoty, bezahlen.

Wundern Sie sich nicht, wenn Sie um passende Bezahlung gebeten werden, denn Knappheit an Wechselgeld scheint ein permanentes Problem zu sein. Vor allem in Kaufhäusern werden auch

Ein traditioneller Scherenschnitt

Fukier-Dekoration an der Ulica Mokotowska

Schecks akzeptiert, aber nur von polnischen Konten.

In westlichen Läden und Geschäften für Luxusartikel und Souvenirs können Sie mit den gängigen Kreditkarten bezahlen. Die akzeptierten Karten sind normalerweise an der Tür ausgewiesen.

Alle Preise beinhalten die Mehrwertsteuer, die Sie sich bei der Ausreise zurückerstatten lassen können, wenn Sie in Geschäften mit »Zollfrei«-Schild eingekauft haben. Im Flughafen Okęcie gibt es mehrere Dutyfree-Läden.

SCHLUSSVERKÄUFE

SCHLUSSVERKÄUFE kennt man in Polen erst seit wenigen Jahren. Anfangs gab es nur in großen Kaufhäusern und Läden in westlicher Hand saisonale Sonderangebote. Die polnischen Geschäfte übernahmen diese Gewohnheit nur langsam, zum Teil weil man den Begriff »Sonderange-

Der Spirituosenladen Ballantine's ist auf Whisky spezialisiert

Modeboutique in der Ulica Chmielna

bote« mit den verbilligten und minderwertigen Waren in Verbindung setzte, mit denen in kommunistischer Zeit viele Läden voll gestopft waren.

Heute stehen Schlussverkäufe auf dem Kalender aller Läden. Wie in den meisten anderen europäischen Städten finden sie zweimal im Jahr – kurz nach Weihnachten und im Sommer – statt.

KAUFHÄUSER UND EINKAUFSZENTREN

IN WARSCHAU gibt es mehrere Kaufhäuser mit hohem Standard, die eine große Auswahl an Waren anbieten, um selbst dem glühendsten Kaufrausch zu genügen. Darüber hinaus wurden mehrere Läden in der Innenstadt aufgemöbelt und kundenfreundlicher gestaltet.

Das bei den Einheimischen beliebteste Kaufhaus ist **Galeria Centrum** mit polnischer

Marshal, eine beliebte Boutique an der Nowy Świat

und internationaler Markenmode, Schuhen, Accessoires und Kosmetika. Der **Empik Salon Megastore »Junior«** führt internationale Publikationen, Bücher, CDs und renommierte Kosmetika *(siehe S. 222)*. Lebensmittel bekommt man im nahe gelegenen **Sezam**, den es auch in der Marszałkowska gibt.

Sachen für Kinder und werdende Mütter verkauft ein Kaufhaus namens **Smyk** *(siehe S. 132)*, das alles von Kinder- und Babykleidung und Zubehör bis zu Schwangerschaftskleidung und Spielsachen führt.

Auch das Einkaufszentrum **Arka** an der Ulica Bracka lohnt einen Besuch. Es befindet sich in einem schönen sezessionistischen Gebäude, dem einstigen Kaufhaus der Gebrüder Jabłkowski *(siehe S. 131)*. Die Boutiquen in diesem Zentrum bieten Kleidung, Schuhe, Kosmetika sowie Wohnaccessoires.

Zwei von Warschaus extra errichteten, modernen Einkaufszentren sind **Promenada** und **Panorama**, in denen man eine Vielzahl an Einzelhandelsgeschäften, Cafés und Restaurants findet. Und nach einem harten Einkaufstag können Sie sich im Promenada in einem der Multiplex-Kinos Ster Century oder Atomic Swiat Rozrywki am Abend einen Film anschauen.

MÄRKTE

FÜR VIELE WARSCHAUER gelten Märkte als die einzige Möglichkeit, günstig einzukaufen.

Der größte Markt der Stadt ist der **Sächsische Markt** (Jarmark Saski) im Dziesięciolecie-Stadion. Dieser einstige Veranstaltungsort für Sportereignisse ist heute einer der größten Freiluftmärkte Europas, auf dem Straßenverkäufer und russische Händler eine erstaunliche Warenpalette feilbieten. Dennoch wird der Markt in ein paar Jahren wohl geschlossen. Der Markt in der **Ulica Defilad**, neben dem Palast für Kultur und Wissenschaft, wird vor allem von Einheimischen frequentiert. Ein guter Ort, um frisches Obst und Gemüse zu kaufen, sind die **Mirowski-Hallen** (Hale Mirowskie), und auch die Banach- und Marymoncki-Hallen – beide Ende der 90er Jahre des 20. Jahrhunderts gegründet – führen frische Waren. An der Johannes-Paul-II.-Allee finden Sie zahllose Lebensmittel, u.a. Fleisch und Milchprodukte. Warschaus berühmtester Lebensmittelmarkt ist jedoch in der **Ulica Polna**. Diese etablierte Institution führte immer internationale Delikatessen – sie überstand sogar die kommunistischen Versuche zur Handelsregulierung. Heute ersetzt ein modernes Gebäude die schäbigen Buden von einst.

Das Einkaufszentrum Panorama

Wo kauft man ein?

WARSCHAUS LÄDEN BIETEN sowohl eine breite Auswahl an international etablierten Designern und Marken als auch polnische »Spezialitäten« wie Bernsteinschmuck, schlesisches Kristall, Lederwaren, Geschirr und Besteck, Volks- und moderne Kunst. In mehreren Kaufhäusern gibt es alles unter einem Dach, während viele Boutiquen, Galerien, Buch- und Souvenirläden ebenfalls zum Bummeln einladen. Die größte Konzentration von Läden befindet sich in Alt- und Neustadt, Nowy Świat und um die Marszałkowska.

POLNISCHE FOLKLORE

HANDWERK UND Volkskunst aus Polen sind für hohe Qualität und schöne Verarbeitung bekannt. Zu den beliebtesten Objekten gehören bestickte Tischdecken, Töpfer- und Lederwaren, bemalte Ostereier aus Holz *(pisanki)* und Weihnachtssterne aus Stroh. Daneben gibt es farbenfrohe Scherenschnitte mit rustikalen Motiven, naïve Kunst wie z.B. Glasbilder und religiöse Schnitzereien.

Die Ladenkette **Cepelia** ist auf Kunsthandwerk spezialisiert und führt handgewebte Teppiche, Textilien, Körbe und Lederwaren wie die einzigartigen Mokkasins *(kierpce)* aus Zakopane im Süden des Landes. **Volkskunst und -handwerk** in Chmielna gehört zu den besten Läden der Cepelia-Kette. Und auch die **Galerie für Kunsthandwerk** am Plac Konstiytucji lohnt den Besuch.

MODERNES KUNSTHANDWERK

ZAHLREICHE Galerien und Läden für Innenausstattung bieten eine umfassende Auswahl moderner polnischer und europäischer Designerstücke.

Das schönste mundgeblasene Glas und Kristall finden Sie in der **Galeria MP** am Altstädter Markt. Und auch der Laden **Opera** in der Neustadt hat eine große Auswahl an schönen Objekten, die vor allem polnische Künstler und Kunsthandwerker herstellen. Fans modernen italienischen Designs finden Objekte der Alessi-Reihe in der **Galerie Aina Progetti** an der Krakowskie Przedmieście. Das schillernde Interieur von **Magda Gessler Decoration** an der Ulica Mokotowska bildet ein inspirierendes Schaustück teurer, erstklassiger Teppiche, Gardinen, Glaswaren, Keramiken und anderen dekorativen Dingen.

Danzig (Gdańsk) ist zwar die Hauptstadt von Polens historischem Bernsteinhandel, doch auch in Warschau gibt es Galerien, die auf Bernsteinschmuck und -kunst spezialisiert sind, vor allem in der Altstadt und am Königsweg.

Zu den renommierteren Galerien für zeitgenössische Kunst in der Innenstadt gehören **Zapiecek** und **Plac Zamkowy**, beide in der Altstadt, **ZPAP** in der Krakowskie Przedmieście und **Grafiken und Poster**, Ulica Hoża.

Originalgemälde gibt es auch – zu viel erschwinglicheren Preisen – an Ständen und von Straßenkünstlern am Altstädter Markt, an der Ulica Nowomiejska und bei der Barbakane.

ANTIQUITÄTEN

IN WARSCHAU GIBT es zwar immer mehr Antiquitätenläden, doch strenge Vorschriften reglementieren den Export von Kunstwerken, die vor 1945 gefertigt wurden.

Die Antiquitäten können nur mit einer Genehmigung der Regierung ausgeführt werden, die jedoch nur unter besonderen Umständen erteilt wird. Dieser Schritt war nach den enormen Verlusten im Zweiten Weltkrieg nötig geworden.

Viele gute Antiquitätenläden befinden sich in der Altstadt und am Königsweg. Zu den besten gehören **Desa UNICUM** und **Rempex**.

Jeden Sonntag findet in Koło ein **Antikmarkt** statt. Gehen Sie früh hin, da meist gegen 14 Uhr Schluss ist. Der **Sächsische Markt** *(siehe S. 191)* lohnt den Besuch, wenn Sie sich durch eine Masse von Nippes wühlen wollen.

BÜCHER UND CDs

ES IST DURCHAUS möglich, Reiseführer und Bildbände in Englisch, Deutsch und Französisch zu kaufen, sie sind aber noch eine Rarität in Warschau. Die größte Auswahl an fremdsprachiger Lektüre haben die größten Buchläden der Stadt: **Empik Megastore**, **Empik »Junior«**, **Odeon**, **Leksykon** und der **Joseph Conrad Bookshop**.

Eine beeindruckende Palette an erzählender Literatur und Nachschlagewerken führen die Buchhandlungen **Bolesław Prus** und **Liber**, während man die größte Auswahl an Kunstbüchern im Laden des **Königsschlosses** in der Ulica Świętojańska findet.

Sammler von Drucken und Büchern sollten in den vielen Secondhand-Buchläden (mit dem Zeichen »Antykwariat«) stöbern. Eine gute Route für sie ist der Königsweg: Sie beginnen bei **Kosmos** und **Logos** in der Aleje Ujazdowskie und gehen weiter in Richtung Alt- und Neustadt, vor allem durch die Ulica Nowomiejska und Freta.

Odeon und **Bei der Oper** bieten eine beachtliche Bandbreite an CDs und Notenblättern. Sammlerstücke können Sie auch in den kleinen Geschäften rund um die Innenstadt Warschaus finden.

KLEIDUNG UND SCHUHE

AUSWAHL UND Qualität von Kleidung und Schuhen sind in den letzten Jahren deutlich gestiegen. **Marks & Spencer** hat eine Filiale in Warschau eröffnet, und Denim-Jeans und -Jacken sind in zwei Läden von **Levi Strauss** zu kaufen.

Inzwischen bekommt man Kleidung von Warschaus eigenen jungen Modedesignern in Boutiquen wie **Joanna Klimas** und **Grażyna Hase**.

Auch in Kaufhäusern ist hochwertige, aber preiswerte Designerware aus Polen unter ihrem jeweiligen Label zu bekommen. Die Galeria Mokotow, ein neues Einkaufszentrum, bietet bekannte Namen wie **Diesel**, **Lacoste**, **River Island**, **Esprit**, **Bata**, **Olsen**, **Wallis** und **Mothercare**.

Läden und Boutiquen im Zentrum führen eine Auswahl an Markennamen für die meisten Geldbeutel. Am oberen Ende des Marktes rangieren **Dantex** und **Lord**, während **Pod Papugami** und **Marshal** das mittlere Marktsegment bedienen, und **India Market**, wo es indische Kleidung zu kaufen gibt, ist relativ billig und bei der Warschauer Jugend besonders beliebt.

Unter Warschaus Schuhläden findet man **Bata** und **Salamander** sowie natürlich **Adidas** und **Reebok**.

Polen ist für Qualität und Design von Lederwaren, wie Handtaschen, Brieftaschen, Jacken und Gürtel, bekannt. Eine gute Auswahl ist bei **Pekar**, Aleje Jerozolimskie, und bei **Pantera**, Nowy Świat, sowie in der Boutique des berühmten Lederdesigners **Andrzej Kłoda** erhältlich.

PARFÜMS

EINE GROSSE Auswahl der weltweit führenden Parfüms bekommen man bei **J. Powierza**, Ulica Chmielna, sowie im **INA Centre**, Nowy Świat, das zwei Filialen hat und sich auf französische Duftwässerchen spezialisiert hat.

Lancôme und **Estée Lauder** eröffneten Läden in Warschau, in denen ihr ganzes Produktsortiment verkauft wird.

Sothy's Cosmetics Shop ist ein zentral gelegenes Geschäft, in dem Sie nahezu alle Markenkosmetika bekommen. Kosmetika und Toilettenwaren, ob nun polnischer oder internationaler Marken, sind auch in den meisten Apotheken, größeren Supermärkten und Kaufhäusern erhältlich.

LEBENSMITTEL

IM STADTZENTRUM gibt es viele Feinkostläden, in denen Sie Proviant einkaufen können. Frisches Obst und Gemüse bekommen Sie an Marktständen überall in der Innenstadt. Manche Läden und Mini-Supermärkte haben sieben Tage die Woche rund um die Uhr geöffnet. Zu den größeren Geschäften mit umfangreichem Angebot gehören **Sezam**, **Rema 1000**, **Supersam**, Robert, Globi und Billa, die zum Teil sieben Tage die Woche geöffnet haben.

Der Supermarkt **Hypernova** befindet sich im neu eröffneten Einkaufszentrum Galeria Mokotow. Er bietet hochwertige Produkte, eine gute Kästheke und verschiedene gepökelte Fleischsorten.

Den wöchentlichen Großeinkauf erledigen viele in den großen Supermärkten in den Außenbezirken – dazu gehören Globi, Billa, Leclerc Auchan, Carrefour, Geant und Robert.

Importweine und -spirituosen sind teuer, und während es keine hiesige Weinproduktion gibt, sind gute polnische Biere und Wodkas erhältlich. Die größte Auswahl führt **Alkoholika der Welt**, während Spirituosen, besonders Whisky, die Spezialität von **Ballantine's** sind. Verschiedenste Kaffeesorten bekommen Sie bei **Jenseits von Afrika** (Pożegnanie z Afryką), einem Café mit Laden.

KONDITOREIEN

WARSCHAU BIETET Schleckermäulchen zahlreiche Optionen. Die **Hortex**-Kette verkauft etwa in der ganzen Stadt Kuchen und Torten. Freilich gibt es auch kleinere Konditoreien, von denen viele auch ein Café haben. Zu den Warschauer »Institutionen« zählt **Blikle** (siehe S. 124), berühmt für seine Krapfen. Das Hauptgeschäft befindet sich in der Nowy Świat, Filialen sind in der Ulica Hoża und Wilcza. Weitere Spezialitäten sind der sehr gute *sękacz* (»knubbeliger Kuchen«) der Konditorei

Pomianowski, exzellente Cremeschnitten in der Patisserie des **Hotels Europejski** und der Apfelstrudel im Café des **Hotels Bristol**.

Die Eisspezialitäten des **Zielona Budka** (»Grüner Kiosk«) kann man in ganz Warschau kaufen und genießen.

Und die beste Schokolade der Stadt bekommen Sie bei **Staroświecki firmowy E. Wedel** (»Altmodischer Laden von E. Wedel«), dessen zauberhaftes Café auf heiße Schokolade spezialisiert ist.

APOTHEKEN

WIE ÜBERALL üblich erhalten Sie viele Medikamente und Arzneien ausschließlich mit einem ärztlichen Rezept. Zahlreiche apothekenpflichtige Mittel (unter internationalen Markennamen) sind jedoch – zu guten Preisen – frei verkäuflich.

In jedem Stadtteil Warschaus gibt es eine rund um die Uhr geöffnete Apotheke. Für das Zentrum zuständig ist eine Apotheke im **Hauptbahnhof** (Dworzec Centralny). Günstig liegen auch jene an der Ulica Widok und Ulica Freta.

Zwei der schönsten Apotheken Warschaus haben Einrichtungen aus dem 19. Jahrhundert. Die Apotheke in Nowy Świat Nr. 18 hat englisch-gotisches Dekor, und jene in der Krakowskie Przedmieście Nr. 19 ist im Stil der Neorenaissance ausgestattet.

BLUMENLÄDEN

EINER DER GRÖSSTEN Blumenläden Warschaus ist **Tulipan** (»Tulpe«) in der Aleje Jerozolimskie; eine Filiale befindet sich in Nowy Świat.

Wenn Sie Blumensträuße verschicken wollen, wenden Sie sich an **Sonia Interflora**, Andersa 26. Dort versendet man Blumen in alle Länder, die zum internationalen Interflora-Netzwerk gehören.

Einem hiesigen Aberglauben nach bringt ein Hochzeitsstrauß von **Gloriosa** den frisch Vermählten Glück.

Blumenläden findet man auch in zahlreichen Hotels, Bahnhöfen sowie am Flughafen.

AUF EINEN BLICK

KAUFHÄUSER UND EINKAUFS-ZENTREN (DOMY TOWARO-WE I CENTRA HANDLOWE)

Arka
Bracka 25.
Karte 2 D5 & 6 D1.
☎ 692 14 00.

City Center
Złota 44/46.
Karte 1 B5 & 5 C1.
☎ 625 15 24.

Panorama
Witosa 31.
☎ 640 14 00.

Galeria Centrum
Marszałkowska 104/122.
Karte 1 C5 & 5 C1.
☎ 827 72 11.

Klif
Okopowa 58–72
Karte 3 A5.
☎ 531 45 00.

Promenada
Ostrobramska 75C
☎ 611 3952.

Smyk
Krucza 50.
Karte 2 D5 & 6 D1.
☎ 827 92 61.

BASARE UND MÄRKTE (BAZARY I TARGOWISKA)

Defilad-Platz (Na placu Defilad)
Plac Defilad.
Karte 1 C5 & 5 C1.

Markt bei den Mirowski-Hallen (Przy halach Mirowskich)
Aleja Jana Pawła II.
Karte 1 B4.

Polna-Straße (Na Polnej)
Polna.
Karte 6 D3.

Sächsischer Markt (Jarmark Saski)
Stadion Dziesięciolecia.
Karte 4 F4.

VOLKSKUNST (FOLKLOR)

Cepelia Volkskunst und -handwerk (Rękod-zieło Ludowe i Artystyczne)
Chmielna 8.
Karte 2 D5 & 6 D1.
☎ 826 60 31.

Plac Konstytucji 5.
Karte 6 D2.
☎ 621 26 18.

Krucza 23/31.
Karte 6 D2.
☎ 621 96 94.

Marszałkowska 99/101.
Karte 5 C1.
☎ 628 77 57.

Galerie für Kunst-handwerk (Galeria Sztuki Ludowej i Artystycznej)
Plac Konstytucji 2.
Karte 6 D2.
☎ 621 66 69.

MODERNES KUNSTHANDWERK (RĘKODZIEŁO ARTYSTYCZNE I GALERIE SZTUKI WSPÓŁCZESNEJ)

Aina Progetti
Krakowskie Przedmieście 17.
Karte 2 D3 & 4 D5.

Art Gallery
Krakowskie Przedmieście 15/17.
Karte 2 D3 & 4 D5.
☎ 828 51 70.

Magda Gessler Dekoration
Mokotowska 39.
Karte 6 D2.
☎ 625 77 22.

Galeria MP
Rynek Starego Miasta 9/11.
Karte 2 D1 & 4 D4.
☎ 831 69 61.

Opera
Freta 14.
Karte 1 C1 & 3 C4.
☎ 831 73 28.

Plac Zamkowy
Plac Zamkowy 1/13.
Karte 2 D2 & 4 D4.
☎ 831 06 84.

Grafiken und Poster (Galeria Grafiki i Plakatu)
Hoża 40. **Karte** 6 D2.
☎ 621 40 77.

Zapiecek
Zapiecek 1.
Karte 2 D2 & 4 D4.
☎ 831 99 18.

ANTIQUITÄTEN (ANTYKI)

Antikmarkt (Targ Staroci na Kole)
Obozowa 99.

Desa UNICUM
Nowy Świat 48.
Karte 6 D1 & 2 D5.
☎ 826 44 66.

Rynek Starego Miasta 4/6.
Karte 2 D1 & 4 D4.
☎ 831 16 81.

Nadine
Plac Trzech Krzyży 18.
Karte 6 E1.
☎ 621 63 18.

Rempex
Senatorska 11.
Karte 1 C3.
☎ 826 60 09.

BÜCHER UND CDs (KSIĘGARNIE)

Bolesław-Prus-Buchladen (Księgarnia im B. Prusa)
Krakowskie Przedmieście 7.
Karte 2 D3 & 4 D5.
☎ 826 18 35.

Bei der Oper (Przy Operze)
Moliera 8.
Karte 2 D3 & 4 D5.
☎ 826 46 48.

Empik Salon Megastore »Junior«
Marszałkowska 104/122.
Karte 1 C5 & 5 C1.
☎ 551 44 42.

Nowy Świat 15–17.
Karte 6 D1.
☎ 627 03 66.

Joseph Conrad Bookshop
Aleje Jerozolimskie 28.
Karte 2 D5 & 6 D1.
☎ 827 05 38.

Kosmos
Aleje Ujazdowskie.
Karte 6 E2.
☎ 628 65 82.

Logos
Aleje Ujazdowskie.
Karte 6 E2.
☎ 621 38 67.

Leksykon
Nowy Świat 41.
Karte 2 D5 & 6 D1.
☎ 826 45 33.

Liber
Krakowskie Przedmieście 24.
Karte 2 D3.
☎ 826 30 91.

Odeon
Hoża 19. **Karte** 6 D2.
☎ 621 80 69.

Königsschloss (Zamku Królewskiego)
Plac Zamkowy 4.
Karte 2 D2 & 4 D4.
☎ 657 22 64.

KLEIDUNG UND SCHUHE (ODZIEŻ I OBUWIE)

Adidas
Aleje Jerozolimskie 56c.
Karte 5 B2.
☎ 630 22 37.

Andrzej Kłoda
Krakowskie Przedmieście 81.
Karte 2 D3 & 4 D5.

Bata
Marszałkowska 87.
Karte 6 D2.
☎ 629 15 94.

Bytom
Galeria Centrum, Marszałkowska 104/122.
Karte 1 C5 & 5 C1.
☎ 625 16 94.

Dantex
Aleje Jerozolimskie 11/19.
Karte 2 D5 & 6 D1.
☎ 621 67 94.

Grażyny Hase
Marszałkowska 6 m. 2.
Karte 6 D3.
☎ 628 21 59.

India Market
Hoża 5/7. **Karte** 6 D2.
☎ 629 61 68.

Krakowskie
Przedmieście 14.
Karte 2 D3.
📞 826 15 46.

Joanna Klimas
Chmielna 24/29.
Karte 2 D5 & 6 D1.
📞 826 75 75.

Levi Strauss
Chmielna 20.
Karte 2 D5 &5 B2.
📞 827 27 61.

Aleje Jerozolimskie 51.
Karte 5 C1.
📞 621 75 71.

Lord
Marszałkowska 87.
Karte 6 D2.
📞 625 34 96.

Marks & Spencer
Aleje Jerozolimskie 52.
Karte 5 C1.
📞 652 05 29.

Marshal
Nowy Świat 49.
Karte 2 D5 & 6 D1.

Pantera
Nowy Świat 21.
Karte 2 D5 & 6 D1.
📞 826 46 58.

Pekar
Aleje Jerozolimskie 29.
Karte 2 D5 & 6 D1.
📞 621 90 82.

Próchnik
Aleja Jana Pawła II 18.
Karte 1 B5 & 5 B1.
📞 620 34 16.

Salamander
Aleje Jerozolimskie 42.
Karte 2 D5 & 6 D1.
📞 827 02 67.

**PARFÜMERIEN
(PERFUMERIE)**

Estée Lauder
Nowy Świat 47.
Karte 2 D5 & 6 D1.
📞 826 01 84.

Guerlain
Krakowskie
Przedmieście 42/44.
Karte 2 D3 & 4 D3.
📞 625 25 25.

INA Centre
Nowy Świat 45
Karte 2 D5 & 6 D1.
📞 827 11 04.

Nowy Świat 30
Karte 2 D5 & 6 D1.
📞 828 90 36.

J. Powierza
Chmielna 18.
Karte 2 D5 & 6 D1.

Lancôme
Mokotowska 55.
Karte 6 D2.
📞 622 94 28.

**Sothy's
Cosmetics
Shop**
Foksal 21.
Karte 2 E5 & 6 D1.
📞 826 54 47.

Diesel
Galeria Mokotow,
Wołoska 12.
Karte 5 C5.
📞 541 33 13.

Esprit
(Adresse wie Diesel.)
📞 541 33 27.

Lacoste
(Adresse wie Diesel.)
📞 541 31 81.

Mothercare
(Adresse wie Diesel.)
📞 541 32 23.

Olsen
(Adresse wie Diesel.)
📞 541 33 27.

River Island
(Adresse wie Diesel.)
📞 541 33 62.

Wallis
(Adresse wie Diesel.)
📞 541 33 68.

**LEBENSMITTEL
(SKLEPY
SPOŻYWCZE)**

**Alkoholika
der Welt
(Alkohole Świata)**
Aleja Solidarności 84.
Karte 1 A3.
📞 838 52 40.

Ballantine's
Krucza 47a.
Karte 6 D2.
📞 625 48 32.

**Jenseits von Afrika
(Pożegnanie z
Afryką)**
Freta 4/6.
Karte 1 C1 & 3 C4.
📞 0602 35 62 87.

Hypernova
Galeria Mokotow,
Wołoska 12.
Karte 5 C5.

Rema 1000
Krucza 50.
Karte 6 D2.
📞 827 08 68.

Sezam
Marszałkowska 126/134.
Karte 1 C5 & 5 C1.
📞 827 34 54.

Supersam
Puławska 2.
Karte 6 D4.
📞 825 24 74.

**KONDITOREIEN
(CUKIERNIE)**

Blikle
Nowy Świat 35.
Karte 2 D5 & 6 D1.
📞 826 45 68.

Bristol Hotel
Krakowskie
Przedmieście 42/44.
Karte 2 D3.
📞 625 25 25.

Hortex
Konstytucji pl. 7.
Karte 6 D2.
📞 628 76 78.

Marszałkowska 53 .
Karte 6 D2.
📞 621 53 15.

Hotel Europejski
Krakowskie
Przedmieście 13.
Karte 2 D3 & 4 D5.
📞 826 50 51.

Pomianowski
Krakowskie
Przedmieście 8.
Karte 2 D3 & 4 D5.
📞 826 77 25.

**Staroświecki
firmowy E. Wedel**
Szpitalna 8.
Karte 2 D5 & 6 D1.
📞 827 29 16.

Zielona Budka
Puławska 11.
Karte 6 D4.
📞 849 89 38.

**APOTHEKEN
(APTEKI)**

**Hauptbahnhof
(Na Dworcu
Centralnym)**
Aleje Jerozolimskie 54.
Karte 5 C1.
📞 825 69 846.

Kosma i Damian
Rynek Starego Miasta
17/19.
Karte 2 D1 & 4 D4.
📞 831 17 84.

**Weitere
Apotheken:**

Freta 13/15.
Karte 1 C1 & 3 C4.
📞 831 50 91.

Widok 19.
Karte 2 D5 & 6 D1.
📞 827 35 93.

Krakowskie
Przedmieście 19.
Karte 2 D3 & 4 D5.
📞 826 18 03.

Nowy Świat 18.
Karte 6 D1 & 2 E5.

**BLUMENLÄDEN
(KWIACARNIE)**

Glorioza
Wilcza 19.
Karte 6 D2.
📞 629 63 86.

Sonia Interflora
Andersa 26.
Karte 1 B1 & 3 B4.
📞 826 32 27.

Tulipan
Aleje Jerozolimskie 21.
Karte 2 D5 & 6 D1.
📞 628 04 95.

Nowy Świat 19.
Karte 6 D1.
📞 826 44 58.

UNTERHALTUNG

IN DEN LETZTEN Jahren wurde Warschau eine viel lebendigere Stadt, die zwar in ihrer Unterhaltungsvielfalt noch nicht mit Paris oder London konkurrieren kann, den Besuchern jedoch viel bietet. Die Programme der zwei Opernhäuser und der Philharmonie erfreuen auch den kritischsten Klassikliebhaber. Jazzfans können unter mehreren ausgezeichneten Klubs wählen, und für Anhänger an-

Saxophonspieler

derer populärer Musik gibt es zahlreiche Veranstaltungsorte, von Palästen und Museen bis zu Stadien, Pubs und Klubs. Die Kinos zeigen internationale Filme, meist im Original mit polnischen Untertiteln, und in den Theatern sieht man auch englischsprachige Produktionen. In Warschau finden im Jahresverlauf außerdem viele Musik-, Film-, Theater- und Jazz-Festivals statt.

Duett von José Carreras und Edyta Górniak bei einem Benefizkonzert

INFORMATIONEN

DIE UMFASSENDSTEN und aktuellsten Informationen darüber, was in Warschau passiert, finden Sie im Monatsmagazin *Kalejdoskop (Kaleidoskop)*, das Sie an Ruch-Kiosken und in Zeitungsläden bekommen. *Kalejdoskop* hat einen englischen Teil mit Infos über Museen, Galerien, Ausstellungen, Theater, Musik und Kino. Außerdem werden Details über ausländische Kulturzentren, Antiquitätenläden und Auktionshäuser gegeben

und wird über verschiedene Aspekte des Lebens in der polnischen Hauptstadt berichtet.

Daneben gibt es Publikationen in englischer und deutscher Sprache: *Warszawa What, Where, When* und *Welcome to Warsaw*. Beide kommen monatlich heraus und sind in vielen Hotels kostenlos erhältlich. Neben Berichten über aktuelle Veranstaltungen gibt es in beiden Magazinen Listen von Museen und Ausstellungen, Kino- und Theaterprogramme sowie Gottesdienste. Die englischsprachige wöchentliche *Warsaw Voice* enthält ebenfalls Programme. Auch die größten Touristenbüros *(siehe S. 237)* sind gute Informationsquellen zu Veranstaltungen in der Stadt.

Zahlreiche Klubs, Bars und Restaurants haben ebenfalls kostenlose Veranstaltungshefte. Die bekanntesten sind *City Magazine* und *Aktivist*. Letzteres ist auch im Internet abzurufen (www.aktivist.pl). Und

auch ein Exemplar der Publikation *Warszawa What, Where, When* können Sie online anfordern, und zwar unter der Internet-Adresse www. what-where-when.pl.

Konzert in Warschaus Konzert-Studio S1

KARTENBESTELLUNG

EINTRITTSKARTEN für Produktionen aller Theater Warschaus können Sie bis zu zwei Wochen im Voraus bei den Ticketschaltern der Theater bestellen. Die Reservierung kann postalisch oder telefonisch erfolgen, und die Karten müssen kurz vor Veranstaltungsbeginn abgeholt werden.

Theater-, Konzert-, Festival- und andere Veranstaltungskarten können Sie auch bei der Ticketagentur **ZASP** bestellen, die einen geringen Aufpreis für die Transaktion verlangt. Und auch bei Reisebüros, die Reisen nach Warschau organisieren, können Sie Eintrittskarten kaufen *(siehe S. 237)*.

Pferderennen auf der Rennbahn Służewiec

Einige Reiseveranstalter wie **Mazurkas Travel** organisieren Konzert- und Opernbesuche inklusive Extras wie Transport und ein Glas Sekt in der Pause. Auch das Hotelpersonal kann Ihnen bei Kartenbestellungen helfen.

Manchmal ist auch Online-Reservierung möglich. Die jeweiligen Adressen der wichtigsten Kulturinstitutionen finden Sie über eine gute Suchmaschine (beispielsweise www.google.de) oder in der Rubrik *What's On* der Zeitung *Gazeta Wyborcza*. Eintrittskarten für verschiedene Theater wie Ateneum, Polski, Roma, Buffo, Syrena und Współczesny können unter der Web-Adresse www.bileteria.pl bestellt werden.

EINTRITTSPREISE

DIE EINTRITTSPREISE sind in Polen im Allgemeinen niedriger als in Westeuropa, doch Konzerte/Theater mit Weltstars sind meist vergleichbar. Festivals wie der Warschauer Herbst, das Mozart-Festival und Jazz Jamboree locken große Namen nach Warschau, doch die Karten sind dank großzügiger Sponsoren für die Allgemeinheit erschwinglich.

Kinokarten sind günstig, Theaterkarten billiger als in vielen westlichen Städten, doch Opernkarten können ins Geld gehen. In manchen Fällen bekommen Studenten sehr billige Sitzplätze in den Gängen.

Roulette-Tisch des Orbis-Kasinos im Hotel Victoria

FESTIVALS

WARSCHAU richtet viele alljährliche Festivals *(siehe S. 52)* und Wettbewerbe aus, bei denen man Stars aus aller Welt sehen und hören kann. Opernfans etwa können das Mozart-Festival besuchen, das im Juni und Juli veranstaltet wird.

Die meisten Festivals finden in den Herbstmonaten statt. Wenn Sie Jazz-Musik mögen, kommen Sie am besten im Oktober nach Warschau, um den populären Jazz-Jamboree-Konzerten beizuwohnen.

Zu dieser Zeit gibt es auch Festivals klassischer Musik, darunter den Warschauer Herbst. Und Musik aus Renaissance und Barock bekommt man beim Festival alter Musik im Oktober zu hören.

ABENDLICHER NAHVERKEHR

AM EINFACHSTEN und sichersten kommen Sie spätabends mit dem Taxi in Ihr Hotel. Doch auch falsche Taxifahrer sind auf Kundschaft aus – am besten nehmen Sie einen Wagen am Taxistand oder rufen ein Funktaxi *(siehe S. 252)*. Lizenzierte Funktaxis sind am billigsten.

Der öffentliche Nahverkehr endet um ca. 23 Uhr, aber Nachtbusse fahren die ganze Nacht. Sie halten alle an der Ulica Emilii Plater, wo man bequem umsteigen kann. Die Tickets bekommen Sie nachts beim Fahrer *(siehe S. 255)*.

AUF EINEN BLICK

NÜTZLICHE ADRESSEN

Mazurkas Travel
Hotel Forum,
Nowogrodska 24/26.
Karte 6 D1.
629 12 49.
Długa 8/14.
Karte 3 C4.
635 66 33.
635 5182.

Information
Plac Zamkowy 1/3.
Map 4 D4.
635 18 81.

Ticketagentur ZASP
Aleje Jerozolimskie 25.
Karte 2 D5.
621 94 54.

Bühne des Łazienki-Theaters aus dem 18. Jahrhundert

Unterhaltung

WARSCHAUS THEATER- und Musikszene hat eine lange Tradition. Viele berühmte Musiker haben hier schon Konzerte gegeben, darunter Niccolò Paganini, Franz Liszt und polnische Komponisten wie Stanisław Moniuszko. Der größte Stolz der Stadt ist jedoch Frédéric Chopin, der in Warschau studierte und auftrat.

Das erste Theater für die Öffentlichkeit, Operalnia, wurde 1748 gebaut, und heute hat die Stadt ein immenses Repertoire an Opern-, Ballett-, Musical- und Konzertbühnen sowie Kinos. Und alljährlich finden u.a. Festivals für Orgelmusik, Jazz und Straßentheater statt.

FREMDSPRACHIGE PRODUKTIONEN

DIE STADT IST stolz auf ihr **Jüdisches Nationaltheater**, das in Europa einzigartig ist. Die jiddischen Aufführungen werden von Übersetzungen ins Polnische und Englische begleitet. Dies ist eine hervorragende Chance, einen Eindruck der jüdischen Kultur und des jüdischen Lebens in Polen zu gewinnen, das nahezu verschwunden ist. Das Ensemble spielt Stücke und Musicals, die auf jüdischer Tradition beruhen.

Englische Produktionen bringt die Globe Theatre Group in der **English Theatre Company** auf die Bühne. Einige ihrer Stücke sind zweisprachig. Von Zeit zu Zeit bieten auch andere Häuser englischsprachiges Theater, und die Theatertruppe **Espero** spielt allmonatlich Stücke in der künstlichen Esperanto-Sprache.

THEATER

DIE LANGE Theatertradition der Stadt hat ihre Wurzeln im späten 16. Jahrhundert, als Warschau die Hauptstadt Polens wurde.

Heute kann man aus einem breiten Angebot von klassischen und modernen Stücken wählen; in der kommunistischen Zeit war das Repertoire jedoch staatlich kontrolliert.

Zu den bei den Warschauern beliebtesten Bühnen gehören **Powszechny**, **Ateneum** und **Współczesny**, die alle die besten Schauspieler und Regisseure beschäftigen. Jede Premiere ist hier ein gesellschaftliches Ereignis. Die

Theater **Polski**, **Dramatyczny**, **Rozmaitości**, **Nowy** und **Na Woli** sind auf Drama spezialisiert, während Komödien regelmäßig im **Kwadrat** auf die Bühne kommen.

Das **Teatr Studio** ist für seine originellen Produktionen bekannt, die häufig die Grenze zum experimentellen Theater berühren. Avantgarde-Stücke sowie Audio- und Videokunst sind im Zentrum für zeitgenössische Kunst (Centrum Sztuki Współczesnej, *siehe S. 159*) zu sehen.

Interessante Produktionen zeigen **Teatr Adekwatny** und **Teatr Maty** mit Ensembles aus dem ganzen Land.

Das **Teatr Ochoty** bietet Unterhaltung für die Jüngeren, während vier weitere Häuser auch Stücke für Kinder auf die Bühne bringen, meist auf Polnisch *(siehe S. 233)*.

OPER UND BALLETT

WARSCHAUS ZWEI Opernensembles sind die Staatsoper, **Teatr Wielki**, die im Großen Theater zu Hause ist, und die **Warschauer Kammeroper** (Warszawska Opera Kameralna).

Die Staatsoper führt monumentale Werke auf, mit vielen Mitwirkenden und Weltklassesolisten. Ihr Programm umfasst polnische Opern und auch Klassiker aus anderen Ländern.

Die Warschauer Kammeroper bringt, wie ihr Name vermuten lässt, höfische Barockopern auf die Bühne. Das Ensemble ist vor allem für seine Interpretationen von Mozart-Werken – auch seiner ganz frühen – bekannt, die es im Rahmen des alljährlichen

Mozart-Festivals *(siehe S. 53)* aufführt.

Die Warschauer Ballett-Truppe ist im Großen Theater ansässig. Ihre Aufführungen wechseln sich mit denen der Staatsoper ab.

MUSIKTHEATER

UNTER DEN VIELEN Musiktheatern in Warschau gehört das **Roma – Teatr Muzyczny**, das klassische Operetten und Musicals auf die Bühne bringt, zu den populärsten.

Leichtere musikalische Unterhaltung – Musicals, Konzerte, Kabaretts und Komödien – finden Sie in den Theatern **Rampa**, **Studio Buffo** oder **Syrena**, in denen bekannte Interpreten auftreten. Die Produktionen des Syrena sind generell traditioneller als jene des Rampa oder Buffo, die sich an ein jüngeres Publikum richten. Musicals über jüdisches Leben in Jiddisch kann man im **Jüdischen Nationaltheater** (Teatr Żydowski) sehen. Und auch andere Theater haben in ihrem Repertoire Musicals und Revuen.

KLASSISCHE MUSIK

DIE ETABLIERTESTE Konzerthalle der Stadt ist die **Philharmonie** (Filharmonia Narodowa, *siehe S. 131*), in deren zwei Sälen Festivals klassischer Musik stattfinden, allen voran der Warschauer Herbst *(siehe S. 54)*, und Wettbewerbe wie alle fünf Jahre der internationale Chopin-Klavierwettbewerb *(siehe S. 54)*.

In der Philharmonie werden auch die so genannten Donnerstagskonzerte – für ein jüngeres Publikum – und am Sonntagmorgen klassische Konzerte für Kinder aufgeführt.

Klassische Musik kann man im **Konzertstudio des Polnischen Rundfunks** (Studio Koncertowe Polskiego Radia) sowie im Konzertsaal der Musikakademie hören. Die Musikgesellschaft Warschaus (Warszawskie Towarzystwo Muzyczne) organisiert auch Konzerte im Szuster-Palast, die Chopin-Gesellschaft welche im Ostrogski-Palast.

KONZERTE IN PALÄSTEN, KIRCHEN UND MUSEEN

VIELE KLASSIK-Konzerte finden in Palästen, Kirchen und Museen statt. Diese historischen Häuser haben oftmals hervorragende Akustik und sorgen für ein unvergessliches Erlebnis.

Kammermusik wird regelmäßig im **Königsschloss**, im **Wilanów-Palast** und im Łazienki-Park, z.B. im **Wasserpalast**, im **Myślewicki-Palast**, im **Theater auf der Insel** und im **Stanisławowski-Theater** in der **Alten Orangerie**, aufgeführt.

Zu den Museen mit Konzertveranstaltungen gehören das Nationalmuseum und die frühere Polnische Bank, in der sich die Johannes-Paul-II.-Sammlung befindet. Großer Beliebtheit erfreuen sich auch die Konzerte im Staromiejski Dom Kultury und im Erzdiözesanmuseum.

In mehreren Kirchen der Stadt können Sie Orgelmusik hören, unter anderem in folgenden: Dreifaltigkeitskirche (Przenajświętszej Trójcy), Johanneskathedrale (katedra św. Jana), St.-Joseph-Kirche (św. Józefa), Erlöserkirche (Zbawiciela) sowie in der Kirche der hl. Maria, Königin der Welt (Matki Boskiej Królowej Świata).

Im Sommer gibt es in Żelazowa Wola und beim Chopin-Denkmal im Łazienki-Park Konzerte mit Chopins Musik.

KINO

DIE MEISTEN Kinos der Stadt liegen in der Nähe der Marszałkowska, darunter **Atlantic**, **Luna**, **Muranów**, **Bajka**, **Kinoteka** (im Palast für Kultur) und **Relax**, während sich das **Kultura** am Königsweg befindet.

Rejs ist ein beliebtes Werkstattkino, das vor allem polnische Filme zeigt. Filmklassiker präsentiert das **Iluzjon**, und Kunstfilme laufen im Kino des Palastes für Kultur und Wissenschaft. Premieren finden vor allem im zentral gelegenen, aber leider etwas schäbigen Kultura statt. **Femina** war Warschaus erstes Multiplex-Kino, doch inzwischen werden in der Innenstadt weitere Kinotempel gebaut.

Jeden Herbst findet ein Filmfestival statt, bei dem internationale Filme uraufgeführt werden.

MUSIKKLUBS

IN DEN LETZTEN PAAR Jahren wuchs die Anzahl von Warschaus Musikklubs beträchtlich an, und heute gibt es schon um die 50.

Nach der Schließung des etablierten Akwarium Jazz Club ist der neue Anführer dieser Szene das **Prohibicja**, ein Restaurant mit Livejazz und Sonderveranstaltungen (siehe S. 212). Weitere beliebte Jazz-Klubs sind **Rynek Jazz Club**, **Swing Jazz Club**, **Stodoła** sowie **Riviera-Remont**. Diese Klubs bieten aber auch andere Popmusik und Diskos. Ein noch breiteres Repertoire haben **Empik Club Pub** und **Klub Giovanni**. Das **Irish Pub** ist auf Country-, Folk- und Rockmusik spezialisiert, und die **Blues Bar** bietet alle Formen des Blues. Eine weitere beliebte Kneipe mit Livemusik in der Innenstadt ist **Piwnica pod Harenda**.

NACHTKLUBS UND DISKOTHEKEN

DAS NACHTLEBEN hat sich in den letzten Jahren extrem verbessert. Doch noch immer sind die lebhaftesten Kneipen die Studentendiskos – deren Gäste im Normalfall sehr jung sind. Zu diesen Diskotheken gehören **Riviera-Remont**, **Stodoła**, **Park**, **Hades**, **Hybrydy-Vogue** und **Klub Medyka**.

Ähnlich populär sind die Diskos in **Dziekana**, **Bar u Pana Michała** und im **Underground Music Club**. **Ground Zero** bietet darüber hinaus ein ungewöhnliches Ambiente in einem Bunker aus der stalinistischen Zeit. Und die Fans von Techno-Musik sollten mal in **Grota**, im **Hades** oder im **Hybrydy-Vogue** vorbeischauen.

Beliebt ist auch das **Tam-Tam**, ein Klub mit folkloristischem afrikanischem Dekor, in dem gute Musik gespielt wird. Zu den exklusiveren und teuren Nachtklubs in Warschau gehören **Stereo**, **Music Club**, **Scena**, **2000**, **Cul-de-Sac**, **Tango**, **Yesterday** und **Orpheus**.

KLUBS FÜR HOMOSEXUELLE

NOCH GIBT ES zwar wenige Schwulen- und Lesbenklubs in Warschau, doch inzwischen stellt eine Neueröffnung keine Sensation mehr dar.

Ein Bier oder einen Kaffee können Sie im **Koźla Club** oder im Café **Między Nami** trinken, und tanzen und feiern kann man im **Klub 69** bei der Marszałkowska und im **Club Cocon** in der Altstadt.

SPORT

WARSCHAU bietet Sportlern eine gute Auswahl. Schwimmen können Sie in den Pools des »Warszawianka« im **Wodny Park's** oder **Wodnik**, und Tennisspieler können das ganze Jahr über im **Solec** in der Sporthalle **Mera** oder im Stadion **Legia** ihrem Sport frönen.

Regelmäßig finden im Legia-Stadion Fußballspiele, in **Torwar** Eishockey und -kunstlauf statt. Eisschnelllauf ist in **Stegny** möglich.

Die besten Wassersportmöglichkeiten bietet der Stausee Zegrzyński (Zalew Zegrzyński) außerhalb der Stadt. Reiten können Sie bei vielen Klubs am Stadtrand, z.B. in Kanie und Podkowa Leśna, und eine Runde Golf bietet der **First Warsaw Golf and Country Club** an.

Warschaus Umgebung ist auch ideal für Wanderungen und Radausflüge geeignet. Sie können beispielsweise an einer geführten Wander- oder Radtour teilnehmen, die vor allem am Wochenende stattfinden. Zeiten und Treffpunkte dieser kostenlosen Gruppenveranstaltungen erfahren Sie aus Zeitungen und Programmmagazinen (siehe S. 237). Und wenn Sie gern reiten, könnten Sie einen schönen Sonntag auf der **Pferderennbahn Służewiec** verbringen.

AUF EINEN BLICK

FREMDSPRACHIGE PRODUKTIONEN

English Theatre Company
Szanajci 4/49.
☎ 619 98 17.

Espero
Galeria Nusantara,
Nowogrodzka 18a.
Karte 4 D1.
☎ 629 24 41.

Jüdisches Nationaltheater (Teatr Żydowski)
Plac Grzybowski
12/16. **Karte** 1 B4.
☎ 620 62 81.

The Globe Theatre Group
Plac Grzybowski
6/2.
Karte 1 B4.
☎ 620 44 29.

THEATRER

Ateneum
Jaracza 2.
Karte 2 F4.
☎ 625 73 30.

Dramatyczny
Palast für Kultur und
Wissenschaft,
Plac Defilad 1.
Karte 1 C5 & 5 C1.
☎ 656 68 44.

Kameralny (Scena Teatru Polskiego)
Foksal 16.
Karte 2 E5 & 6 D1.
☎ 826 49 18.

Komedia
Północne Centrum
Sztuki,
Słowackiego 19a.
☎ 833 68 80.

Kwadrat
Czackiego 15/17.
Karte 2 D4.
☎ 826 23 89.

Mały
Marszałkowska 122.
Karte 1 C5.
☎ 827 50 22.

Narodowy
Plac Teatralny 3.
☎ 692 0604.

Na Woli
Kasprzaka 22.
☎ 632 24 78.

Nowy
Puławska 37/39.
Karte 6 E5.
☎ 849 35 51.

Polski
Karasia 2.
Karte 2 E4.
☎ 826 79 92.

Powszechny
Zamoyskiego 20.
☎ 818 25 16.

Rozmaitości
Marszałkowska 8.
Karte 6 D3.
☎ 629 45 54.

Scena Prezentacje
Żelazna 51/53.
Karte 1 A5 & 5 B1.
☎ 620 82 88.

Staromiejski
Jezuicka 4.
Karte 2 D2 & 4 D4.
☎ 635 80 15.

Teatr Adekwatny
Biuro Obsługi Widzów,
Kanonia 8/1.
Karte 2 D2 & 4 D4.
☎ 831 85 67.

Teatr Ochoty
Reja 9.
Karte 5 B3.
☎ 825 85 44.

Teatr Studio
Palace of Culture and
Science.
Karte 1 C5 & 5 C1.
☎ 620 21 02.

Współczesny
Mokotowska 13.
Karte 6 D3.
☎ 825 59 79.

OPER UND BALLETT

Teatr Wielki
Plac Teatralny 1.
Karte 1 C3 & 3 C5.
☎ 826 50 19.

Warschauer Kammeroper (Warszawska Opera Kameralna)
Aleja Solidarności 76b.
Karte 3 B5 & 1 A3.
☎ 831 22 40.

MUSIK-THEATER

Studio Buffo
Konopnickiej 6.
Karte 6 E2.
☎ 625 47 09.

Rampa
Kołowa 20.
☎ 679 89 76.

Roma – Teatr Muzyczny
Nowogrodzka 49.
Karte 5 C2.
☎ 628 03 60.

KLASSISCHE MUSIK

Frédéric-Chopin-Musikakademie (Akademia Muzyczna im F. Chopina)
Okólnik 2.
Karte 2 E4 & 6 D1.
☎ 828 19 10.

Frédéric-Chopin-Gesellschaft (Towarzystwo im Fryderyka Chopina)
Okólnik 1.
Karte 2 E4 & 6 D1.
☎ 827 54 71.

Philharmonie (Filharmonia Narodowa)
Sienkiewicza 10.
Karte 1 C5 & 5 C1.
☎ 827 7479.

Konzertstudio des Polnischen Rundfunks (Studio Koncertowe Polskiego Radia)
Woronicza 17.
☎ 645 52 52.

Musikgesellschaft Warschau
Pałac Szustra,
Morskie Oko 2.
Karte 6 E5.
☎ 849 56 51.

KINOS

Atlantic
Chmielna 33.
Karte 2 D5 & 6 D1.
☎ 827 08 94.

Bajka
Marszałkowska
138.
Karte 1 C4.
☎ 826 69 66.

Capitol
Marszałkowska
115.
Karte 1 B3 & 3 C5.
☎ 827 35 00.

Femina
Aleja Solidarności
115.
Karte 3 B5 & 1 A3.
☎ 620 18 10.

Iluzjon
Narbutta 50a.
Karte 5 C5.
☎ 646 12 60.

Kinoteka
Palast für Kultur und
Wissenschaft,
Plac Defilad 1.
Karte 1 C5 & 5 C1.
☎ 826 19 61.

Kultura
Krakowskie
Przedmieście
21/23.
Karte 2 D3 & 4 D5.
☎ 826 33 35.

Luna
Marszałkowska 28.
Karte 6 D3.
☎ 621 78 28.

Multikino
Al Ken 60.
☎ 644 66 60.

Muranów
Andersa 1.
Karte 1 B2 & 3 B5.
☎ 831 03 58.

Ochota
Grójecka 65.
Karte 5 A2.
☎ 822 24 73.

Rejs
Krakowskie
Przedmieście
21/23.
Karte 2 D3.
☎ 826 33 35.

Relax
Złota 8.
Karte 1 C5 & 5 C1.
☎ 828 38 88.

Silver Screen
Putawska 21/29.
Karte 6 D4.
☏ 852 88 88.

Wars
Rynek Nowego
Miasta 5/7.
Karte 1 C1 & 3 C4.
☏ 831 44 88.

Wisła
Pl. Wilsona 2.
Karte 3 A2.
☏ 839 23 65.

MUSIKKLUBS

Blues Bar
Agrykoli 1.
Karte 6 E3.
☏ 628 57 47.

Empik Club Pub
Nowy Świat 15/17.
Karte 2 E5 & 6 D1.
☏ 625 10 86.

Harenda
Krakowskie
Przedmieście 4/6.
Karte 2 D3 & 4 D5.
☏ 826 31 37.

Irish Pub
Miodowa 3.
Karte 1 C2.
☏ 826 25 33.

Klub Giovanni
Krakowskie
Przedmieście
24/28.
Karte 2 D3 &
4 D5.
☏ 826 92 39.

Piwnica pod Harenda
Kraskowskie
Przedmieście 4/6.
Karte 2 D3 & 4 D5.
☏ 826 31 37.

Prohibicja
Podwale 1/3.
☏ 635 62 11.

Riviera-Remont
Waryńskiego 12.
Karte 6 D3.
☏ 660 9123.

Rynek Jazz Club
Rynek Starego
Miasta 2.
Karte 2 D1 & 4 D4.
☏ 831 23 75.

Stodoła
Batorego 10.
Karte 5 C4.
☏ 825 86 25.

Swing Jazz Club
Jana Pawta 52.
☏ 831 08 43.

Viking
Mazowiecka 12.
Karte 2 D4.
☏ 827 31 51.

NACHTKLUBS UND DISKOTHEKEN

Bar u Pana Michała
Freta 4.
Karte 1 C4 & 3 C4.
☏ 635 87 44.

Cul de Sac
Foksal 2.
Karte 2 E5 & 6 D1.
☏ 827 87 07.

Dziekanka
Krakowskie
Przedmieście 56.
Karte 2 D3 & 4 D5.

Grota
Pl. Defilad 1.
Eingang gleich am Haupt-
eingang des Palasts
für Kultur und Wissen-
schaft.
☏ 656 63 15.

Ground Zero
Wspólna 62.
Karte 5 C2.
☏ 625 39 76.

Hades
Aleja Niepodległości 162.
Karte 5 C4.
☏ 849 12 51.

Hybrydy-Vogue
Złota 7/9.
Karte 2 D5 & 5 C1.
☏ 827 66 01.

Klub Medyka
Oczki 5/7.
Karte 5 C2.
☏ 628 33 76.

Loch
Rynek Starego
Miasta 29/31.
Karte 2 D1 & 4 D4.
☏ 831 02 63.

Orpheus
Hotel Marriott,
Aleje Jerozolimskie
65/79.
Karte 5 C2.
☏ 630 54 16.

Park
Aleje Niepodległości
196.
Karte 5 C4.

Tango
Smolna 15.
Karte 2 E5 &
6 E1.
☏ 622 19 19.

Trend
Aleja Krakowska 171.
☏ 846 09 94.

Yesterday
Szkolna 2/4.
Karte 1 C4.
☏ 826 99 81.

KLUBS FÜR HOMOSEXUELLE

Club Cocon
Brzozowa 37.
Karte 2 D1 & 4 D4.
☏ 831 95 39.

Klub 69
Piekna 28.
Karte 6 D2.
☏ 816 14 79.

Koźla Club
Koźla 10/12.
Karte 1 C1 & 3 C4.

Między Nami (Entre Nous)
Bracka 20.
Karte 2 D5 & 6 D1.
☏ 827 94 41.

SPORT

First Warsaw Golf & Country Club (Rajszewo)
Rajszew 70.
☏ 782 44 55.

Inflancka
Inflancka 8.
☏ 831 92 29.

Legia
Łazienkowska 3.
Karte 6 F2.
☏ 628 13 60.

Mera
Bohaterów Września
6/12.
☏ 822 93 82.

Służewiec-Pferderenn bahn (Tor Wyścigów Konnych)
Puławska 266.
☏ 843 14 41.

Solec
Solec 71.
☏ 621 68 63.

Eislaufbahn Stegny (Tor Łyżwiarski Stegny)
Inspektowa 1.
☏ 842 21 92.

Torwar
Łazienkowska 6a.
Karte 6 F2.

Wodnik
Abrahama 10.
☏ 673 82 25.

Wodny-Park (Warszawianka)
Merliniego 9.
☏ 845 0130.

INTERNET

Polen im Internet (Gelbe Seiten)
w www.poland.pl

w http://dmoz.org/
Regional/Europe/Poland/
Arts_and_Entertainment/

WARSCHAU FÜR KINDER

WARSCHAU HAT Kindern und Teenagern viel zu bieten, und Sie können sicher ein paar Tage in der Stadt verbringen, ohne dass es Ihrem Nachwuchs langweilig wird. Es gibt Rummelplätze, Puppentheater und Spielwarenläden, Abenteuerparks und einen Zoo, und die Kleinen können in einer Pferdekutsche oder einem Miniatur-

Nach der Schneeballschlacht

zug durch die Altstadt fahren. Manche Attraktionen sind vielleicht nicht extra auf Kinder ausgerichtet, nichtsdestotrotz sind sie für sie gut geeignet. Sie mögen z.B. die Aussicht von der Terrasse des Palastes für Kultur und Wissenschaft *(siehe S. 135)*, und das Technologiemuseum *(siehe S. 134)* ist lehrreich und unterhaltsam zugleich.

PRAKTISCHE TIPPS

KINDER SIND in Polen immer willkommen, und viele Hotels lassen die Kleinen entweder zu ermäßigten Preisen oder sogar kostenlos übernachten *(siehe S. 195)*.

Attraktionen, für die man normalerweise Eintritt bezahlt, wie Museen, Theater und der Zoo, bieten für Kinder ebenfalls Preisnachlässe. Zahlreiche Museen verlangen auch an bestimmten Tagen (in den Ferien) gar keine Eintrittsge-

Logo des Spielzeugladens Kidiland

Kinderkleidung ist auch bei **5 10 15** sowie im Kaufhaus **Panorama** erhältlich, und **Świat Dziecka** (»Kinderwelt«)

bühr. Und mit öffentlichen Verkehrsmitteln *(siehe S. 251)* fahren Kinder günstiger bzw. – unter vier Jahren – gratis.

EINKAUFEN

DER BESTE ORT in Warschau, um mit Kindern einkaufen zu gehen, ist das Kaufhaus Smyk *(siehe S. 132)*. Auf fünf Stockwerken bietet Smyk (fast) alles, was Kinderherzen – vom Baby bis zum Teenager – höher schlagen lässt. Hier findet man ein breites Angebot an Spielsachen und Sportausrüstungen, Kleidung und Schuhen.

hat eine gute Auswahl an Bekleidung und Spielzeug für Kleinkinder im Angebot. Das

größte Sortiment an Spielwaren führen jedoch **Baba Jaga** (»Die böse Hexe«) und **Disney**. Und wenn Sie gerade in der Nähe der Neustadt sind, lohnt sich ein Besuch bei **Kleofas**.

ADRESSEN VON LÄDEN

Baba Jaga
Marszałkowska 76. **Karte** 6 D2.

Disney
Emilii Plater 47. **Karte** 1 B5 & 5 C2.

5 10 15
Bracka 22. **Karte** 2 D5 & 6 D1.

Kleofas
Mostowa 32. **Karte** 1 C1 & 3 C4.

Panorama
Witosa 31.

Świat Dziecka
Puławska 2. **Karte** 6 D4.

MUSEEN

VIELE MUSEEN sind für Kinder wie Erwachsene interessant. Das trifft ganz sicher auf das Techologiemuseum (Muzeum Techniki, *siehe S. 134)* zu, wo zahlreiche interaktive Ausstellungen und funktionierende Modelle das

Kutschenfahrt durch die Straßen der Altstadt

Ein Löwenpaar im Warschauer Zoo

Interesse der Kinder erwe-
cken. Die Öffnungszeiten dieser Museen finden Sie im
jeweiligen Kapitel in diesem
Buch.

THEATER, KONZERT UND ZIRKUS

IN WARSCHAU gibt es drei Kin-
dertheater – **Baj**, **Lalka** und
Guliwer –, deren Repertoire
ausschließlich auf die jüngsten
Zuschauer zugeschnitten ist.
Außerdem bringen mehrere
Theater und Opernhäuser
auch Stücke extra für Kinder
auf die Bühne.

Klassische Musik können
die Kleinen in der Philharmonie (Filharmonia Narodowa)
hören, wo »Tantchen« Jadzia
spezielle »kinderfreundliche«
Konzerte leitet. Diese Veranstaltungen mit ihrem unter-
haltsamen Charakter führen
schon Zweijährige in die Welt
der Musik ein.

Warschau besitzt zwar keinen dauerhaften Zirkus, aber
Wanderzirkusse bauen häufig
ihre Zelte in der Stadt auf.
Fast das ganze Jahr über kann
man irgendwo eine Zirkusvor-
stellung sehen.

PARKS, SPIELPLÄTZE UND DER ZOO

EIN IDEALER Ort für einen
Spaziergang mit Kindern,
auf dem man der Stadthektik
entkommt und etwas über
Flora und Fauna erfährt, ist
der Łazienki-Park, wo man
Enten, andere Vögel und

Aufführung des Kindertheaters Guliwer

Eichkätzchen füttern und die
farbenfrohen Pfauen bewundern kann. Und sonntagmor-
gens können Kinder auf
Ponys durch den Park reiten.

Ein Ausflug zu einem der
Botanischen Gärten (Ogród
Botaniczny) ist immer eine
vergnügliche Angelegenheit
(*siehe S. 160*). Der größte Garten in der Nähe des Łazienki-
Parks ist von Mai bis Oktober
geöffnet, andere zwischen
April und Oktober.

Mit Kindern lohnt auch
sicher ein Besuch im **Zoo**
(Ogród Zoologiczny, *siehe
S. 174*) am malerischen rechten Weichselufer.

Unter Warschaus vielen
Spielplätzen und -zentren sind
die beliebtesten: **Hulakula**,
Polens größtes Familienzen-
trum, **Orlando** im Bezirk
Bródno und **Kolorado** in
Jelonki. Hier gibt es Attraktionen wie Tunnels, Rutschbah-
nen und Pools.

AUF EINEN BLICK

THEATER

Baj
Jagiellońska 28. **Karte** 4 F4.
☎ 619 90 96.

Guliwer
Różana 16. **Karte** 6 DF.
☎ 845 46 13.

Lalka
Palast für Kultur und Wissenschaft, Plac Defilad 1.
Karte 1 C5 & 5 C1.
☎ 620 49 50.

PARKS UND GÄRTEN

Botanische Gärten
Aleje Ujazdowskie 4.
Karte 6 E3.
☎ 628 09 51.
○ Mai–Okt.

Prawdziwka 2,
Warszawa-Powsin.
☎ 648 09 51.
○ Apr–Okt.

Hulakula
Dobra 56–68.
☎ 828 83 53.

Kolorado
Konarskiego 88.
☎ 665 90 00.

Orlando
Wyszogrodzka.

Zoo
Ratuszowa 1/3.
Karte 4 E3.
☎ 619 40 41.

Der Miniaturzug »Choo-choo« fährt durch die Altstadt

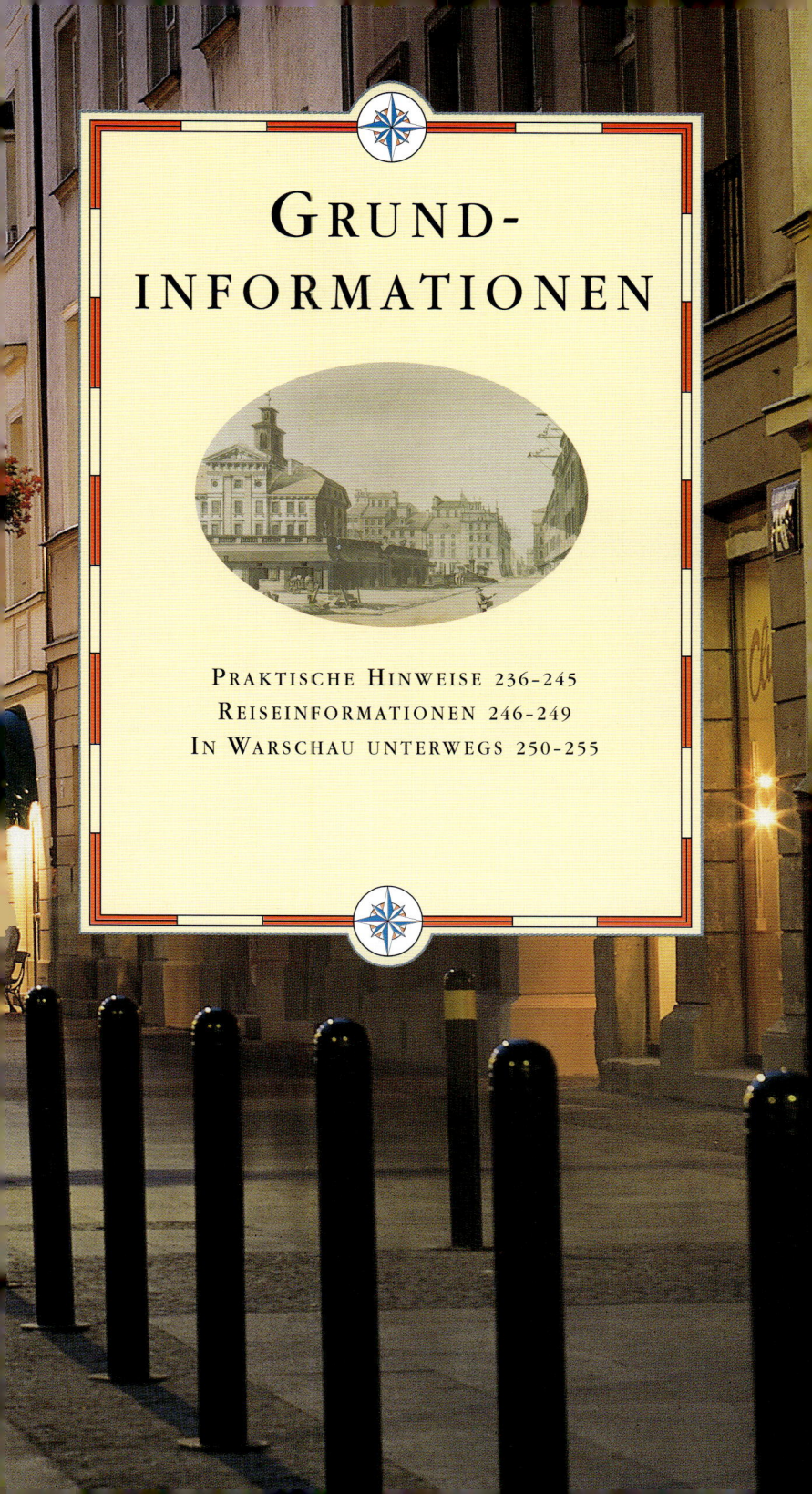

GRUND-INFORMATIONEN

PRAKTISCHE HINWEISE

WARSCHAU HAT SICH in den letzten Jahren immer besser auf Touristen eingestellt. Neue und renovierte Hotels und Cafés haben ihren Standard angehoben und die Auswahl für Besucher enorm vergrößert. Auch Reisebüros bieten heute weitaus mehr als früher, und der öffentliche Verkehr sowie Geldwechsel- und Einkaufsmöglichkeiten haben sich verbessert. Die meisten Attraktionen der Stadt sind mit öffentlichen Verkehrsmit-

Kutsche in der Altstadt

teln zu erreichen, und das Zentrum erkundet man am besten zu Fuß. Die Lebenshaltungskosten liegen in Warschau generell niedriger als in anderen europäischen Städten, doch Nobelrestaurants und -hotels sind ähnlich kostspielig wie im Westen. Warschau ist verhältnismäßig sicher – dennoch sollte man wie in jeder großen Stadt auf der Hut vor Dieben sein und sein Auto nur auf bewachten Parkplätzen abstellen.

Die zauberhafte Fremdenverkehrszentrale in der Altstadt

TOURISTENINFORMATION

DAS AM BESTEN ausgestattete Fremdenverkehrsbüro (Informacja Turystyczna) ist jenes am Schlossplatz (Plac Zamkowy). Hier bekommen Sie Tipps, Karten und Broschüren. Infos über Bed-and-Breakfast-Unterkünfte erhalten Sie an einem Kiosk im Hauptbahnhof (Dworzec Centralny).

Für Ausflüge aus der Stadt verkauft der Buchladen Atlas an der Aleja Jana Pawła II (Johannes-Paul-II.-Allee) Kartenmaterial. Hotels und Touren mit Führer in andere polnische Städte können Sie bei **Orbis** buchen.

SPRACHEN

ENGLISCHKENNTNISSE SIND, vor allem in Hotels, Restaurants, Cafés, Läden und anderen Einrichtungen für Touris-

Orbis-Logo

ten, weit verbreitet, weniger jedoch in Bahnhöfen. Viele Warschauer sprechen zumindest etwas Englisch und/oder Deutsch. Sie können also beispielsweise Einheimische durchaus nach dem Weg fragen – wenn auch vielleicht nicht gleich der Erstbeste Auskunft geben kann.

REISEZEIT

FRÜHLING, SOMMER und Frühherbst sind die besten Zeiten für einen Warschaubesuch, und am allerschönsten ist es im Mai. Dieser Monat ist allerdings auch für Klassenausflüge beliebt.

Im Sommer gibt es in der Stadt Hunderte von Imbiss- und Eisbuden, auf Gehsteigen und Plätzen stehen Cafétische, und Straßenkünstler unterhalten die Touristen und Einheimischen.

ÖFFNUNGSZEITEN

DIE ÖFFNUNGSZEITEN von Museen und Galerien finden Sie in den jeweiligen Kapiteln dieses Buchs. Normalerweise sind sie montags geschlossen – mit Ausnahmen wie z.B. Wilanów, wo dienstags Ruhetag ist. Die meisten Attraktionen sind von 9 bis 17 Uhr geöffnet. Außerhalb der Saison (also vom 1. Oktober bis 30. April) haben Museen kürzer geöffnet. Einige Einrichtungen wie etwa botanische Gärten und der Arkadia-Park in Nieborów sind den Winter über geschlossen.

Kirchen sind von der Morgenmesse bis zur Abendmesse

Bus von Mazurkas Travel

geöffnet (normalerweise 6–22 Uhr). Klöster haben unregelmäßige Besuchszeiten, sind aber am Sonntagnachmittag meist offen.

In Feinkost- und Lebensmittel-läden können Sie von Montag bis Samstag von 7 bis 19 Uhr einkaufen, in Supermärkten länger, manchmal bis 22 Uhr und auch am Sonntagvormittag.

Kaufhäuser sind normalerweise von 9 bis 20 Uhr geöffnet, die meisten anderen Geschäfte Montag bis Freitag von 10 bis 19 Uhr und am Samstag von 9 bis 14 Uhr. In jedem Viertel gibt es eine Apotheke mit Nacht- und Sonntagsdienst *(siehe S. 239)*. Banken haben montags bis freitags Schalterstunden von 8 bis 18 Uhr.

Bars, Cafés und Restaurants haben individuelle Öffnungszeiten. Restaurants sind meist durchgehend von mittags bis spätabends geöffnet. Sie schließen häufig erst, wenn der letzte Gast geht.

ZASP-Vorverkaufskasse

VERANSTALTUNGS-PROGRAMME

In WARSCHAU kommen kulturell Interessierte in den zahlreichen Galerien, Museen, Theatern und Konzertsälen auf ihre Kosten.

Die zwei monatlich erscheinenden englischsprachigen Veranstaltungsmagazine *Warszawa, What, Where, When* und *Welcome to Warsaw* bekommen Sie kostenlos an der Hotelrezeption und in Fremdenverkehrsbüros. Daneben gibt es natürlich viele polnische Programme, darunter *Warszawski Informator Kulturalny*. Theater- und Konzertkarten können Sie im Voraus bei den **ZASP**-Vorverkaufsstellen erwerben.

EINTRITTSGEBÜHREN

Museen sind relativ billig und bieten darüber hinaus individuelle Preisnachlässe für Kinder, Studenten und Senioren.

In Kirchen und in der Kathedrale ist der Eintritt frei, doch Sie können eine Spende im Kollektenkasten hinterlassen, der normalerweise in der Vorhalle steht.

BESICHTIGUNGEN

WARSCHAUS Sehenswürdigkeiten kann man auf organisierten Führungen besichtigen. **Mazurkas Travel** etwa bietet Touren mit erfahrenen Führern, z.B. im Königsschloss *(siehe S. 70ff)* und im Wilanów-Palast *(siehe S. 168ff)*. Tagesausflüge führen z.B. nach Żelazowa Wola, zum Geburtshaus von Frédéric Chopin *(siehe S. 182)*, und zum barocken Nieborów-Palast beim romantischen Arkadia-Park *(siehe S. 180)*. Und auch zu anderen historisch bedeutsamen Städten wie Krakau oder Danzig werden von Warschau aus Ausflüge angeboten.

Preisbewusst Reisende können an den billigeren Touren, die **PTTK** (die Polnische Fremdenverkehrsgesellschaft) organisiert, teilnehmen. Dazu gehören Gruppenführungen durch die Warschauer Innenstadt sowie Wochenendausflüge ins Umland.

Eine schöne Sightseeing-Option ist eine Fahrt mit dem Miniaturzug »Choo-choo«, der vom Schlossplatz durch die Alt- und die Neustadt sowie auf dem Königsweg fährt. Und vom Altstädter Markt fahren Pferdekutschen durch die Innenstadt.

Über fremdsprachige Führer, Führungen und Touren informiert die offizielle Agentur namens **Agencja Usług Przedwodnickich i Turystycznych**.

Eintrittskarte für Wilanów

Sicherheit und Gesundheit

DIE STRASSEN WARSCHAUS sind für Touristen im Allgemeinen sicher, insbesondere im Stadtzentrum, doch einige Vorsichtsmaßnahmen sollte man natürlich in jeder Stadt treffen. Bei kleineren medizinischen Problemen erhalten Sie in Apotheken Rat, und in den Hotels kann man einen Arzt rufen lassen. Es ist anzuraten, vor dem Warschaubesuch eine Reisekrankenversicherung abzuschließen.

PERSÖNLICHE SICHERHEIT

TOURISTEN sind in Warschau in den meisten Gegenden sicher, und Überfälle sind sehr selten. Sie sollten sich jedoch, wie in jeder Großstadt, der möglichen Gefahren bewusst sein und keine unnötigen Risiken eingehen. Frauen sollten spätabends nicht allein unterwegs sein, und manche Gebiete (Praga am rechten Weichselufer, insbesondere um die Ulica Brzeska) sollte man am besten ganz meiden.

Die Atmosphäre im Ostbahnhof (Dworzec Wschodni), im Stadion-Bahnhof und auf dem Różycki-Markt kann Angst machen, vor allem wenn man allein reist. Auf Glücksspiele am Markt, wie Karten- und Würfelspiele, sollte man sich nicht einlassen, da sie von Betrügern gesteuert werden.

Die meistverübte Straftat ist jedoch der Taschendiebstahl. Diebesbanden bedrängen die arglosen Opfer und entwenden ihnen dabei Wertsachen. Tragen Sie Ihre Handtasche fest am Körper, und achten Sie auf Ihr Gepäck. Verstauen Sie Wertsachen oder Pässe nicht in der Hosentasche (doch führen Sie Ihren Ausweis immer mit). Vorsicht ist vor allem auf Bahnhöfen und in öffentlichen Verkehrsmitteln angebracht.

Lassen Sie Wertsachen nicht im geparkten Wagen liegen – falls möglich, bauen Sie auch das Radio aus. Stellen Sie Ihr Auto am besten nur auf überwachten Parkplätzen (die immer mehr die Norm werden) ab. Deutsche Fabrikate wie BMW, VW Golf, Mercedes und Audi sind übrigens bei Autodieben am beliebtesten.

Spätabends sollte man öffentliche Verkehrsmittel meiden – es ist sicherer, ein lizenziertes Taxi zu nehmen.

Schild eines Polizeireviers

Abzeichen der Verkehrswache

BETTLER

BETTLER SIND auf den Hauptstraßen der Innenstadt ein gewohnter Anblick geworden. Viele kommen aus Nachbarländern wie Rumänien. Sie sind zwar nicht gefährlich, können aber sehr hartnäckig sein. Am besten begegnet man ihnen mit einem festen »Nie« (»Nein«).

POLIZEI UND SICHERHEITSDIENSTE

IN WARSCHAU patrouillieren Polizistinnen und Polizisten verschiedener Einheiten. Sie überwachen die Stadt zu Fuß oder in den auffälligen blauweißen Streifenwagen. Sie tragen Waffen und sind ermächtigt, jeden, der ihnen irgendwie verdächtig scheint, aufzuhalten.

Jedwede kriminellen Handlungen und ähnlichen Vorfälle sollten sofort auf einer der Polizeiwachen gemeldet werden, von denen die größten in den Karten im Kartenteil *(siehe S. 260ff)* eingezeichnet sind.

Die Verkehrspolizei befasst sich mit Verstößen gegen die Straßenverkehrsordnung und regelt den Verkehrsfluss. Sie ahndet jeden Fall von Trunkenheit am Steuer, da in Polen die Null-Promille-Grenze gilt. Die Strafen für angetrunkene Autofahrer, die bei den häufigen Alkoholkontrollen ertappt werden, sind entsprechend hart *(siehe S. 249)*. Auch für Geschwindigkeitsübertretungen und Falschparken gibt es empfindliche Strafen.

Jeder, der in einen schweren Verkehrsunfall verwickelt ist, ist gesetzlich verpflichtet, die Verkehrspolizei zu verständigen sowie einen Krankenwagen und die Feuerwehr zu rufen.

Neben der offiziellen Polizei gibt es Verkehrswächter *(straż miejska)*, die den stehenden Verkehr regeln.

Schließlich gibt es noch private Sicherheitsdienste, deren Mitglieder schwarze Uniformen tragen und in Privatanwesen und bei öffentlichen Veranstaltungen für Sicherheit sorgen. Viele von ihnen sind ehemalige Polizisten.

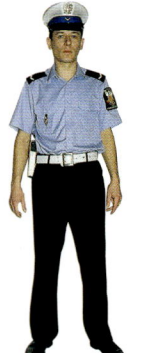

Polizist

Stadtpolizistin

Stadtpolizist

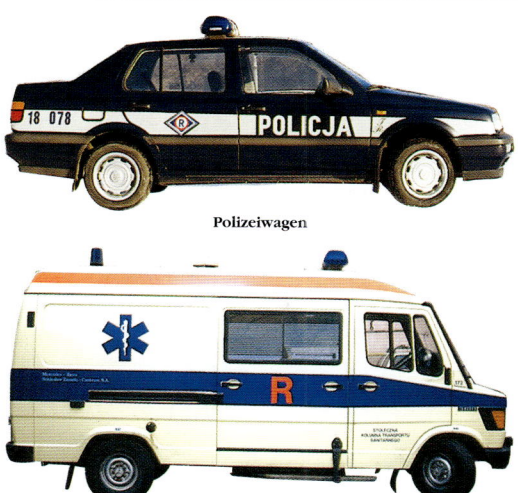

Polizeiwagen

Warschauer Krankenwagen

MEDIZINISCHE VERSORGUNG

H ILFE BEI gesundheitlichen Problemen bekommen Sie bei öffentlichen oder privaten Gesundheitsdiensten.

Bei kleineren Beschwerden können Apotheken, die es in der ganzen Stadt gibt, hilfreich sein. In der Liste rechts finden Sie eine Auswahl von Apotheken mit 24-Stunden-Service.

Wenn Sie regelmäßig Medikamente nehmen müssen, sollten Sie mehr mitnehmen, als Sie für die Dauer Ihres Aufenthalts brauchen. Ihr Arzt wird Ihnen auf Anfrage sicherlich mehr verschreiben.

Erste Hilfe ist in Krankenhäusern kostenlos, für andere Behandlungen muss man eventuell bezahlen. Bei ernsteren Beschwerden oder im Notfall steht der Notdienst rund um die Uhr zur Verfügung. Kliniken mit Notaufnahme sind im Kartenteil *(siehe S. 260ff)* eingezeichnet. Es ist auf jeden Fall anzuraten, eine Reisekrankenversicherung abzuschließen und die Police mitzuführen. Außerdem sollten Sie Ihren Pass dabeihaben, um sich im Krankenhaus auszuweisen, und eine Quittung verlangen, wenn Sie für eine Behandlung bezahlen müssen.

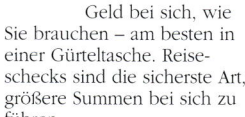

Apothekenzeichen

Bürger aus Ländern, die mit Polen eine entsprechende Vereinbarung haben – dazu gehören Deutschland, Österreich und die Schweiz jedoch nicht –, werden kostenlos behandelt.

VERLUST VON WERTSACHEN

A CHTEN SIE IMMER auf Ihr Hab und Gut. Gepäck sollten sie nie unbeaufsichtigt lassen, vor allem nicht am Flughafen und im Bahnhof. Wertsachen sollten Sie nicht auf Besichtigungstouren mitnehmen. Tragen Sie auch nur so viel Geld bei sich, wie Sie brauchen – am besten in einer Gürteltasche. Reiseschecks sind die sicherste Art, größere Summen bei sich zu führen.

Die Chance, verlorene Wertsachen wieder zu bekommen, ist zwar generell niedrig, trotzdem sollten Sie jeden Verlust beim städtischen Fundbüro (Biuro Rzeczy Znalezionych) melden – und ebenso bei der Polizei, die Ihnen ein offizielles Aktenzeichen mitgibt, mit dem Sie den Anspruch bei Ihrer Versicherung geltend machen können.

Den Verlust oder Diebstahl Ihres Passes müssen Sie sofort Ihrer Botschaft in Warschau *(siehe S. 244)* mitteilen.

Währung und Geldwechsel

Logo der PKO-Bank

DIE BANKEN UND Wechselstuben in Warschau sind seit den demokratischen Wahlen von 1989 viel kundenfreundlicher geworden. Wechselbüros, die häufig bessere Kurse als Banken bieten, findet man überall in der Stadt. Für die Bezahlung werden Kreditkarten und Reiseschecks immer häufiger akzeptiert, insbesondere in Hotels, in Restaurants, von Reiseveranstaltern und in Läden.

Zeichen einer Wechselstube

BANKEN UND WECHSELSTUBEN

IN DER INNENSTADT gibt es zahlreiche Banken mit einem umfangreichen Angebot an finanziellen Dienstleistungen. Normalerweise haben sie von 8 bis 18 Uhr geöffnet. Mittags (ca. 13–14 Uhr) sind viele Schalter geschlossen, weshalb man in dieser Zeit längere Wartezeiten in Kauf nehmen muss.

Außer in Banken kann man auch in Wechselstuben Geld tauschen. Die Kurse variieren, sind hier aber generell besser als in Banken.

Einige Wechselbüros haben rund um die Uhr geöffnet – diesen Service lassen sie sich allerdings mit höheren Gebühren bezahlen. Ein solches Büro befindet sich im Hauptbahnhof (Dworzec Centralny). Da sich im Bahnhof nachts jedoch zwielichtige Gestalten rumtreiben, sollte man dann besser nicht hingehen.

Auch in Hotels kann man Geld tauschen – meist jedoch gegen eine hohe Gebühr. Und die «Geldwechsler» auf der Straße sollte man meiden, da sie häufig Falschgeld in Umlauf bringen.

KREDITKARTEN

KREDITKARTEN wie etwa American Express, Visa und MasterCard werden in immer mehr Einrichtungen – in Hotels, besseren Restaurants, Nachtklubs, bei Mietwagenfirmen, Reisebüros und in den exklusiveren Läden – akzeptiert.

Normalerweise sind die Logos der akzeptierten Kreditkarten am Eingang beziehungsweise an den Kassen abgebildet. Vergewissern Sie sich jedoch vorher, ob es Bedingungen, z.B. eine Mindestkaufsumme, für die Bezahlung per Karte gibt. In privat geführten Läden bekommt man bei Barzahlung manchmal einen kleinen Rabatt.

Geldautomat

Mit den gängigsten internationalen Kreditkarten kann man bei Banken auch Bargeld abheben. Und mit American-Express-Karten können Sie auch von den entsprechenden Geldautomaten sowie in den American-Express-Büros Bares abheben.

Dreieckiger Giebel des Hauptsitzes der PKO-SA-Bank

WÄHRUNG UND REISESCHECKS

DIE POLNISCHE Währung ist der Złoty, wörtlich »Gold«, der mit »zł« oder »Zł« abgekürzt wird. Ein Złoty wird in 100 Groszy eingeteilt. **Faustregel: 1 Euro = rund 4 Złoty.**

Reiseschecks können in Wechselbüros, den meisten Hotels und vielen (nicht allen!) Banken eingetauscht werden. Für Schecks von **American Express** und Thomas Cook bekommen Sie in den Filialen dieser Unternehmen in Warschau Bargeld.

Banknoten
Scheine gibt es im Wert von 10, 20, 50, 100 und 200 Złoty. Alle tragen Porträts bedeutender polnischer Könige.

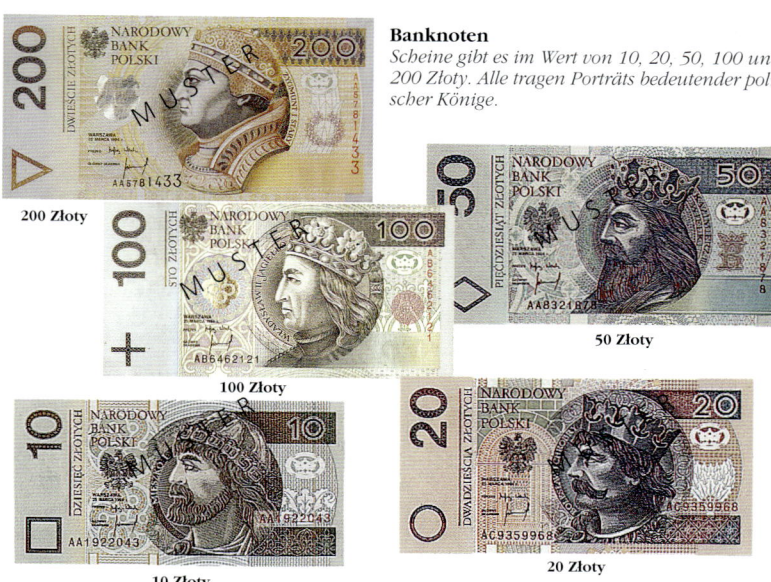

200 Złoty

50 Złoty

100 Złoty

10 Złoty

20 Złoty

Münzen
Münzen gibt es zu 1, 2, 5, 10, 20 und 50 Groszy sowie zu 1, 2 und 5 Złoty. Auf den Rückseiten aller Münzen ist der polnische Adler abgebildet.

5 Złoty

2 Złoty

1 Złoty

5 Groszy

10 Groszy

20 Groszy

50 Groszy

1 Groszy

2 Groszy

BANKNOTEN
Auf früheren Scheinen waren berühmte Polen wie Tadeusz Kościuszko, Chopin und Kopernikus porträtiert. Neuere Banknoten zeigen polnische Könige: Zygmunt I. Stary (200 zł), Władysław Jagiełło (100 zł), Kazimierz Wielki (50 zł), Bolesław Chrobry (20 zł) und Mieszko I. (10 zł).

Telefon und Post

FÜR DIE TELEKOMMUNIKATION ist in Polen Telekomunikacja Polska, für die postalischen Dienste ist Poczta Polska zuständig. Beide Unternehmen wurden in den letzten Jahren effektiver und besser. Doch noch immer können die Schlangen in Postämtern lang sein, und die Suche nach einem funktionierenden öffentlichen Telefon ist mitunter ein zeitraubendes Unterfangen.

ÖFFENTLICHE TELEFONE

FUNKTIONIERENDE öffentliche Telefone findet man am ehesten in Postämtern und in Hotellobbys. Alle modernen Telefone haben Tasten, aber auch altmodische Apparate mit Wählscheibe sind noch im Gebrauch.

In Polen gibt es keine Münztelefone, alle öffentlichen Apparate werden mit Telefonkarten (*karty*) betrieben, die in Postämtern sowie an Zeitungskiosken erhältlich sind.

Für Ferngespräche innerhalb Polens gibt es drei Tarife. Am teuersten sind Telefonate zwischen 8 und 18 Uhr. Von 18 bis 22 Uhr ist Telefonieren um ein Viertel günstiger, und zwischen 22 und 8 Uhr sind die Gespräche um 50 Prozent billiger. Am Wochenende ist es noch günstiger. Für Telefonate ins Ausland gibt es nur einen Tarif, unabhängig von der Tageszeit.

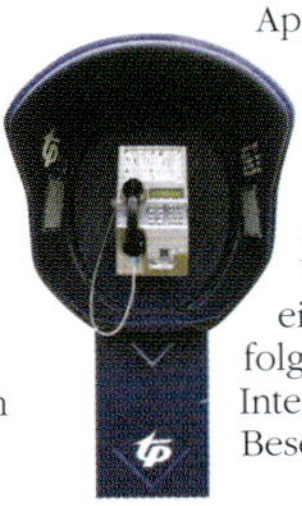

Um von einem öffentlichen Apparat zu telefonieren, überprüfen Sie zunächst, ob beim Abheben des Hörers ein Dauerton zu hören ist. Nach dem Wählen hören Sie einen kurzen Ton, gefolgt vom Frei- (lange Intervalle) oder dem Besetztzeichen (kurze Intervalle).

Bei Gesprächen aus dem Ausland nach Warschau wählen Sie zunächst die 00 48 22 und dann die Nummer des Anschlusses.

Telefonsäule

INTERNET-CAFÉS

IN WARSCHAU GIBT ES zahlreiche öffentliche Einrichtungen, die den Zugang zu Computern und zum Internet ermöglichen: kostenlos in manchen öffentlichen Bibliotheken, gegen Gebühr in Internet-Cafés wie Pub Internetowy (Piękna 68a) und Enigma (Al Solidarności 74a), das täglich 24 Stunden geöffnet hat.

Eine der verschieden gestalteten Telefonzellen in Warschau

BENÜTZUNG EINES KARTENTELEFONS

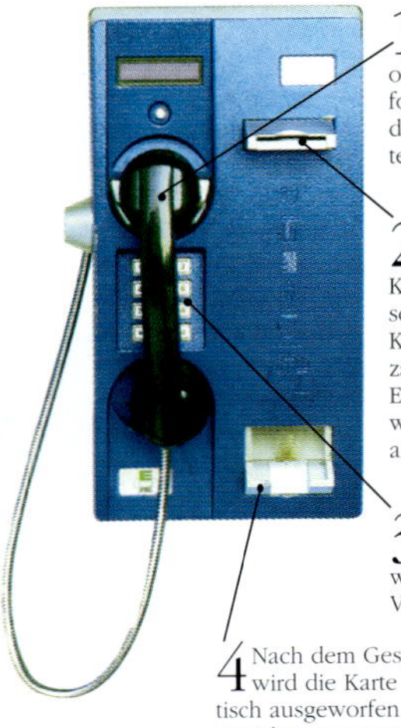

1 Brechen Sie bei neuen Karten die linke obere Ecke an der Perforierung ab. Heben Sie den Hörer ab, und warten Sie auf den Ton.

2 Wenn im Display »WŁÓŻ KARTĘ« erscheint, schieben Sie die Karte ein. Die Anzahl ungenützter Einheiten (*kredyt*) wird im Display angezeigt.

3 Wählen Sie die Nummer, und warten Sie auf die Verbindung.

4 Nach dem Gespräch wird die Karte automatisch ausgeworfen. Bei manchen Apparaten müssen Sie dafür an einer Kurbel drehen.

1 Heben Sie den Hörer ab, und warten Sie auf den Ton.

Display

3 Wählen Sie die Nummer, und warten Sie auf die Verbindung.

4 Nach dem Gespräch hängen Sie auf und entnehmen die Karte.

2 Brechen Sie bei einer neuen Karte die linke obere Ecke ab. Schieben Sie die Karte ein.

Diese Ecke muss vor Benützung der Telefonkarte abgebrochen werden.

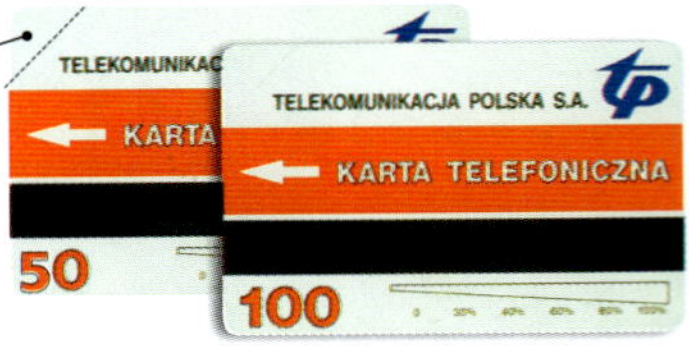

Logo der polnischen Telekom

TELEKOMUNIKA
◄ KARTA
50

TELEKOMUNIKACJA POLSKA S.A. **tp**
◄ KARTA TELEFONICZNA
100

Telefonkarten mit 50 und 100 Einheiten

Das Hauptpostamt in Warschau

MOBILTELEFONE

DAS MOBILTELEFONNETZ in Polen wächst zusehends – wenn Ihre Handygesellschaft Roaming unterstützt, werden Sie also keine Probleme haben, mobil zu telefonieren. Denken Sie aber daran, die Warschauer Vorwahl vor der Nummer des Teilnehmers zu wählen, wenn Sie einen Anschluss in der Stadt anrufen wollen.

Logo der polnischen Post

POSTDIENSTE

POLNISCHE POSTÄMTER bieten immer mehr Dienstleistungen an. Im ganzen Stadtgebiet Warschaus gibt es zahlreiche

Roter Briefkasten für Sendungen über Warschaus Grenzen hinaus

Ämter, doch die Hauptpost, **Poczta Główna**, befindet sich in der Ulica Świętokrzyska. Sie ist sieben Tage die Woche rund um die Uhr geöffnet. Neben den üblichen postalischen Dienstleistungen – dem Verschicken von Briefen, Paketen und Telegrammen, Geldüberweisungen (nur innnerhalb Polens) und der Ausgabe von Telefonbüchern – können die Kunden dieses Postamts auch Faxgeräte und Telefone benutzen sowie postlagernde Sendungen abholen. Und an einem separaten Schalter können Briefmarkensammler Hefte von Gedenkausgaben kaufen.

Beim Betreten des Postamts müssen Sie an einem Apparat eine Nummer ziehen. Dann müssen Sie warten, bis diese Nummer auf dem Display über einem der Schalter erscheint. Dort werden Sie dann bedient.

VERSENDEN VON BRIEFEN UND KARTEN

BRIEFMARKEN können Sie in Zeitschriftenläden und in Postämtern kaufen. Erstere geben Briefmarken jedoch nur zusammen mit Postkarten ab.

In Warschau gibt es grüne Briefkästen für Sendungen innerhalb der Stadt und rote für Briefe zu anderen Bestimmungsorten. Innerhalb Polens ist ein Brief normalerweise zwei bis drei Tage unterwegs. ins Ausland jedoch bis zu einer Woche.

Für eilige Sendungen gibt es einen Express- und einen Kurierdienst (zu sehr viel höheren Gebühren). Internationale Kuriergesellschaften wie **DHL** haben ebenfalls Niederlassungen in Warschau.

Schöne polnische Briefmarken

NÜTZLICHE ADRESSEN

American Express
Sienna 39.
☎ 581 5100 oder 581 5252.

DHL
Wirazowa 35.
☎ 0801 345 345.

Poczta Główna
Świętokrzyska 31/33. **Karte** 1 C4.
☎ 826 60 01 oder 827 0052.

NÜTZLICHE TELEFONNUMMERN

- Örtliche Auskunft (Warschau): 913.
- Landesweite Auskunft: 912.
- Internationale Telefonvermittlung: 901.
- Vorwahl für Warschau: innerhalb Polens 01033 oder 01044, dann 22 und die Durchwahl; vom Ausland 00 48-22.
- Vorwahl für Deutschland: 00 49
- Vorwahl für Österreich: 00 43
- Vorwahl für die Schweiz: 00 41

Weitere Informationen

BEHINDERTE REISENDE

EINRICHTUNGEN für Rollstuhlfahrer sind in Warschau noch Mangelware. Spezielle Aufzüge gibt es am Flughafen und in U-Bahn-Stationen, doch die meisten Ämter und Läden sind mit Rollstühlen nur schwer zugänglich. Hindernisse sind auch die auf Gehsteigen geparkten Autos.

Einige Hotels haben jedoch extra Zimmer für Behinderte *(siehe S. 201ff)*. Zu den vielen Organisationen, die behilflich sein können, sind die etabliertesten unten aufgeführt. Informationen für behinderte Reisende erhalten Sie bei der **Vereinigung zur Unterstützung von Blinden und Tauben**, und mehrere Unternehmen bieten Transportmittel für Behinderte an.

NÜTZLICHE ADRESSEN

Polnische Gesellschaft zum Kampf gegen Behinderung (Polskie Towarzystwo Walki z Kalectwem)
Oleandrów 4/10.
📞 825 98 39 oder 825 92 81.

Polnische Vereinigung für Blinde (Polski Związek Niewidomych)
Konwiktorska 9.
📞 813 33 83.

Polnische Vereinigung für Taube (Polski Związek Głuchych)
Podwale 23.
📞 831 40 71.

Transport behinderter Personen
Taxidienst für behinderte Fahrgäste.
📞 919.

Tus – Transport-Service für Personen mit Behinderungen.
📞 831 93 31.

Vereinigung zur Unterstützung von Blinden und Tauben (Towarzystwo Pomocy Głucho-Niewidomym))
Konwiktorska 9.
📞 635 69 70.

EIN- UND AUSREISE

FÜR DIE EINREISE nach Polen brauchen die meisten Europäer – so auch Deutsche, Österreicher und Schweizer – einen mindestens noch sechs Monate gültigen Reisepass.

Waren für den persönlichen Gebrauch und Geschenke im Wert von bis zu 70 Euro müssen bei der Ausreise nicht verzollt werden, Zigaretten und Alkohol jedoch schon. Eine Sondergenehmigung brauchen Sie für die Ausfuhr von Antiquitäten.

Sie können unbegrenzt Fremdwährungen einführen, doch bei der Ankunft muss ein Formular ausgefüllt werden, da Sie das Land nicht mit

Internationaler Studentenausweis

mehr Geld verlassen dürfen, als Sie bei der Einreise hatten.

Bei Fragen bezüglich Import und Export wenden Sie sich an **Büro für Zollinformation** 📞 694 31 94.

STUDENTEN

ES LOHNT SICH, bei Ihrem Warschaubesuch einen gültigen Internationalen Studentenausweis mitzuführen. Er ist gegen eine geringe Gebühr an Schulen und Hochschulen erhältlich und kann bis zu Ihrem 26. Geburtstag jährlich verlängert werden. Damit bekommen Sie Preisnachlässe in Museen und internationalen Studentenherbergen (die in den Ferienzeiten geöffnet haben) sowie bei Bahn- und Flugreisen. Für das

öffentliche Warschauer Nahverkehrssystem gilt dies jedoch nicht. Mitglieder der Internationalen Jugendherbergs-Föderation (IYHF) bekommen in Jugendherbergen *(siehe S. 194f)* Ermäßigungen. Und Inhaber der Eurocard haben Anspruch auf Nachlässe in Läden, Bars, Museen und Ausstellungen.

FERNSEHEN UND RUNDFUNK

SATELLITENKANÄLE wie CNN, Sky und MTV kann man in Warschaus größeren und teureren Hotels empfangen. Sie senden Nachrichten, Spielfilme und Dokumentationen in mehreren Sprachen. Die in Warschau beliebtesten TV-

Kanäle – die Stationen 1 und 2, der Stadtkanal WOT sowie die landesweiten POLSAT und TVN – haben ausschließlich polnischsprachiges Programm.

Die populärsten Radio-Musikprogramme überträgt der Sender »Trójce«. Weitere Pop- und Rocksender sind Radio Z (107,5 FM), RMF (91,0 FM), Radio Kolor (103,0 FM) und Wa-Wa (89,8 FM).

Der größte Rundfunksender ist jedoch das staatliche Polskie Radio (Polnischer Rundfunk), dessen zwei Hauptstationen PR1 (92,0 FM) und PR2 (102,4 FM) sind. Daneben senden in Warschau Radio Bis (102,4 FM), Radio Eska (102,0 FM), Radio dla Ciebie (101,0 FM), Rozgłosnia Harcerska (101,5 FM) und die katholische Rundfunkstation Radio Maryja (96,5 FM).

Das Programmheft *Warszawa What, Where, When*

ZEITUNGEN UND ZEITSCHRIFTEN

AUSLÄNDISCHE Zeitungen bekommen Sie an Hotelkiosken, in einzelnen Buchläden *(siehe S. 222)* und an den vielen Ruch-Kiosken.

Die englischsprachigen Publikationen *Warsaw Voice* und *Warsaw Business Journal* werden in Warschau hergestellt. Daneben gibt es monatliche Programmhefte wie *Warszawa What, Where, When* (in Englisch und Deutsch geschrieben), *Welcome to Warsaw* (in Englisch) und *Spotkania z Warszawa Kalejdoskop Kulturalny (Cultural Kaleidoscope)*.

Die beliebtesten polnischen Zeitungen sind *Życie Warszawy, Gazeta Wyborcza, Rzeczpospolita* und *Życie*.

The Warsaw Voice, die beliebteste englische Zeitung in Warschau

ELEKTRIZITÄT

WARSCHAU WIRD mit 220 Volt Wechselstrom versorgt. Deutsche, österreichische und Schweizer Stecker passen in die Steckdosen.

ZEIT

IN WARSCHAU gilt wie in Deutschland die Mitteleuropäische Zeit, eine Stunde vor der Greenwich-Zeit. Für die Sommerzeit werden die Uhren wie bei uns Ende März um eine Stunde vorgestellt. Im Oktober wird wieder auf Winterzeit umgestellt.

GOTTESDIENSTE

Methodistenkirche (Kościół Ewangelicki Metodystyczny)
Mokotowska 12. **Karte** 6 D3.
☎ 628 53 28.
✝ So 11 Uhr.

Moschee (Muzułmańskie)
Wiertnicza 103.
☎ 842 91 74.
☪ Winter Fr 13 Uhr, Sommer Fr 12 Uhr.

Polnische Autokephal-Orthodoxe Kirche (Polski Autokefaliczny Kościół Prawosławny)
Aleja Solidarności 52.
Karte 1 A3, 3 B5. ☎ 619 08 86.
✝ Mo–Fr 9 und 17 Uhr, So 8 und 10 Uhr.

Polnische Nationalkirche (Kościół Polskokatolicki)
Szwoleżerów 2. **Karte** 6 F3
☎ 841 37 43.
✝ So 11 Uhr.

Evangelische Augsburgische Kirche (Kościół Ewangelicko-Augsburski)
Plac Małachowskiego 1. **Karte** 2 D4.
☎ 827 68 17.
✝ So 10.30 Uhr.

Protestantisch-Reformierte Kirche (Kościół Ewangelicko-Reformowany)
Aleja Solidarności 76a. **Karte** 1 B3.
☎ 831 45 22.
✝ So 10 Uhr.

Adventisten-Kirche des Siebten Tages (Kościół Adwentystów Dnia Siódmego)
Foksal 8. **Karte** 2 E5, 6 D1.
☎ 826 25 06.
✝ Sa 9.30–12 Uhr, So 17–18.30 Uhr.

Synagoge (Żydowskie)
Twarda 6. **Karte** 1 B5, 5 B1.
☎ 620 43 24.
✡ Sa 9.30 Uhr.

Kirche der Pfingstgemeinde (Kościół Zielonoświątkowy)
Sienna 68/70. **Karte** 1 A5, 5 B1.
☎ 624 85 75.
✝ Fr 18 Uhr, So 11 Uhr.

Ein römisch-katholischer Priester zelebriert die heilige Messe

REISEINFORMATIONEN

WARSCHAU LIEGT im Herzen Europas und hat ausgezeichnete Bahnverbindungen mit dem Rest des Kontinents. Auf dem Flughafen nahe am Stadtzentrum landen regelmäßig Flüge aus europäischen Großstädten, den USA, Südostasien und dem Nahen Osten, und die polnische nationale Fluglinie

LOT-Flugzeug

LOT fliegt in viele Länder. Polens Bahnsystem ist effizient und preiswert, und der Warschauer Hauptbahnhof befindet sich im Stadtzentrum. Am billigsten, aber auch am langsamsten kommt man mit dem Bus voran. Doch da immer mehr Autobahnen gebaut werden, verbessert sich auch der Straßenverkehr zusehends.

ANREISE MIT DEM FLUGZEUG

WARSCHAU HAT Direktverbindungen mit über 70 Städten in 40 Ländern. Dazu gehören tägliche Flüge von/nach europäischen Städten und regelmäßige Verbindungen mit Nordamerika.

Flüge von Frankfurt/Main brauchen 1,5 Stunden, von Wien 1 Stunde und von Zürich-Kloten 2 Stunden.

Insgesamt nutzen den Okęcie-Flughafen 25 Fluggesellschaften, darunter **British Airways**, **Austrian Airlines**, **Swiss** und **Lufthansa**. Die polnische Fluggesellschaft **LOT** bietet neben den internationalen Flügen auch Inlandsflüge, z.B. nach Breslau, Krakau und Posen.

TICKETS

SEHR GÜNSTIG fliegt man mit APEX-Tickets (Flug-Spartarif-Tickets) mit festem Rückflugdatum, mit denen man 30 bis 40 Prozent sparen kann. Sie müssen allerdings Monate im Voraus gebucht werden.

Gemäß internationalen Vereinbarungen bieten die meisten Fluggesellschaften verbilligte Flugtickets für Studenten, Kinder sowie Senioren an.

FLUGLINIEN

Aeroflot
Aleje Jerozolimskie 29.
Karte 6 D1.
📞 628 17 10.

Austrian Airlines
Warsaw Tower,
Sienna 39.
Karte 1 B5 & 5 B1.
📞 627 52 90.

British Airways
Krucza 49. **Karte** 6 D1.
📞 529 90 00.

Delta Air Lines
Królewska 11.
Karte 1 C4.
📞 827 84 61.

KLM
Krzywickiego 34.
Karte 6 D2.
📞 862 70 00.

LOT
Al. Jerozolimskie 65/79.
📞 0801 300 952.

Lufthansa
Warsaw Tower, Sienna 39.
Karte 1 B5 & 5 B1.
📞 01801 312 312, 338 13 00
(Reservierungen).

SAS
Warsaw Tower, Sienna 39.
Karte 1 B5 & 5 B1.
📞 850 05 00.

LOT-Stewardess am Flughafen Okęcie

OKĘCIE-FLUGHAFEN

OKĘCIE, WARSCHAUS Flughafen mit internationalen Verbindungen, liegt nur sechs Kilometer südlich des Stadtzentrums. Der Flughafen stammt ursprünglich von 1933, aber die heutigen Terminals wurden 1992 gebaut. Hier werden durchschnittlich 3,5 Millionen Passagiere jährlich abgefertigt.

Das moderne Flughafengebäude ist übersichtlich gestaltet, da es ein Terminal für Auslands- und eines für Inlandsflüge gibt.

Zu den Einrichtungen gehören Büros der Fluggesellschaften, Reisebüros, Banken und Wechselschalter, ein Postamt, Duty-free-Läden, Restaurants, Cafés, Bars und Mietwagenfirmen.

Logo der Busse, die Zentrum und Flughafen verbinden

STADTANBINDUNG

Regelmässig fahren Busse vom Okęcie-Flughafen ins Zentrum und in die Vororte sowie umgekehrt. Bus 175 verkehrt zwischen dem Flughafen und dem Zentrum, Bus 188 zwischen Flughafen und Praga. Fahrkarten für diese Stadtbusse müssen an Zeitungskiosken gekauft und beim Einsteigen entwertet werden.

Für Taxis gibt es am Flughafen einen Informationsschalter in der Ankunftshalle. Besuchern wird dringend ans Herz gelegt, eine Firma zu wählen, die von den städti-

Terminalgebäude des Warschauer Okęcie-Flughafens

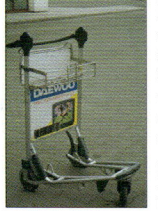

Gepäckwagen

schen Behörden anerkannt ist. Am besten meiden Sie die Taxis, die vor dem Flughafengebäude warten, und auch die Fahrer, die im Flughafen auf Kundenjagd gehen, da sie viel höhere Gebühren verlangen als die Standardtaxis. Derzeit haben drei Taxifirmen städtische Lizenzen: **Merc**, **MPT** und **Sawa-Taxi**. Im Flughafen können Sie auch ein Funktaxi rufen (*siehe S. 252*).

Auf Grund der hohen laufenden Kosten wurde der AirportCity-Busverkehr, der den Flughafen mit den wichtigsten Hotels verband, 1999 eingestellt. Wenn Sie ein Hotelzimmer reservieren, können Sie aber nachfragen, ob ein Hoteltaxi Sie vom Flughafen abholen kann. Einige Hotels lassen sich diesen Service allerdings teuer bezahlen – ihre Taxis sind im Allgemeinen teurer als Standardtaxis.

Von LOT gesponsertes Taxi

WARSCHAUS BAHNVERBINDUNGEN

Warschau hat gute Bahnverbindungen mit zahlreichen europäischen Städten sowie mit Ländern der ehemaligen Sowjetunion und den Balkanstaaten.

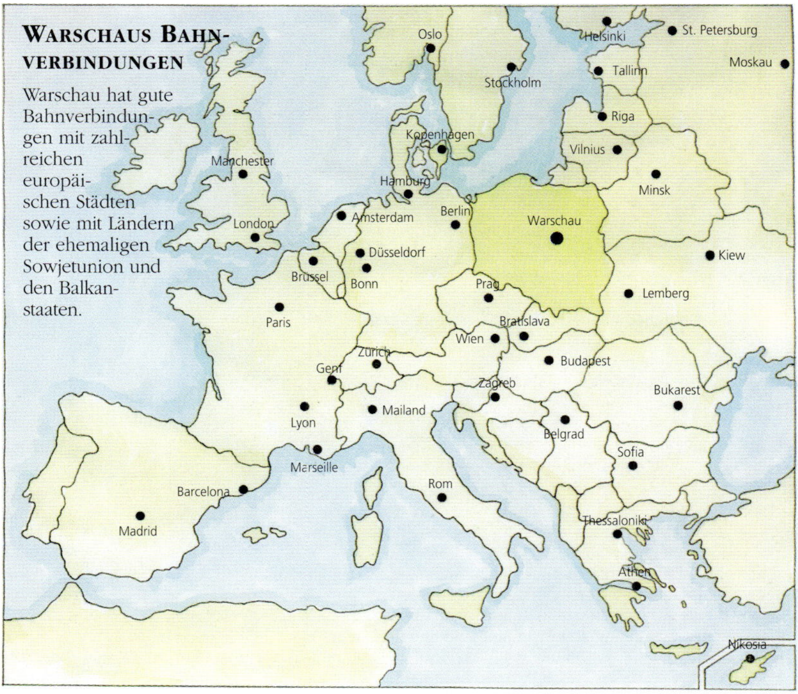

Oslo · Helsinki · St. Petersburg · Moskau · Stockholm · Tallinn · Kopenhagen · Riga · Manchester · Vilnius · Hamburg · Minsk · London · Amsterdam · Berlin · Warschau · Düsseldorf · Brüssel · Bonn · Prag · Kiew · Paris · Lemberg · Bratislava · Wien · Zürich · Genf · Budapest · Zagreb · Bukarest · Lyon · Mailand · Belgrad · Sofia · Marseille · Rom · Barcelona · Thessaloniki · Madrid · Athen · Nikosia

ANREISE MIT DEM ZUG

W ARSCHAU HAT gute internationale Bahnverbindungen. Und bei Zugreisen hat man die Möglichkeit, unterwegs auch mal auszusteigen. Erkundigen Sie sich z. B. bei der Deutschen Bahn (http://reiseauskunft. bahn.de) nach Zugverbindungen mit Warschau.

Fahrkarten für Reisen innerhalb Polens sind günstig, und die zentrale Lage Warschaus macht die Stadt zur idealen Ausgangsbasis für Erkundungen des Landes.

Das ausgedehnte Eisenbahnnetz wird von der staatlichen PKP (Polskie Koleje Państwowe) betrieben, deren Züge in mehrere Kategorien eingeteilt werden: Expresszüge für Langstreckenfahrten mit wenigen Stopps, Schnellzüge mit mehr Haltestellen und Lokalzüge, die an allen Bahnhöfen Halt machen.

Die Intercity-Züge, die zusätzlich auf den Hauptstrecken unterwegs sind, sind

Bahnbeamter

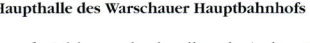

Haupthalle des Warschauer Hauptbahnhofs

komfortabler und schneller als Expresszüge. Sitzplätze müssen hier jedoch – beim Fahrkartenkauf – reserviert werden.

FAHRKARTENKAUF

F AHRKARTEN können Sie an Bahnhöfen oder im Voraus in Orbis-Reisebüros *(siehe S. 236f)* kaufen. Wenn Sie sie erst am Bahnhof kaufen wollen, kommen Sie mindestens eine halbe Stunde vor Abfahrt des Zuges, da die Schlangen oftmals lang sind. Die meisten Züge haben Waggons in zwei

Klassen. Die erste Klasse ist 50 Prozent teurer als die zweite. Die Preise für Express- und Intercity-Züge sind ebenfalls doppelt so hoch wie in Standardklasse. Der Buchstabe *R* auf dem Zeitplan gibt an, dass für den Zug Sitzplatz-Reservierung erforderlich ist (Fahrgäste ohne Reservierung werden bestraft). Interrail-Pässe gelten für Bahnfahrten innerhalb Polens in der zweiten Klasse.

BAHNHÖFE

D ER WARSCHAUER Hauptbahnhof (Dworzec Centralny, *siehe S. 136)* ist der größte und betriebsamste Bahnhof in ganz Polen.

Die meisten Züge aus dem Ausland kommen durch diesen Bahnhof im Zentrum Warschaus neben dem Palast für Kultur und Wissenschaft. Die Bahnsteige liegen unterirdisch, die Haupthalle mit den Fahrkartenschaltern im Erdgeschoss. In den Passagen zwischen den zwei Ebenen befinden sich Gepäckaufbewahrung, Wechselschalter, die rund um die Uhr geöffnet sind, Läden und Snackbars.

Vom Bahnhof Warszawa Zachodnia westlich vom Zentrum fahren Züge nach Norden und Osten. Er ist mit dem Busbahnhof verbunden. Und Züge gen Westen fahren meist von Warszawa Wschodnia in Praga, östlich vom Stadtzentrum, ab.

ANREISE MIT DEM BUS

B USSE SIND die billigsten – und zuverlässigsten – öffentlichen Verkehrsmittel, ob man nun aus dem europäischen Ausland oder aus anderen polnischen Städten nach Warschau reisen möchte. Das öffentliche Busnetz ist das umfangreichste polnische Verkehrssystem und erreicht fast jede Stadt und sogar zahlrei-

che Dörfer. Das staatliche Unternehmen **PKS** (Państwowa Komunikacja Samochodowa) hat das größte Streckenangebot, eingeteilt in drei Kategorien: örtliche, Intercity- und Langstreckenbusse. In Warschau gibt es zwei PKS-Bahnhöfe: Warschau-Zentrum neben dem Hauptbahnhof und Warszawa Zachodnia in Ochota.

Das private Busunternehmen **Polski Express** ist die bessere Alternative für diejenigen, die längere Busreisen auf sich nehmen wollen. Es fährt

Polski-Express-Bus

zwar weniger Zielorte an als PKS, doch seine Busse sind meist neuer und auch komfortabler – und liegen vielleicht auch ein bisschen sicherer in den Haarnadelkurven –, die Fahrzeiten sind außerdem kürzer und die Fahrkarten sogar billiger. Die Busse von Polski Express fahren am Flughafen Okęcie ab und halten alle auch beim Hauptbahnhof im Zentrum Warschaus.

PKS

℡ 823 63 94.

Polski Express

℡ 620 03 30.

Busbahnhof Zachodni

BAHNHÖFE UND BUSBAHNHÖFE

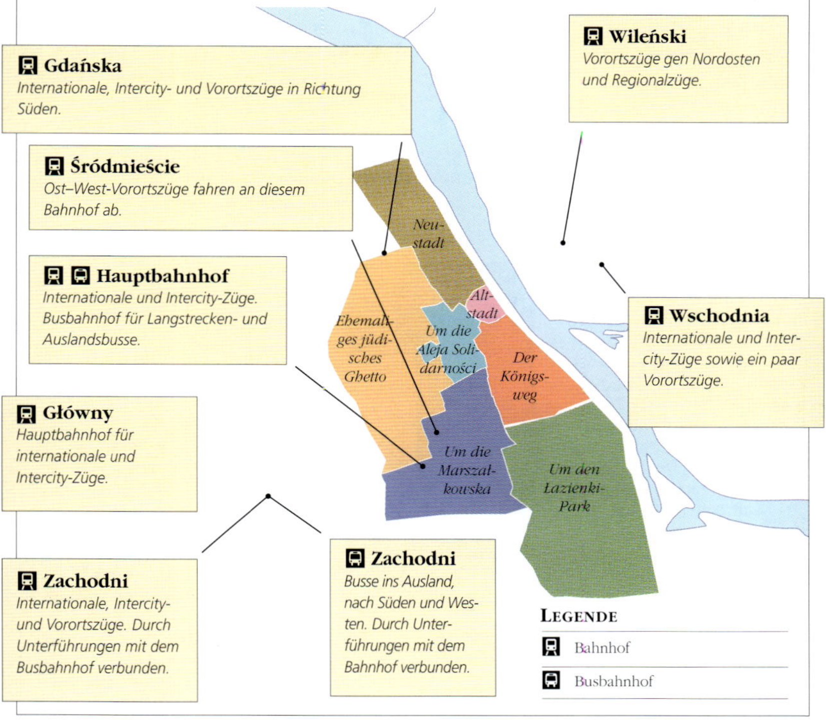

🚉 Wileński
*Vorortszüge gen Nordosten
und Regionalzüge.*

🚉 Gdańska
*Internationale, Intercity- und Vorortszüge in Richtung
Süden.*

🚉 Śródmieście
*Ost–West-Vorortszüge fahren an diesem
Bahnhof ab.*

🚉 🚌 Hauptbahnhof
*Internationale und Intercity-Züge.
Busbahnhof für Langstrecken- und
Auslandsbusse.*

🚉 Główny
*Hauptbahnhof für
internationale und
Intercity-Züge.*

🚉 Wschodnia
*Internationale und Inter-
city-Züge sowie ein paar
Vorortszüge.*

Neu-
stadt

Alt-
stadt

Ehemali-
ges jüdi-
sches
Ghetto

Um die
Aleja Soli-
darności

Der
Königs-
weg

Um die
Marszał-
kowska

Um den
Łazienki-
Park

🚌 Zachodni
*Busse ins Ausland,
nach Süden und Wes-
ten. Durch Unter-
führungen mit dem
Bahnhof verbunden.*

🚉 Zachodni
*Internationale, Intercity-
und Vorortszüge. Durch
Unterführungen mit dem
Busbahnhof verbunden.*

LEGENDE

🚉 Bahnhof

🚌 Busbahnhof

ANREISE MIT DEM AUTO

WENN SIE MIT DEM Auto nach Warschau fahren, sind Sie am flexibelsten, und Polen ist über internationale Autobahnen mit vielen nordeuropäischen Städten verbunden. Fahrer sollten immer einen gültigen Führerschein, die Kfz-Papiere und die Grüne Versicherungskarte mit sich führen, und im Ausland angemeldete Wagen sollten einen Aufkleber mit dem Symbol ihres Landes tragen.

In Warschau gibt es mehrere Mietwagenfirmen, darunter Niederlassungen internationaler Unternehmen wie Hertz und Avis *(siehe S. 250)*. Die Preise sind generell höher als in Westeuropa, und es empfiehlt sich, mindestens eine Woche im Voraus einen Wagen zu buchen.

In Polen darf man mit 17 Jahren den Führerschein machen. Die Sicherheitsgurte müssen immer angelegt werden. Kinder unter zwölf Jahren dürfen nur hinten – in speziellen Kindersitzen – mitfahren. Von 1. Oktober bis 1. März muss man Tag und Nacht mit Licht fahren. Die Polizei führt regelmäßig Geschwindigkeitskontrollen durch, und bei Übertretungen muss man die Strafe sofort bezahlen. Auch die Gesetze bezüglich Alkohol am Steuer sind streng. Man sollte keinesfalls mehr fahren, wenn man etwas getrunken hat.

Die Benzinpreise sind in Polen relativ niedrig, doch Kreditkarten werden – außer in den größten Tankstellen in Warschau – selten akzeptiert.

Das polnische Straßennetz ist ausgedehnt, jedoch befinden sich viele Straßen in schlechtem Zustand. Außerhalb des Zentrums ist das Parken kostenlos, aber da Autodiebstahl häufig ist, sollte man seinen Wagen nur auf bewachten Parkplätzen abstellen.

Straßenschild in Warschau

IN WARSCHAU UNTERWEGS

AS ZENTRUM von Warschau ist so kompakt, dass man es zu Fuß erkunden kann. In die meisten anderen Bezirke fahren Stadtbusse und Straßenbahnen. Die U-Bahn wird gerade ausgebaut und verbindet bislang nur das Polytechnikum im Zentrum mit südlichen Vororten wie Ursynów, dem größten Wohngebiet außerhalb der Innenstadt. Am besten kommt man mit dem Auto voran. In diesem Buch stellen wir Sightseeing-Routen vor, und bei jeder Attraktion finden Sie die Nummern der jeweiligen Bus- und Straßenbahnlinien. Stadtpläne mit Bus- und Tramlinien bekommen Sie an Ruch-Kiosken, in Zeitungsläden und Fremdenverkehrsbüros.

MIT DEM AUTO

AUTOFAHREN IN Warschau wird immer schwieriger, und einheimische Fahrer sind nicht gerade für Höflichkeit bekannt. Staus gibt es normalerweise nur zu den Rushhours (7–8 Uhr, 14–17 Uhr). Doch die Straßen sind nicht immer in gutem Zustand, uneben und mit Schlaglöchern übersät, besonders außerhalb des Zentrums. Dennoch ist Autofahren die bequemste Art, in Warschau voranzukommen, vor allem wenn Sie abgelegenere Orte besuchen wollen.

Viele Mietwagenfirmen haben in Warschau Niederlassungen, deren Preise jedoch höher als in Westeuropa sind. Große internationale Unternehmen wie Avis, Budget, Europcar und Hertz haben Filialen am Flughafen Okęcie und im Stadtzentrum.

Die Altstadt wie auch die Neustadt sind für den motorisierten Verkehr gesperrt – in beiden Stadtteilen kommt man aber leicht zu Fuß voran.

PARKEN

AN DEN MEISTEN Straßen ist Parken erlaubt – und gebührenpflichtig –, falls kein Schild etwas anderes besagt.

BENUTZUNG EINES PARKSCHEINAUTOMATEN

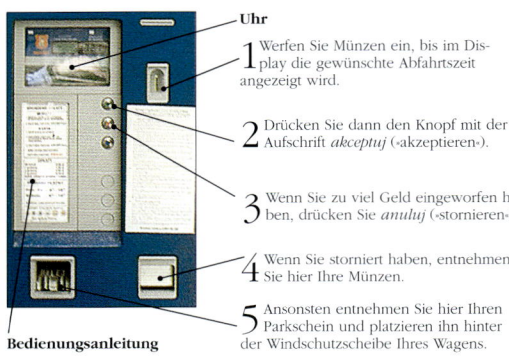

Bedienungsanleitung

Uhr

1 Werfen Sie Münzen ein, bis im Display die gewünschte Abfahrtszeit angezeigt wird.

2 Drücken Sie dann den Knopf mit der Aufschrift *akceptuj* (»akzeptieren«).

3 Wenn Sie zu viel Geld eingeworfen haben, drücken Sie *anuluj* (»stornieren«).

4 Wenn Sie storniert haben, entnehmen Sie hier Ihre Münzen.

5 Ansonsten entnehmen Sie hier Ihren Parkschein und platzieren ihn hinter der Windschutzscheibe Ihres Wagens.

Die Parkvorschriften im Zentrum sind nicht sehr streng, doch besteht die Gefahr des Einbruchs und Autodiebstahls. Deshalb ist es Besuchern unbedingt anzuraten, ihren Wagen nur auf überwachten Parkplätzen abzustellen, von denen es in der Innenstadt mehrere gibt. Sie sind auch

INFORMATIONSSYSTEM

In Warschau werden Besucher mit Schildern, Tafeln und Straßenkarten durch die Stadtteile geleitet. Die Namen der Distrikte stehen auf orangefarbenem, Straßennamen und Sehenswürdigkeiten auf blauem Hintergrund. Die Symbole an Wegweisern geben Telefone, Informationszentren, Polizeiwachen oder Toiletten an. Spezielle bronzefarbene Schilder weisen auf historische Viertel hin.

Straßenschilder mit Angabe der Richtung und Entfernung bestimmter Zielorte

Straßenschild mit Richtungsangaben zu Plätzen und Vierteln

Ein Pfeil weist auf Hausnummern hin

Straßenname

Symbole (für Apotheke, Information und Toiletten)

Name des Viertels

Typischer Wegweiser

auf den Karten im Kartenteil dieses Reiseführers eingezeichnet *(siehe S. 256f)*.

STRAFEN BEI FALSCHEM PARKEN

TROTZ RELATIV lockerer Vorschriften: Wenn Sie Ihren Wagen im Parkverbot abstellen, müssen Sie eine stramme Geldstrafe bezahlen. Und ein Auto, das an einer gefährlichen Stelle geparkt wurde, lässt die wachsame Verkehrspolizei abschleppen. Der Fahrer muss es dann – vielleicht an einem fernab gelegenen Gelände – zurückfordern. Das kann zeitaufwändig und kostspielig (Strafe plus Abschleppgebühr müssen sofort bezahlt werden) sein. Auch Wegfahrsperren werden eingesetzt. Dann müssen Sie einen Verkehrswächter (die Nummer wird hinterlassen) rufen, der die Kralle – nach Bezahlung einer Strafe – entfernt.

Wegfahrsperre

MIT ÖFFENTLICHEN VERKEHRSMITTELN

DAS ÖFFENTLICHE Verkehrssystem besteht vor allem in Straßenbahnen und Bussen, die U-Bahn wird hauptsächlich von Pendlern benutzt *(siehe S. 253)*. Die preiswerten Busse und Trambahnen verkehren zwischen 5 und 23 Uhr regelmäßig. Nachtbusse fahren alle 30 Minuten von der Station hinter dem Palast für Kultur und Wissenschaft ab.

Für Bus-, Straßenbahn- und U-Bahn-Fahrten gilt ein Einheitspreis, unabhängig von

Ruch-Kioske verkaufen Fahrkarten für öffentliche Verkehrsmittel

der zurückgelegten Strecke. Für Schnellbusse (Aufschrift »A–U«) braucht man aber zwei Tickets, für Nachtbusse drei.

In Warschau gibt es ca. 100 Bus- und 30 Tramlinien. Letztere sind ideal für Kurzfahrten.

FAHRKARTEN

FÜR BUSSE, Straßenbahnen und U-Bahn gelten ein und dieselben Tickets, die Sie im Voraus an Ruch-Kiosken, in Zeitungsläden und U-Bahn-Stationen erwerben können. Die meisten Fahrkarten werden an Kiosken gekauft, die jedoch abends und am Wochenende geschlossen sind. Am besten nehmen Sie gleich eine Zehnerpackung. Es gibt auch Tages-, Gruppen- und Familientickets. Auch beim Fahrer kann man Fahrkarten kaufen – allerdings zu höherem Preis, und bei ihm muss man passend zahlen.

Bei Fahrten in Straßenbahn und Bus müssen Sie die Fahrkarte beim Einsteigen entwerten, indem Sie sie in einen Automaten stecken (in der U-Bahn befinden sich diese Automaten auf dem Bahnsteig).

Fahren Sie ausschließlich mit gültigen, entwerteten Tickets, da die Warschauer Kontrolleure sehr streng sind. Sie tragen Zivilkleidung, jedoch mit Abzeichen. Strafen bei

Schwarzfahren müssen sofort bezahlt werden und sind nicht verhandelbar. Die häufigsten Kontrollen werden in den Straßenbahnen zwischen Hauptbahnhof und dem Markt am Stadion des 10. Jahrestags sowie in den Bussen der Linie 175 durchgeführt. Wenn Sie Gepäck haben (auch nur kleine Rucksäcke), müssen Sie dafür ein Extra-Ticket entwerten – sonst gibt es ebenfalls Geldstrafen.

Kinder unter vier Jahren und Senioren ab 75 Jahren fahren im öffentlichen Nahverkehr gratis.

Touristen in Warschau

ZU FUSS

SIGHTSEEING zu Fuß ist eine angenehme Sache, da in Warschau viele Sehenswürdigkeiten nahe beieinander liegen, besonders in der Altstadt und Neustadt.

Die Bürgersteige können jedoch in schlechtem Zustand sein, und Fußgängerzonen sind häufig gepflastert. Ziehen Sie also auf jeden Fall bequemes Schuhwerk an. Seien Sie beim Überqueren von Straßen vorsichtig, auch an Zebrastreifen, da die Autofahrer sich nicht durch Rücksichtnahme gegenüber Fußgängern auszeichnen.

Ein typischer gelb-roter Warschauer Stadtbus

Mit dem Taxi unterwegs

Taxis sind die effizientesten und bequemsten Transportmittel in Warschau und im Vergleich mit internationalem Standard auch nicht teuer. Es gibt mehrere Taxiunternehmen – seien Sie aber wie überall auf der Hut, dass die Fahrer nicht zu viel verlangen und keine Umwege nehmen. Es ist anzuraten, ein Taxi zu bestellen oder zu einem offiziellen Taxistand zu gehen.

TAXITYPEN

Warschauer Taxis haben keine einheitliche Farbe, tragen aber alle einen gelbroten Streifen und das Stadtwappen, eine Registrierungsnummer an den Türen und ein »Taxi«-Schild auf dem Dach. Auf den meisten stehen auch Name und Telefonnummer des Unternehmens.

Das größte und etablierteste Warschauer Taxiunternehmen ist **MPT**, aber viele weitere bieten ebenfalls einen zuverlässigen, guten Service, darunter, und der Fahrpreis richtet sich danach, durch welche Zone Sie fahren. Zone eins ist das Stadtzentrum, und Fahrten in Bezirke außerhalb dieser Zone sind teurer. Es ist jedoch meist möglich, für längere Fahrten vor dem Losfahren einen Preis auszuhandeln.

Teurer sind Taxifahrten auch nachts, von 22 bis 6 Uhr sowie an Sonn- und Feiertagen.

In manchen Taxis geben Zähler die Abwertung des Złoty an, dann rechnet der Fahrer den Fahrpreis auf den

auch möglich, Taxis für eine bestimmte Zeit vorzubestellen. Die meisten Taxiunternehmen haben Englisch sprechende Telefonisten.

Steigen Sie nicht in Taxis von Fahrern, die Sie am Schlossplatz, am Bahnhof oder bei Sehenswürdigkeiten ansprechen. Und am Flughafen Okęcie dürfen überhaupt nur drei Taxiunternehmen arbeiten: MPT, Sawa-Taxi sowie Merc.

Warschauer Taxi

ter **Korpo-Taxi**, **Super-Taxi**, **Tele-Taxi** und **Volfra-Taxi**.

Am einfachsten ruft man ein Taxi telefonisch – die meisten Firmen haben Englisch sprechende Telefonisten. Normalerweise kommen die Taxis innerhalb einer Viertelstunde, ohne Buchungsgebühr. Einige große Hotels bieten ihren eigenen Taxidienst, jedoch meist zu höheren Preisen.

TAXIPREISE

Versichern Sie sich beim Einsteigen, dass das Taxameter eingeschaltet ist und über dem Wort *opłata* (Fahrpreis) die Mindestgebühr anzeigt. Der Preis steigt nach jedem gefahrenen Kilometer. Warschau ist in zwei Zonen einge-

momentanen Wert um. Wenn Sie den verlangten Preis anzweifeln, verlangen Sie eine Quittung und lassen Sie sie beim jeweiligen Taxiunternehmen prüfen.

WIE VERMEIDET MAN ZU HOHE PREISE?

Nehmen Sie kein Taxi ohne den Namen eines registrierten Taxiunternehmens (siehe rechts). Am besten findet man Taxis an einem der vielen offiziellen Taxistände, die durch ein blaues Schild gekennzeichnet sind. Es ist

Taxameter

FUNKTAXI-UNTERNEHMEN

Express-Taxi
877 0888.

Halo-Taxi
96 23.

Korpo-Taxi
96 24.

MPT-Radio Taxi
919.

OK Taxi
96 28.

Sawa-Taxi
644 44 44.

Super-Taxi
96 22.

Super-Taxi 2
96 61.

Lux-Taxi
825 79 99.

Taxi Plus
96 21.

Tele-Taxi
96 27.

Top Taxi
96 64.

Trans-Taxi
96 29.

Volfra-Taxi
96 25.

Wa Wa Taxi
96 44.

Mit der U-Bahn unterwegs

Das Warschauer U-Bahn-System besteht derzeit aus einer einzigen Linie, die auf 12,5 Kilometern von einer Station im Zentrum, nahe der Aleje Jerozolimskie, durch Bezirke wie Mokotów und Ursynów zur Endstation in Kabaty verläuft. In diese Gebiete ist die U-Bahn das schnellste Verkehrsmittel. Das System wird derzeit erweitert – einige Stationen befinden sich schon im Bau und werden wohl innerhalb der nächsten zehn Jahre eröffnet werden.

U-Bahn-Schild

WISSENSWERTES

Gelbe Schilder mit einem roten »M« (mit einem Pfeil in der Mitte) kennzeichnen die Eingänge der U-Bahn-Stationen. Neben Treppen und Rampen gibt es in jeder Station einen Aufzug, den nur Senioren, Behinderte und Mütter/Väter mit kleinen Kindern benützen dürfen. Um mit dem Aufzug fahren zu können, müssen Sie das Personal um Hilfe bitten.

Fahrkarten sind an Ticketständen in den Stationen erhältlich – es sind die gleichen, die auch für Trambahnen und Busse gelten (siehe S. 251).

In den Stationen gibt es nur einen Bahnsteig, der sich zwischen den Gleisen in die verschiedenen Richtungen befindet. Die Endstation der Züge ist am Bahnsteig auf blauen Schildern mit Pfeil angegeben. In Richtung Polytechnikum und Zentrum fährt der Zug von der Seite des Bahnsteigs, die mit »Centrum« markiert ist.

Die durchgehenden weißen Linien am Bahnsteigrand dürfen aus Sicherheitsgründen nicht übertreten werden, bevor der Zug zum Stehen gekommen ist. Die Türen öffnen und schließen sich automatisch – ein Warnton ertönt, kurz bevor sich die Türen schließen, außerdem wird die nächste Haltestelle durchgesagt.

Ebenfalls aus Sicherheitsgründen gibt es in der U-Bahn keine Abfallkörbe, weder in Waggons noch in den Stationen. Benützte Tickets und jeder andere Müll müssen außerhalb der Stationen entsorgt werden. In den Stationen und in der Bahn selbst herrscht Rauchverbot. Bei Zuwiderhandlung muss man mit strammen Geldstrafen rechnen.

Bahnsteig im U-Bahnhof Wilanowska

U-BAHN-FAHREN

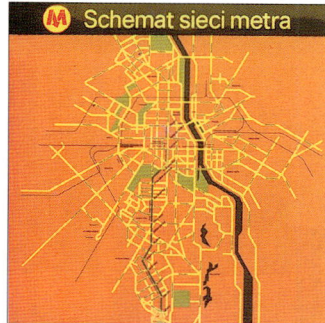
Karten des U-Bahn-Systems (samt den im Bau befindlichen Linien) hängen auch in U-Bahn-Wagen und an den Bahnsteigen.

1 Vor Übertreten der gelben Linie vor dem Bahnsteig müssen Einzelfahrkarten in einem der roten Automaten bei den Treppen entwertet werden. Tages-, Wochen- und Monatstickets müssen nicht entwertet werden.

2 Nicht entwertete Tickets sind ungültig, und wenn Sie im Bereich hinter der gelben Linie ohne gültige Fahrkarte ertappt werden, müssen Sie eine Strafe zahlen.

Entwertungsautomat

Schild mit der Straßenbahnverbindung

3 Zu Ihrem Ziel müssen Sie vielleicht auf Bus oder Trambahn umsteigen. Auf blauen Schildern bei U-Bahn-Ausgängen stehen die Bus- und Straßenbahnverbindungen.

Mit der Trambahn unterwegs

D IE STRASSENBAHN ist Warschaus ältestes öffentliches Verkehrsmittel. 1866 fuhren die ersten von Pferden gezogenen Wagen durch die Hauptstadt. 1908 wurden sie durch elektrische Trambahnen ersetzt. Moderne Straßenbahnen bestehen aus zwei oder drei Waggons, die in der Rushhour (7–8 Uhr und 14–17 Uhr) meist voll sind. Trotz des Andrangs gehören sie noch immer zu den schnellsten Transportmitteln, da sie die direktesten Routen befahren. Eine Linie fährt vom Plac Zawiszy an der Aleje Jerozolimskie entlang, dann über die Weichsel nach Praga, eine andere vom Plac Zbawiciela auf der Ulica Marszałkowska zum Plac Bankowy (Bankenplatz). Insgesamt gibt es 30 Straßenbahnlinien, die die Innenstadt in einer Art Gittermuster durchqueren, entweder von Norden nach Süden oder von Westen nach Osten. In den Wagen herrscht Rauchverbot.

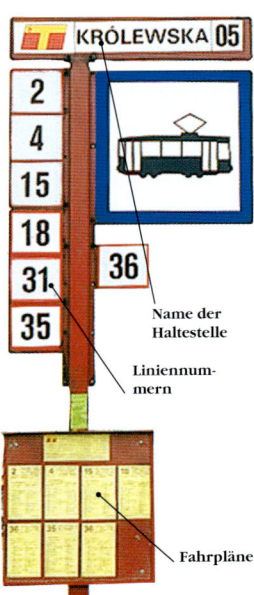

Eine typische Straßenbahnhalte-stelle mit Fahrplänen

FAHRKARTEN

F ÜR WARSCHAUS U-Bahn, Busse und Straßenbahnen gelten die gleichen Fahrkarten. Sie können sie im Voraus an Ruch-Kiosken und in ähnlichen Läden oder aber beim Fahrer kaufen – dann sind sie allerdings etwas teurer.

Es gibt Einzel-, Tages- oder Wochentickets. Das Einzelticket gilt für eine einzelne Fahrt, unabhängig von der zurückgelegten Strecke, doch wenn Sie die Linie wechseln, müssen Sie ein weiteres Ticket kaufen.

Beim Einsteigen müssen Sie ein Einzelticket entwerten, indem Sie es in einem der kleinen Automaten lochen lassen. Stecken Sie dazu das mit einem Pfeil und dem Buchstaben »N« markierte Ende der Fahrkarte in den Schlitz des Automaten. Tages- und Wochentickets müssen nur einmal, bei der ersten Fahrt entwertet werden.

Jeder, der sein Ticket nicht entwertet hat, kann von Zivil-Kontrolleuren zu einer sofort zu zahlenden Geldstrafe verdonnert werden *(siehe S. 251)*. Wenn Sie Gepäck dabeihaben, müssen Sie dafür ein Extra-Ticket entwerten.

Logo des städtischen Verkehrsbetriebes

SICHERHEITSMASSNAHMEN

B ESTIMMTE Sicherheitsvorkehrungen sind bei Trambahnfahrten immer anzuraten. Einige Linien, vor allem jene, die von Touristen genutzt werden – ganz besonders die Linie an der Aleje Jerozolimskie –, sind als Jagdrevier der Taschendiebe berüchtigt. Verstauen Sie Ihre Brieftasche vor dem Einsteigen, und bewahren Sie Geld und Wertgegenstände nicht in einer offenen Tasche oder einer äußeren Manteltasche auf.

SIGHTSEEING

E INE STRASSENBAHN mit dem Namen »Berlinka«, die mit einem »T« markiert ist, fährt samstags, sonntags und an Feiertagen Touristen durch die Stadt. Sie verkehrt von 10 bis 17 Uhr alle 40 Minuten und hält unterwegs an den normalen Haltestellen, sodass man jederzeit zusteigen kann. Ein Schaffner kassiert das Fahrgeld, das höher ist als normalerweise.

Die Tour bietet einen tollen Überblick über die Innenstadt. Sie beginnt am Plac Narutowicza, folgt der Ulica Grójecka und der Aleje Jerozolimskie und überquert die Poniatowski-Brücke nach Praga. Zurück geht es über Śląsko-Dąbrowski-Brücke, Bankenplatz, Marszałkowska und Plac Zbawiciela zum Plac Narutowicza.

Eine Straßenbahn in Warschau

Mit dem Bus unterwegs

BUSSE FAHREN IN jeden Teil Warschaus und darüber hinaus. Die Routen sind länger als die der Straßenbahnen, und die mehr als 100 Linien bieten regelmäßige, wenn auch nicht besonders schnelle Verbindungen. Die meisten Omnibusse sind in staatlicher Hand, und auf vielen Routen verkehren die recht modernen Busse mit roten und gelben Streifen.

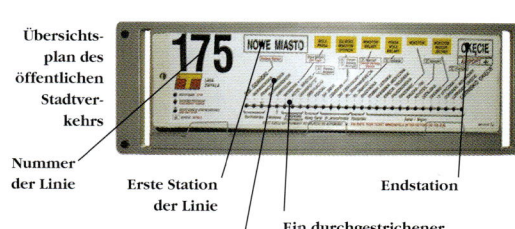

Übersichtsplan des öffentlichen Stadtverkehrs

Nummer der Linie

Erste Station der Linie

Endstation

Haltestelle der Linie

Ein durchgestrichener Kreis gibt Umsteigemöglichkeiten an

FAHRZEITEN UND LINIEN

IN WARSCHAU gibt es vier Typen von öffentlichen Bussen: Die einen verkehren im Zentrum, andere verbinden die Innenstadt mit den Vororten, außerdem gibt es Nachtbusse und Überlandbusse.

Die Busse sind an der Nummer und Farbe ihrer Linie zu erkennen. Busse mit schwarzen Nummern von 101 bis 199 verkehren in der Innenstadt mit vielen Haltestellen. Jene mit roten Nummern zwischen 400 und 500 halten zwischen Zentrum und Vororten weniger häufig. Zu diesem Typ gehören auch die Expressbusse mit einem »E« vor der Nummer. Von 23 bis 5 Uhr sind Nachtbusse unterwegs, die mit schwarzen Zahlen von 600 bis 699 gekennzeichnet

sind, während Busse der grünen Linie, die in die Randgebiete fahren, Nummern ab 700 tragen.

Alle Nachtbusse treffen übrigens immer gleichzeitig an der Kreuzung von Ulica Emilii Plater und Świętokrzyska ein.

Ein paar private Busunternehmen haben Endstationen an der Marszałkowska, vor dem Kaufhaus Sawa, und an der Aleje Jerozolimskie, beim Nationalmuseum.

An allen Bushaltestellen befinden sich Fahrpläne der Linien, die hier halten. Die Busse fahren alle fünf bis 20 Minuten.

FAHRKARTEN

BUSTICKETS sind die gleichen, die Sie auch in Trambahnen und in der U-Bahn verwenden. Sie können Sie im Voraus an Ruch-Kiosken, in Zeitungsläden und in U-Bahn-Stationen oder beim Einsteigen beim Fahrer kaufen – dann sind sie aber teurer, und Sie müssen passend zahlen, da die Fahrer nicht herausgeben. Einzelfahrkarten müssen Sie beim Einsteigen entwerten, sie gelten für eine Fahrt in dem jeweiligen Bus, egal über welche Strecke. Wenn Sie vor-

haben, häufiger mit Bussen und Straßenbahnen zu fahren, lohnt sich die Anschaffung eines Tages- oder Wochentickets, das Sie nur bei der jeweils ersten Fahrt entwerten müssen. Es gibt auch Fahrkarten für Gruppen aus mehreren Personen. Tickets für privat betriebene Busse kann man übrigens nur beim Fahrer kaufen.

Zivil-Kontrolleure überprüfen die Gültigkeit der Tickets, und Schwarzfahrern droht eine empfindliche Geldbuße. Beachten Sie auch, dass Sie für jedes Gepäckstück wie Koffer und Rucksäcke ein Extra-Ticket brauchen.

Typischer gelb-roter Stadtbus in Warschau

NÜTZLICHE LINIEN

DER BUS 175 ist ideal, um im Zentrum herumzukommen. Die Linie verbindet Krakowskie Przedmieście und Aleje Jerozolimskie mit Warschaus größten Bahnhöfen und dem Flughafen Okęcie. Mit ihr kommen Sie zur Universität, zum Königsschloss und zum Großen Theater.

Mit den Bussen 116, 122 und 195 gelangt man zu Zielen südlich des Zentrums, entlang Ulica Midowa, Krakowskie Przedmieście, Nowy Świat und Aleje Ujazdowskie. Sie verbinden die Altstadt mit dem Łazienki-Park und passieren unterwegs den Prymasowski-Palast.

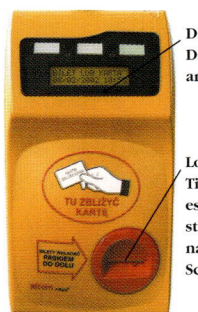

Das Display gibt Datum und Zeit an

Lochen Sie das Ticket, indem Sie es mit der gestreiften Seite nach unten in den Schlitz einführen

Entwertungsautomat für Fahrkarten in Bussen und Trambahnen

INFORMATION

Informationen über den städtischen Nahverkehr, ZTM

C *995.*

KARTENTEIL

DAS SCHWARZE GITTER, das über die Karte rechts gelegt ist, zeigt, welche Teile Warschaus in den nachfolgenden Karten abgedeckt sind. Die Kartenverweise der Attraktionen, Hotels etc. in diesem Buch beziehen sich alle auf die nummerierten Karten in diesem Teil. Die Legende unten listet die Symbole der verzeichneten Bahnhöfe, Krankenhäuser, Informationsbüros etc. auf. Alle wichtigen Sehenswürdigkeiten sind in den Karten deutlich hervorgehoben. Ein Verzeichnis der Straßennamen finden Sie auf den Seiten 258f. Straßennamen, in denen eine Zahl vorkommt, finden Sie nach dem ersten Wort, die Straße »3 Maja« etwa unter »Maja«.

Blick von der Ulica Freta auf die Heiliggeistkirche

Tische im Freien vor einem Café in der Altstadt

Der Altstädter Markt im Sommer

LEGENDE

▢ Hauptsehenswürdigkeit	🚋 Straßenbahnhaltestelle	– – Einbahnstraße
▢ Andere Sehenswürdigkeit	✚ Krankenhaus	— Fußgängerzone
▢ Andere Gebäude	🛡 Polizeiwache	
🚆 Bahnhof	🛈 Information	**MASSSTAB, KARTEN 1–2**
🚌 Bushaltestelle	✝ Kirche	0 Meter 200 **1:10 000**
🚍 Busbahnhof	✡ Synagoge	
M U-Bahn-Station	⊠ Postamt	**MASSSTAB, KARTEN 3–6**
P Parken	⋯ Eisenbahnlinie	0 Meter 200 **1:14 000**

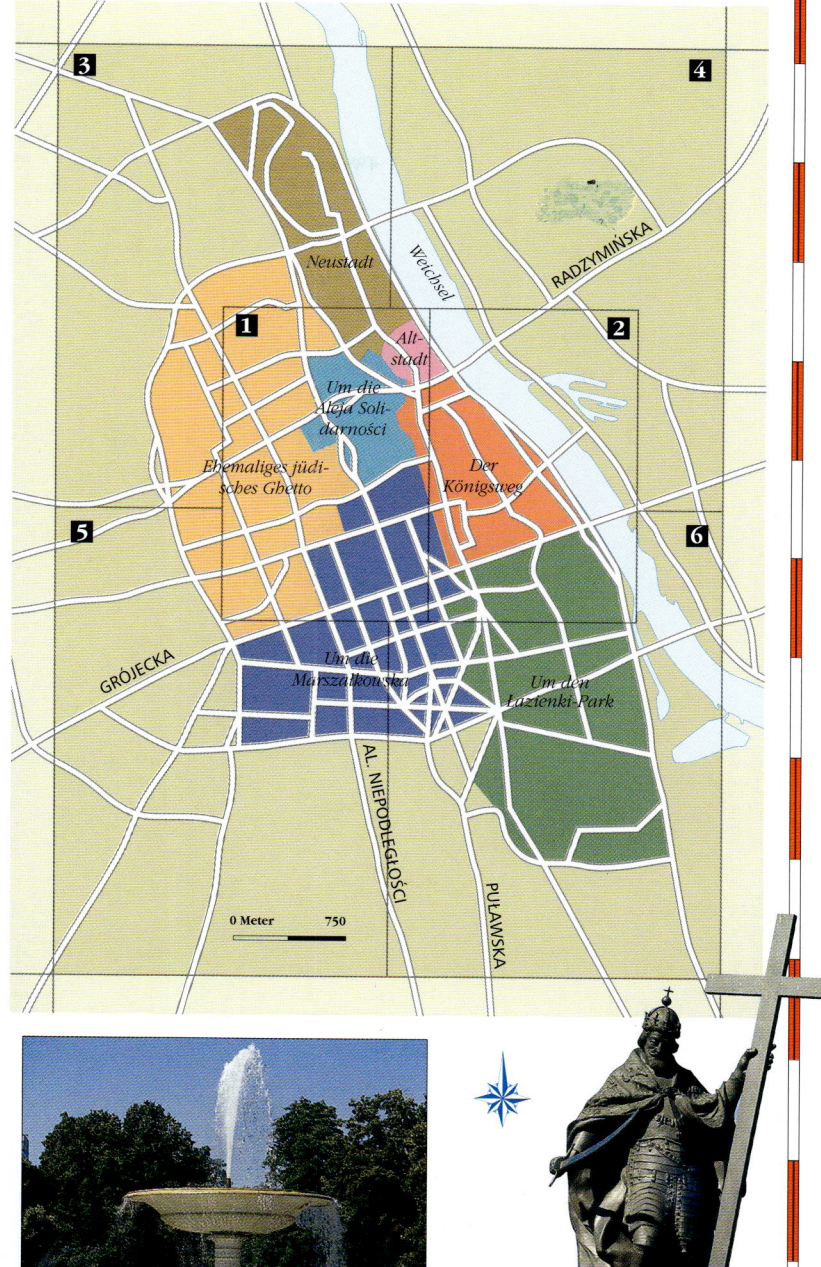

3

4

Neustadt

Weichsel

RADZYMIŃSKA

1

Alt-
stadt

2

Um die
Aleja Soli-
darności

Ehemaliges jüdi-
sches Ghetto

Der
Königsweg

5

6

GRÓJECKA

Um die
Marszałkowska

Um den
Łazienki-Park

AL. NIEPODLEGŁOŚCI

PUŁAWSKA

0 Meter   750

Springbrunnen im Sächsischen Garten

**Sigismund-
säule, Plac
Zamkowy**

Straßenverzeichnis

A

Agrykola	6 F3
Akacjowa	5 C5
Akademicka	5 A3
Armii Ludowej al.	6 D3
Andersa Wł., gen.	1 B1, 3 B4
Andrzejowska	5 A2
Anielewicza M.	1 A2, 3 A5
Aplikancka	5 C3
Archiwalna	5 A4
Asfaltowa	5 C3
Asnyka Adama	5 A3

B

Bacciarellego Marcellego	6 E4
Baczyńskiego K.K.	2 D5, 6 D1
Badowska	6 F4
Bagatela	6 E4
Bagno	1 C4, 5 C1
Balladyny	5 C5
Bałuckiego Michała	6 D5
Banacha Stefana	5 A4
Banioska	6 F4
Bankowy pl.	1 B3, 3 C5
Barokowa	1 C2, 3 C4
Barska	5 A3
Bartoszewicza Juliana	2 E4
Baśniowa	5 A3
Batorego Stefana	5 C4
Bednarska	2 D2, 4 D5
Belgijska	6 E5
Bellottiego Józefa	3 A5
Belwederska	6 E4
Biała	1 A4
Białobrzeska	5 A3
Białoskórnicza	2 D2, 4 D5
Białostocka	4 F3
Bielańska	1 C3, 3 C5
Biruty	4 F2
Bitna	3 B2
Blaszana	2 E1, 4 E4
Błońska	3 A3
Boczna	2 D2, 4 D5
Boduena Gabriela	2 D5, 6 D1
Boguckiego Romana	3 A1
Bohaterów Getta	1 B2, 3 C5
Bohomolca Franciszka	3 A1
Boleść	2 D1, 4 D4
Bonifraterska	3 B3, 1 C1, 1 C2, 3 C4
Borowskiego Tadeusza	4 E3
Boryszewska	6 E5
Borzymowska	4 F1
Boya-Żeleńskiego	6 D4
Braci Pilattich	6 E5
Bracka	2 D5, 6 D1
Brechta Bertolta	4 E3
Brodzińskiego Kazimierza	3 A2
Browarna	2 E3, 4 D5
Bródnowska	4 F2
Bruna Juliana	5 C4
Brwinowska	5 A3
Brzeska	4 F4
Brzozowa	2 D1, 4 D4
Bugaj	2 D1, 4 D4
Burakowska	3 A3
Burdzińskiego Wenantego	4 E2
Burmistrzowska	3 C3

C

Canaletta	1 C3, 3 C5
Celna	2 D1, 4 D4
Chałubińskiego Tytusa	5 C2
Chełmska	6 F5
Chłodna	1 A4, 5 A1
Chmielna	2 D5, 5 B2
Chocimska	6 E4
Chodkiewicza Karola	5 B4
Chopina Fryderyka	6 D2
Chotomowska	5 A3
Ciasna	1 C1, 3 C4
Cicha	2 E4
Ciepła	1 A4
Cieszkowskiego	3 A1
Cmentarna	4 F1
Corazziego Antonio	1 B3, 3 C5
Cudnowska	3 B2
Czackiego Tadeusza	2 D4
Czarnieckiego Stefana	3 B2
Czerniakowska	6 F2
Czerwijowskiego F.	6 D3
Czerwonego Krzyża	2 F4
Częstochowska	5 A3
Czubatki	5 C3
Czujna	3 B2
Czynszowa	4 F3

D

Daleka	5 B2
Daniłowiczowska	1 C2, 3 C5
Dantyszka Jana	5 B3
Darwina Karola	4 E2
Dawna	2 D2, 4 D4
Dąbrowskiego Jana Henryka pl.	3 C5, 1 C4
Dąbrowszczaków	4 E3
Defilad pl.	1 C5, 5 C1
Długa	1 C1, 3 C4
Dmochowskiego	6 F2
Dobra	2 E3, 4 D5
Dobrzańskiego	1 A3, 3 B5
Dolańskiego	1 B1, 3 C4
Dolna	6 E5
Dowcip	2 D4
Dragonów	6 F3
Drewniana	2 E4
Drobiazg	5 A3
Drohicka	3 A1
Drużbackiej Elżbiety	3 A1
Dubois	1 A1, 3 B4
Dworkowa	6 E5
Dygasińskiego Adolfa	3 A1
Dymińska	3 B3
Dynasy	2 E4
Dziekania	2 D2, 4 D4
Dzielna	1 A2, 3 B5
Dziennikarska	3 B1
Dzika	3 A4

E

Ejsmonda Juliana	3 B2
Elektoralna	1 A4, 3 B5
Elektryczna	2 F3
Emilii Plater	1 B5, 5 C2
Esperanto	3 A5

F

Fabryczna	6 F2
Fałęcka	6 D5
Fałata Juliana	5 C5
Fawory	3 B2
Felińskiego Alojzego	3 A2
Filarecka	3 A2
Filtrowa	5 B3
Fińska	5 B3
Floriańska	2 F1, 4 E4
Flory	6 E4
Foksal	2 E5, 6 D1
Fondamińskiego E.	1 C1, 3 C4
Forteczna	3 B2
Franciszkańska	1 B1, 3 C4
Frascati	6 E2
Fredry Aleksandra	1 C3, 3 C5
Freta	1 C1, 3 C4
Furmańska	2 D3, 4 D5

G

Gagarina Jurija	2 E5, 6 F4
Gamerskiego	1 C3, 3 C5
Garbarska	2 D2, 4 D5
Gęsta	2 E3, 4 D5
Gierymskiego Aleksandra	6 F5
Glogera Zygmunta	5 A3
Gołębiowskiego Łukasza	3 A2
Gomółki Mikołaja	3 A1
Gomulickiego Wiktora	1 C1
Gościeradowska	4 F1
Goworka	6 D4
Górnickiego Łukasza	5 B3
Górnośląska	6 E2
Górska	6 F5
Górskiego Wojciecha	2 D5, 6 D1
Graniczna	1 B4
Grażyny	6 D5
Grodzka	2 D2, 4 D4
Groszkowskiego Janusza	4 E3
Grottgera Artura	6 E3
Grójecka	5 A2
Grunwaldzki pl.	3 A2
Grzybowska	1 A5, 4 A1
Grzybowski pl.	1 C1, 5 C1
Gwardii	3 B2
Gwardzistów	6 F1
Gwiaździsta	3 B1

H

Hankiewicza Stefana	5 A4
Hallera Józefa pl.	4 E3
Harcerska	4 E2
Harnasie	4 E2
Hauke-Bosaka Józefa	3 A2
Henkla Dionizego pl.	3 A2
Hipoteczna	1 C2, 3 C5
Hoene-Wrońskiego Józefa	6 E2

Hoffmanowej Klementyny	5 A3
Horodelska	4 F1
Hozjusza Stanisława	3 A2
Hoża	6 D2
Hrubieszowska	5 A1

I

Idźkowskiego	6 F2
Inflancka	1 A1, 3 A3
Inwalidów pl.	3 B2
Inżynierska	4 F3
Iwicka	6 F4

J

Jagiellońska	2 F1, 4 E3
Jakiela Albina	3 B2
Jaktorowska	5 A1
Jana Pawła II al.	1 A2, 3 A3
Jaracza Stefana	2 F4
Jasielska	5 A5
Jasińskiego Jakuba	2 F1, 4 E4
Jasna	1 C4, 6 D1
Jaśkiewicza Teofila	3 A2
Jaworzyńska	6 D3
Jazdów	6 E2
Jazgarzewska	6 F5
Jedwabnicza	6 D5
Jerozolimskie al.	2 E5, 5 C1
Jesionowa	5 C3
Jezierskiego Franciszka Salezego	6 F2
Jeziorańskiego Jana	3 C3
Jezuicka	4 D4
Joteyki Tadeusza	5 A3

K

Kacza	3 A5
Kaliska	5 3
Kameralna	4 E3
Kamienna	4 F2
Kamienne Schodki	2 D1, 4 D4
Kaniowska	3 A1
Kanonia	2 D2, 4 D4
Kapitulna	1 C2, 3 C4
Kapucyńska	1 C2, 3 C5
Karasia Kazimierza	2 E4
Karłowicza Mieczysława	5 C5
Karmelicka	1 A2, 3 B4
Karolkowa	5 A1
Karowa	2 E2, 4 D5
Kawalerii	6 F3
Kazimierzowska	6 D4
Kątowa	3 A1
Kępna	4 F4
Kielecka	5 C5
Kijowska	4 F4
Kilińskiego Jana	1 C2, 3 C4
Klonowa	6 E4
Kłopot	3 A3
Kłopotowskiego Jana, ks.	2 F1, 4 E4
Kniaźnina Franciszka	3 A1
Kochanowskiego Jana	3 A2
Kolejowa	5 A2
Kolska	3 A4
Komedy Krzysztofa	6 D4
Konduktorska	6 E5
Konopacka	4 F3
Konopczyńskiego Emiliana	2 E4
Konopnickiej Marii	6 D2
Konstytucji pl.	6 D2
Konwiktorska	1 B1, 3 C3
Kopernika Mikołaja	2 E4
Kopińska	5 A2
Korczaka Janusza	5 A2
Korotyńskiego Władysława	5 A5
Korzeniowskiego Józefa	5 A3
Kosmowskiej Ireny	4 F3
Kossaka Juliusza	3 B2
Koszykowa	5 B2
Kościelna	6 C1, 3 C4
Kotlarska	5 A1
Kowelska	4 F2
Kowieńska	4 F3
Kozia	2 D2, 4 D5
Kozietulskiego Jana	3 A2
Koźla	1 C1, 3 C4
Koźmiana Kajetana	3 B1
Koźmińska	6 F2
Krajewskiego Rafała	3 B3
Krakowskie Przedmieście	2 D3, 4 D5
Krasińskich pl.	3 C4
Krasińskiego Zygmunta	3 A2
Krasnołęcka	6 F5

Kraushara Aleksandra	6 D5
Krechowiecka	3 A1
Kredytowa	1 C4
Kręta	6 E4
Krochmalna	1 A4
Kromera Marcina	5 B3
Krowia	2 F2, 4 E4
Królewska	1 C4, 4 D5
Krucza	6 D2
Kruczkowskiego Leona	2 F4
Krzyckiego Andrzeja	5 B3
Krzywe Koło	1 C1, 3 C4
Krzywickiego	5 C3
Krzywopoboczna	2 D2, 4 D5
Książęca	2 F5, 6 E1
Księcia Trojdena	5 A5
Kubusia Puchatka	2 D4
Kujawska	6 E2
Kuniecka	4 F1
Kusocińskiego Janusza	6 F3
Kwiatowa	6 D5

L

Langiewicza Mariana	5 C3
Lądowa	6 E4
Lechonia Jana	3 A2
Lekarska	5 C3
Lelewela Joachima pl.	3 A1
Lennona Johna	6 E2
Leszczyńska	2 E3, 4 E5
Leszowa	5 B4
Letnia	4 F2
Levittoux Karola	3 B2
Lewartowskiego Józefa	1 A1
Lewicka	6 D5
Lęborska	4 F2
Lidzka	4 F1
Ligocka	5 C5
Lindleya Williama	5 B2
Linneusza Karola	4 E2
Lipowa	2 E3, 4 E5
Lisa-Kuli	3 B2
11 Listopada	4 F2
29 Listopada	6 F3
Litewska	6 D3
Ludna	2 F5, 6 F1
Ludowa	6 E5
Lwowska	6 D2

Ł

Łazienkowska	6 F2
Łęczycka	5 B3
Łomnicka	6 D5
Łowicka	5 C5
Łucka	1 A5, 5 B1
Łukasińskiego Waleriana	2 F1
Łyżwiarska	5 C5

M

Madalińskiego Antoniego	5 C5
3 Maja al.	6 E2, 2 F5
Mała	4 F3
Małachowskiego S. pl.	2 D4
Małogoska	3 A1
Marcinkowskiego Karola	4 F4
Mariańska	1 B5, 5 C1
Mariensztat	2 D2, 4 D5
Marii Kazimiery	3 A1
Markowska	4 F3
Marszałkowska	6 D2
Maszyńskiego Piotra	6 E2
Matejki Jana	6 E2
Matysiakówny	2 D4
Mazowiecka	2 D4
Melsztyńska	6 D5
Metrykantów	5 A4
Mianowskiego Józefa	5 A3
Mickiewicza Adama	3 A1
Miechowska	6 F2
Miecznikowa	5 A3
Miedziana	5 B1
Mierosławskiego	3 B2
Międzyparkowa	3 A3
Miła	1 A1, 3 B4
Miodowa	1 C2, 3 C4
Mirowski pl.	1 B4
Młocińska	3 A4
Młota	4 E2
Młynarskiego Emila	1 C5, 5 C1
Mochnackiego Maurycego	5 A3
Mokotowska	6 D2
Moliera Jana	
Baptysty	2 D3, 4 D5
Mołdawska	5 A5
Moniuszki Stanisława	1 C5, 5 C1
Morskie Oko	6 E5
Mostowa	1 C1, 3 C4

WYBRZEŻE HELSKIE

PRASKI-PARK

JAGIELLOŃSKA

FLORIAŃSKA

LUKASIŃSKIEGO

PL. WETERANÓW 1863 R.

SIERAKOWSKIEGO

OLSZOWA

JASIŃSKIEGO

XS. IGNACEGO KŁOPOTOWSKIEGO

STEFANA OKRZEI

SINSKA

WREEC.

KROWIA

BŁASZANA

PANIEŃSKA

Weichsel

Stara
Prochownia

Weichsel

Most
Śląsko-Dąbrowski

GÓRSKA

WODNA

BUGAJ

STENKLEWE... LENA

CELNA

JEZUICKA DAWNA

BUGAJ

GRODZKA

WYBRZEŻE SZCZECIŃSKIE

Städte...
...arkt

Johannes-
kathedrale

Pelikan-
haus

Königs-
schloss

Pod-Blacha-
Palast

Sigismund-
säule

St.-Anna-
Kirche

NOWY ZJAZD

BOCZNA

BIAŁOSKÓRNICZA

MARIENSZTAT

SOWA

FURMAŃSKA

PLAC
ZAMKOWY

Weichsel

Primas-
palast

Dziekanka

Adam-Mickiewicz-
Denkmal

Kirche Mariens
und des hl.
Joseph

KAROWA

DOBRA

Universitäts-
bibliothek

WYBRZEŻE KOŚCIUSZKOWSKIE

WYBRZEŻE KOŚCIUSZKOWSKIE

Most
Świętokrzyski

rikaturen-
useum

Namiestnikowski-
Palast

Potocki-
Palast

Hotel
Bristol

WIADUKT
MARKIEWICZA

BROWARNA

GĘSTA

WIŚLANA

LIPOWA

DOBRA

KRAKOWSKIE PRZEDMIEŚCIE

KARONA

St-Joseph-
Kirche

KAZI-
MIERZOWSKI-
PARK

RADNA

LESZCZYŃSKA

DOBRA

TRĘBACKA

OSSOLIŃSKICH

PL.
SUDSKIEGO

KOZA

HOOVERA

SKWER

BEDNARSKA

TOKARZEW-
SKIEGO

KRÓLEWSKA

Czapski-
Palast

Universität
Warschau

OBOŹNA

TOPIEL

DREWNIANA

ELEKTRYCZNA

ZAJĘCZA

TAMKA

SMULIKOWSKIEGO

PL.
ŁACHOW-
SKIEGO

TRAUGUTTA

SEMINO...

DYNASY

erkunde-
useum

CZACKIEGO

PKO-SA-
Bank

MAZOWIECKA

Heilig-
kreuz-
kirche

DOWCIP

Nikolaus-
Kopernikus-
Denkmal

Polni-
sches
Theater

KORALA

BARTO...ZEWICZA

ZAJĘCZA

CICHA

TOPIEL

DOBRA

SOLEC

Staszic-
Palast

ŚWIĘTOKRZYSKA

KOPERNIKA

KONOPCZYŃSKIEGO

TAMKA

KRUCZKOWSKIEGO

SOLEC

JARACZA

WKFR
SZCZEGO

Techniker-
Gesellschaft

KUBUSIA
PUCHATKA

Ostrogski-Palast

CZERWONEGO
KRZYŻA

Hotel
Warsaw

PLAC
POWSTAŃCÓW
W-WY

WARECKA

ORDYNACKA

OKÓLNIK

MŁYNAR-
SKIEGO

BODUENA

GÓRSKIEGO

BRACZYŃSKIEGO

TUWIMA

SZCZ...GLA

Blikle

NOWY ŚWIAT

GAŁCZYŃSKIEGO

EJKSAL

Zamoyski-
Palast

W-wa Powiśle

AL. 3 MAJA

AL. 3 MAJA

PRZESKOK

ZGODA

SZPITALNA

CHMIELNA

Kossakowski-
Palast

SMOLNA

AL. JEROZOLIMSKIE

PARK
KULTURY

ZGODA

P...Ż
SKO

CHMIELNA

BRACKA

RONDO
DE GAULLE'A

Polnisches
Militär
museum

Ehemaliges Kaufhaus
Gebrüder Jabłkowscy

WIDOK

MYSIA

NOWY ŚWIAT

National-
museum

KRUCZKOWSKIEGO

ORŁOWICZA

LUDNA

AL. JEROZOLIMSKIE

KSIĄŻĘCA

3

A   B   C

1

BOGUCKIEGO
MARII KAZIMIERY
POTOCKA
MAŁOGOSKA
DYGASIŃSKIEGO
PASKA
POTOCKA
PLAC
LELEWELA
SOLSKIEGO
BYDGOSKA
MŁODNICKA
MICKIEWICZA
ŻUKOW-
SKICH
BOHOMOLCA
TUCHOLSKA
PYREJ-
SKIEGO
DZIENI-
NIKAR-
SKA
K. PROMYKA
KOŹMIANA
GWIAŹDZISTA
WYBRZEŻE GDYŃSKIE

SZCZEPA-
NOWSKIEGO
KRECHOWIECKA
ŻUKOW-
SKIEGO
KATOWA
GOJAWICZ
GOSZCZYŃSKIEGO
SUŁKOWSKIEGO

SŁOWACKIEGO
KRASIŃSKIEGO
PL.
SŁONECZNY

2

SARMATKA
SULIMA
FILARECKA
TOEFUTLTA
PLAC
WILSONA
JAKIELA
PORTECZNA
HAUKE-BOSSAKA
OŻUNA

JASIEWICZA
PRÓCHNIKA
KRASIŃSKIEGO
POGONOWSKIEGO
CZARNECKIEGO
SZANIAWSKIEGO
SMALA
MUNKA
KANIOWSKA

KOCHOW-
SKIEGO
KOSSAKA
Kirche
des hl. Stanisław
Kostka
MIEROSŁAWSKIEGO
Warschauer Zitadelle
& Unabhängigkeits-
museum
TROJAKA
WYBRZEŻE GDYŃSKIE
Weichsel

PL.
HENKLA
BRODZIŃSKIEGO
NIEGOLEWSKIEGO
FELIŃSKIEGO
Kościół
Dzieciątka
Jezus
KLIWA

WYSPIAŃSKIEGO
WIENIAWSKIEGO
KOŹIETULSKIEGO
LECHONIA
PLAC
INWALIDÓW
AL. WOJSKA POLSKIEGO
PLAC
GWARDII
CUDNOWSKA
SKAZAŃCÓW

KS. J. POPIEŁUSZKI
ALEJA WOJSKA POLSKIEGO
FELIŃSKIEGO
SMALA
P
BITNA
FAWORY
IDERIN
LEWITTOUX

PL.
GRUNWALDZKI
OB.-OTA
SZWOLEŻERÓW

MATYSIAKOWNY
CZARNIECKIEGO
A. MICKIEWICZA
J. ZAJĄCZKA
DYMIŃSKA
KRAJEWSKIEGO
ZDRAN
SKIEGO
ZABRODZIŃSKA
Most
Gdański

3

SOKOLICZ
J. ZAJĄCZKA
KOKARDA
Königlicher
Brunnen
WENEDÓW
WYBRZEŻE GDAŃSKIE

RYDYGIERA
W-wa Gdańska
PARK IM
J. KUSOCIŃ-
SKIEGO
PARK
IM. R. TRAUGUTTA

BURAKOWSKA
BŁOŃSKA
KŁOPOT
Z. SŁOMIŃSKIEGO
SKWER
BATALIONU
CZATA 49
BONIFRATERSKA
MŁODZPARKOWA

4

RONDO
ZGROMADZENIA AK
»RADOSŁAW«
INFLANCKA
INFLANCKA
POKORNA
STAWKI
Pomnik
Poległych
i Pomordowanych
na Wschodzie
KONWIKTORSKA
WÓJTOWSKA
FONDAMIŃSKIEGO
Sapieha-
Palast
KOŚCIELNA
PRZY-
RYNEK
TRZOSKA
PIESZA

Kościół
św. Karola Boromeusza
POWAZKOWSKA
Umschlagplatz-
Monument
NISKA
DZIKA
DUBOIS
LEWANTÓW
SIEWIECO-
DUBOIS
MURA-
NOWSKA
SAPIEŻYŃSKA
Kościół
św. Franciszka
ZAKROCZYMSKA
ŚWIĘTOJERSKA
NEUSTÄDTER
MARKT

Powązki-
Friedhof
SPOKOJNA
STAWNI
KARMELICKA
MIŁA
SKWER
ZYGIELBOJMA
Kościół
św. Jana
Bożego
FRANCISZKAŃSKA
NOWINIARSKA
GOMBLICKIEGO
Kirche
St. Jacek
STA
MOSTO

KOLSKA
STAWKI
NISKA
LEWARTOWSKIEGO
NALEWKI
ANIELEWICZA
Denkmal für die
Helden des Ghetto-Aufstands
PLAC
KRASIŃSKICH
Denkmal für die
Helden des
Warschauer
Aufstands
KILIŃ-
SKIEGO
Hei
gei
kirc

NISKA
ZAMENHOFA
Krasiński
Palace
P
KRASIŃSKI-
GARTEN
BARDKOWA
DŁUGA
Collegium
Nobilium
MIODOWA
Pac-
Palast
KAPIT

MIŁA
SMOCZA
PAWIA
Mostowski-
Palast
BONIFRATERSKA
Kapuzinerkirche
der Verklärung
Kościół
Brata Alberta
i św. Andrzeja

5

OKOPOWA
ALEJA JANA PAWŁA II
Pawiak-
Gefängnis
DZIELNA
NOWOLIPKI
Arsenal
P
M
Przebendowski-
Radziwiłł-
Palast
HIPOTECZNA
BIELAŃSKA
PLAC
TEATRALN

ESPERANTO
PASZYNA
ANIELEWICZA
PAWIA
DZIELNA
KARMELICKA
NOWOLIPIE
Protestantisch-
reformierte
Kirche
Blauer
Turm
Jüdisches
Historisches
Institut
CANALETTA
Gra
The

KOLSKA
SMOCZA
Kościół
św. Augustyna
Warschauer
Kammer-
oper
Blauer
Turm
Rathaus
PLAC
BANKOWY
SENATORSKA
Reformierte
Kirche des
hl. Antonius
von Padua
Ebemalige
West- und
Kreditban

BELLOTTIEGO
NOWOLIPKI
Kirche der Geburt
der Jungfrau Maria
SENATORSKA
DŁUGA

OKOPOWA
WOLNOŚĆ
KACZA
Kościół
Miłosierdzia
Bożego
ŻYTNIA
ŻELAZNA
OKOPOWA
SKIERNIE
Gerichts-
hof
Ebemalige Bank
von Polen
Blauer
Palast
ELEKTORALNA
PRZECHODNIA
OGRÓD SASKI

A   5   B   C

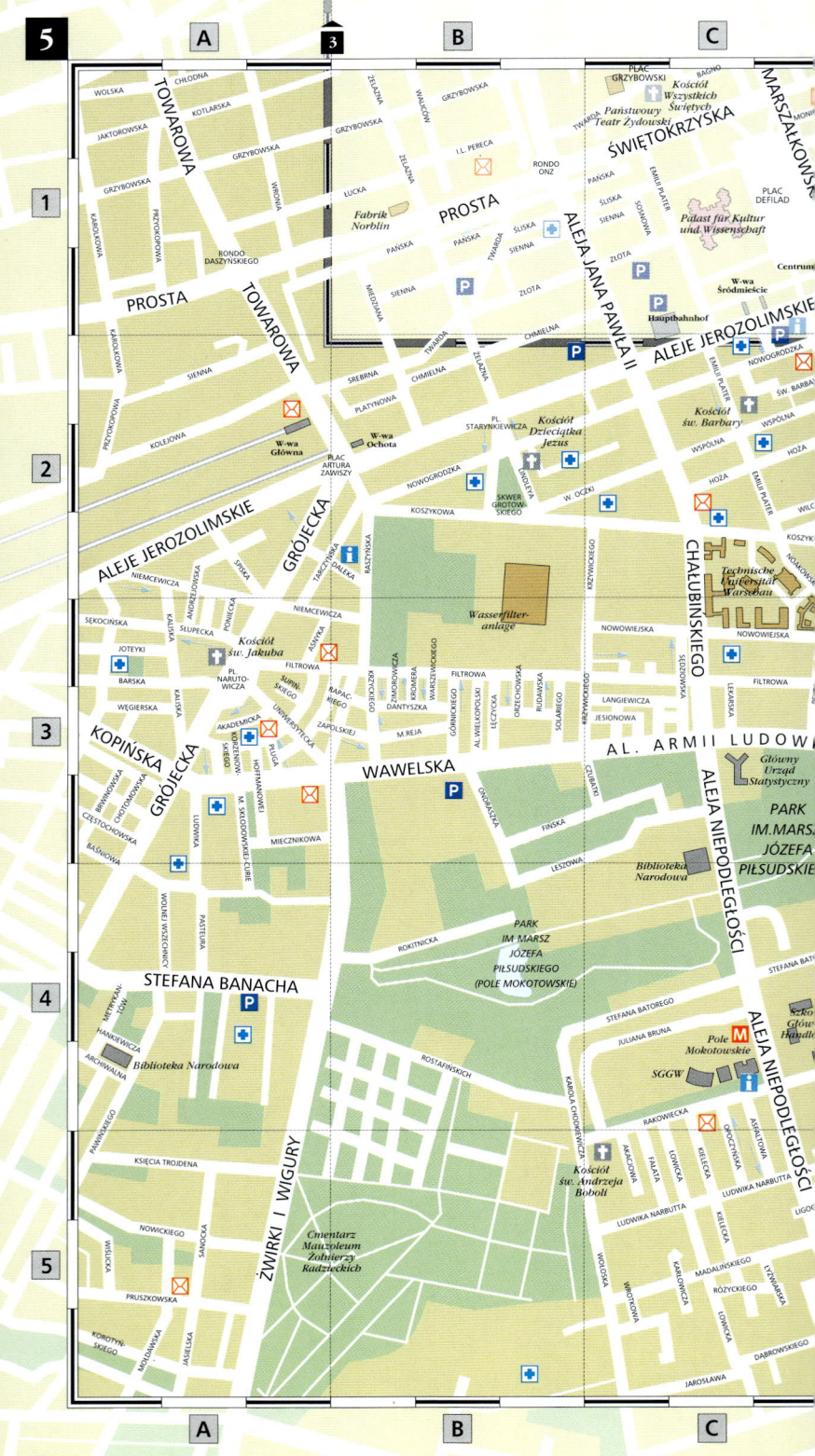

Register

Danksagung

DORLING KINDERSLEY bedankt sich bei alle Personen, durch deren Arbeit und Engagement dieses Buch möglich wurde:

KARTEN
Institut für Landvermessung und Kartografie, Warschau (Warschau-Karte); Meteorologisches Institut, Warschau (Klimadaten).

GRAFIK
Marek Górka (Wasserpalast); Dominik Bosekand (Szuster-Palast).

DESIGN UND REDAKTIONSASSISTENZ
Gillian Allan, Douglas Amrine, Vivien Crump, Guy Dimond, Paul Hines, Sarah Martin, Adam Moore, Lee Redmond, Harvey de Nick Ryder, Andrew Szudek.

FOTOGRAFIERRECHTE
Der Verlag bedankt sich bei folgenden Institutionen für ihre Fotografiererlaubnis:
Zentralarchiv für historische Dokumente, Warschau; Zentrale Fotoagentur (PAP), Warschau.

BILDRECHTE
Wir haben uns bemüht, alle Urheber ausfindig zu machen und zu nennen. Sollte dies in einigen Fällen nicht gelungen sein, bitten wir dies zu entschuldigen. In der nächsten Auflage werden wir versäumte Nennungen nachholen.

Der Verlag bedankt sich bei allen Personen, Unternehmen und Agenturen, die uns freundlicherweise die Wiedergabe von Fotografien aus Ihrem Besitz und ihren Archiven gestattet haben:

J. BARANOWSKI (W Gomułka auf dem Defilad-Platz).

JERZY BRONARSKI, ORLĘTA AGENTUR (Königsschloss).

MACIEJ BRZOZOWSKI (Czesław Miłosz; Kammer im Sejm, polnisches Palament).

PAWEŁ KOPCZYŃSKI (Warschau im Śmigus Dyngus).

WOJCIECH KRYŃSKI, TOMASZ PRAŻMOWSKI (Płock).

STEFAN KRZESZEWSKI (Senatskammer im Sejm).

J. KUŚMIERSKI (Paviane im Zoo).

DAMAZY KWIATKOWSKI (Papstmesse).

JERZY MYSZKOWSKI (Gemälde von Bellotto).

ANDRZEJ PAWLISZEWSKI (Flughafen Warschau).

IRENEUSZ RADKIEWICZ (Lech Wałęsa).

HENRYK ROSIAK (Zepter des Marschalls).

WITOLD ROZMYSŁOWICZ (Zerstörung des Dzierżyński-Denkmals).

JERZY SABARZ (Erzdiözesanmuseum).

JAKUB SITO (Pułtusk).

MARIAN SOKOŁOWSKI (Syrena-Wagen).

WOJCIECH STEIN (Kardinal Glemp; Jazz Jamboree).

JANUSZ UKLEWSKI (Anna German).

TEODOR WALCZAK (Pferderennen; Löwen im Zoo).

BARBARA WOŁOSZ (Natolin).

Der Verlag bedankt sich außerdem bei folgenden Instutitionen:

Botanischer Garten, Warschau
Czartoryski-Museum, Krakau
Denkmalamt, Warschau
Frédéric-Chopin-Gesellschaft, Warschau
Großes Theater, Warschau
Gulliver-Theater, Warschau
Hauptpostverwaltung, Warschau
Historisches Museum Warschaus
Institut für jüdische Geschichte, Warschau
Institut für Vermessung und Kartografie, Warschau
Jüdische Gemeinde
Jüdisches Theater, Warschau
Königsschloss, Warschau
Literaturmuseum, Warschau
LOT, Polnische Fluggesellschaft
Marie-Skłodowska-Curie-Museum, Warschau
Museum der feinen Künste, Łódz
Museum der Erdwissenschaften, Warschau
Museum der Lederhandwerksinnung, Warschau
Museum der Menschheit, Warschau
Museum für Handwerk und Präzisionshandwerk, Warschau
Nationalmuseum, Warschau
Nieborów- und Arkadia-Museen
Palast für Kultur und Wissenschaft, Warschau
PAN, Institut der feinen Künste, Warschau
Pavillion X des Zitadellenmuseums, Warschau
Polfilm, Werbe- und Fotoagentur, Warschau
Polnisches Militärmuseum, Warschau
Postermuseum, Wilanów, Warschau
Sammlung Papst Johannes Paul II., Warschau
Technologiemuseum, Warschau
Theatermuseum, Warschau
Verkehrspolizei, Warschau
Warschauer Kammeroper
Wasserpalast, Warschau
Wilanów-Palast und -Park, Warschau
Xawery-Dunikowski-Museum im Królikarnia, Warschau.

Sprachführer

AUSSPRACHE DES POLNISCHEN

ą	nasales »o« wie in »Ballon«
c	»z«
ć, cz	zj, fast »tch«
ch	»ch« wie im Deutschen »ach«
dz	»dsch« wie in »Jeans«, wenn vor i oder e, sonst »ds«
dź	»dsch« wie in »Jeans«
dż	stimmhaftes »ds«
ę	nasales »ä« wie in »Bassin«, am Wortende kurzes »e«
h	»ch« wie im Deutschen »ach«
i	langes »i«
j	»j«
ł	weiches »w« wie im Englischen »window«
ń	»nj«
ó	kurzes »u«
rz	stimmhaftes »sch« nach p, t oder k stimmloses »sch«
ś, sz	stimmloses »sch«
w	am Wortende »f«, sonst »w«
y	zwischem kurzem »i« und »ü«
ź, ż	stimmhaftes »sch«

IM NOTFALL

Hilfe!
pomocy!

Rufen Sie einen Arzt!
zawołać doktora!

Rufen Sie einen Krankenwagen!
zadzwonić po pogotowie!

Polizei!
policja!

Rufen Sie die Feuerwehr!
zadzwonić po straż pożarną!

Wo ist das nächste Telefon?
Gdzie jest najbliższa budka telefoniczna?

Wo ist das Krankenhaus?
gdzie jest szpital?

Wo ist die Polizeiwache?
gdzie jest posterunek policji?

NÜTZLICHE WÖRTER UND SÄTZE

Ja
Tak

Nein
Nie

Danke
Dziękuję

Nein, danke
Nie, dziękuję

Bitte
Proszę

Ich verstehe nicht.
Nie rozumiem.

Sprechen Sie Deutsch? (zu einem Mann)
Czy mówi pan po niemiecku?

Sprechen Sie Deutsch? (zu einer Frau)
Czy mówi pani po niemiecku?

Bitte sprechen Sie langsamer.
Proszę mówić wolniej.

Bitte schreiben Sie es mir auf.
Proszę mi to napisać.

Ich heiße ...
Nazywam się ...

NÜTZLICHE REDEWENDUNGEN

Schön, Sie zu treffen. (zu einem Mann)
Bardzo mi miło pana poznać

Schön, Sie zu treffen. (zu einer Frau)
Bardzo mi miło panią poznać

Guten Morgen
Dzień dobry

Guten Tag
Dzień dobry

Guten Abend
Dobry wieczór

Gute Nacht
Dobranoc

Auf Wiedersehen
Do widzenia

Wie spät ist es?
Która jest godzina?

Prost!
Na zdrowie!

Hervorragend!
Wspaniale!

EINKAUFEN

Haben Sie ...? (zu einem Mann)
Czy ma pan ...?

Haben Sie ...? (zu einer Frau)
Czy ma pani ...?

Wie viel kostet das?
Ile to kosztuje?

Wo ist die Abteilung für ...?
Gdzie jest dział z ...?

Akzeptieren Sie Kreditkarten?
(zu einem Mann)
**Czy przyjmuje pan karty
kredytowe?**

Akzeptieren Sie Kreditkarten?
(zu einer Frau)
**Czy przyjmuje pani karty
kredytowe?**

Bäckerei
piekarnia

Buchladen
księgarnia

Apotheke
apteka

Kaufhaus
dom towarowy

Wechselstube
kantor walutowy

Reisebüro
biuro podróży

Postamt
poczta, urząd pocztowy

Postkarte
pocztówka

Briefmarke
znaczek

Wie viel kostet eine Karte nach ...?
Ile kosztuje pocztówka do ...?

Luftpost
poczta lotnicza

IM HOTEL

Haben Sie Zimmer frei?
(zu einem Mann)
Czy ma pan wolne pokoje?

Haben Sie Zimmer frei?
(zu einer Frau)
Czy ma pani wolne pokoje?

Was kostet eine Übernachtung?
Ile kosztuje za dobę?

Ich möchte ein Einzelzimmer.
Poproszę pokój jednoosobowy.

Ich möchte ein Doppelzimmer.
Poproszę pokój dwuosobowy.

Ich möchte ein Zimmer mit zwei
Betten.
Poproszę pokój z dwoma łóżkami.

Ich möchte ein Zimmer mit Bad.
Poproszę pokój z łazienką.

Abendessen
kolacja

Badezimmer
łazienka

Bett
łóżko

Doppelzimmer
pokój dwuosobowy

Dusche
prysznic

Einzelzimmer
pokój jednoosobowy

Frühstück
śniadanie

Halbpension
dwa posiłki dziennie

Pension
zajazd

Rechnung
rachunek

Restaurant
restauracja

Schlüssel
klucz

Toilette
toaleta

Vollpension
pełne utrzymanie

IM RESTAURANT

Einen Tisch für eine Person,
bitte.
Stolik dla jednej osoby proszę.

Einen Tisch für zwei Personen,
bitte.
Stolik dla dwóch osób proszę

Kann ich die Speisekarte haben?
Mogę prosić jadłospis?

Kann ich die Weinkarte haben?
Mogę prosić kartę win?

Ich möchte ...
Proszę ...

Die Rechnung, bitte.
Proszę rachunek.

Wo ist die Toilette?
Gdzie jest toaleta?

S PEISEKARTE

baranina
Hammel, Lamm

barszcz czerwony
Borschtsch

bażant
Fasan

befsztyk
Beefsteak

bigos
Jägereintopf (süßer und saurer Kohl
mit Fleisch und Gewürzen)

bukiet z jarzyn
Auswahl roher und eigelegter Gemüse

ciasto
Kuchen, Torte

cielęcina
Kalb

cukier
Zucker

cukierek
Süßes, Konfekt

dania mięsne
Fleischgerichte

dania rybne
Fischgerichte

dania z drobiu
Geflügelgerichte

deser
Dessert

flaki
Kutteln

grzybki marynowane
marinierte Pilze

herbata
Tee

jarzyny
Gemüse

kabanos
getrocknete, geräucherte Wurst

kaczka
Ente

kapusta
Kohl

kartofle
Kartoffeln

kasza gryczana
Buchweizen

kaszanka
Blutwurst

kawa
Kaffee

kiełbasa
Wurst

klopsiki
Hackfleischbällchen

lody
Eiscreme

łosoś
Lachs

łosoś wędzony
Räucherlachs

makowiec
Mohnkuchen

naleśniki
Pfannkuchen

piernik
Honig-Gewürzkuchen

pierogi
Ravioli

piwo
Bier

prawdziwki
Steinpilze

przystawki
Vorspeisen

pstrąg
Forelle

rolmopsy
Rollmops

sałatka
Salat

sałatka owocowa
Obstsalat

sok
Saft

sok jabłkowy
Apfelsaft

sok owocowy
Fruchtsaft

sól
Salz

śledź
Hering

tort
Kuchen, Torte

wieprzowina
Schweinefleisch

wino
Wein

woda
Wasser

ziemniaki
Kartoffeln

zupa
Suppe

GESUNDHEIT

Ich fühle mich nicht gut.
Źle się czuję.

Ich brauche ein Rezept für ...
Potrzebuję receptę na ...

Erkältung
przeziębienie

Husten
kaszel

Grippe
grypa

Halsentzündung
ból gardła

Heuschnupfen
katar sienny

Kopfschmerztabletteen
proszki od bólu głowy

Krankenhaus
szpital

Schnittwunde
skaleczenie

Übelkeit
mdłości

REISE UND ÖFFENTLICHE VERKEHRSMITTEL

Wann fährt der Zug nach ...?
Kiedy jest następny pociąg do ...?

Wie viel kostet die Fahrt nach ...?
Ile kosztuje bilet do ...?

Eine Fahrkarte nach ..., bitte.
Proszę bilet w jedną strony do ...

Eine Rückfahrkarte nach ..., bitte.
Proszę bilet w obie strony do ...

Wo ist der Busbahnhof?
Gdzie jest dworzec autobusowy?

Wo ist eine Bushaltestelle?
Gdzie jest przystanek autobusowy?

Wo ist eine Straßenbahnhaltestelle?
Gdzie jest przystanek tramwajowy?

Reservierungsschalter
kasa biletowa

Bahnhof **stacja**	## ZAHLEN 0 **zero**
Fahrplan **rozkład jazdy**	1 **jeden**
Gepäckaufbewahrung **przechowalnia bagażu**	2 **dwa**
Bahnsteig **peron**	3 **trzy**
Erste Klasse **pierwsza klasa**	4 **cztery**
Zweite Klasse **druga klasa**	5 **pięć**
Fahrkarte **bilet w jedną stronę**	6 **sześć**
Rückfahrkarte **bilet powrotny**	7 **siedem**
Fluggesellschaft **linia lotnicza**	8 **osiem**
Flughafen **lotnisko**	9 **dziewięć**
Ankunft **przylot**	10 **dziesięć**
Flugnummer **numer lotu**	11 **jedenaście**
Gate **przejście**	12 **dwanaście**
Bus **autokar**	13 **trzynaście**
	14 **czternaście**

15
piętnaście

16
szesnaście

17
siedemnaście

18
osiemnaście

19
dziewiętnaście

20
dwadzieścia

21
dwadzieścia jeden

22
dwadzieścia dwa

30
trzydzieści

40
czterdzieści

50
pięćdziesiąt

100
sto

200
dwieście

500
pięćset

1000
tysiąc

1 000 000
milion

ZEIT

heute
dzisiaj

gestern
wczoraj

morgen
jutro

heute Abend
dzisiejszej nocy

eine Minute
jedna minuta

eine halbe Stunde
pół godziny

Stunde
godzina

WOCHENTAGE

Sonntag
niedziela

Montag
poniedziałek

Dienstag
wtorek

Mittwoch
środa

Donnerstag
czwartek

Freitag
piątek

Samstag
sobota

Warschaus Eisenbahn- und U-Bahn-Netz

- Młociny
- Wawrzyszew
- Bielany
- Kaskada
- Marymont
- Plac Wilsona
- Dworzec Gdański
- Ratusz
- Świętokrzyska
- Centrum
- Politechnika
- Pole Mokotowskie
- Racławicka
- Wierzbno
- Wilanowska
- Służew
- Ursynów
- Stokłosy
- Imielin
- Natolin
- Kabaty

U-Bahn-Linien

- Geplante Linie
- Existierende Linie

Warszawa Gdańska

Ratusz M

Warszawa Koło

Warszawa Kasprzaka

Warszawa Centralna

Warszawa Ochota

Warszawa Wola

Warszawa Zachodnia

Warszawa Zachodnia

0 Kilometer   1